中国林业学术论坛·第5辑

中国林业技术经济理论与实践

(2008)

陈建成 宋维明 徐晋涛 田明华 主编

中国林業出版社

图书在版编目(CIP)数据

中国林业技术经济理论与实践.2008/陈建成，宋维明，徐晋涛，田明华主编.—北京：中国林业出版社，2008.12

（中国林业学术论坛·第5辑）

ISBN 978-7-5038-5400-2

Ⅰ.中…　Ⅱ.①陈…②宋…③徐…④田…　Ⅲ.林业经济：技术经济－中国－文集　Ⅳ.F326.2-53

中国版本图书馆CIP数据核字（2008）第208288号

出版　中国林业出版社（100009　北京西城区刘海胡同7号）

网址　www.cfph.com.cn

E-mail　forestbook@163.com　**电话**　010－83222880

发行　中国林业出版社

印刷　北京林业大学印刷厂

版次　2008年12月第1版

印次　2008年12月第1次

开本　787mm×1092mm　1/16

印张　15.5

字数　380千字

印数　1～1000册

定价　60.00元

《中国林业技术经济理论与实践（2008）》
编　委　会

前　言

继成功举办两届中国林业技术经济理论与实践论坛后，由中国林业经济学会技术经济专业委员会主办、山西省林业厅科技处协办的第三届中国林业技术经济理论与实践论坛于2008年7月25日至2008年7月27日在山西省太原市召开。

参加大会的有来自于国家林业局、中国林业经济学会、北京大学、中国光华科技基金会、中国林业出版社、北京林业大学、东北林业大学、福建农林大学、西南林学院、西北农林科技大学、河北农业大学、沈阳农业大学、华中农业大学、北华大学、山西省林业厅、山西省林学会、山西省林业科学研究院、山西林业职业技术学院、山西师范大学、山西省太原科技大学、山西省太原市国家高新技术产业开发区等20多个单位的40多名专家、学者。

本次会议共分为四部分。第一部分为会议开幕式，由中国林业经济学会技术经济专业委员会主任、北京林业大学经济管理学院博士生导师陈建成教授主持，中国林业经济学会王前进副理事长到会祝贺并发表了热情洋溢的讲话，分析了当前的林业形势，并展望林业的发展；山西省林业厅任建中总工程师代表山西省林业厅对会议的召开表示热列祝贺，并结合山西省近年造林绿化成就，分析了山西省造林绿化的形势与前景。第二部分为主题讲座，共分两个阶段。分别由中华全国青年联合会副秘书长、中国光华科技基金会秘书长任晋阳博士和国家林业局计划与资金管理司陈绍志处长主持，由北京林业大学副校长宋维明教授、北京大学环境学院徐晋涛教授以及福建农林大学经济与管理学院（旅游学院）院长刘伟平教授分别就中国木材贸易、南方集体林权制度改革推动因素分析和调查以及南方集体林区林权改革等专题进行了主题演讲。第三部分是实践考察与学术交流。围绕“深化改革与山西林业发展”的主题，大会组织部分与会代表到山西蒙山、天龙山、绵山等山区实地考察，与会代表边考察、边讨论，在考察中增进了交流与了解，对林业改革，尤其是山西林业改革中的各方面问题进行了广泛的交流。与会者一致肯定了山西林业近年所取得的成效，对山西造林绿化工作进行了深入分析，提出了一些促进山西林业发展的建议。第四部分是闭幕式，东北林业大学李顺龙教授做了全面和精辟的会议总结发言。

本次论坛成果卓著。通过会议的研讨代表们增进了交流，达成了多项共识；此次会议交流的论文观点新颖、内容丰富，会议召开期间，提问和讨论十分活跃；在此次会议的交流中代表们增长了友谊，促进了协作，拓宽了视野和思维空间，达到了会议预期目标。为了更好地推广本次会议的成果，促进中国林业技术经济研究趋向繁荣，特将会议论文整理成册，以飨读者。

本次论坛得到山西省林业厅、山西工人日报社、山西省太原市晋源区委区政府等单位的大力支持，在此表示感谢！特别是山西省林业厅科技处田国启处长、山西工人日报社王勇总编辑和晋源区区委书记张新伟教授，他们为本次大会做出了积极贡献，在此表示衷心感谢！

中国林业经济学会常务理事兼副秘书长
中国林业经济学会技术经济专业委员会主任
中 国 技 术 经 济 研 究 会 理 事
中 国 农 业 技 术 经 济 研 究 会 理 事
北 京 林 业 大 学 经 济 管 理 学 院 教 授

2008 年 8 月 8 日

目　　录

启迪智慧　用好市场
推进林业健康持续发展

陈建成

（北京林业大学经济管理学院，北京，100083）

摘要：可持续发展已成为当今人类社会的热点话题。随着生态环境的日益破坏，林业在可持续发展中的战略地位显得更加突出。如何启迪智慧、用好市场成为林业发展的重中之重。文章提出，利用林业的独特优势，推进林业市场化以带动林业现代化的发展，必须使中国林业置于社会主义市场经济体制中统筹考虑；置于国民经济和社会可持续发展的全局中统筹考虑；置于国际大环境变化的森林趋势中统筹考虑；置于国家现代化建设的进程中统筹考虑等对策建议。

关键词：智慧；市场；林业；可持续发展

Enlighten the Wisdom and Depend on Market to Propel Forestry Health Sustainable Development

CHEN Jian-cheng

(School of Economy & Management, Beijing Forestry University, Beijing 100083)

Abstract: Sustainable development has become the hot topic of human society. With the increasing destruction of the ecological environment, the strategic position of forestry is ever more prominent in the sustainable development. How to enlighten the wisdom and depend on market has become the highest priority. The article suggests that forestry modernization should be promoted by market – oriented forestry. So, Chinese forestry must be considered overall in socialist market economic system, in the context of the overall situation of the national economy and social development, under international environment of forest trends and in the process of national modernization.

Key words: Wisdom; Market; Forestry; Sustainable development

林业问题，历来是备受人们关注而又非议的问题。说其关注，是因为林业责任重大；说其非议，是因为林业确实复杂。依管理学之见："复杂问题简单化……"，我则认为林业的问题，就是树和人的辩证统一问题。以林为根，以人为本，统筹发展，实现双赢，这是林业的根本所在。

社会主义中国，从1978年起改革开放，1993年起建立社会主义市场经济体制，坚持发展是硬道理，深化改革，扩大开放，积极培育和发展市场体系，沿着中国特色社会主义道路，虽有起伏，但坚定不移。从又快又好到又好又快，不断总结，不断前进，到今天，可以说取得了巨大成就，令人刮目相看。2008年北京奥运会成功举办，四川汶川特大地震等自然灾害面前国人更加坚强、跳梁小丑生是非让我们更加清醒等，足以证明中国强大了。中国林业也顺应整个国家发展这一潮流，可以说也取得令人骄傲的成绩，但应该清醒地看到，林业相对于其他行业而言，有落后之意。

今年是改革开放30周年。回顾30年的改革开放，可以总结许多经验，但核心的经验是中国人智慧的增长。改革靠智慧，开放靠智慧，市场靠智慧，发展靠智慧，可谓一个智慧的时代已经来临。政府在智慧的增长中，执政理念愈来愈明，执政能力愈来愈高，驾驭能力愈来愈强，与市场关系的处理游刃有余。

中国林业，肩负着科学发展、世界和谐的重大责任。建设环境友好、资源节约的和谐社会，林业都有不可替代的作用。林业的兴衰，关键在于务林人智慧的增长。启迪智慧，依靠市场，推进林业又好又快发展是当前林业的根本任务。有了智慧。何愁产权不清、责任不明、技术不精、林木不增、市场不兴……。林业，根在林，本在人，核心在智慧，发展的环境是社会主义市场经济体制。鉴于此，要实现21世纪中国林业又好又快的发展，中国林业必须：

1 置于社会主义市场经济体制中统筹考虑(解决实力发展问题)

我曾经提出这样的问题：林业究竟应当怎样理解和处理经济效益与生态效益的关系？林业行业的特殊性能不能抵御甚至压倒社会经济发展规律的普遍性？林业能不能实行市场机制？到今天，我仍坚持林业作为以森林培育和利用为基础的自然产业，同时也是以满足人们不断增长的物质和精神需求为目的的社会行业，必须遵循历史发展的共同规律；建立社会主义市场机制是我国经济体制改革的方向和目标，同样也是中国林业发展的必由之路；古老而传统的林业只有经历市场机制的“炼狱之火”，才会获得新生，焕发青春活力。市场机制是我国林业发展的基础机制，市场机制在推动林业发展的进程中，必须结合森林资源的特点大胆依靠智慧进行理论创新。

我有时很天真地问：集体林区怎么就不能和当年农村土地改革那样同时进行？如果可以，那今天的南方集体林区产权改革是不是就落后了30年？东北国有林区，国有企业，能不能跟其他国有企业改革一样，纳入国家国有企业改革的大盘子？中国的产权市场和中国的资本市场改革与发展能不能给林业发展提供经验？中国林业产权改革如果游离于中国产权市场和中国资本市场以外，是不是合适？日本在1961年颁布的《农业基本法》中曾经描绘了以高效自立农户为主的自立农业(以扩大规模发展自立经营为目标)蓝图至今并没有实现，我们今天搞的林业产权制度改革有没有自立林业之嫌？

中国林业可谓实现了历史性转变，怎么转变，我认为都应该转变到适应社会主义市场经济的轨道上。林业还没有摆脱计划经济的影子。林业恐惧市场、远离市场的心态需要及时调整。培育和发展林业市场体系刻不容缓。用市场审视当前林业有关政策如分类经营、采伐限额等，你就会觉得豁然开朗、另有新意。

木材问题，那就是林业中的粮食问题。一要提高认识，二要理论创新。木材问题的理论模型、经济发展模型与木材问题、林业调整增长与木材问题的解决、“绿色革命”与世界木材问题、木材安全与国际贸易等皆需理论创新。

2　置于国民经济和社会可持续发展的全局中统筹考虑(解决科学发展问题)

从市场经济发展到社会经济发展的转变，是科学发展的体现。林业作为一项重要的公益事业，承担着完善生态体系和繁荣生态文化的双重任务，是生态文明建设的支柱；同时林业还是重要的基础产业，承担着国民经济和社会发展日益增长所需要的木材等林产品的生产任务。没有林业，农业就会失去风调雨顺的生态环境，水利就会失去保持水土的绿色屏障，整个经济社会的可持续发展就失去了必不可少的生态平衡的有力支撑。没有林业，物质世界就有很大缺憾。现代林业在经济、社会、政治、文化相互促进和整体提升的实践中已经证明：林业在国家安全体系中，起到生态安全的作用；在国家文明体系中，起到生态文明和物质文明的作用；在国家建设体系中，起到生态建设的作用；在国家持续发展体系中，起到生态屏障的作用；林业是可持续发展的基础。应该说林业涉及到粮食、木材、物种、能源、生态、健康等诸多方面的安全问题，已经成为21世纪人类发展的焦点。

以人为本，统筹兼顾，人与自然相互协调，林业不可或缺。但是林业的作用不可无限放大，要有和其他部门的交流、合作与平衡，要把众人的生态意识转化为生态行动。浓厚的生态意识一旦和林业内在发展机理形成矛盾，那我们就很被动。

3　置于国际大环境变化的森林趋势中统筹考虑(解决和谐发展问题)

世界和谐，是中国人的博大胸怀。国际大环境变化的森林趋势是什么？现代世界林业问题与世界经济发展的关系是什么？应该是林业研究的大问题。这不仅关系到林业发展有没有国际视野的问题，更关系到林业发展在国际领域的合作与和谐问题。在全球化、一体化进程中，森林的作用愈来愈明显。因森林问题而带来的矛盾与压力也在不断增加。比如说森林和气候变化问题。为应对全球气候变化，国际社会积极行动，先后签订了《联合国气候变化框架公约》和《京都议定书》。为了实现《京都议定书》的减排目标，发达国家可通过在本国实施工业减排、造林再造林和森林管理等项目，获得减排额度或碳汇。此外，还可以通过清洁发展机制在发展中国家实施符合特定条件的造林再造林项目产生的碳汇来帮助其完成部分减排任务。因此，森林碳汇及由其兴起的碳汇林业作为应对气候变化的重要手段之一而受到国际社会的高度关注。碳汇林业：在可持续发展原则下，将增加森林碳汇明确纳入林业发展目标；综合运用市场、法律和行政手段，促进森林培育、保护和可持续经营等活动，达到在提高森林生态系统整体固碳能力的同时，实现森林的经济、社会、生态服务价值和促进当地发展的目的。通过鼓励企业、公民以不同方式参与以增加碳汇为目的的林业活动，展示社会责任，充分发挥林业在应对气候变化中的作用，促进经济社会的可持续发展。目前我国尚未承担《京都议定书》规定的温室气体减限排义务，但作为温室气体排放大国，在国际气候公约谈判进程中，面临巨大压力。因此，要适应这一趋势，在建设资源节约型、低能耗、低排放型社会的同时，发展碳汇林业是增加我国应对气候变化能力的有效手段之一，应成为国家在“后京都议定”时代进行气候外交的有力支撑。因为目前在清洁发展机制下实施的林业碳汇活动是一种市场机制，这一机制虽然主要是帮助发达国家低成本减排和促进发展中国家可持续发展，但这一机制证明了森林的生态价值可以通过市场手段实现价值补偿，从而使得具有很强外部性特征的森林生态效益通过交易实现效益内部化。这就为促进我国林业发展机制创新提供了新思路。这也将促进森林生态服务功能的市场化，进一步改进我国正在实施的生态效益补偿政策，建立长期有效的生态效益补偿机制。同时，积极开展以积累碳汇为目的的造林活动，不仅可以改善我国的生态状况，还可以为社区农民带来收入，是加快新农村建设、改善民生、促进我国经济社会可持续发展，加快生态建设和生态文明进程的重要手段。森林趋势有两个问题不可忽视：价值挖掘和市场机制。

4 置于国家现代化建设的进程中统筹考虑(解决可持续发展问题)

林业是国家现代化可持续发展的基础。要成为基础，必须首先实现自己的可持续发展。林业要实现自己的可持续发展，必须将自己置于国家现代化建设的进程中统筹考虑，即建立现代林业。什么是现代林业？我们可以给出很多定义，但我认为，现代林业建设，不能脱离国家现代化建设的大局，要在国家现代化的进程中实现林业的现代化。在这一进程中，国家建设现代化的思想、理念是武装我们务林人的首要问题。首要问题解决什么？就是要解决战略思维，既林业的战略指导思想。林业的战略指导思想既包括国家如何宏观调控，也包括市场如何调节；既包括林业自身如何激活，也包括林业和整个国家现代化进程如何衔接、协调与平衡。林业的外部性，固然需要国家的扶持(国家不强大，扶持谈何容易?)宏观调控，但林业自身的价值仍需挖掘依靠市场来实现。林业是不是弱质产业？林业有没有造血功能？对于这个问题的回答我认为不重要，重要的是我们不能把自己边缘化了。守着聚宝盆，天天要饭吃，这不是我们的智慧。既要跑“部”(步)“钱”(前)进，又要紧跟市场把资本翻倍，这才应该是林业的优势。看得见的手和看不见的手，两手都要抓，这是林业的独特优势。国家现代化，关键是市场现代化。在国家现代化的进程中，关键是推进林业市场化以带动林业现代化的发展，用国家现代化建设的成果来武装林业，建立创意林业。如今是智慧的时代、资本的时代、生物的时代、现代化的时代，更是绿色的时代。创新思维、绿色资本、生物智慧、现代节奏，将是林业无愧于时代的主旋律。

参考文献

[1] 陈建成，徐晋涛，田明华. 中国林业技术经济理论与实践[M]. 北京：中国林业出版社，2006

[2] 田明华，陈建成. 中国森林资源管理变革趋向：市场化研究[M]. 北京：中国林业出版社，2003

[3] 杨邦杰. 发展碳汇林业，应对气候变化[N]. 光明日报，2008-07-31

[4] 陈建成，程宝栋，印中华. 生态文明与中国林业可持续发展研究[J]. 中国人口·资源与环境，2008(4)

作者简介：陈建成(1963-)，男，山西芮城人，博士，北京林业大学经济管理学院教授，博士生导师，党委书记。从事林业经济、林业统计、农业经济、行政管理研究。

山西省造林绿化的形势及前景展望

任建中
（山西省林业厅，太原，030002）

摘要：“十一五”期间，山西省委、省政府启动实施了山西省造林绿化工程，提出了“山上治本，身边增绿”的林业发展理念及发展战略，以“十年不懈植树，绿化三晋大地”的精神，大规模地开展了造林绿化工作。全省上下推动造林绿化工作力度空前，投资力度空前，领导重视前所未有，各级党委和政府将造林绿化工作摆上了重要的位置。各级政府和林业部门精心组织实施，通道绿化取得重大突破，造林绿化各项工程全面推进，全省造林绿化的成绩和影响前所未有，形成铺天盖地栽树的良好态势和浓厚氛围。一个山川秀美的新山西，将会展现在人们的眼前。

关键词：造林绿化；重要位置；成绩影响；前所未有

Prospect on Outlook and Situation of Afforestation and Greening in Shanxi Province

REN Jian-zhong
(Forestry Department of Shanxi Province, Taiyuan 030002)

Abstract: During the eleventh Five - Year Plan, committee of Communist Party and government of Shanxi province put forward " afforestation in mountain area, tree planting around residential area " as forestry development ideas and strategies and began to implement afforestation and greening project in Shanxi province. In order to promote the spirit of continuous planting trees in next ten years to green whole province, people in Shanxi province have been planting trees on a large scale. People from different levels are making huge effort to push this afforestation work. The investments of afforestation are much more than before. The governments of different levels put the afforestation work in important place and are attaching great importance to it. The governments and forestry bureaus of different levels seriously organized implementation activities. Through people's effort, important breakthrough on road greening has been achieved. At present, afforestation work is being roundly pushed. The achievements and influences of afforestation have never achieved before. Now a good trend and ambience on planting trees have been built in whole Shanxi. A new Shanxi including beautiful mountains and plains will be coming.

Key words: Afforestation and greening; Important place; Achievement and influence;

Never achieved before

近两年来，外地客人进入山西，有一个最直观的感受就是山西的树多了，这与以前人们对山西“煤多树少，黑多绿少”的印象形成了一鲜明的对比。作为一个山西林业人，听到这样的评价，感觉到很自豪。

1 山西省造林绿化工程启动的背景

2005 年，山西省主要领导到林业厅调研时，林业厅的决策层就考虑，如何给省领导汇报好，以求得省政府对林业部门的大力支持。当时林业厅提出了省级五大造林绿化工程的建议，并提出了每年投资三亿元的建议。省领导在山西各地调研时已经意识到山西省在生态环境方面的严重缺陷，看到了山西缺林少绿现状，林业厅提出的建议正符合其对山西省生态环境建设的思路，当即认可这一初步的意见，并提议在山西省也搞林业六大工程，资金定为 3.55 亿/年。之后，林业厅当即展开了六大造林绿化工程启动的准备工作。2006 年 4 月 8 日，省政府印发《关于搞好全省六大造林绿化工程的实施意见》。2006 年 4 月 12 日，省政府在晋城市召开全省六大造林绿化工程启动大会。这标志着全省造林绿化工作步入了快车道。2007 年省政府又增加了 2 亿元的林业建设资金。

“山上治本，身边增绿”是这次造林绿化工程启动的灵魂，这是山西省林业的战略性转折的支点。我们在努力搞好国家工程的同时要集中力量抓好身边增绿，努力改善我们身边的环境。通过实施六大工程，努力使林业在容易搞、看得见、社会便于监督、林业多重效益、公众期待迫切的地方重点得到发展，率先取得突破。它结合山西的实际，使林业的发展思路能够与山西经济社会发展相合拍，引起了社会各界的共鸣和各级党委和政府的认同。

2 山西省造林绿化工程的发展阶段

山西省造林绿化工程几年来的大发展，具有一个明显的发展轨迹，分了几个层次分明的发展阶段，这几个发展阶段显示了一浪高过一浪的绿化热潮。

(1)第一阶段。第一阶段是 2006 年春季的晋城会议前后，首先提出了造林绿化的概念，明确了绿化的任务，出台了意见和办法。全省各地按照要求，力争完成任务。当时多数同志还是把造林绿化当作一个一般工作来对待。这一年春季造林的声势和动作均不是很大，相当一部分市县处于一种观望状态。

(2)第二阶段。第二个阶段是有所突破阶段。一批市县在通道绿化上标准高效果好。阳泉、运城两个市在整个冬季造林不停。河津、夏县、襄汾等一些县高标准地实施通道、村庄及企业绿化得到了省政府主要领导的认可和表扬。

(3)第三阶段。第三阶段是上下互动、全方位启动阶段。2007 年 4 月初，在河津市召开了全省造林绿化启动仪式会议。省长带领各市和有关部门沿路看树，引起了极大的反响和震动。各地造林绿化的情况给省长留下了深刻的印象。特别是河津铺天盖地植树，对各地震动很大，带动极大。大家看到了造林绿化重整山河、再造秀美山川的规模和前景。会后，全省造林绿化全面加速，其巨大的推动作用超出了预期效果。

(4)第四阶段。第四阶段是右玉会议引起震撼，使大家看到一个通过造林改天换地、创造绿色家园非常有说服力的榜样和典型，极大地增强了各地对造林绿化的关注和信心。2007

年秋季到2008年春季，各地的造林绿化进入了一个更为理性的发展阶段。这一阶段造林绿化的势头不减、成效显著。主要体现在各地的造林不再带有一定程度的跟风，而是非常有理性地实施，真正把造林绿化工作当作了政府的一项重要工作来抓。造林的成活率大幅度提升。

(5)第五阶段。第五阶段是长治会议。长治市今年春季"5+1"城市生态群建设工程，为全省提供了一个"精细施工的现场，整体推进的样板"。又给人以震撼。我们期待着这次会议所带来的效应。

3 山西省造林绿化的形势

山西省的造林绿化工程从2005年提出，2006年开始正式实施。三年多来，全省上下对造林绿化给予了广泛的关注，并形成了以下几方面的基本看法。

3.1 全省上下推动造林绿化工作力度空前

三年来，为推动全省造林绿化工程不断取得新进展，从省里到各地市，可以说工作力度空前。

(1)突出身边增绿。为了加快造林绿化步伐，全省以很大的决心和魄力，对林业发展战略进行了调整，集中推进身边增绿，实现了"人多的地方树多，生产生活的地方先绿"。这样一个布局的调整，对调动全社会植树造林积极性，增加造林绿化责任感，提高林业显示度起到了巨大的推动作用。首先，知道地点，明确重点，不但开阔了思路，也有了目标，落实了责任。各地对通道一条一条检点，主要领导带队一段一段检查督促；对环城一片一片规划，落实责任和投资；对村庄一批一批提出要求，分类指导。第二，摆在身边，社会关注，监督到位。造林绿化好不好，不能依靠汇报和材料，必须让大家看得见，社会都承认。这就给了各地很大的压力，也产生了很大的动力。互相竞争局面的形成，与造林绿化工程实施地点关系密切；而规模后来超出预期，与互相竞争关系极大。第三，身边增绿，多重效益，变化明显，极大地坚定了各地信心，鼓舞了士气。各地发展"看得见，用得上"的林业，栽植大苗大树，绿化效果迅速显现，这是工程顺利实施的一个重要原因。多数市县长已经认识到，造林绿化是改变地区面貌最有效、最高效的途径。可以说，林业发展战略的调整，突出抓好身边增绿才得以引起各级那样高度的重视，才会调动那样多的投资额，才会有那样明显的效果。

(2)摆上重要位置。三年多来，造林绿化一直摆在全省经济工作和全局工作非常重要的位置，而且越来越重要。省里进一步明确，"铺天盖地植树，摧枯拉朽治污，全民之力兴水"，是全省落实科学发展观、改变山西省面貌的三大生态环境重点工程，是贯彻科学发展观最迫切、最现实、最重要的任务，大搞植树造林绿化是科学发展观在山西省最鲜活的实践；省里每年都要召开一次高规格的工作会议，年初还要举行造林绿化启动仪式和军民义务植树活动。可以说，随着造林绿化工程的实施，林业工作已由一项具体事情变为全局工作，由一般工作变为重点工作，由部门工作变为政府工作。

(3)投资力度空前。省里先后两次增加了造林绿化投资。现在省级林业年投资已经达到了7.55亿元，三年投资达到了20多亿元。在省里的带动下，各级财政和乡村、企业以及社会各方面的投入都大幅度增加，连续三年均在15亿元/年以上。

(4)领导重视前所未有。书记、省长都高度重视绿化。省委、省政府的大型会议，每会必讲造林绿化工作。前任省长上路数树，在山西被传为佳话。后任省长四次参加义务植树，以此昭示全省对造林绿化工作的重视。人大、政协、纪委多次组织到各地视察造林绿化工作。许多书记、县长在造林季节，带领各县党政主要领导对造林绿化进展进行观摩、督促。一批县委书记、县长和分管领导更是寄情于树木，醉心于绿化。

(5)精心组织实施。造林绿化工程启动以来，各级林业部门非常珍惜这一难得的发展机遇，全力以赴组织实施，表现了高度的责任感、事业心和敬业精神，并且在组织实施、工程管理及技术创新等方面都有许多新突破、新创造。

3.2 全省造林绿化的成绩和影响前所未有

造林绿化工程启动以来，进展速度出人意料，产生的影响极其广泛，取得的成绩令人振奋。

3.2.1 形成铺天盖地栽树的良好态势和浓厚氛围

在六大工程的带动下，全省普遍绿化，到处造林，形成了铺天盖地植树的局面。三年来，在城市、村庄、企业、景点、道边栽植大树约3亿多株，这是一个相当巨大的绿化规模，是一个能引起社会各方面关注、对诸多方面产生影响的绿化规模。六大工程的全面推动，系统地促进了在人多的地方多栽树，促成了各方高度关注林业、普遍重视绿化的浓厚氛围。造林绿化为山西带来生气，使大家看到希望，全省上下受到鼓舞。这样的一种局面和氛围，更加显得珍贵，也为全省林业长期发展创造了极为难得的大环境。

3.2.2 通道绿化取得重大突破

目前全省所有的高速路已全部完成绿化，一二级国省道和重要旅游路大部分完成了绿化，铁路沿线的客运线的绿化已基本完成，县乡道路和通村道路绿化取得了明显进展，完成约2万公里。路边到处种树，其质量之高、规模之大是最为普遍和最为感人的景象。一是实施进度超过原来的要求。一年多的时间就完成了工程启动时提出的四年要完成的任务。二是实施规模非常巨大。全面完成通道绿化的县就有几十个，如河津、右玉、襄汾、长治等。三是绿化效果超出预期。在工程启动初期，各地普遍感觉省里工程标准要求太高。实施三年来，各地实施的大部分路段的绿化标准远远超出了省里的标准。四是产生了巨大的影响。通道绿化的突破性进展不仅正在改变山西省路边树少的现状，营造了一种车行林中，人走树下的良好环境，而且，在路边栽树使人们能够直接感受到绿色、感受到绿化的成果。通道绿化鼓舞了社会的方方面面，引导各地相互竞争，带动了整个造林绿化的不断升温，是三年来推进造林绿化工程的强大动力。

3.2.3 造林绿化各项工程全面推进

在集中力量推进通道绿化的同时，各地从实际出发，努力搞好其他工程，形成了重点突破、全面推进的大好局面。

(1)村庄绿化使社会主义新农村建设大为增色。每年全省安排2000个村庄进行绿化，各地还自己安排了一批村庄进行绿化。大多数的村庄绿化，还额外得到了当地财政给予的补助，或者企业给予的一定资助。在这样多的村庄由财政补贴有组织地大规模开展绿化，过去未有，农民高兴，农村面貌变化明显。农村环境优于城市环境在一些农村的绿化中得到了极大的体现。城乡在该方面差距的缩小，对缩小城乡差距的影响有着极其深远的意义。2007年在夏县召开的全省新农村建设会议，村庄绿化给全省以强烈的印象，受到大家的好评。河南省的旅游公司，将夏县作为生态一日游也能说明夏县村庄绿化的程度。

(2)环城市绿化全面展开。在环城地带发展“看得见、用得上”的多功能林业，是“身边增绿，以人为本”理念最直接的体现。11个地级市，均开展了大规模的环城林带建设及城市森林公园建设，山区城市在全面推进周边荒山绿化的同时，还规划建设山地森林公园。已经有67个山区、丘陵县建设了森林公园。在城市周边大规模栽树，是造林绿化工程启动以来非常有影响的事情。许多进展快的地方不仅城市生态环境发生了极大的变化，而且影响到城市的发展布局。人口最密集区，集中了最渴望得到绿色的庞大社会群体，大规模的城市使人们对绿色的精神需求得到了一定程度的满足，或者看到了一定的希望。而这是一个对社会价值取向、对社会发展方向、对社会的舆论有较大影响的群体。他们对一项事业的认识，某种程度上代表着全社会一种认知。

(3)交通沿线荒山绿化高标准起步。目前已安排荒山造林120万亩，多数集中在进出城市的沿线及高速路两侧。省级投资补助标准为500元/亩，许多地方执行了更高的标准，对各地影响很大。2008年大多数县区的工程重点，已经转移到交通沿线荒山造林上来。“灭荒从城市周边开始”，这种“由浅入深、由表及里、由身边向深山顺次延伸的梯次推进战略”开始布局实施。在未来的十多年后，这条线绿化效果的凸显，对生态环境所产生的影响，必将使社会对林业的认识，提高到一个更高的层次。像大运高速沿线的灵石、太行山腹地的平顺、雁门关外的山阴等县的荒山造林绿化工程给人以战天斗地的气势，是非常震撼人心的。

(4)厂矿区绿化规模扩大。企业从重视企业内部的厂矿区绿化，到重视其周边的绿化。一种“企业建在森林中，在森林中找企业，用绿色包围企业”的绿化理念正在形成，建设园林式企业正在成为一种风气。“一矿一企，治理一山一沟”的机制，在全省得到了很好的推广，企业绿化出现了许多好的典型。

(5)城市绿化档次不断提高。

4 山西省造林绿化的前景

“山上治本，身边增绿”在今后一段时间内仍然是全省林业坚持的发展战略。再坚持3～5年，如此规模和气势的造林绿化，将会给山西的生态环境带来一个质的飞跃。石太高速铁路客运专线将是进出山西的国宾道；汾河流域生态修复与治理工程，将会展现当年“汾河流水哗啦啦”的美景；矿山植被恢复保证金的启动，将会使黑色的矿山，变成一道绿色的风景线；城市、村庄绿化，将会使山西省的人居环境有一个很大的改善。“十年不懈植树，绿化三晋大地”，一个山川秀美的新山西，将会展现在人们的眼前。

作者简介：任建中，男，山西人，学士，山西省林业厅总工程师，教授级高工，从事森林培育研究。

我国集体林区林权制度改革模式和绩效调查分析

徐晋涛　孙妍　姜雪梅　李劼
（北京大学环境学院，北京，100871）

摘要：该文是关于我国集体林权制度演变和改革的一个综合性报告。该文对当前正在发生的集体林权改革的背景、过程和结果进行了统计描述，对集体林权制度改革的初步绩效进行了统计分析，对林权改革政策提出了相关建议。该文的结论多数建立在对福建、江西、浙江、安徽、湖南、辽宁、山东、云南8个省份所进行的实地调查的基础上，因此，分析结果有一定的普适性，对我国出台林权改革政策和后续政策具有参考价值。

关键词：集体林区；林权制度改革；模式；绩效

Collective Forest Tenure Reform in China: Analysis of Pattern and Performance Based Data

XU Jin-tao, SUN Yan, JIANG Xue-mei, LI Zhe
(College of Environmental Sciences, Peking University, Beijing 100871)

Abstract: This paper is a comprehensive report of collective forest tenure reform in China. This paper made statistic description of the background, process and outcome of collective forest tenure reform, conducted statistic analysis of the initial performance of collective forest tenure reform, provided policy recommendations of tenure reform. The Analyses are based on data collected in 8 provinces covering Fujian, Jiangxi, Zhejiang, Anhui, Hunan, Liaoning, Shandong and Yunnan. Therefore, the conclusions in this paper are well grounded and should provide valuable information to support tenure reform policy and design of follow – up policies.

Key words: Collective forest area; Tenure reform; Model; Performance

1　近期我国集体林区林权制度改革介绍

2003年，福建省启动了集体林权制度改革，拉开了中国第二次林权制度改革的序幕。该省在保持林地集体所有制的前提下，通过均山均利、招投标等方式将集体林地的使用权、

* 本文是世界银行和国家林业局政策法规司委托“中国集体林权改革研究”（合同号：7141913）课题成果之一。作者感谢福特基金会、产权与资源集团和瑞典海外发展署对本课题的资助。

林木的所有权和使用权进一步明晰到户、联合体或其他经济实体。根据福建省林改材料，截至2006年6月，该省99%的林地已完成明晰产权的工作(柴喜堂，2006)。

继福建省之后，全国其他省份的林权制度改革也相继铺开。江西、辽宁、浙江等省纷纷颁布了本省的林改实施方案，加入到林权制度改革的行列中来。在总结福建省和江西省等林改先行省份成功经验的基础上，国家林业局局长贾治邦于2006年2月27日在国务院新闻办举办的新闻发布会上正式对外宣布，我国将全面推行林业产权制度改革。由此，继土地改革、联产承包之后，中国的"第三次土改"大幕正式拉开。

2 集体林区林权制度改革的动因分析

福建省和江西省的林改属于由地方政府发动的自发林权改革。那么，是什么因素促使这两个省在全国范围内首先推行林改？下面将从3个层面进行分析。

(1)村集体通过林改改善村财状况。2003年春，福建省政府出台文件正式宣布在全省范围内开展集体林权制度改革。但实际上，1998年林改的萌芽已经在永安洪田村发生。2002年，尤溪县一个村子为了解决村财赤字的问题，也自发地对林地经营权进行了调整。该村委会通过收取林地使用费的形式把村里部分林地的经营权转给本村村民。此外，村集体还把部分山林以活立木转让的形式拍卖出去。村委会改革当年所获得的林业收入不仅还清了所欠下的所有债务，还有所剩余。我们通过调查发现，福建省的许多村子都能够从林权改革中获利。这一现象，在孔祥智等(2006)的研究中也得到了印证。这些经验说明村集体组织有参与林改的动力。对于江西省情况则有所不同，在下文中将专门论述。

(2)省政府通过林改降低管理成本。在本次林改中，福建省和江西省政府都表现出了积极的立场，并从资金、政策上大力支持林改。那么是什么原因致使政府部门的立场发生如此巨大的转变？从成本—收益的角度，或许能给我们一些启示。首先，政府财政收入来源在过去的20年中发生了较大的改变，林业对财政的贡献逐步下降(图1)。其次，伴随着其他产业以及私营经济的发展，社会对于林业产业的依赖程度逐渐降低。政府部门此时实施改革的机会成本要远远低于林业"三定"时期；而推迟林改的机会成本则逐步增加，这些导致成本增加的原因包括：由于林业对农民家庭收入贡献较低引起的不满，以及森林资源保护难度的增加等。因此，两省政府在此时倡导林改是大势所趋。

(3)林改是新农村建设思想在林业部门的具体实现。在过去几年里，国家领导人对于农村地区的发展给予了高度的关注，并在全国范围内开展"新农村建设"运动。国家的各项政策都向农村地区有所倾斜，比如取消农业税、加大农村基础设施及基础教育投入等。2002年，继《中华人民共和国农业土地承包法》出台之后，农民在农地上拥有的权利大幅提高。相反，我国在集体林区现行的许多政策、制度难以适应这样的发展形势。福建省和江西省自发的林改，为当地新农村建设增添了制度改革的内容，体现出林业部门参与新农村建设的政治意愿。

3 集体林区林业产权模式及农民的认知调查

根据2006年3月至2007年9月对福建、江西、浙江、安徽、湖南、山东、辽宁、云南的实地调查，收集了12种林业产权模式(林业经营模式)。为了研究的方便，依据经营主体的不同将其归为5大类。这5类分别是：

(1)家庭经营：指的是林地由单个农户家庭经营管理，包括林业"三定"时期划定的自留

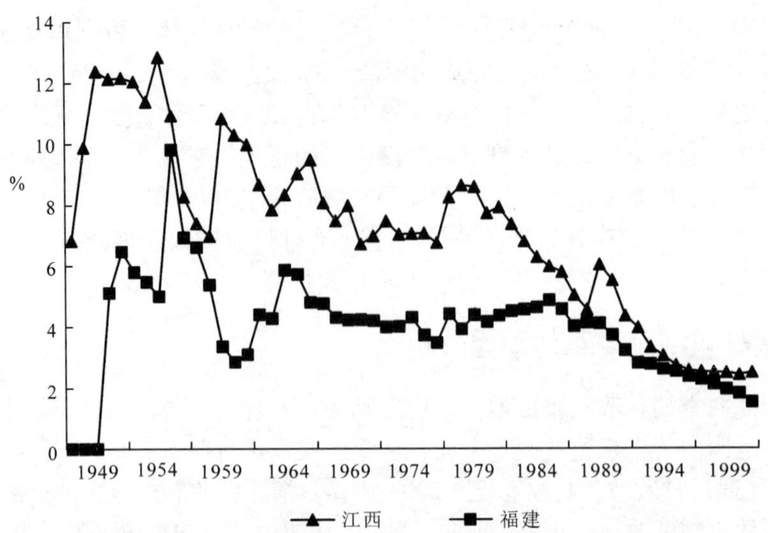

图1 福建省、江西省林业收入占 GDP 的比重(1950~1999)

数据来源：国家统计局(2000)

山、责任山、承包山和租赁山。在这三类山林中，自留山和责任山的概念较为明确，与农地中的自留地、责任田相当；承包山和租赁山的概念则依据各村村委会的界定有所不同。

(2)联户经营：指的是一组农户在自愿的基础上联合经营一片或几片林地。这个组的概念大约在5~10户之间。

(3)小组经营(或自然村经营)：以生产小组或自然村为经营单位，这种经营模式类似于社区共管模式。

(4)林地流转经营：指的是外村的个人或组织通过签订合同的方式获取某个村的林地使用权和管理权。(这种模式有时候也被称为是“市场经营”)

(5)集体经营：林地由村委会统一经营。

以上的5种模式中，前2种类型农户是直接的收益者；而后3种产权模式的直接收益者则是村集体。因此，通过比较改革前后各种经营模式在本村林地中所占比重，可以分析出村内部利益重新分配的程度。

实际上还有第6种类型的林地——生态公益林。在南方集体林区区划界定生态公益林的行为始于90年代。根据我们的调查，在集体林区多数村有相当比例的林地被划为生态公益林，禁止或限制商业采伐。尽管《生态公益林区划界定办法》规定，在区划界定重点生态公益林时，地方政府必须本着自愿原则，但在实际操作过程中，生态公益林的认定则是由地方政府部门单方面决定，林权所有人并没有发言权。因此，在研究中把生态公益在林地中所占的比重作为政策对当地林权安排干预程度的外生变量。

在不同的产权模式下，书面承包经营合同中所赋予农户的使用决策权利是不同的。在合同中予以明确约定的农户各项权利(包括对林地使用权和林木所有权、转让权、继承权、租赁权、采伐权、生产决策权、承包收益分配及合同期限等)体现了产权制度的完善水平。事实上，将农户的各项权利在合同中落到实处，正是近期林权改革所取得的重大进展，并可能是农户选择林地经营模式时产生差异的影响因素之一。关于不同产权模式下农户对各项权利认知情况的调查结果参见表1，不同产权模式下承包经营合同期限参见表2。

表1 不同产权模式下农户的使用决策权的分布 单位:%

权利	受访农户回答	家庭经营	小组经营	联户经营	林地流转经营	生态公益林	集体经营
将林地转为农地	有	35.01	11.11	24.32	18.60	4.17	3.23
	有，但需要经过村里批准	1.71	3.70	2.70	0.00	2.08	0.00
	没有	57.77	79.63	70.27	70.93	87.50	51.61
	其他	5.51	5.56	2.70	10.47	6.25	45.16
转种其他林种	有	67.44	59.26	56.76	50.00	43.75	19.35
	有，但需要经过村里批准	4.77	14.81	8.11	4.65	8.33	0.00
	没有	20.32	20.37	32.43	32.56	39.58	38.71
	其他	7.47	5.56	2.70	12.79	8.33	41.94
转种其他树种	有	74.30	68.52	70.27	63.95	47.92	25.81
	有，但需要经过村里批准	3.43	11.11	5.41	4.65	2.08	0.00
	没有	16.03	14.81	21.62	22.09	39.58	32.26
	其他	6.24	5.56	2.70	9.30	10.42	41.94
经营林下资源	有	89.84	88.89	83.78	77.91	81.25	54.84
	有，但需要经过村里批准	1.96	1.85	0.00	1.16	2.08	0.00
	没有	3.67	5.56	13.51	9.30	10.42	3.23
	其他	4.53	3.70	2.70	11.63	6.25	41.94
林地抵押	有	52.14	40.74	43.24	27.91	41.67	25.81
	有，但需要经过村里批准	5.39	7.41	8.11	4.65	8.33	0.00
	没有	35.25	31.48	35.14	47.67	41.67	54.84
	其他	7.22	20.37	13.51	19.77	8.33	19.35
林地在本村内流转	有	66.10	46.30	64.86	45.35	47.92	61.29
	有，但需要经过村里批准	15.30	14.81	10.81	3.49	16.67	9.68
	没有	15.54	27.78	21.62	38.37	27.08	29.03
	其他	3.06	11.11	2.70	12.79	8.33	0.00
林地在本村之外范围内流转	有	50.18	38.89	54.05	33.72	47.92	48.39
	有，但需要经过村里批准	15.06	5.56	13.51	4.65	12.50	22.58
	没有	31.46	42.59	29.73	48.84	31.25	29.03
	其他	3.30	12.96	2.70	12.79	8.33	0.00
采伐	有	78.21	79.63	78.38	60.47	70.83	45.16
	没有	16.03	16.67	13.51	30.23	20.83	19.35
	其他	5.75	3.70	8.11	9.30	8.33	35.48
抛荒	有	30.35	14.81	16.22	15.12	14.58	19.35
	没有	65.61	79.63	75.68	75.58	68.75	74.19
	其他	4.04	5.56	8.11	9.30	16.67	6.45

数据来源：实地调查数据(2006，2007)

表 2 不同产权模式下承包经营合同期限的分布 单位:%

省份	描述性统计	家庭经营	小组经营	联户经营	外部经营
福建	均　值	34.26	27.46	33.47	31.58
	最小值	1.00	2.00	3.00	1.00
	最大值	70.00	50.00	50.00	50.00
江西	均　值	35.11	40.00	50.00	30.00
	最小值	15.00	30.00	30.00	30.00
	最大值	72.00	50.00	70.00	30.00
浙江	均　值	31.84	50.00	50.00	13.60
	最小值	1.00	50.00	50.00	5.00
	最大值	50.00	50.00	50.00	23.00
安徽	均　值	35.22	25.00	21.86	26.60
	最小值	10.00	25.00	1.00	1.00
	最大值	50.00	25.00	40.00	50.00
湖南	均　值	35.02	30.00	30.00	-
	最小值	10.00	30.00	30.00	-
	最大值	70.00	30.00	30.00	-
辽宁	均　值	41.66	-	-	33.50
	最小值	2.00	-	-	1.00
	最大值	70.00	-	-	50.00
山东	均　值	26.04	-	-	9.00
	最小值	6.00	-	-	8.00
	最大值	50.00	-	-	10.00
云南	均　值	42.16	70.00	47.67	54.44
	最小值	1.00	70.00	3.00	30.00
	最大值	70.00	70.00	70.00	70.00
总计	均　值	35.41	43.35	33.32	43.70
	最小值	1.00	3.00	1.00	1.00
	最大值	72.00	70.00	70.00	70.00

数据来源：实地调查数据(2006，2007)

4 集体林区 2000 年以来的林权改革变化调查分析

表 3 展示了 2000 年和 2006 年 8 个调查省产权模式的份额变化。

大众普遍认为，2000～2006 年林权改革的主要目标是产权的私有化、个体化(包括自愿结合的联户经营在内)。如果我们采用这一视角分析 8 省的林改情况，根据表 3，福建、辽宁、山东和云南在这一方面取得了显著的成就。江西和浙江尽管是第一批宣布进行林权改革的省份，但在家庭经营化方面的进展并不突出。在江西发生的主要变化是小组(自然村)经营模式的份额从 2000～2005 年下降了一半，与此同时林地流转经营的比例有大幅上升。浙江省在林改的初期阶段家庭单户经营的比例已达到80%以上，因此林改之后，家庭经营份额的上升空间并不大。湖南省变化不大的原因与浙江省类似。安徽省家庭经营和联户经营所占的份额有所下降，基本上体现为生态公益林的增加，这可能与安徽省南部是重要的旅游区有关。政府将较大份额的林地作为生态公益林，体现了其在保护森林资源的旅游价值方面的努力。

表3 产权模式的份额变化(2000~2006)

省份	年份	家庭经营	联户经营	小组经营	外部经营	集体经营	生态公益林	总计
福建	2000	43.61	2.94	3.97	4.29	29.27	15.93	100.00
	2005	50.63	7.81	5.62	4.72	13.78	17.44	100.00
江西	2000	62.23	2.31	8.93	5.49	17.93	3.12	100.00
	2005	62.97	2.77	4.16	9.95	12.47	7.67	100.00
浙江	2000	82.45	1.37	7.43	0.26	6.62	1.86	100.00
	2005	82.66	1.37	7.48	0.25	7.37	0.87	100.00
安徽	2000	91.81	0.40	3.08	1.58	2.24	0.89	100.00
	2006	85.07	0.40	3.06	1.28	2.07	8.12	100.00
湖南	2000	90.89	3.41	1.66	0.38	2.78	0.88	100.00
	2006	92.43	0.27	4.46	0.74	0.98	1.11	100.00
辽宁	2000	42.93	7.52	19.27	1.94	27.37	0.97	100.00
	2006	55.21	7.04	3.08	11.90	22.09	0.68	100.00
山东	2000	46.58	0.00	0.00	8.77	6.17	38.47	100.00
	2006	54.30	0.00	0.00	7.05	3.08	35.56	100.00
云南	2000	59.22	0.00	32.44	0.00	3.05	5.29	100.00
	2006	69.87	3.68	16.63	0.45	5.03	4.35	100.00

数据来源：实地调查数据(2006，2007)

山东省的情况值得关注。山东省森林资源在过去并不丰富，造林活动主要体现为在耕地周围建立防护林。在林改以前，生态公益林在森林资源中占了很大份额。根据调查数据的反映，较大份额的生态公益林(防护林)和一些集体经营的森林目前已经分给农户，转为家庭经营的模式，林权改革在山东取得了重大的成就。云南省的情况也值得借鉴，云南省森林资源集体经营、家庭经营和联户经营的份额都有所上升，下降主要体现在小组(自然村)经营的比例变化上。根据我们的观察，云南省有大面积的森林资源受到天保工程的影响，相当多的集体林划归为生态公益林，这对受影响地区林权改革模式的选择产生重要影响，有些村不得不将已经划归农户经营的林地收回集体经营。

5 集体林区林权改革的初步成效

(1)木材采伐大幅增加。近期林改动作较大的省份木材采伐量有一定程度的增加。根据调查，近五六年间，福建、辽宁、山东、云南4省的村平均木材采伐量增加比较明显(参见表4)。由于家庭经营和联户经营已成为木材生产的主力军，因此采伐量增加的趋势与森林资源经营个体化的趋势相一致。另外，木材生产与林地流转经营有显著的相关性，尤其是在福建省和辽宁省。这与调查中观察到的大部分林地流转经营是以采伐为目的的情况相一致。

表4 村级平均木材采伐量(2000~2005) 单位：m^2

省份	年份	家庭经营	联户经营	小组经营	林地流转	集体经营	总计
福建	2000	89.14	6.73	21.67	4.42	46.60	168.56
	2003	106.70	101.55	16.67	21.73	17.52	264.17
	2005	107.33	124.97	35.00	104.48	39.97	411.75
江西	2000	56.07	0.00	10.50	3.33	2.00	71.90
	2003	47.70	0.67	0.00	3.33	0.50	52.20
	2005	67.84	0.62	2.00	0.00	3.33	73.80
浙江	2000	154.86	0.00	16.67	0.00	13.33	184.86
	2003	133.75	0.00	16.75	0.00	5.28	155.78
	2005	140.56	0.00	36.25	0.00	0.83	177.64
安徽	2000	12.83	0.00	0.00	0.00	5.67	18.50
	2003	111.02	0.00	0.00	0.00	11.48	122.51
	2006	27.80	0.00	0.00	0.00	24.67	52.47
湖南	2000	55.95	0.00	0.00	33.33	7.93	97.22
	2003	66.50	0.00	2.49	0.00	1.74	70.73
	2006	83.90	0.00	0.00	0.00	2.00	85.90
辽宁	2000	46.20	6.67	2.67	9.33	47.57	112.43
	2003	53.33	7.33	11.00	6.00	22.00	99.67
	2006	97.53	12.67	0.00	84.33	31.07	225.60
山东	2000	21.61	0.00	0.00	0.50	11.43	33.54
	2003	30.66	0.00	0.00	0.93	5.13	36.72
	2006	16.99	0.00	0.00	0.00	32.67	49.66
云南	2000	121.27	0.00	37.33	0.00	100.70	259.30
	2003	91.53	0.00	36.67	0.00	100.70	228.23
	2006	178.17	44.57	36.00	0.00	100.70	360.10

数据来源：实地调查数据(2006，2007)

(2)林业收入占家庭总收入的比重显著增加。在过去的五六年间，所有省份农户家庭净收入都有显著的提高，但可以看出林业收入是各项收入中增长速度较快的一项(见表5)。福建、江西、辽宁、山东的林业收入占总收入的份额有所提高。安徽省林业收入份额有所下降。

表5 各省家庭收入表(2000~2006)

省份	年份	单位	林业收入	农业收入	非农收入	其他收入	总收入
福建	2000	元	685.29	3054.99	4759.07	674.02	9173.37
		%	7.47	33.30	51.88	7.35	100.00
	2005	元	2532.07	5494.25	5952.87	1791.64	15770.84
		%	16.06	34.84	37.75	11.36	100.00

（续）

省份	年份	单位	林业收入	农业收入	非农收入	其他收入	总收入
江西	2000	元	188.29	2641.64	3873.22	371.42	7074.57
		%	2.66	37.34	54.75	5.25	100.00
	2005	元	1607.15	4157.40	5919.44	1050.06	12734.06
		%	12.62	32.65	46.49	8.25	100.00
浙江	2000	元	1133.91	1380.52	13531.76	1610.43	17656.62
		%	6.42	7.82	76.64	9.12	100.00
	2005	元	3075.26	2431.37	22629.70	4378.73	32515.05
		%	9.46	7.48	69.60	13.47	100.00
安徽	2000	元	5206.50	1777.88	6274.96	673.19	13932.52
		%	37.37	12.76	45.04	4.83	100.00
	2006	元	6265.88	10848.81	14864.27	3182.26	35161.22
		%	17.82	30.85	42.27	9.05	100.00
湖南	2000	元	386.66	3322.11	4985.73	1119.44	9813.94
		%	3.94	33.85	50.80	11.41	100.00
	2006	元	751.55	6615.52	8514.22	3140.89	19022.18
		%	3.95	34.78	44.76	16.51	100.00
辽宁	2000	元	497.07	3777.36	4489.60	899.88	9663.90
		%	5.14	39.09	46.46	9.31	100.00
	2006	元	3215.57	5338.03	9667.22	2591.80	20812.63
		%	15.45	25.65	46.45	12.45	100.00
山东	2000	元	361.67	3506.32	7096.33	1378.40	8031.45
		%	4.50	43.66	88.36	17.16	100.00
	2006	元	926.07	7902.43	4272.25	507.36	18557.41
		%	4.99	42.58	23.02	2.73	100.00
云南	2000	元	476.26	3906.90	10361.73	883.36	15628.25
		%	3.05	25.00	66.30	5.65	100.00
	2006	元	1356.72	15397.04	11288.50	2141.96	30184.22
		%	4.49	51.01	37.40	7.10	100.00

数据来源：实地调查数据(2006，2007)

(3)农户及农户联合体自发造林的面积增加。在2000～2006年期间，除安徽之外，在其他调查省份发现，林权改革促进了造林投资。在福建、湖南、辽宁和云南，家庭投资林业的增长比例最大。其他经营模式的造林面积在福建、辽宁、山东、云南也有所提高(见表6)。这说明除了林权改革这一影响因素外，还有其他因素对近年造林投入的增长起到了促进作用。

表6 村级平均造林情况(2000～2006)

省份	年份	单户合计	联户经营	小组经营	山林流转	集体经营	公益林	造林合计
福建	2000	1.85	1.49	0.63	0.33	4.38	0.33	9.00
	2003	3.54	0.65	0.20	0.21	1.25	0.00	5.85
	2005	7.15	2.71	1.35	2.55	9.53	0.00	23.28
江西	2000	5.71	0.00	0.00	0.00	0.56	0.00	6.27
	2003	7.59	0.00	1.80	0.73	0.78	0.00	10.90
	2005	7.51	0.00	0.00	0.27	0.33	0.00	9.36
浙江	2000	3.16	0.00	0.37	0.00	0.00	0.00	3.53
	2003	9.16	0.00	0.56	0.00	1.71	0.00	11.42
	2005	9.29	0.00	0.74	0.00	0.09	0.00	10.12
安徽	2000	0.86	0.00	0.00	0.00	0.38	0.00	1.23
	2003	7.40	0.00	0.00	0.00	0.77	0.00	8.17
	2006	1.85	0.00	0.00	0.00	1.64	0.00	3.50
湖南	2000	1.30	0.00	0.00	0.00	0.11	0.00	1.41
	2003	8.71	0.00	0.00	0.00	0.11	0.00	8.82
	2006	5.33	0.00	0.00	1.11	0.22	0.00	6.66
辽宁	2000	18.08	0.24	1.94	0.22	1.40	0.00	21.88
	2003	28.66	0.47	2.18	0.11	2.93	0.00	34.35
	2006	25.38	0.69	0.36	1.18	2.71	0.00	30.32
山东	2000	1.40	0.00	0.00	0.00	0.38	0.07	1.85
	2003	2.59	0.00	0.00	0.10	0.18	0.69	3.56
	2006	2.27	0.00	0.00	0.53	0.16	1.90	4.86
云南	2000	16.22	0.00	0.11	0.00	0.00	6.91	16.55
	2003	42.98	0.00	15.01	0.00	0.00	7.36	58.22
	2006	57.52	0.00	0.11	0.00	0.00	0.00	57.63

数据来源：实地调查数据(2006，2007)

6 结论和建议

(1)在过去的五六年间，集体所有林地的产权结构发生了进一步的变化，但各省改革的形式和改革带来的变化程度差异较大。以家庭经营和联户经营为目标模式的林权改革，在福建、辽宁、山东和云南取得了显著成果。这些省份，过去集体经营的比例较大，因此农民对改革的呼声较高。江西省的改革，从结果上来看林地流转经营比例的增加最为显著。在安徽，生态公益林的扩张是主要的变化内容。在浙江和湖南，没有显著的林权结构变化。

(2)中国农村地区的林业产权体制的形成与当地社会、经济和政策等因素息息相关。通过民主决策形成的产权模式体系，在不同地区存在较大的差异。

(3)在林权改革动作较大的省份，采伐量增幅较大。农民来自森林和木材采伐的收入有所提高。应该说农民对这样的改革是拥护和欢迎的，但是，国家传统的森林资源管理体系受到新的挑战，必须做出调整。

(4)林权改革在短期内促进了小规模林业经营者的产生，由于产权的分化和林业经营者的分散，导致林业管理成本提高。因此主要林业政策的实施(例如采伐限额管理)难度加大，从而会带来改进或建立新的林业政策和管理体制的要求。

(5)林业社区共管的经营模式在社会资本较好的地区容易推行。

(6)村委会实施林权改革的机会成本高低将直接影响林改的进度和质量。在推动林权改革过程中，应该对基层集体经济组织和基层林业主管部门的既得利益有所补偿，才能加速林改步伐，避免林改雷声大雨点小的局面出现。

(7)私人部门(农户、联户、市场经济组织)造林面积的增加显示出了林业可持续发展的苗头。除林权改革外，还有其他潜在的因素促进了私人造林的积极性。需要进一步分析研究，以确定这些多重因素对造林的影响。

(8)林权改革将是一个长期的过程。很多新的林业经营模式，例如联户经营和林地流转经营，从长期看是过渡性质的经营模式。社会经济因素发生的变化会影响联户之间的合作关系，一些联户将解体。另外，当承包经营合同到期时，外部经营者将不得不重新谈判，林地可能重新返还给村集体。所有这些变化因素将导致对经营权重新分配的要求。其他因素，例如大规模的林地纠纷，也可能造成产权体系的转换。

参考文献

[1] 柴喜堂．福建省集体林权改革．//中国集体林区林权改革国际会议．友谊宾馆，2006－9－21

[2] 国家林业局．中国林业发展报告：1949～1999[M]．北京：中国林业出版社，1999

[3] 国家林业局．中国森林资源统计(第六次森林资源清查)[M]．北京：中国林业出版社，2005

[4] 国家林业局．中国林业年鉴(1990～2004)[M]．北京：中国林业出版社，2005

[5] 国家统计局．中国统计年鉴[M]．北京：中国统计出版社，2004

[6] 江机生．中国集体林权改革需要关注的主要问题．//中国集体林区林权改革国际会议．友谊宾馆，2006－9－21

[7] 孔祥智，郭艳芹，李胜军．集体林权制度改革对村级经济的影响分析[J]．林业经济，2006，171(10)：17～21

[8] 林业部．中国林业年鉴[M]．北京：中国林业出版社，1987

[9] 刘畅，董伟．第二次土地改革艰难破冰：集体林权制度改革记事[N]．中国青年报，2006－8－24

[10] 苏永通．中国将全面推开"第三次土改"[N]．南方周末，2007－7－16

[11] Papke L E, J M Wooldridge. Econometric Methods for Fractional Response Variables with an Application to 401(k) Plan Participation Rates. Journal of Applied Econometrics, 1996, 11, 619～632.

作者简介：第一作者：徐晋涛(1963－)，男，山西人，博士，北京大学环境学院教授，博士生导师，北京大学环境与经济研究所副所长，从事大型公共项目成本效益分析、自然资源管理体制、工业污染政策的实证分析、效率与生产力分析研究。

从基本林业生产者角度分析中国木材供给

——黑龙江案例研究[①]

国家林业局经济发展研究中心课题组

（国家林业局经济发展研究中心，北京，100714）

摘要：木材是保障社会经济良性发展的十分重要的战略物资。本文以黑龙江省为案例，从基本林业生产者的角度研究我国木材能力。在此基础上提出增加我国木材供给能力的政策建议。

关键词：木材供给；工程模型

China Forestry Supply

—Analyzing from Grass Roots Forestry Producers in Heilongjiang Province

Economic Developing and Researching Center of State Forestry Bureau

（Economic Developing and Researching Center of State Forestry Bureau，Beijing 100714）

Abstract：Timber is a very important strategic goods to ensure sound social－economy's development. Based on the case study on China's timber supply from grass roots forestry producers in Heilongjiang province，this paper analyzes relative policy suggestions on increasing China's timber supply.

Key words：Timber supply；Engineering model

1 背 景

木材是保障社会经济良性发展的十分重要的战略物资。木材能否按时、按需供应，直接影响国民经济的健康发展。随着社会和经济的发展，中国对木材的需求大幅度增加。2006年，中国木材产品总消费 33738.83 万 m^3[②]，是 2002 年总消费量的 1.84 倍，年平均增长 16.46%。为缓解国内木材市场需求压力，中国木材产品进口呈快速增长态势。2006 年，中国进口原木和其他木质林产品折合原木 12822.45 万 m^3，是 2002 年进口量的 1.36 倍，年平均增长 7.94%。2002～2006 年，中国木材产品进口量在总消费量中的比重为 35.51%～51.50%，木材产品进口对中国木材产品市场支撑力度很大（图 1）。中国林科院首席科学家鲍甫成指出，如果一个国家的某种材料的进口量占其消费量的 30%～50%，该种材料就处于国家安全警戒线下[③]。国际贸易经济学认为，当一种物资和国民经济发展关联度极强，同

---

① 本课题得到世界银行资助。课题组成员：张蕾、戴广翠、周少舟、张升、陈学群、张坤、张志涛、吴柏海

② 根据《中国林业发展报告 2007》，中国木材产品消费包括工业与建筑用材、农民自用材和烧材、出口四个部分。

③ 中国木材进口逼近警戒线，绿色中国，2007(7)

时极具依赖对外贸易的情况下，国家就必须把该物资列为战略物资，进行必要的战略储备。根据这一理论，我国需要对木材进行战略储备，保障社会经济的稳定发展。

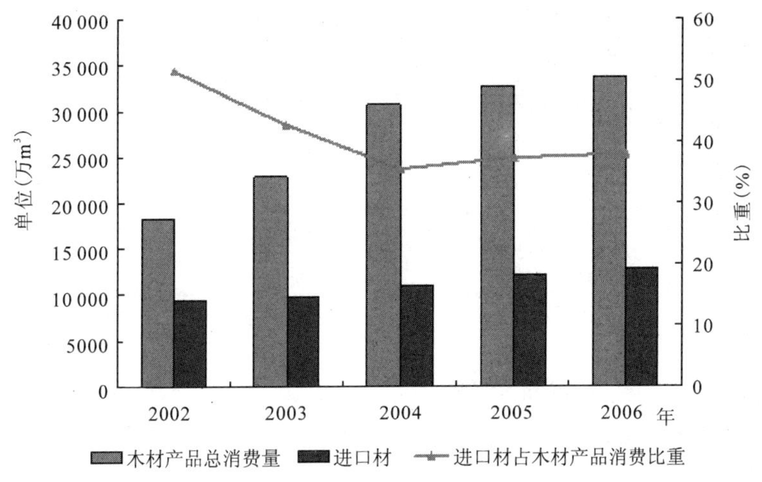

数据来源：《中国林业发展报告 2003～2007》

图 1　2002～2006 年中国木材产品消费和进口量

一般情况下，木材战略储备两种途径：一种是依赖国外森林资源，进一步加大木材进口量；一种是依靠国内森林资源，增加森林资源存量，通过提高林地生产力，提高林地木材供给能力。

为研究我国木材供给能力，在世界银行的支持下，国家林业局经济发展研究中心开展了《中国木材供给研究》，期望通过对中国木材供给研究，在此基础上科学地预测和分析中国未来木材供给的变动和发展方向，从而为制定森林资源管理政策和木材安全发展战略，提供政策咨询和建议。

基于文献综述和我国林情分析，项目组以黑龙江省为案例，从基层林业生产者分析入手，研究我国长期木材供给。因此，本研究的目的就是从基层林业生产者角度，通过详细调查整个营林生产环节所发生的成本以及最终的木材产量，构建“成本—产量”关系，建立长期木材供给模型，预测黑龙江省长期木材供给量，并在此基础上提出增加中国木材有效供给的相关政策建议。

2　数据与方法

2.1　样本选择

黑龙江省森林资源主要分布在大兴安岭、小兴安岭、长白山和完达山四大山区，森林类型和主要用材树种有一定差别。为了准确预测全省木材供给情况，项目组分别在上述四个山区通过典型抽样，各选取 2 个样本林业局，并以这 8 个样本林业局的数据推断全省的情况。抽样结果和分布情况见表 1 和图 2。

2.2　基础数据

2.2.1　*森林面积*

用工程模型方法预测长期木材供给首先需要不同树种在不同地位级的面积数据，即“树种—地位级”面积数据。调查结果显示，目前还没有关于黑龙江全省“树种—地位级”的面积

表1　经营单位样本分布情况

地　区	样　本	管理机构	区位分布
大兴安岭	新林林业局	大兴安岭林业集团	深山区
	塔河县营林局	黑龙江省林业厅	浅山区
小兴安岭	铁力林业局	龙江森工集团	深山区
	依兰县林业局	黑龙江省林业厅	浅山区
完达山	东方红林业局	龙江森工集团	深山区
	宝清县林业局	黑龙江省林业厅	浅山区
长白山	海林林业局	龙江森工集团	深山区
	穆棱县林业局	黑龙江省林业厅	浅山区

统计数据。因此，项目组采用随机抽样的方法，在大兴安岭、小兴安岭、长白山和完达山四大山区抽取32个样本林业局，以样本林业局的“树种—地位级”面积结构数据，推算全省的“树种—地位级”面积数据(核算过程图2)。

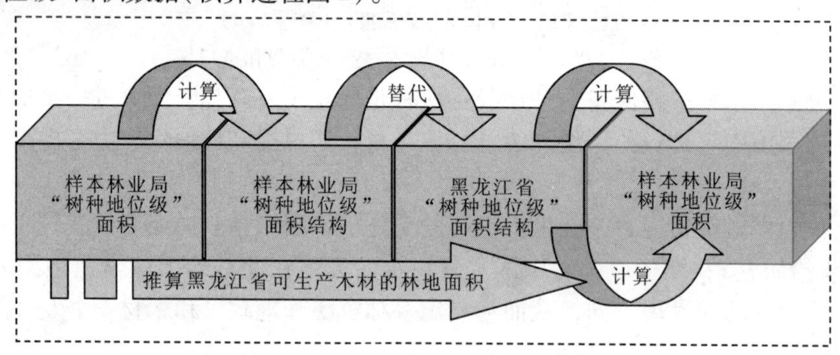

图2　黑龙江省“树种—地位级”面积推算流程图

需要说明，为了推算全省“树种—地位级”面积，首先需要掌握全省可用于供给木材林地的面积。按照森林主导利用功能差异，全省林地可划分为可供给木材林地和暂时不可供给木材的林地。暂时不可供给木材林地包括经济林、自然保护区和森林公园中的有林地。因此，全省总林地面积扣除经济林、自然保护区和森林公园的有林地面积，即为全省可供给木材林地的面积(图3)。

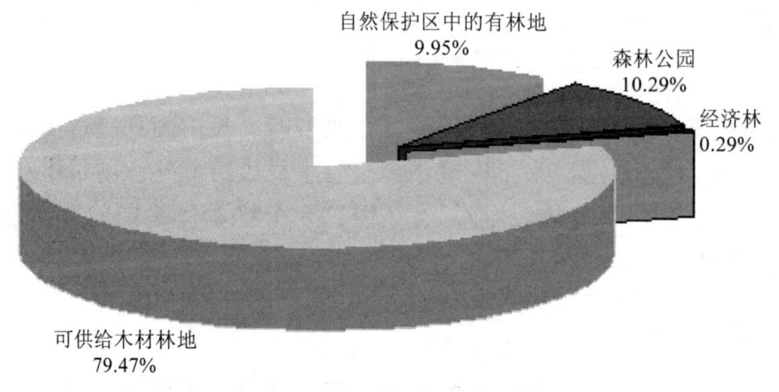

图3　黑龙江省可供给木材林地面积比重

值得重视的是，可供给木材林地面积并不是一个静态量。随着各项林业或者其他政策的出台，黑龙江省可供给木材林地面积可能会发生相应的变化。例如，2007 年，国务院原则上同意了《东北地区振兴规划》提出的经过 10 ~ 15 年，把东北地区建设成为国家生态安全的重要保障区，一些国有林区将全面停止木材主伐生产。根据《黑龙江省国民经济和社会发展第十一个五年规划纲要》黑龙江省“十一五”期间，将新增自然保护区面积 76 万 hm^2，使自然保护区面积达到占全省国土面积的 10%。可以预见，假设其他条件保持不变，随着《东北地区振兴规划》和《黑龙江省“十一五”规划》的实施，黑龙江省可供给木材林地面积将会缩减。

2.2.2 成 本

工程模型方法通过构建不同树种在不同地位级的“成本—产量”关系来预测长期木材供给量。因此，获取准确的“树种—地位级”成本和产量数据非常关键。这里，成本包括营造林成本和采伐成本。

根据调查，样本林业局的营造林成本项目包括：造林调查设计、林地清理与整地、种苗、种植、肥料、抚育、森林管护、病虫害防治。营造林成本内容和发生情况见表 2。

表 2 “树种—地位级”营造林成本

项 目	内 容	时 间	对 象
造林调查设计	调查、规划设计	0	人工林
林地清理与整地	割灌和除草	0	人工林
种 苗	2 年生；3300 株/hm^2	第 1 年	人工林
种 植	刨穴、植苗	第 1 年	人工林
肥 料	没有施肥	第 1 年	天然林和人工林
幼林抚育	一次镐抚、一次刀抚	第 1 年	人工林
	一次镐抚、一次刀抚	第 2 年	人工林
	一次刀抚	第 3 年	人工林
管 护	瞭望塔的修建、维护，森林管护	每年	天然林和人工林
病虫害防治		每年	天然林和人工林
管理费	管理人员工资等	每年	天然林和人工林
折旧费	固定资产折旧费	每年	天然林和人工林
其 他	含运输成本、材料、工具等	第 1 年	人工林

注：除世界银行贷款造林项目外，被调查的林地均没有施肥。黑龙江省林地由国有林和集体林构成，营林生产成本不包括地租。

采伐成本项目内容包括：采伐调查设计、道路维护、采伐、集材、其他。采伐成本内容和发生情况见表 3。

为了取得“树种—地位级”成本数据，项目组通过问卷调查了 140 个小班营造林成本历史数据，掌握各项营林生产活动平均所需的劳动力数量、劳动日和工资水平等内容。然后，分别推算“树种—地位级”在大兴安岭、小兴安岭、长白山和完达山四大地区的平均营林生产成本。按照工程模型方法把“树种—地位级”成本由低至高排列的方法，比较了四大地区“树种—地位级”成本数据，并分别寻找最小值。

表3　“树种—地位级”采伐成本

项　目	内　容	时　间	对　象
采伐调查设计	调查、设计	第60年	天然林和人工林
道路维修	不含集材道	第60年	天然林和人工林
采　伐	含集材道维护、工具和材料	第60年	天然林和人工林
集　材	含运输工具	第60年	天然林和人工林
其　他	含木材装、卸	第60年	天然林和人工林

注：在工程模型方法中，税费被认为是一种转移支付，而不是基层林业生产者的营林生产成本，因此，采伐成本不包括税费。

2.2.3　产　量

木材产量是衡量基层林业生产者从事营林生产活动的最终成果的标志，也是预测长期木材供给量的基础。产出木材包括大径材、中径材、小径材、短小径材、纸浆材和薪材。工程模型方法在核算“树种—地位级”木材收获量时不包括林木间伐量，而是把林木间伐收入作为营林成本抵减项，从当年营林生产成本中扣除。

项目组调查了140个小班的“树种—地位级”木材产量，并获取了“树种—地位级”收获表，在此基础上完成了黑龙江省“树种—地位级”收获表编制工作，最终获取木材产量数据。

2.3　方　法

经过模型方法学习和比较分析，我们认为工程模型方法适用于本项目研究。

工程模型方法(Vaux，1973；Hyde，1980)是通过构建不同树种在不同地位级(树种—地位级)的营林成本和产量关系构建木材供给函数。

工程模型方法假设理性生产者都会先从最低成本开始生产，然后，扩大其生产活动范围，经营成本也随之提高，同时可以获取更多的木材。正如市场需求所要求的那样，生产者会一直按照供给函数进行木材生产。因此，工程模型方法是根据单位木材的营林成本从低到高的顺序来安排营林生产活动。这种生产方式在每一地位级土地、每一种林地管理类型中进行下去。其结果会产生不同树种在不同地位级的营林生产成本—产量关系点，基于这些能绘制出木材供给图。

从低到高排列不同树种在不同地位级的年度平均营林成本(元/m^3)，理性的营林生产者将根据如下顺序安排营林生产活动：首先，在所有的最好的土地上，进行成本最低的营林生产活动——如天然落叶松(Ⅰ)的营林生产活动。其次，在所有的最好的或者次之的土地上，进行成本略高的营林生产活动——如人工落叶松(Ⅰ)的营林生产活动。第三，在所有的次之的或者再次之的土地上，进行成本较高的营林生产活动——如天然落叶松(Ⅱ)的营林管理活动。第四，在所有的再次之的或者地位级更低的土地上，进行成本更高的营林生产活动——如天然落叶松(Ⅲ)的营林管理活动。第五，依此类推。

理性营林生产者木材供给可以更加正式地表达成土地和其他营林投入要素的函数，即它仅仅是一个以营林成本C作为因变量，并把“成本－产量”关系从低到高排列的二元问题。

$$Q_{ij}i = \sum_{ij} l_i q_j(t)[c(t)_j;\ r] \quad i=1,\ 2,\ \cdots,\ m;\ j=1,\ 2,\ \cdots,\ n$$

其中：Q_{ij}表示全区域木材总产量；i和j分别表示不同的林地(i＝地位级Ⅰ、Ⅱ、…)和营林生产活动(j＝造林，施肥，火灾和病虫害防治，劳务费，等)。每一地位级上的木材产量可以根据该地位级林地面积 l_i，以及单位林地营林投入成本 C_j 确定。当然，不同的营林生产活动收获木材产量会有所不同。r 表示资金成本或者贴现率。r 的作用是把所有营林投入成本和最终木材产量都被折现到同一个参照时点。工程模型方法计算过程见图 5。

最终工程模型可以用于政策分析。基本的供给函数为构建长期木材供给提供了基础。木材供给函数也可以用来检验政策和市场变量对林地和营林生产成本的影响。每一市场和政策变量导致林地存量的变化，或者营林管理成本的变化，这又导致木材供给函数的变化。

2.4 主要前提和假设

为了用工程模型方法从基层林业生产者的角度预测黑龙江省的木材供给能力，项目组根据模型方法特征、黑龙江省森林资源现状和营林生产实际情况，设定如下前提和主要假设：

第一，主要树种和森林类型。黑龙江省树种包括 100 多种，利用价值较高的有 30 余种。工程模型方法是用主要用材树种和森林类型在不同地位级的营林生产情况来预测该省长期木材供给量。黑龙江省的主要用材树种和森林类型包括落叶松、桦类、杨树、栎类、樟子松、针叶混交林、硬阔类、软阔类、针阔混交林。这些主用材树种和森林类型分别占全省用材林总面积和总蓄积的 88.17% 和 88.39%。

第二，主要用材树种和森林类型的轮伐期。本研究确定落叶松、樟子松、针叶混交林、硬阔类、针阔混交林的轮伐期为 60 年；杨树、白桦、软阔类的轮伐期为 40 年。假设长期木材生产是一个连续的过程，在可以预见的未来，木材生产正常活动不会停止下去。

第三，预测时间。本研究确定对黑龙江省长期木材供给预测的起点时间是 2006 年。由于不同树种和森林类型轮伐期的差异，我们需要进一步假设营林开始时间。对于轮伐期为 60 年的树种和森林类型，假设人工林从第 0 年开始营林生产活动，天然林从第 1 年开始营林生产活动；对于轮伐期为 40 年的树种和森林类型，假设天然林从第 20 年开始营林生产活动。这样，所有的树种和森林类型都将在第 60 年被采伐(图 4)。

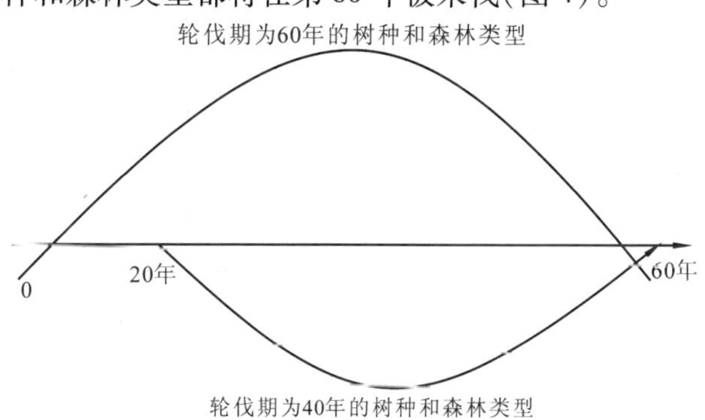

图 4　不同树种和森林类型开始营林生产活动起点示意图

第四，理性生产者。假设基层林业生产者都是理性的，都会根据平均营林生产成本由低至高的顺序来进行林地分配，并据此安排营林生产活动。

第五，间伐。在营林生产过程中，没有发生过间伐。

第六，抚育。人工林幼林抚育为“2 +2 +1”模型，即人工林在 3 年进行 5 次幼林抚育。

第七，不考虑自然灾害对森林蓄积量的影响。

第八，折现率。根据样本林业局平均投资收益率，确定黑龙江省木材生产的投资折现率为 4%。在对该省长期木材供给进行敏感性分析时，对该折现率上下调整 1 个百分点。

3 结果与讨论

3.1 长期木材供给预测

通过抽样调查，得到“树种—地位级”的长期平均营林生产成本、林地面积和平均木材产量后，就可以在此基础上，用工程模型方法构建黑龙江省长期木材供给函数。

按照工程模型方法，“理性”的基层木材生产者将按照“树种—地位级”的长期平均营林生产成本从低至高的顺序来安排营林生产活动，即长期平均营林生产成本低的“树种—地位级”林地将会优先于成本高的“树种—地位级”林地进行木材生产，并根据“树种—地位级”长期平均营林生产成本由低至高的排序，确定对应的“树种—地位级”林地分配顺序和平均木材产量顺序(表4)。这个营林生产安排顺序，可以表达为木材供给是以长期平均营林生产成本为自变量的函数。

表4 黑龙江省长期木材供给函数

序号	树种 - 地位级	长期平均成本 (元/m^3)	年均木材产量 (m^3/hm^2)	林地面积 (hm^2)	年度木材总产量 (m^3)	累计木材产量 (m^3)
1	杨树 - N - Ⅰ	27.84	5.50	103992.86	571960.73	571960.73
2	杨树 - N - Ⅱ	28.38	4.45	71255.21	317085.67	889046.40
3	软阔混交林 - N - Ⅰ	29.55	5.95	89212.96	530817.11	1419863.51
4	软阔混交林 - N - Ⅱ	29.95	5.00	233823.70	1169118.50	2588982.01
5	杨树 - N - Ⅲ	30.13	2.75	135668.58	373088.60	2962070.61
6	杨树 - N - Ⅳ	31.15	2.25	17885.86	40243.19	3002313.80
7	软阔混交林 - N - Ⅲ	31.59	3.03	724868.50	2192727.21	5195041.01
8	软阔混交林 - N - Ⅳ	31.81	2.88	814346.20	2341245.33	7536286.33
9	杨树 - N - Ⅴ	31.85	2.00	17051.49	34102.98	7570389.31
10	桦类 - N - Ⅰ	32.12	4.45	114062.82	507579.55	8077968.86
11	桦类 - N - Ⅱ	32.17	4.38	377234.19	1650399.58	9728368.45
12	软阔混交林 - N - Ⅴ	33.03	2.25	378020.50	850546.13	10578914.57
13	桦类 - N - Ⅲ	33.87	2.75	1080065.10	2970179.03	13549093.60
14	桦类 - N - Ⅳ	35.59	2.00	908501.90	1817003.80	15366097.40
15	桦类 - N - Ⅴ	36.49	1.75	180185.28	315324.24	15681421.64
16	栎类 - N - Ⅰ	37.86	2.42	34162.97	82560.51	15763982.14
17	栎类 - N - Ⅱ	38.17	2.33	37447.14	87376.65	15851358.79
18	针阔混交林 - N - Ⅰ	39.71	4.47	78624.55	351189.66	16202548.45
19	樟子松 - N - Ⅰ	39.81	2.65	358.25	949.36	16203497.81
20	樟子松 - N - Ⅱ	40.28	2.50	1057.70	2644.25	16206142.06
21	樟子松 - N - Ⅲ	40.74	2.42	144154.58	348373.57	16554515.63
22	针阔混交林 - N - Ⅱ	41.01	3.50	206071.80	721251.30	17275766.93
23	樟子松 - P - Ⅰ	41.22	6.57		1403.15	17277170.07

（续）

序号	树种－地位级	长期平均成本（元/m^3）	年均木材产量（m^3/hm^2）	林地面积（hm^2）	年度木材总产量（m^3）	累计木材产量（m^3）
24	栎类－N－Ⅲ	41.93	1.67	209277.78	348796.30	17625966.37
25	针阔混交林－N－Ⅲ	42.01	3.00	638836.00	1916508.00	19542474.37
26	樟子松－N－Ⅳ	42.04	2.07	34904.17	72135.28	19614609.66
27	落叶松－N－Ⅰ	42.19	2.65	32894.27	87169.83	19701779.48
28	针阔混交林－N－Ⅳ	42.65	2.75	717693.90	1973658.23	21675437.71
29	落叶松－N－Ⅱ	42.66	2.50	429045.01	1072612.53	22748050.23
30	樟子松－P－Ⅱ	42.85	5.80		3490.41	22751540.64
31	落叶松－N－Ⅲ	42.95	2.42	3173402.60	7669056.28	30420596.93
32	针叶混交林－N－Ⅰ	42.95	3.45	15934.36	54973.54	30475570.47
33	针叶混交林－N－Ⅱ	43.53	3.15	41763.32	131554.46	30607124.93
34	针叶混交林－N－Ⅲ	44.07	2.92	129469.00	377617.92	30984742.84
35	落叶松－P－Ⅰ	44.30	6.57		128835.91	31113578.75
36	落叶松－N－Ⅳ	44.43	2.07	194094.73	401129.11	31514707.86
37	针叶混交林－N－Ⅳ	44.70	2.68	145450.70	390292.71	31905000.57
38	针阔混交林－N－Ⅴ	44.71	2.17	333154.40	721834.53	32626835.10
39	落叶松－P－Ⅱ	45.90	5.80		1415848.53	34042683.64
40	栎类－N－Ⅳ	45.98	1.25	701391.02	876738.78	34919422.41
41	针叶混交林－N－Ⅴ	47.03	2.07	67518.37	139537.96	35058960.38
42	樟子松－N－Ⅴ	47.64	1.33	13391.88	17855.84	35076816.22
43	樟子松－P－Ⅲ	48.34	4.33		276296.28	35353112.49
44	硬阔混交林－N－Ⅰ	49.12	3.27	42046.39	137351.54	35490464.04
45	硬阔混交林－N－Ⅱ	49.36	3.15	110201.90	347135.99	35837600.02
46	落叶松－N－Ⅴ	50.02	1.33	28142.19	37522.92	35875122.94
47	落叶松－P－Ⅲ	50.54	4.33		6082354.98	41957477.93
48	硬阔混交林－N－Ⅲ	52.03	2.25	341633.10	768674.48	42726152.40
49	栎类－N－Ⅴ	54.39	0.83	884257.99	736881.66	43463034.06
50	硬阔混交林－N－Ⅳ	55.18	1.68	383804.30	646070.57	44109104.63
51	樟子松－P－Ⅳ	57.53	2.90		29086.81	44138191.44
52	硬阔混交林－N－Ⅴ	58.46	1.33	178162.40	237549.87	44375741.31
53	落叶松－P－Ⅳ	59.61	2.90		161745.61	44537486.92
54	樟子松－P－Ⅴ	66.37	2.20		11606.30	44549093.21
55	落叶松－P－Ⅴ	68.34	2.20		24389.90	44573483.11

注意：“N”表示天然林；“P”表示人工林。

由于工程模型方法是从基层木材生产者的角度研究长期木材供给，根据假设条件，基层木材生产者所面对的黑龙江省长期木材市场是完全竞争市场。因此，工程模型方法中营林生产活动过程可以表述为："理性"的基层木材生产者根据"树种—地位级"长期平均营林生产成本递增的排序安排林地分配，在长期平均营林生产成本等于木材价格前，越来越多的林地进入木材生产边界，可供给木材的林地总面积在逐步增多，长期木材供给量逐步增大，当长期平均营林生产成本等于木材价格时，基层木材生产者的边际收益为0，总收益达到最大，长期木材供给量达到最大。

工程模型方法按照长期平均营林生产成本和长期木材供给量逐步递增的顺序，建立了"树种—地位级"的"成本—产量"关系，揭示了不同营林生产成本(木材价格)下的长期木材供给量(图5)。例如，当木材价格为32.17元/m^3(现值)时，只有长期平均营林生产成本(现值)低于32.17元/m^3的"树种—地位级"林地能供给木材。此时，黑龙江省供给木材的林地面积为269.94万hm^2，长期年度木材供给量为972.84万m^3。

随着木材价格的上升，木材生产边界会向更多的林地扩展，一部分原先边际成本大于边际收益的林地由于有利可图，而进入木材生产边界，开始供给木材，此时，木材生产边界扩大，可供给木材林地总面积增加，长期木材供给量增加。例如，当木材价格由32.17元/m^3(现值)上升为40.74元/m^3(现值)的时候，在原有林地基础上，一部分长期平均营林生产成本大于32.17元/m^3但是小于40.74元/m^3的林地进入了木材生产边界，开始供给木材。此时，黑龙江省供给木材的林地面积为554.20万hm^2，长期年度木材供给量为1655.45万m^3。

按照这种办法，随着木材价格不断上涨，木材生产边界也在逐步扩大，有更多的林地开始供给木材。当木材价格上升到68.34元/m^3的时候，除禁伐林、自然保护区和森林公园中的林地外，所有林地的长期平均营林生产成本都等于或者小于木材价格，都进入木材生产边界，都会供给木材。在此之后，除非现有生产木材林地存量面积扩大(例如，森林公园中的林地转化为生产木材的林地)，无论木材价格上涨到什么程度，黑龙江省长期木材供给量总是4457.35万m^3，这就是在现有可供给木材林地上，预测的黑龙江省长期年均木材供给总量，或者是当前营林生产条件保持不变下的最大量。

工程模型方法中，"树种-地位级"的"成本—产量"逐步递增的关系，在表6中体现在栏目2"长期平均营林生产成本"和栏目6"累计木材产量"共同由低至高递增的关系。根据表4中"长期平均营林生产成本"和"累计木材产量"确定的黑龙江省长期木材供给函数(如图7)，供给曲线整体上非常富有弹性。

计算结果表明，当折现率为4%时，黑龙江省长期木材供给曲线的弹性系数为2.31，即长期平均营林生产成本每增加1个百分点，长期年度木材供给量会增加2.31个百分点。这说明木材价格，或者"树种-地位级"长期平均营林生产成本的微量变化就会导致长期木材供给量的较大变化，这对于长期受木材紧缺困扰的中国来说，具有非常重要的现实意义。

分析研究发现，Henry J. Vaux用工程模型方法绘制的美国加利福尼亚州长期木材供给曲线①，也非常富有弹性，弹性系数为2.02。通过比较预测的黑龙江省长期木材供给曲线和美国加利福尼亚州长期木材供给曲线，可以认为，木材长期供给曲线富有弹性，木材价格增长可以有效的刺激木材供给的增加，在木材生产边界内，能较大幅度的增加木材供给量，这就是黑龙江省长期木材供给增长的潜力、能力和发展前景。

① Henry J Vaux. How much land do we need for timber growing? Journal of Forestry, July 1973

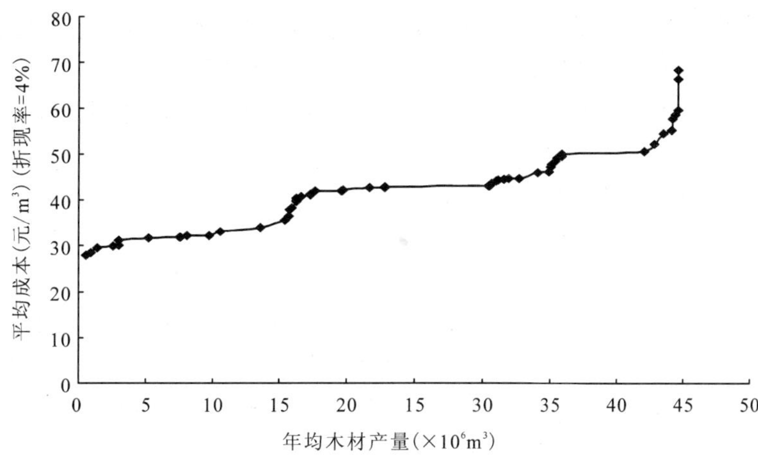

图5　预测的黑龙江省长期木材供给曲线

4　政策建议

4.1　加大营林生产投入

基于“成本—产量”同增同减的关系，要提高黑龙江省木材供给能力，就需要加大营林生产投入。一般来说，加大营林生产投入有两种可能：一方面，如果国有森林资源继续维持目前的“国有国营”的管理经营模型，那么在木材生产者自身经济危困的情况下，只能通过政府加大资金投入来提高木材产量。在市场经济条件下，政府资金支出主要用于公共福利方面，试图通过政府投资来加大营林生产投资，提高营林生产水平，这在理论上缺少扎实的支撑依据，在现实中也有操作上的困难。

另一方面，可通过实施林权制度改革，通过放权吸纳社会资金投资营林生产，提高木材产量。本文研究中曾经提过，调查显示，在现有的森林资源管理体制下，由于过量采伐和疏于营林管理，黑龙江省森林疏密度大约只有0.4，单位面积蓄积仅为76.5m^3/hm^2，低于全国的平均水平。国有的和国营的森林资源管理体制导致了营林管理投入严重不足，营林水平低下，木材供给量大大低于预测量。在政府投资缺位，或者不能到位的情况下，有必要通过实施林权制度改革，打破森林资源国有国营的制度格局，通过放权和吸纳社会投资，促进森林资源和生产资金的有效配置，解放长期被束缚的林地生产力，增加黑龙江省的木材供给。

4.2　调整商品林限额采伐政策

哪一块林地将生产木材？生产多少木材？这些关于木材生产的决策应该由基层木材生产者根据市场规律来决定。这种论点在经济学教科书一而再，再而三强调，也在本研究中得到了很好的证明。

在“十一五”(2006～2010)期间，黑龙江省的限额采伐量(AAC)是1305万m^3。在黑龙江省长期木材供给模型中，这是在4%折现率水平下，平均木材价格现值30.34元/m^3所对应的木材产量。如果黑龙江省的平均木材价格现值等于30.34元/m^2，此时，平均木材价格现值所对应的木材产量正好等于限额采伐量，那么，限额采伐量对木材生产没有任何影响。如果平均木材价格现值小于30.34元/m^3，此时，一部分林地将退出木材生产边界，平均木材价格现值所对应的木材产量小于限额采伐量。但是，如果平均木材价格现值大于30.34元/m^3，此时，由限额采伐量所确定的实际木材采伐量将小于应该生产的木材产量，其结果是，由于限额采伐政策，一部分林地木材生产潜力“闲置”，这减少了黑龙江省木材供给量，也造成了木材生产者剩余的潜在损失。

总之，无论黑龙江省的木材价格水平是多少，应该是由基本木材生产者，而不是限额采伐量，根据“成本—产量”关系来决定林地分配和木材生产。因此，取消或者调整对商品林的限额采伐政策很必要，也很重要。

4.3 保障基层木材生产者利益

基于基层木材生产者剩余损失和生态效益补偿类型资金比较，如果国家为了生态安全，需要林地不生产木材而发挥生态效益，就需要提高当前的生态效益补偿标准，并使之达到潜在的生产者剩余损失。基本木材生产者根据经济利益比较，会认真执行国家的停伐、减伐政策。如果，国家限于财力不能使生态效益补偿类资金达到应有的标准，就会有两种结果：要么在限额采伐政策下，超采情况继续存在，要么调整取消限额采伐政策，允许商品林地自由扩大木材生产能力。其结果是基层木材生产者在实现他们应有的经济利益的同时，提高黑龙江省长期木材供给量。

4.4 加强基层木材生产者培训

通过对黑龙江省不同营林生产条件下“成本—产量”关系的分析和讨论，我们知道“理性”的基层木材生产者将会按照“树种—地位级”长期平均营林生产成本由低至高的顺序安排营林生产活动，会根据当前或者改变的社会经济条件优化“树种—地位级”林地分配，以最小的长期平均营林生产成本，得到最多的木材产量。但现实情况是，基层木材生产者未必都是“理性”的，他们可能只知道“适地适树”是造林学上的概念，却不一定知道它还有经济学上的意义，在营林生产活动实践中就有可能“适地不适树”，这会影响现有林地的木材生产效率，会影响长期木材供给量。为提高木材生产效率，建议比照社会主义新农村建设中的“新农民”培训，加强基层木材生产者营林技能培训。

4.5 以贴息贷款扶持木材生产

项目研究结果表明，资金成本变动对木材生产收益影响非常大。当资金折现率上下浮动1个百分点，木材生产收益相差2倍左右。为稳定木材生产，建议对木材生产实施贴息贷款政策，以此抵消资金成本变动对木材生产的不利影响。

参考文献

[1] 陈志国，王树臣，车志文．落叶松水曲柳、落叶松胡桃楸混交林的调查研究[J]．东北林业大学学报，1991(4)

[2] 刘君然．落叶松人工林林分密度标准表及生长过程表编制的研究[J]．内蒙古林业调查设计，1995

[3] 兰士波，罗旭，罗玉亮．天然杨桦的生长进程[J]．东北林业大学学报，2005(9)

[4] 兰学君，翟兴安，栾皓，行政印．关于编制新地位级表的构想[J]．内蒙古调查设计，2002(12)

[5] 郎奎建．东北林区天然混交林的随机生长与演替模拟系统研究[J]．林业科学，2004(11)

[6] 栾士波，范玉清，周希利，李传生．天然杨桦生长规律的研究[J]．吉林林业科学，1999(4)

[7] 李庆超．落叶松人工林立地质量和速生丰产的研究[J]．吉林林学院学报，1993(1)

[8] 孟宪宇．测树学[M]．北京：中国林业出版社，2006

[9] 牟亚男，曹长春，于红梅．大兴安岭主要树种生长过程表中有关调查因子的补充计算及其应用[J]。内蒙古林业调查设计，2000

[10] 崔向惠．云冷杉针阔混交林可持续经营的研究[D]．北京林业大学硕士论文

[11] 孙玉军．人工落叶松林划分立地类型及主伐年龄的研究[J]．华东森林经理，1988
[12] 司洪生，何美成．兴安落叶松生长过程表的研究[J]．东北林业大学学报，1985.6
[13] 王伟，吴耀先，宋德利，杨尉峰．红松、日本落叶松与色赤杨、白桦等阔叶树种混交造林技术的研究[J]．吉林林业科学，2002(4)
[14] 王铁牛．长白山云冷杉针阔混交林经营模式研究[D]．北京林业大学博士论文
[15] 魏占才．长白落叶松人工林林分收获模型应用的研究[D]．东北林业大学硕士论文
[16] 魏占才．长白落叶松人工林林分模型的应用[J]．东北林业大学学报，2006(7)
[17] 翁国庆．正常收获表的研制[J]．东北林业大学学报，1989(3)
[18] 吴富桢．测树学[M]．北京：中国林业出版社，2005
[19] 张少昂．兴安落叶松天然林分生长模型和可变密度收获表[J]．东北林业学学报，1986(7)
[20] 张其保，摆万奇．兴安落叶松人工林最优密度探讨[J]．北京林业大学学报，1993(7)
[21] 赵惠勋，王义弘，柴一新，胡春祥，李凤日，范文义．大兴安岭北坡(塔河林业局)森林生长[J]．东北林业大学学报，1996(11)
[22] 姚成滨，沈海龙，刘继生，符洪宇，胡东海．东北东部山地樟子松人工林的经济生产力[J]．植物研究，2003(7)
[23] 国家林业局．中国林业发展报告2006[M]．北京：中国林业出版社，2007
[24] 国家林业局．全国森林培育技术标准汇编[M]．国家林业局，2003
[25] Daniels BJ, Hyde WF. 1986. Estimation of supply and demand for North Carolina's timber. For Ecol Manage, 14：59～67.
[26] Jackson DH, 1983. Sub－regional timber demand analysis：Remarks and an approach for prediction. For Ecol Manage, 5：109～118
[27] Henry J Vaux. How much land do we need for timber growing? Journal of Forestry, July 1973：399～403
[28] William f Hyde. Timber Supply, Land Allocation, and Economic Efficiency. The Johns Hopkins University Press, 1980

林业三个基本问题的演进

王爱民[1]　祝列克[2]
（1. 河北农业大学商学院，保定，071000；2. 国家林业局，北京，100714）

摘要：本文旨在从整个国民经济发展对林业影响的角度来研究林业发展的基本规律。研究表明，在经济发展的不同阶段，林业的发展将先后产生三个基本问题：即林地问题、资源问题和生态问题。并且，从宏观经济发展的过程来看，在工业化之前，一国林业基本问题的产生主要源于人口因素，而在工业化过程当中，林业基本问题的产生和发展将主要制约于技术变迁、资本积累方式和农业边际报酬等因素，其演进过程存在着某种必然性。

关键词：林地问题；资源问题；生态问题

The Evolution of the Three Basic Problems of Forestry

WANG Ai-min[1], ZHU Lie-ke[2]
(1. School of Business, Agricultural University of Hebei, Baoding 071001;
2. State forestry Administration, Beijing 100714)

Abstract: The purpose of this article is to find the basic regularity of the forestry development from the view of entire national economic development. The research indicates that, on the different stages of economic development, the development of forestry will successively have three basic problems: forest land problem, resources problem and ecology problem. Moreover, considering the process of macroscopic economic development, the emergence of forestry basic problems in a country mainly originated from population factor before industrialization, while in the process of the industrialization, the emergence and the development of forestry basic problems will be mainly restricted to factors of technical innovation, ways of accumulation of capital and marginal return of agriculture and so on, there is inevitability in the process of forestry evolution.

Key words: Forest land problem; Resources problem; Ecology problem

1 引　言

从林业本身来看，林业的发展历程至少可以从两个方面加以体现，即森林资源数量的消长和森林利用方式的改变。从全球的范围来看，在经济发展水平不同的国家，上述两个方面的演变并不同步。根据联合国粮农组织调查统计，1980～1995 年这 15 年时间里，发达国家 1995 年森林面积比 1980 年增加了 2.7%。在此期间，欧洲增长得最快，增加了 4.1%。而在同一时期，发展中国家1995年的森林面积却比1980年减少了9.1%，其中，非洲发展中国家减少得最多，达10.5%。而且，目前世界上的经济发达国家，如美国、德国、法国、日本等已经走过了森林资源从急剧减少到逐渐增长再到趋于稳定这一过程，其森林利用方式也从单纯的资源开采，成功的过渡到经济、社会、生态多效益综合利用阶段。但在发展中国家当中，中国、巴西、印度尼西亚等中等收入水平国家，从20世纪80年代才开始着手进行大规模的森林保护活动，其森林综合利用仍处于初级阶段。而非洲等地区的低收入水平国家，其木材消耗中薪炭材的比例在20世纪90年代仍高达91%，林业仍处于原始利用阶段(施昆山，2001)。

对于上述经济发展水平与林业发展状况的对应关系，目前的解释多数还近似地停留在“因为经济发展水平不同，所以林业发展状况不同”这一程度。① 显然，对其进行更加详细合理地解释是十分必要的，这不但是林业经济理论必须回答的问题，而且，由于林业承载着改善生态环境的功能，对于像中国这样正在追求经济、社会和环境协调发展的发展中国家还至少具有以下现实意义：①正确判断林业政策制定的宏观经济约束条件；②从宏观经济发展的角度判断某一林业政策成功实施最佳时期。基于以上原因的初步研究使我们发现，无论是森林总量的消长，还是林业利用内容的改变，都是林业的三个基本问题所导致的结果。这三个基本问题分别是：土地问题、资源问题和生态问题。

2 林业土地问题的产生

林业遇到的初始问题应该是土地问题。林业土地问题(以下简称林地问题)是指在经济运行中由于其他部门的发展而导致林地资源不断减少这一问题。林地问题的产生可以划分为两个阶段，即工业革命之前和工业革命之后的工业化初期。

对工业革命之前人类林业活动的研究几乎取得了一致的结论，即为解决生存问题而进行的毁林开荒是那一时期林业活动的主要特征。这一特征导致了林业的恶性循环，即开垦林地使农作物的耕作面积得到扩大并从而促进了农业规模的粗放式扩张，而这种粗放式扩张又带来了人口的迅速增长，进而导致更加迅速和更大面积的砍伐森林来换取耕地，林地面积进一步缩小。我们把这一现象称之为工业革命之前的林地问题。这一时期林地问题产生的动因十分单一，即完全是为满足生存必需的粮食需求而导致的。②

随着经济的发展，世界各国先后加入了工业化进程当中。应该说，在工业化初期，世界各国尤其是发展中国家，为解决粮食供给不足而产生的林地问题依然存在，但这一时期林地问题产生的原因要比工业化之前复杂得多。在工业化发展的初期阶段，农业生产赶不上随人

① 进行这样表述的文献是十分之多的，据我们所知，其几乎散见于有关林业发展历程论述或描述的各类文献，这里不再进行一一列举。

② 当今的发展中国家和发达国家在历史上都曾出现过这一林地问题。以美国为例，1850~1900年的50年中，美国人口从2330万增加到7600万。据统计，当时美国每人需要大约1.2 hm^2 的农地才能生存，因此，全国农田面积从1850年的3040万 hm^2 增加到1910年的12760万 hm^2，增加了3倍多，而这些农田都是毁林得来的。1850~1910年间，太平洋沿岸有1760万 hm^2、占这一地区森林面积约32%的林地被开垦为农业用地，在东部和西部有5840万 hm^2、占这一地区森林面积约76%的林地转化为农业用地。除此之外，在其他地区另有7600 hm^2 的森林被开垦为农田和草场。在1850~1910年的60年时间里，北美大陆的森林覆盖率从60%下降到25%，在西部的农业发达地区，许多地方的森林覆盖率仅为4%(祝列克等，2005)。

口和收入增长而增加的粮食需求，粮食价格面临向上的压力。而粮食价格上涨又会促使工资上涨[在恩格尔系数超过50%的发展中国家，粮食是最基本的工资性商品(速水佑次郎、神本善九，2003)]，从而制约工业化和国民经济的发展，为此，发展中国家政府往往采取垄断收购等方式来压低农产品价格。这早在李嘉图研究英国产业革命问题时就已提出，后来舒尔茨把它称之为“粮食问题”(food problem)。压低农产品价格弱化了粮食供给的动机，从而使原本由农业生产赶不上随人口和收入增长而造成的粮食供需矛盾进一步增大，又由于进口农产品和技术开发解决粮食问题的路径受到限制，这样，开垦林地来扩张农业用地就成了这一时期解决粮食问题的主要手段。我们把这一现象称之为发展中国家工业化初期的林地问题。

关于这一林地问题，可以从部分发展中国家森林面积和耕地面积增减趋势的对比中明显的看出(表1)。

应该指出的是，要想严谨例证工业化初期的林地问题应该说明上述发展中国家有多少林地转化为耕地(由于资料获得上的原因，我们未能做到这一点)。但是，包括一些权威机构在内，都将林地减少的原因主要归结为解决粮食问题。例如，1992年据FAO统计，全球森林每年消失1500万hm^2，并主要发生在发展中国家。FAO将上述森林消失归结为10个原因，其中，人口压力导致大量侵占林地生产粮食和毁林发展畜牧业被认为是两个最主要的原因。

表1 部分发展中国家森林面积及耕地面积变化情况

时 间	发展中国家	森林增减面积(万hm^2)	年均增减面积(万hm^2)	年增减率(%)	耕地增减面积(万hm^2)
1980～1995年	印度尼西亚	-542.2	-108.4	-1.0	—
	马来西亚	-200.1	-40.0	-2.4	123.2
	菲律宾	-131.2	-26.2	-3.5	—
	泰 国	-164.7	-32.9	-2.6	132.3
1990～1995年	坦桑尼亚	-161.3	-10.75	-0.87	167.2
	南 非	-849.9	-56.7	-0.57	785.4

资料来源：1. 森林面积变化资料来自施昆山主编《当代世界林业》，中国林业出版社，2001，11。
2. 耕地面积变化资料由聂振邦主编《世界主要国家粮食概况》整理获得。中国物价出版社，2003，8。

在这里，必须回答三个问题：一是工业革命之前和工业化初期的林业问题有何区别？二是扩张耕地面积可能有多种途径，为什么开垦林地来扩张农业用地是主要的做法？三是既然压低农产品价格弱化了粮食供给的动机，为什么还会开垦林地来扩张农业用地？

对于第一个问题可以通过以下两个模型进行解释。图1我们将其称之为工业革命前林地问题理论模型。① 图2我们将其称之为工业化初期林地问题理论模型。

① 在这里，出于模型表述技术的考虑，我们提出两个假设，第一个假设是：耕地的增加和林地的减少是有着互为因果关系，且增减数量相等。这种假设虽然有可能与现实不完全相符，但并不影响结论的正确性。第二个假设是：单位面积耕地的粮食产量并不随时间的改变而改变。在工业化之前，农业技术的发展速度十分缓慢，所以这一假设与现实情况的相似性很强。

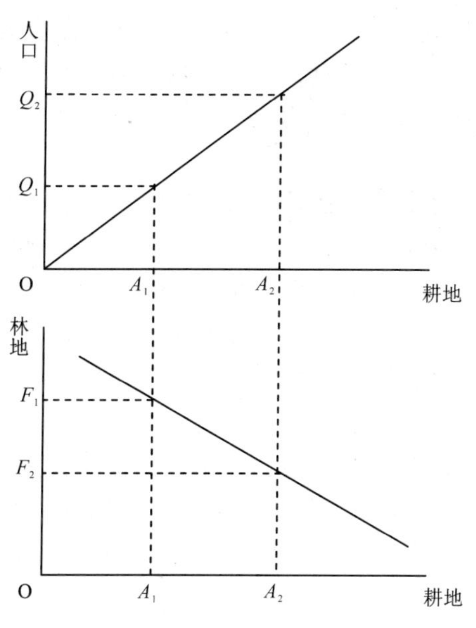

图 1　工业革命前林地问题模型

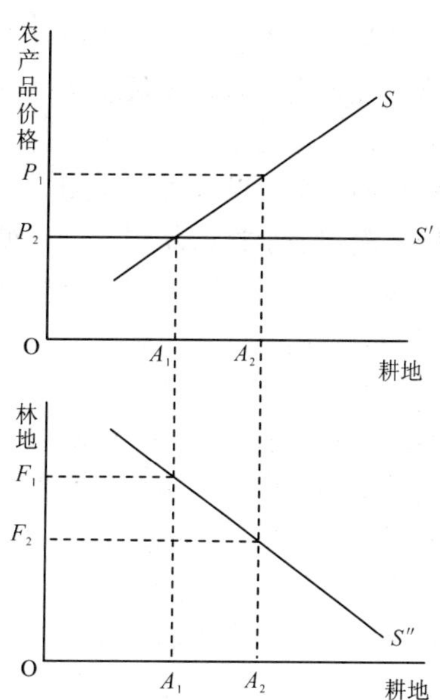

图 2　工业化初期林地问题模型

在图 1 中我们可以清楚地看出，在工业革命之前，单纯的人口增加(由 Q_1 上升为 Q_2)导致耕地需求的上升(由 A_1 上升为 A_2)。为维持生存，耕地需求的上升导致开垦林地的行为，进而导致林地面积的减少(由 F_1 下降为 F_2)。而在工业化初期，发展中国家由于人口、收入等因素导致粮食等农产品的需求上涨的速度快于其供给的速度，如果在市场调节下，粮食等农产品的价格将上升致 P_2(图 2)，但为保证工业劳动者的生存工资保持在较低水平，政府将在政策上把农产品价格限制在 P_1 水平。在不考虑农业技术影响的情况下，市场调节下的耕地供给曲线为 S，这将导致耕地面积供给由 A_1 增加到 A_2。但是，当粮食等农产品的价格被政府限制在 P_1 水平，耕地的供给曲线将是一条高度为 P_1，并平行于横轴的一条水平直线 S'，此时，耕地面积也会由 A_1 增加到 A_2，当耕地面积由 A_1 增加到 A_2 时，开垦林地的做法导致林地的面积由 F_1 减少到 F_2。因此，工业化初期的林地问题是发展中国家政府既为实施工业化政策又为解决粮食供需矛盾问题而导致的结果。

关于第二个问题，可以进行以下解释：一是由于森林分布在广大的农村，林地和农用耕地接壤的现象极为普遍，农业活动往往和林业活动紧密交织在一起，而且，由于森林所形成的带有腐殖质土壤对农作物生长有利，因此，通过大面积的林木采伐来增加农作物耕作面积的做法就成了因惯性和自然环境而导致的顺理成章的事情；二是通过大面积的林木采伐来增加农作物耕作面积的做法还可以带来附加的好处，即通过采伐林木，可以解决农户薪材和房屋建材等问题，而且，对于这些薪材和建材，政府在工业化初期木材供需矛盾尚不严重的情况下，又采取默许农户无偿或低价占有的做法，这一做法显然对开垦林地起到了激励作用；三是从发展中国家工业化的角度来看，通过林木的采伐来增加耕地可以获得一举两得的好处，即这种做法既可以扩张耕地面积进而缓解粮食的供需紧张，又可以解决工业发展中的木材原料问题。

上述解释使我们又有了一个新的发现，即在粮食问题导致了林地问题的同时，林业也为农业生产提供了积累。而且，这种林业部门为农业部门提供的资本积累，事实上是在发展中国家实行工业化优先政策进而侵占农业利益的情况下，由林业部门对农业部门的经济补偿，这一补偿部分的弥补了农业部门被工业侵占的利益，同时也对林地转化为耕地的行为起到了激励作用。这一发现刚好对在压低农产品价格进而弱化粮食供给的动机的情况下，为什么还会开垦林地来扩张农业用地这一问题进行了解释。关于林业为农业生产提供的资本积累可以用垄断市场的短期均衡模型来加以说明。①

在图3中，横轴表示林产品的数量，纵轴表示林产品的价格。在市场调节下，由于森林本身的特性，林业部门无法在短期内调整其不变要素的投入量，只有在既定生产规模下通过对产量和价格的同时调整，来实现 $MR = SMC$ 的利润最大化原则的。这样，林业部门将产量和价格分别调整到 Q_1 和 P_1 的水平。在均衡点 E 上，林业部门的平均收益为 FQ_1，平均成本为 GQ_1，平均收益大于平均成本，林业部门获得的总利润为面积 $FGHP_1$。但是，发展中国家出于其工业化政策的考虑，将粮食价格限定在较低水平。这样，为解决粮食问题，政府就会通过允许农户无偿或低价占有林产品的做法进而激励将林地转化为耕地。如果政府将林产品的价格降低为 P_2 水平，单位林产品的平均收益将为 Q_2T，而平均成本为 Q_2I，$Q_2T < Q_2I$，林业部门将亏损，其亏损总额为面积 $LITP_2$。这一面积加上市场调节情况下的面积 $FGHP_1$，就是林业部门为农业部门提供的资本积累。

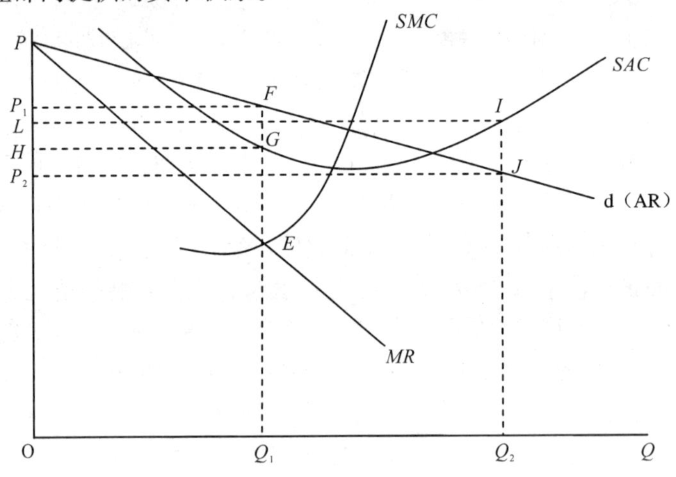

图3 工业化初期林业对农业提供原始积累的理论模型

3 林地问题向资源问题的转化

处于工业化初期低收入阶段的国家，除小部分特殊阶层外，绝大多数人口都很贫穷。因此，包括农民在内，很少有人对农民的贫困状况感到奇怪。但是，当国家度过了低收入贫困时期，进入了中等收入阶段时，由于工商业的发展，城市中形成了一批已经摆脱绝对贫困的人群，与他们相比，依然没有摆脱绝对贫困的农民生活才显得格外贫寒。因此，有学者将这一阶段称之为农村相对贫困阶段，并认为这种相对贫困问题，与工业化过程中发展中国家经

① 采用垄断市场的短期均衡模型来说明林业为农业生产提供积累，是基于这样的假设，即转换为耕地的林地均来自于国有林。这样，木材等林产品的供给具有垄断的特征。这一假设与现实情况基本相符。从现实的情况来看，私有林占较大比例的国家主要是芬兰、日本、瑞典、德国、法国、奥地利、美国和加拿大等发达国家，而经济水平落后的发展中国家的私有林比例较小，而且，其私有林的规模较小。例如在中国，1949～1984年之前的这一时期，其私有林仅限于农户房前屋后自留田里的林木(李智勇，2001)。因此，上述假设和现实基本相符。

济结构的二元化现象密切相关。① 在相对贫困阶段，依然存在林地问题。但是，该阶段林地问题产生的原因与工业化初期发展中国家林地问题产生的原因有所不同。

在农村相对贫困阶段，由于二元经济结构特征，政府一方面在继续推行工业优先政策的同时，并且在政策上向更广泛的非农产业(这里的非农产业不包括林业，文中的"非农产业"均是这一含义)倾斜；另一方面，虽然如何提供廉价农产品的政策课题依然存在，但政府也同时注意到了上述政策导致的农业与非农业、农村和城市之间的收入差别，以及这种差别所造成的社会矛盾。在这种情况下，农产品价格支持、农业补贴等农业保护政策开始实行。

政府推行的上述两方面政策都会产生林地问题。首先，在政府实施农产品价格支持、部分的放开农产品市场以及农业补贴等农业保护政策的情况下，农产品价格上升，而生产成本却在下降，农民的收入有所增加，农产品的供给动力增强。在这种情况下，农民有两种途径增加农产品的数量，一是通过农业的技术进步来增加农产品数量，二是通过扩张耕地面积来增加农产品数量。但前者必须要经历一个缓慢的过程，这对于具有迫切增收愿望的农民来说，显然不是一个合理的选择(这种不合理性至少在短期内是存在的)，因此，第二种途径，即通过扩张耕地面积来增加农产品数量就又成了农民的主要做法。而耕地面积增加的主要来源依然是林地，这其中的原因更多的是林业、农业积累功能对林地转化为农地产生了激励作用。因此，这一阶段因农业活动产生的林地问题是农业保护政策和林业、农业的积累功能双重激励的结果。其次，政府推行的以工业为主的非农产业优先发展政策，在促使这些产业迅速发展的同时，也消耗了巨大的以木材为主的林产品，从而使林地面积大量减少。

显然，与粮食问题阶段相比，我们在农村相对贫困阶段所说的林地问题，并非粮食问题导致的结果，而是在推行非农产业优先政策和农业保护政策的双重背景下产生的。

相对贫困阶段与粮食问题阶段相比，除林地问题形成的原因有所不同外，林业提供积累的经济领域和为各经济领域提供积累的程度也都有所差别。

从提供积累的经济领域来看，工业化初期发展中国家林业直接提供积累的经济领域主要是农业。而在相对贫困阶段，由林业直接提供资本积累的领域除农业以外，还有以工业为主的其他非农产业；从为各经济领域提供积累的程度来看，由于粮食问题阶段发展中国家允许低价甚至无偿占用林地，林业对农业的资本积累功能很强。而在相对贫困阶段，由于工业用木材资源需求的上升和森林资源的迅速减少，木材的供需矛盾加大，政府对森林资源的管制也不断加强，因此，林地转化为耕地的经济成本和制度成本不断上升，林业对农业的资本积累功能开始减弱。而且，在这一阶段，为支持工业等非农产业的发展，政府通过建立垄断性收购组织，低价获取木材等林业资源，林业为工业提供资本积累的程度开始加强。因此，在这一阶段，随着工业等非农产业对以木材为主的林产品需求的增加，林业的资本积累功能开始由农业为主向以工业为主的非农业产业转换。

相对贫困阶段由林业的资本积累可以用图 4 来加以分析。与粮食问题阶段相似，我们假定无论是转化为耕地的林地还是工业等非农产业使用的林产品都是国有的，因此，我们依然

① 这是因为：一方面对于依靠廉价劳动的劳动密集型企业而言，提高农产品价格意味着工资成本的上升，这可能动摇这类企业的经营基础；另一方面，按照刘易斯的观点，由于人口的原因，农业劳动力的边际生产力即使不为零，也会小于按习惯决定的制度工资。这样，对于农村剩余劳动力，工业雇佣者只要支付制度工资，就会有无限多的劳动力从农村转移出来，因此，农民的收入在二元经济结构还在发展的阶段，其提升的空间受到了较为严格的限制。

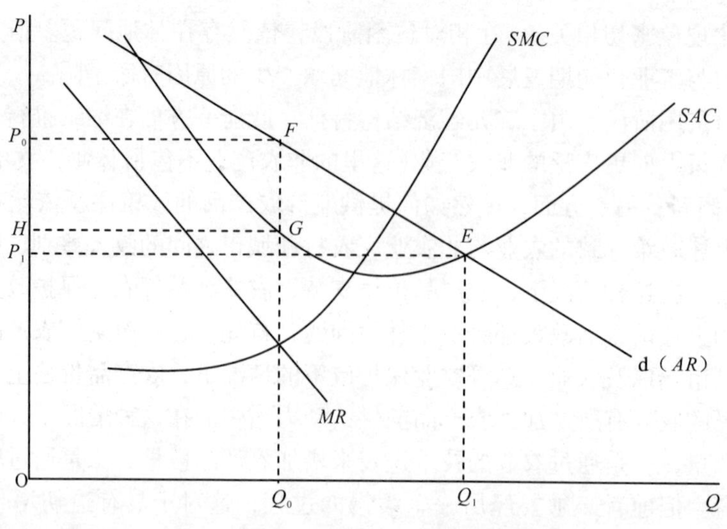

图4 相对贫困阶段林业资本积累模型

采用垄断市场的短期均衡模型来分析这一问题。在市场调节下，按照 $MR=SMC$ 原则，林业部门应该将产量和价格分别调整为 Q_0 和 P_0 水平，其盈利面积应为 $FGHP_0$。但是，在相对贫困阶段，为支持工业等非农产业的发展，政府将对林产品进行限价。为了模型的简化，假设在相对贫困阶段，政府无论对工业还是对农村使用木材等林产品的价格均限定在小于 P_0 的 P_1 水平，且在这一价格水平下林业部门的利润为零，同时，为满足需求，政府将要求林业部门提供的林产品数量为 Q_1。这样，林业部门为工业和农业提供的资本积累即为面积 $FGHP_0$ 代表的利润值。假定林业部门在价格水平 P_1 时提供给工业和农村的林产品的数量比例分别为 a 和 $b(a+b=1)$，在工业化初期的粮食问题阶段，林产品的绝大部分归农村使用，这一时期，$a<b$，林业部门主要为农业提供资本积累；在相对贫困阶段，随着二元经济结构的发展，工业等非农产业对林产品需求数量不断增加，林业部门提供给工业和农村的林产品的数量比例将会发生变化，当 $a>b$ 时，林业部门主要给以工业为主的非农产业提供资本积累。随着工业化进程的加快，林业的资本积累功能由农业为主向以工业为主的非农业产业转换程度将不断提高，木材等林产品供需矛盾也会不断加剧，并进而造成森林资源短缺问题，林地问题将开始向资源问题转化。①

4 资源问题的缓解与生态问题出现

一般认为，木材等林产品供需矛盾所造成的森林资源危机开始于近代工业革命，并伴随着工业化的进程而不断加剧。我们在这里所关注的问题是：工业化过程对森林资源到底产生了什么影响？这种关注使我们发现，工业化过程对森林资源的影响主要来自于两个方面，即技术变迁和资本的形成方式的演变。而且，随着技术变迁和资本形成方式的演变，工业化过程对森林资源危机可能产生正反两方面的影响。

工业化初期的技术进步，具有用资本替代劳动的取向。由于技术进步中的这种倾向，工

① 应该指出的是，森林资源的含义十分广泛，按照通行的观点，森林资源是一个陆地生态系统内以乔木为主体的森林植物群落，它既包括林木，也包括林地以及林区野生的动物和林木以外的植物。但经济发展中被人类经济活动主动且直接利用的森林资源主要是林木资源，所以，本文中的森林资源主要是指林木资源。

资率的任何上扬都将被抑制在适宜的水平，所以尽管资本—劳动比率迅速上升，仍阻止了资本报酬率的急剧下降，以致资本的收入份额增加了。①

这种工业化初期技术进步的特征，在普遍表现为供给短缺的工业化初期，导致了至少在雇佣劳动数量不变情况下的机械规模的扩张，进而使劳动生产率提高，商品的供给能力增强。这对森林资源将产生两方面的影响：一方面，机械化的使用带来了以工业为主的非农产业部门生产能力的增强，导致了包括木材在内的原材料需求迅速上升，进而有可能导致森林资源迅速和大量地消耗。虽然森林是可再生资源，但由于林木的生长周期很长，其供给能力具有天然的弱势，而且这种长周期的特征还会使人工造林的风险预期增加，进而弱化森林人工供给的动力。这样，如果林木等森林资源的消耗量大于其生长量时，森林资源问题就由此产生了，而且，消耗量和生长量之间的差距越大，森林资源问题就越严重；另一方面，如果单纯的是林业以外部门原木等材料需求的上升，并不足以导致森林资源的消耗量大于其生长量这一森林资源问题的加剧，因为原木等林产品生产能力的低下可能会减缓上述森林资源问题。但是，以原木为主的林产品具有很强的同质性，适用于节约劳动的机械化生产，而且，这种生产同样具有在工资率被抑制的情况下增加资本收入份额的功效。因此，在机械化被其他部门采用的同时，也被林业部门采用。林业机械的采用，无疑提高了原木等林产品的供给能力，同时也加剧了森林资源的短缺。

但是，发达国家的实践证明，在工业化初期因节约劳动型技术的广泛采用而造成的森林资源问题并没有随着工业化进程延续下去，这主要是由于两个方面的原因造成的，这两个原因分别是：诱致性技术创新和资本积累方式的改变。

首先，诱致性技术创新对森林资源问题起到了缓解作用。诱致性技术创新是指由于资源禀赋的变化而诱发的技术变迁。当一种生产要素的禀赋相对另一种生产要素变得更为丰富时，特定的相对要素价格会诱导出使用更多的相对丰富的生产要素和节省相对稀缺的生产要素的技术变迁。这种有偏向的技术变迁源于追求利润的企业家用相对更丰富(因而更便宜)的资源替代更稀缺(因而更昂贵)的资源来降低生产成本的努力(速水佑次郎，2003)。当木材等林产品的供给相对于需求发生短缺时，以木材等林产品为加工对象的企业原材料成本就会上升，在市场需求不变的情况下，企业利润就会下降。企业家追求利润的努力就会产生诱致性技术创新活动，即木材等林产品的替代品开发技术和林产品的节约使用技术就会出现。这些技术的应用，无疑可以减轻原木等林产品的供需矛盾，进而缓解森林资源问题。②

---

① 以曾经是英国工业革命时期主要问题的煤矿排水为例，如果靠人力用吊桶将水提出去，当桶的数量和提水工人的数量相等后，追加一个桶的边际产品将明显下降，大概接近于零。因此，追逐利润的企业家不会花钱为每个工人购买一个以上的桶。但假设用发动机驱动的水泵，它只要用5个操作人员就可以抽出100个工人用桶提出的水。如果这个泵的成本与100个桶相等，企业家就愿意把单位工人资本的投资增加20倍而不会担心边际生产率的下降。

② 例如，美国在19世纪之前，铁轨铺设中需要大量的枕木，19世纪末铁路大约消耗全国木材的20%～25%。1900年以前，由于防腐技术的落后，枕木与地面接触腐烂很快，枕木大约5～7年就需要更换。仅1900年用于更换枕木的木材就消耗了600万 hm^2 的森林。但是随后替代品的开发解决了这一问题。现今不只是美国，世界上很多国家早已用水泥等产品替代了木材枕木。除铁路以外，发达国家的建筑、冶炼、家具制造等原先木材消耗行业的原料替代技术也已十分成熟，木材消耗量在逐渐减少。此外，随着加工技术的不断改进，木材等林产品的节约利用程度不断提高，这也使森林资源问题得到了部分缓解(祝列克等，2005)。

上述诱致性技术创新对森林资源的影响可用图5来加以说明。① 在图5中，横轴代表木材等林产品和其替代品的产量(Q)，纵轴代表木材等林产品和其替代品的价格(P)以及成本(C)，AC_1 为以林产品为原材料的平均成本，AC_2 为以林产品替代品为原材料的平均成本，MC_1 和 MC_2 分别为与 AC_1 和 AC_2 对应的边际成本曲线，AC_0 和 MC_0 为森林资源相对充足时以林产品为原材料的平均成本和边际成本。

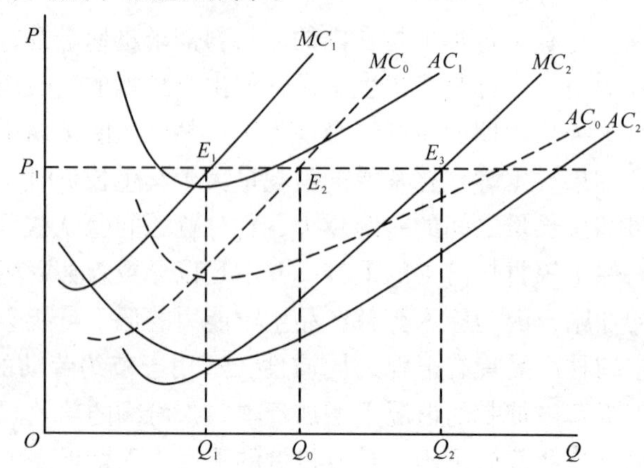

图5 诱致性技术创新对森林资源问题的影响模型

当森林资源相对充足时，企业按照 $MR = MC$ 的原则，以木材为原材料的产品产量为 Q_0，此时可以获得一定的利润。但随着森林采伐技术的改进，森林资源数量大量减少，以木材为原材料的生产成本上升为 AC_1，此时企业的利润下降。在这种情况下，在利润的驱动下，就会诱导出使用更多的相对丰富的生产要素和节省相对稀缺的生产要素的技术变迁，即木材的替代品就会产生，这样，以木材的替代品为原料的生产成本就会下降到 AC_2 的水平，此时企业又重新获得了丰厚的利润。这样，诱致性技术创新就减轻了木材的供需矛盾，进而缓解了森林资源问题。

正如上述工业化进程导致技术变迁进而对森林资源问题产生了正反两方面影响一样，工业化进程也同时导致了资本积累方式的改变，并且对森林资源问题也产生了正反两方面影响。

实践和理论都已证明，发展中国家为实现工业化而进行的资本积累对农业产生了十分强烈的影响。与之相似，资本积累对林业产生的影响也十分强烈[需要说明的是，在工业化理论中，虽然有些经济学家(张培刚，2001)将农业的概念涵盖了林业，但其理论中论及的农业却更多是指以粮食等农产品生产为主的狭义农业，更没有对林业的特有问题进行单独的关注]。从森林资源的角度来看，资本积累对林业产生的影响源于两类资本积累形成方式，这两类资本积累形成方式分别对林业产生了不同的影响。为便于说明，我们将这两类资本积累划分成以政府行政手段为主导的资本积累(简称行政积累)和非政府手段主导的资本积累(简称非行政积累)。

以政府行政手段为主导的资本积累方式主要产生在工业化初期，这种积累方式对农业而言，主要表现为强制性农业生产剩余的转移对其产生了影响，但对林业而言，却涵盖了林业

① 严格来讲，以木材等林产品为原材料的加工行业应该属于垄断竞争市场，但为了使模型简化，在不影响问题说明的情况下，文中采用了完全竞争市场模型。

生产剩余转移、运用财政政策进行政府融资以及出口木材换取外汇等多个方面的影响。在林业生产剩余转移方面，发展中国家政府的主要做法是，一方面要求林业部门提供大量木材，另一方面采取垄断收购、限制自由市场交易的方式压低木材价格，从而使工业部门在成本降低下加速发展。这种做法在前苏联等计划经济国家较为普遍；在运用财政政策进行政府融资方面，发展中国家政府的主要做法是，通过对林业部门征收各种税费和林业企业利润上缴的形式来形成国家财政收入，再通过财政收入对工业企业进行资金支持，进而形成企业的资本积累；① 出口木材换取外汇是发展中国家政府进行工业化资本积累的另一种重要途径。一方面，由于技术水平的限制，发展中国家进行工业化的一些机械设备不能自行研制开发，必须从发达国家进口。另一方面，发达国家已经度过了通过掠夺资源来发展经济这一阶段，对森林资源开始进行全面和严格的保护，本国所需木材开始从国外进口。在这一背景下，很多发展中国家大量出口木材换取外汇，以此来购买国外的先进设备。例如印度尼西亚、马来西亚等国在20世纪90年代以前为换取外汇都曾进行过大量的木材出口。②

上述以政府行政手段为主导的资本积累方式对森林资源的影响是双重的。一方面，发展中国家为加速资本积累必然对森林资源进行大量开采，使森林资源迅速减少。另一方面对生产剩余的转移又使得林业部门无法获得充足的造林、森林管护等森林资源恢复性资金。这种双重影响必然导致森林资源危机的加剧。

相对于以政府行政手段为主导的资本积累方式对森林资源的影响，非政府手段主导的资本积累方式至少对森林资源危机起到了缓解的作用。非政府手段主导的资本积累主要包括企业本身的资本积累和通过金融机构和金融市场融资两种方式。而这两种资本积累方式的前提是市场经济体制的成熟和经济水平的提高。当经济发展到较高水平，金融方式和企业本身的资本积累已成为资本形成的最主要的方式。20世纪70年代以后，包括中国在内的许多发展中国家先后开始了市场导向的经济体制改革和金融体制改革，随着改革的不断深入和经济水平的提高，非政府手段主导的资本积累方式正在逐渐替代以政府行政手段为主导的资本积累方式。这无疑缓解了资本积累对森林资源的压力。同时，随着经济的发展，政府对林业部门

---

① 以中国为例，在林木管理上，中国政府分别在1950年5月发布的《关于全国林业工作的指示》、1964年5月发布的《木材统一送货办法》、1979年发布的《中华人民共和国森林法(试行)》、1981年3月发布的《关于保护森林发展林业若干问题的决定》等都明确规定：中国对森林资源的管理实行统筹规划、统一经营。林木的生产、采伐、运输、销售都由政府统一进行管理。在税费征收上，1985年中国制定的关于林业方面的国家税收包括：原木产品税(按林农出售价10%征收)、农林特产农业税(按林农出售林木收入5%～10%征收)、营业税(零售木材按规定税率征收)和城市维护建设税(按国家规定计征)；各种费用包括：育林基金、更改资金、市场管理费(进入城乡农贸市场交易的按成交价6‰计征)、检尺费(1.5元/m^3)、林政管理费(1.5元/m^3)、林区管理建设费(县、乡两级合计收5～10元/m^3)；此外，还有运杂费等收费等。

② 在马来西亚，即使在经济较为发达的半岛(西马)地区，也以初加工产品为主，在其1990年的12.14亿美元总出口额中仍高达80%。至于经济不太发达的东马地区(沙巴和沙捞越)，热带森林资源较为丰富的巴布亚新几内亚和西非一些国家，仍然以出口原木为主。印度尼西亚独立后，急于发展国民经济，由于资金和技术力量不足，为换取急需的外汇采取出口原木和原藤的政策。1966年苏哈托执政后，加强对天然林资源的开发，林业在国民经济中的地位仅次于石油、煤矿和橡胶。在第一个五年计划期间，林业发展的重点是获得发展急需的外汇，目的是保证采运和利用的投资。此期间，大量砍伐林木，大量出口原木，当时90%之多的原木用于出口，木材出口收入达全国总出口额的17.7%，仅次于石油出口额。70年代初期，印度尼西亚成为世界上最大的热带木材出口国，这种情况直到第二个五年计划期间才有所缓解。但这一时期原木出口仍然占绝大多数比例。新西兰从1958年出口原木，出口量为3.1万m^3，到1964年，达到3.4万m^3。1973年，原木出口达到峰值，为195万m^3。截至1989年，新西兰林产品出口总值达到12.35亿新西兰元，比1988年同期增长25.4%。

的税费征收程度开始减弱，而从其他部门获得的财政收入却大量增加，政府开始由过去的资金索取转向对林业进行资金支持，这对缓解林业资源危机起到了重要作用。

显然，如果发展中国家工业化过程尚处于资本替代劳动和行政积累阶段，就会消耗大量木材并进而导致生态环境不断恶化。但如果一国的技术水平、经济水平以及市场完善程度等仍要求林业的主要功能为原材料贡献和资本贡献，那么，改善生态环境只会停留在需求愿望的层面上，政府关心和着重解决的将是森林资源问题而不是生态问题。只有当诱致性技术变迁使木材等林产品的替代品数量不断增加以及资本积累方式由行政资本积累为主转变为非行政资本积累为主时，政府关心和解决的重点才会由森林资源问题转化为森林生态问题，即生态问题才会显现。因此，资源问题的缓解和生态问题的显现程度将直接取决于诱致性技术变迁程度和资本积累方式的转换。

5 林地问题的逆向变化与生态问题的改善

发达国家的实践表明，当经济发展到一定程度，不但诱致性技术变迁和非行政资本积累使林业的资源问题得到缓解，而且，农业技术的进步和人口出生率的大幅度下降也使粮食问题得到了解决。在粮食问题已经解决并度过相对贫困阶段之后，面临的是农产品过剩以及由此带来的与其他非农业部门相比边际报酬率下降这一问题。这一问题的出现，对林业至少产生了以下两个方面的影响。

首先，由于发达国家农产品的过剩并由此带来的农业生产的边际报酬率下降，使农业生产要素投入的动力减弱，这其中包括耕地这一最基本的农业生产要素。因此，在农产品过剩阶段，不再会出现粮食问题和相对贫困问题阶段所出现的将林地转化耕地这类林地问题。

其次，在农产品过剩阶段，农业生产的边际报酬率下降是由于农业生产要素投入过多引起的。如果不及时减少农业投入，粮食供给超过需求，这将导致农产品的价格下降，从而引起农民的收入减少。因此，如果相应于农业生产率的提高，生产要素从需求已经饱和的食品生产部门转移到需求还在扩大的其他部门，农产品的供给过剩以及与其他部门相比的边际报酬率下降问题就会解决。但详细分析我们会发现，农业与其他部门之间的生产要素的移动的流畅程度并不均衡。而恰恰是这种生产要素移动流畅程度的不均衡，才导致了在农产品过剩阶段的耕地开始向林地转化。

就大部分林业以外的其他非农业生产部门(如制造业、商业、信息业等)而言，由于其生产经营本身的特征，对生产要素都有其特定的要求，因此，农业生产要素向这些部门的流动具有诸多的障碍，这些障碍包括：一是非劳动生产要素的固定性。这些非劳动生产要素主要指排水灌溉等农田基础设施。这些基础设施一旦修建完成，就很难用于林业以外的其他非农业生产部门；二是农业人力资本的局限性。与生产过程相对复杂的其他行业相比，农业的人力资本更多的体现在对耕作活动的熟练程度，而知识以及以必要的知识水平为支撑的相对复杂的生产技能却十分缺乏，这在中年以上的农民那里体现的更为明显。这种人力资本的局限性，显然会限制农业劳动的流动；三是城乡发展制度的限制性。制造业、商业、信息产业等非农行业大多集中于城市，这在世界各国几乎都是如此。如果在城乡收入差距存在的情况下，政府不限制农业劳动力的部门转移，反而采取一些促进性的措施，就很有可能使城乡人口分布发生变化，这种变化有可能导致农村人口过疏、城市人口过密等负面效应。因此，政府总是在不同的时期采取不同程度的限制城乡人口流动的政策，以防止这种情况发生。这种城乡发展制度的限制性，也对农业劳动力的转移起到了阻碍作用。

但是，与上述非农业生产部门相比，林业部门在吸纳农业生产要素的过程中却有着天然的优势。这些优势包括：首先，为防止农产品过剩、农业边际报酬率下降的情况发生，如果采取缩小农业的生产规模而扩大林业规模的方式，即将农地转化为林地，那么，排水灌溉等农田基础设施仍然可以发挥作用，这些非劳动农业生产要素就可以顺利的转化为林业生产要素；其次，农业生产活动和林业生产活动有着很多相似性，而且很多农林活动在农村往往交错发生。因此，劳动要素由农业部门向林业部门流动并不存在知识和生产技能的障碍，在农业劳动转移到林业部门之后，其人力资本的价值依然可以得到很好的体现；再次，由于林业部门和农业部门都处于乡村，所以劳动力由农业部门向林业部门的流动并不存在制度障碍。

上述农业与各非农业部门之间的生产要素移动流畅程度的不均衡表明，在农产品过剩、农业生产边际报酬率下降的情况下，农业生产要素向林业部门转移存在着合理性。这种合理性再加上政府政策上的经济激励和引导，应该是农产品过剩阶段新的林地问题——由农地开始向林地转化的经济原因。显然，林地问题的逆向变化会有效的改变由森林资源减少而引发的生态问题。而且，林地问题的逆向变化很有可能是森林生态问题由恶化到改善的拐点(分别发生在20世纪30年代初以及20世纪末的美国和英国的退耕还林工程是能对上述结论提供实证的典型案例①)。

以往对上述农产品过剩阶段出现的林地问题的逆向变化，往往是从需求的角度进行解释的。这种解释的基本内容是：随着社会经济的发展，人类对森林的需求开始发生变化。一方面，工业化程度的提高对木材的需求进一步扩大，与此同时，生活水平的上升使人类对森林环境安全的需求也与日俱增；另一方面，森林的供给能力和生态环境的质量却在进一步下降。这一社会、经济的现实情况，迫使林业必须寻求新的发展模式与途径，并出现了农产品过剩阶段的林业问题。

这种理论的局限性在于，如果森林环境安全的需求是森林得以恢复的唯一原因，那么我们就无法解释处于粮食问题和相对贫困问题阶段的发展中国家所出现的林业问题。联合国粮农组织1990年的《世界森林资源检测报告》表明，1981～1990年期间，森林破坏的40%发生在拉丁美洲，30%在亚太地区，30%在非洲。在上述期间拉丁美洲的32个国家每年损失森林730hm^2，年毁林率约为0.9%；而在非洲的西部和中部地区，年毁林率已比1980年的0.6%和0.7%增加了两倍多。也是在这一期间，这些国家的林草植被遭到破坏，生态功能衰退，水土流失加剧，土壤沙化严重，并出现了江河断流，湖泊干涸等现象。这种生态环境恶化与森林资源人为减少并存的现象表明，单纯的森林环境安全的需求并不能导致森林资源

① 20世纪20年代末，美国开始出现农产品过剩，价格下跌，农业生产极其艰难，大批农场相继破产。面对农业经济危机，开始了退耕还林计划。美国退耕还林的政策措施主要三种，一是政府收购退耕；二是农场主自愿退耕计划(land retirement orac reage division)；第三个是有偿转耕计划。上述三个计划都是在农场主自愿的基础实施的。据统计，到1990年，美国已对易发生土壤侵蚀的47777万hm^{2}耕地全部进行了退耕还林还草或休耕。与美国相似，英国2000年约有300万～400万hm^{2}农田无人耕种。在法国，由于农产品的大量过剩和价格下跌，农场主的经济收入减少，农村已经出现人烟稀少和土地荒芜现象。在这一背景下，欧洲出现了无计划自发式的退耕还林。从1956～1983年，欧共体国家农业用地减少了1100万hm^2，占耕地面积的8%，森林覆盖面积则增加了15%。2000年欧盟国家已有1200万～1600万hm^{2}的耕地退耕还林，其中法国就达200万～300万hm^2。英国在自愿的基础上，进一步出台鼓励政策，即凡愿意长期退耕还林的可签署农林协议书，政府据此支付给农户125英镑/hm^{2}的补偿金，为期30年。这一政策无疑对退耕还林起到了促进作用。

的恢复。

森林环境安全需求理论不但不能解释处于粮食问题和相对贫困问题阶段的发展中国家所出现的林业问题，也同样无法有效的解释处于农产品过剩阶段发达国家林地问题的逆向变化。美国和欧洲等国的退耕还林的实践表明，这一阶段耕地向林地的转化，是在农产品过剩、农业生产边际报酬率下降的情况下，农户或农场主为防止农产品价格下降所采取的行为，这一行为更多的符合私人理性。而森林环境安全属于公共物品，森林环境安全需求属于社会理性的需求，它不能导致农户或农场主将耕地转化为林地这一私人行为的发生。

事实上，发生在农产品过剩阶段的林地问题是三种因素共同作用的结果，即生态环境的恶化和森林资源的减少导致了对森林安全的需求，农产品供给的过剩奠定了森林资源恢复的物质基础，而生产要素由农业部门向林业部门移动的流畅性为森林资源的恢复创造了条件。这三个因素缺一不可，而且，只有农产品过剩阶段才会同时具备这三个条件，正是这三个条件的同时存在，才会使生产要素由农业部门向林业部门移动这种私人理性行为与森林环境安全的社会理性需求相吻合。因此，农产品过剩阶段出现的林地问题的逆向变化以及随之带来的生态环境改善存在着某种必然性。

6 林业基本问题演进的总体描述

本部分内容不再是整体研究的进一步深入，而是试图综合上述研究内容，建立一个能够对林业基本问题演进过程进行总体描述的模型，进而能够使长篇论述变得清晰和概括。这一模型可用图6 表示。横轴 O_1O_2 表示耕地和林地的数量，且假定林地和耕地的数量此消彼长，但两者之和不变。其中，从 O_1 到右边是林地的数量，从 O_2 到左边是耕地的数量。例如，A_4 点意指土地按照这样的比例进行分配，O_1A_4 表示林地的数量，O_2A_4 表示耕地的数量。在图6 的上部，左侧纵轴表示农业(也包括农户家庭)耗用的林木数量 b 和工业耗用的林木数量 a 之比，右侧纵轴表示农产品的价格，X 曲线表示 $b:a$ 与林地数量之间的相互关系，MR 曲线表示农产品的边际报酬。[①] 在图6 的下方，纵轴表示林木消耗量 c 和林木生长量 d 的比值，曲线 Y 表示 $c:d$ 与林地数量的相互关系。在工业化的初始阶段，森林面积的减少主要是为了解决因人口增加和农业技术落后原因而产生的粮食供需矛盾，林木主要被农户无偿或低价占有，而工业耗用的林木数量较少，即 $b:a>1$。由于这一阶段农户和工业的林木采伐技术相对落后，林地的减少速度相对较慢，因此，E 点右部的 X 曲线较为陡峭。同时，假定在 $b:a>1$ 时，林木的消耗量小于生长量，即 $c:d<1$，这样，E 点右部的 X 曲线刚好对应于 J 点右部 Y 曲线。在此阶段，由于 $c:d<1$，木材的供需矛盾尚未显现，但林地面积却由 O_1A_4 减少到 O_1A_3，耕地面积由 O_2A_4 增加到 O_2A_3，这一阶段为林地问题阶段。随着工业化进程的深入，资本替代劳动技术的提高以及工业用木材数量的增加，林木主要被工业活动所耗用，即 $b:a<1$。在这一阶段，采伐技术的提高以及行政资本积累方式和原料需求等原因，林地的减少速度明显加快，因此 EF 段 X 曲线较为平缓。同样的原因，林木的消耗量开始大于生长量，即 $c:d>1$，而且，$c:d$ 值不断扩大，直到 H 点为止。虽然该阶段林地面积继续减少到 O_1A_2，耕地面积增加到 O_2A_2，但由于木材的供需矛盾不断扩大，林木资源问题已取代林地

① 在假定粮食产量与耕地面积同比例增加的情况下，横轴从 O_2 到左边就可以等同表示农产品数量，因此，即可做出农产品的边际报酬曲线 MR。

问题成为主要问题，因此，该阶段称为资源问题阶段。到经济水平发展到一定程度，由于诱致性技术变迁使木材等林产品的替代品大量出现，以及行政资本积累方式逐渐被非行政资本积累方式所取代，林地面积减少的速度开始放慢，因此 FA_1 段的 X 曲线较为陡峭，在此阶段，$c:d$ 值开始逐渐减小(但 $c:d$ 值仍大于 1)，资源问题得到缓解，政府开始关心由于森林减少而带来的生态问题。在上述三个阶段，林地面积始终在不断减少，耕地面积在不断增加。由于农业技术进步等因素，农业将面临农产品过剩以及由此带来的边际报酬下降这一问题。当 MR 下降到 R 点时，为阻止农产品边际报酬继续下降，由于农业生产要素移动流畅程度的不均衡性和政府的激励政策，包括耕地在内的农业生产要素将向林业部门转移，林地面积将从 A_1 点开始增加，因此从 G 点开始，$c:d<1$ 又开始重新出现，而且随着林地面积的逐渐恢复，$c:d$ 值将逐渐减小。因此，从 A_1 开始，林业生态问题开始好转。

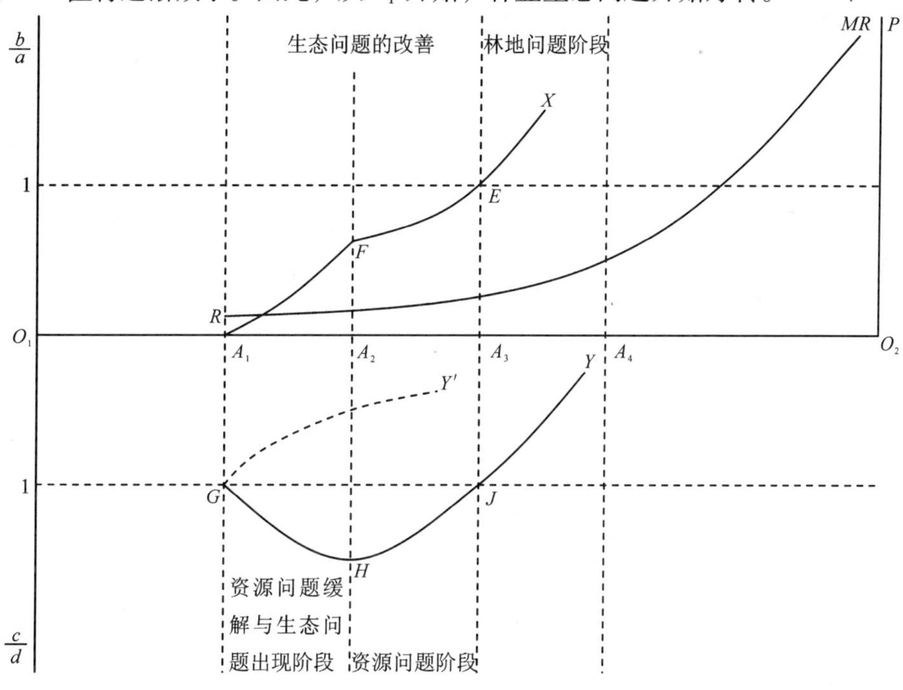

图 6 林业基本问题演进模型

7 结束语

以上论述表明，从林地问题到资源问题再到生态问题以及生态问题的好转，均存在着严格的宏观经济约束条件。这些宏观经济的约束条件，直接决定着某种林业政策的制定和成功实施最佳时期，如果一个政府单纯的以欲望或需要为依据而在某种程度上忽略其社会经济发展水平，就有可能在某一时期过早或过晚的解决某种林业问题，其结果都可能不会令人满意。

参考文献

[1] 施昆山．当代世界林业[M]．北京：中国林业出版社，2001

[2] 祝列克，等．美国林业百年[M]．北京：中国林业出版社，2005

[3] 速水佑次郎，神本善九．农业经济论[M]．北京：中国农业出版社，2003

[4] 李智勇. 世界私有林概览[M]. 北京：中国林业出版社，2001
[5] 速水佑次郎. 发展经济学—从贫困到富裕[M]. 李周，译. 北京：社会科学文献出版社，2003
[6] 张培刚. 发展经济学教程[M]. 北京：经济科学出版社，2001

作者简介：第一作者：王爱民(1966 -)，男，吉林人，博士，河北农业大学商学院教授，博士生导师，从事林业经济管理研究。

第二作者：祝列克(1956 -)，男，福建人，国家林业局副局长，高级工程师，博士生导师，从事林业经济管理与政策等方面的研究。

公益林生态效益补偿资金分配探讨

陈 钦　刘伟平
（福建农林大学经济与管理学院，福州，350002）

摘要：公平、合理地分配补偿资金，有利于保护公益林。笔者首先阐述了补偿资金分配原则；其次，运用公平理论、产权理论、公共物品和外部性理论，分析和论证了目前中国公益林生态效益补偿资金分配不公平，公益林所有者的产权收益不能实现，政府必须干预解决；第三，提出补偿资金分配应该考虑公益林的成本、质量、需求程度、重要性程度、面积和经济损失等因素，并且进行了分析；最后，论述了补偿资金分配标准的确定方法，提出国有的公益林应该以公益林成本核算为基础确定补偿资金的分配标准，非国有的公益林应该以经济损失核算为基础确定补偿资金的分配标准。总之，政府必须建立公平、合理的补偿资金分配机制，以便激励公益林建设和保护，改善生态环境。

关键词：公益林；生态效益；补偿资金；分配

Discussion on Ecological Benefits Compensation Funds Assignation of Non－commercial Forest

CHEN Qin，LIU Wei-ping
（Economy and Management College，Fujian Agriculture and Forestry University，Fuzhou 350002）

Abstract：It is favorable for non－commercial forest protection to assign compensation funds fairly and reasonably. Firstly，author expounds allocation principle of compensation funds. Secondly，it is demonstrated and analyzed by equity，property right，public goods and external economy theory at present that compensation funds assignation of non－commercial forest is unfair，and that owner of non－commercial forest does not obtain income of property right in China. Government must solve the question. Thirdly，the author discusses influence factors of compensation funds allocation，including cost，quality，demand degree，importance degree，area，loss of non－commercial forest and so on. Finally，the paper expounds account method of compensation funds assignation standard. Author put forward that compensation funds assignation standard of state non－commercial forest is ascertained by cost account，and that the standard of other non－commercial forest is ascertained by loss account. Therefore，it is necessary to establish fair and reasonable assignation mechanism of compensation funds in order to inspirit construction and protection of non－commercial forest，and improve environment.

Key words：Non－commercial forest；Ecological benefits；Compensation funds；Assignation

公益林是以发挥生态效益为主要目的，在目前中国生态环境不佳、居民生态意识和生态需求不断提高的情况下，公益林保护和建设至关重要。然而目前中国公益林保护和建设不仅资金短缺，而且还存在资金分配不合理和不公平现象，这影响公益林供给的数量和质量，从而影响生态环境。至今，如何将公益林生态效益补偿资金分配与各地的经济状况、生态状况以及公益林状况等相联系，尚未做出全面、系统地研究。

福建林业现代化评价研究课题组按照国家质量技术监督局发布的中华人民共和国国家标准《生态公益林建设导则》(GB/T 18337.1—2001)中生态公益林质量评价指标，对福建省3个市生态公益林质量等级进行评分，评分结果分别为69、56和61分(分值范围在0~100分之间)[1]。可见，目前一些地方公益林质量较差，影响了公益林的生态功能，需要建立能够发挥经济激励作用的公益林生态效益补偿资金的分配机制，反映优质优价，促进公益林质量改善，提高资金的配置效率。公平合理地分配公益林生态效益补偿资金，也有利于促进林区和谐社会建设。

1 补偿资金的分配原则

补偿资金分配应该遵循以下原则：①公平性。禁止采伐公益林，使所有者遭受经济损失，按照公平性原则，应该给予补偿，并且对于同一地域、相同的公益林，单位面积公益林所分配的补偿资金应该相同。②优质优价。目前中国公益林的林分质量较差。补偿资金分配应该对公益林建设起着激励作用，体现优质优价，促进公益林质量等级的提高，因此，补偿资金分配标准必须根据公益林质量分不同档次。③科学性。补偿资金分配必须有科学的理论依据，令人信服，计算方法规范；所采用的参数，具有科学性。④可操作性。补偿资金分配必须考虑实践可操作性，即取得数据资料的可能性，实现理论科学性和现实可行性的统一。计算不能过于复杂，要方便可行。⑤成本节约。补偿资金分配标准计算需要许多数据，这些数据搜集成本应该尽可能低；补偿资金分配时，还涉及到实施成本和监测成本，这两项成本也要尽可能节约。⑥稳定性。由于公益林生长周期长、面积大、范围广，补偿资金分配的计算成本较高，工作量较大，所以在一段时间内应该保持不变。⑦可接受性。补偿资金分配办法必须能够被主管部门、专家、公益林所有者和受益者等所理解和接受。

2 补偿资金分配的理论基础

2.1 公平理论

公平是指有关经济活动的制度、权利、机会、分配和结果等方面的公正和合理。公平理论起源于美国行为科学家亚当斯(J. S. Adams，1965)等提出来的一种激励理论。亚当斯公平理论的基本观点是：当一个人做出成绩并取得报酬以后，他不仅关心自己所得报酬的绝对量，而且关心自己所得报酬的相对量。因此，他要通过比较来确定自己所获报酬是否公平。所用的比较包括横向比较和纵向比较，横向比较是指一个人投入和收益的比值与其他人的投入和收益的比值相等时，才是公平的。这种公平观要求个人承担的责任和享有的权利必须成正比，也就是说个人在享有社会权利和承担社会责任时，与社会上其他人相比是否合理。这种公平观也可以称为贡献律，即奖酬与贡献成正比，也就是多劳多得。按照这种公平观，林分质量好的公益林所有者应该获得更多的补偿资金。纵向比较是指把自己目前投入与目前所获得报偿的比值，同自己过去投入与过去所获得报偿的比值进行比较，只有相等时才是公平的。目前公益林所有者进行横向比较时，觉得自己投资报酬率不如商品林所有者；从纵向比较来看，由于部分公益林是近几年刚被划定或禁伐，这些公益林所有者感觉到投资报酬率不如从前。所以，他们认为这是不公平的。由于公益林禁伐是政府强制行为，所以政府在国民收入再分配时，必须考虑公益林生态效益的补偿问题，而且无论从横向比较或纵向比较来看，都要尽量使公益林所有者感觉到公平地分配到了补偿资金。这有利于激励公益林供给，改善生态环境。

要实现社会公平，就要形成从制度安排到规则执行的一整套科学体系，政府的政策和法规对所有公民都应该一视同仁，包括承认个人对财产的所有权，并且按照自己对生产所做出的贡献大小取得属于自己的收入份额。规则不公平主要体现在两个方面：一方面是规则制定不公平，这是对各方面利益兼顾不够造成的，例如同样是国家重点公益林，目前只有部分国家重点公益林所有者分配到中央财政补助资金，另一部分国家重点公益林所有者没有分配到中央财政补助资金；另一方面是规则执行不公平，例如森林生态效益补偿政策执行过程中存在不公平的现象，中央财政对纳入补偿范围的国家重点公益林每年每亩分配补偿资金 5 元，但是各地公益林所有者和护林员实际获得的补偿资金不完全一样。

李周通过实证研究得出[2]："森林丰富但经济发展落后的地区，通常存在问题之一是相当一部分的森林被国家划为防护林、又得不到任何经济补偿。大多数林木为防护林，农民得不到任何经济补偿是林区贫困的原因之一。"公益林生态效益全社会受益，营林者负担成本；富裕地区受益，成本由贫困地区负担，这是极不公平的机制。例如让长江上游贫困县建设和保护公益林，下游经济较发达的江苏、上海等因此受益，却不要承担任何费用。哪个地方公益林越多，保护公益林任务越重，于是，公益林培育和保护越多的地方和单位就越亏本。这容易引起逆向选择，不利于保护公益林，而且这与国家保护农民利益的方针政策不符，也不利于林区的和谐社会建设。公益林禁伐使林农承担提供全社会所需的森林生态产品的成本，让社会弱势群体(林农)为全社会直接承担生态成本，而从中受益的高收入群体没有直接承担，确实不公平！以人为本的科学发展观要求不能为了某些人(即使是大部分人)的生存利益，而不公平地牺牲另一些人的生存利益(即使是少数人)。因此，需要政府健全公益林生态效益补偿机制，让受益者承担部分补偿资金，并将补偿资金分配给遭受损失的公益林所有者。

2.2 外部性和公共物品理论

公益林具有明显的外部经济性，公益林所发挥的生态效益，目前社会有关各方从中受益，而且绝大部分是无偿受益，而公益林的所有者几乎没有收益，这就使公益林的所有者私人边际收益小于社会边际收益。如果没有弥补这种差异，在市场经济体制下，不可能使公益林达到最佳的供给水平。因此需要政府干预，使公益林所有者能够获得补偿资金，以便提高公益林的供给水平。

弗里德曼给公共物品所下的定义是："我主张将它定义成这样一种物品，它一旦生产出来，生产者就无法决定谁来得到它。"由于公益林所发挥的生态效益是一种无形效用，不能储藏和移动，生产者难以对其做出控制，于是无法迫使受益者偿付了补偿费后才享用其生态效用，因此，公益林属于公共物品。公共物品具有非排他性和非排斥性。公共物品可分为纯公共物品和非纯公共物品，纯公共物品完全满足这两个特性，大型公益林建设和保护工程(如天然林资源保护工程)就是属于纯公共物品；而非纯公共物品并不严格满足这两个特性，如有些非纯公共物品具有非排他性或排他的成本很高，在达到某一消费数量后就具有竞争性。以水资源为例，在年降雨量较少的地方，当水资源需求少的情况下，水资源利用不存在竞争性。随着人口的增加和经济的发展，生活和生产用水也随之增加，当水资源需求量增加到某一限度时，水资源的利用就存在竞争性。因此，在干旱地区的水源涵养林就属于这种非纯公共物品。一般情况下，公益林这种公共物品具有非排他性或排他的费用很高，难以收费。因此，公益林所发挥的生态效益，被社会各方无偿享用，从而导致公益林所耗费的成本得不到补偿。在市场经济体制下，这种无法保本的经营自然吸引不了私人资金投入。可见，个人或企业无法保障公益林供给，所以，政府必须干预，确定补偿资金分配标准，建立公益林生态效益补偿资金分配机制，以便保障公益林供给。

2.3 产权理论

德姆塞茨(H. Demsetz)指出[3]：“产权包括一个人或其他人受益或受损的权利。……产权是界定人们如何受益和受损，谁应该向谁提供补偿。”《中华人民共和国民法通则》第71条规定：“财产所有权是指所有人依法对自己的财产占有、使用、收益、处分的权利。”完备的产权总是以复数名词出现，包括：①使用权：允许个人在权利所允许的范围内以各种形式行使权利；②收益权：可以享受从事物中所获得的各种利益；③支配权：改变事物的形态和内容；④让渡权：可以出租或出售事物[4]。可见，产权是一组权利束，各种权利缺一不可，否则就是残缺的产权。目前中国公益林产权是残缺的产权，公益林禁伐使其所有者丧失了木材采伐收益权。

完备的产权必须具备[5]：一是权利得到全面分配，并且所有的权利必须得到明确和有效的执行；二是权利是独占的，即从资源使用中获得的权益和发生的费用应直接地或通过他人自然增加到所有者名下；三是权利可转移，所有的产权都可以在一个所有者与其他所有者之间转移，在通常被认为公正的条件下自愿交换；四是权利必须是安全的，产权应当得到保护。然而，对于公益林产权而言，以上四个方面中国目前都尚未具备：首先，目前中国绝大多数地方林权改革只针对商品林，没有涉及公益林，部分公益林产权不够明晰；其次，目前公益林所有者不能独占公益林权益，绝大部分没有从公益林生态效益受益者中获得补偿费；第三，目前中国政府赎买公益林还处在探索阶段，尚未推广实施，理性的私人投资者又不会购买公益林，所以中国现阶段公益林产权交易困难。许多公益林所有者不是自愿地无偿提供公益林生态效益；第四，中国公益林产权不安全，如收益权得不到保障。所以，目前中国公益林产权不完备。

产权具有激励功能，中国公益林产权不完备和残缺，不能发挥应有的激励作用。斯蒂格利茨认为[6]：“产权向人们提供重要的激励，它不仅使人们投资和储蓄，而且使他们的财产得到最佳使用。产权失灵表现为未明确界定的产权和有限制的产权，这往往导致多种形式的低效率。”目前中国公益林产权收益难以实现，是有限制的产权。这种产权不可能激励人们投资造林(担心被划为公益林)。过去20多年，中国公益林区划调整了几次，面对这种可能发生的产权限制，社会资本难以流向营林业。森林所有者和经营者不能从建设和保护公益林中获益导致公益林供给不足，生态平衡难以维持。如果对公益林所有者进行补偿，并且补偿资金分配是长期稳定的，公益林所有者的产权收益就会实现，从而激励他们保护和建设公益林。

《中华人民共和国森林法》第三条规定：“森林、林木、林地的所有者和使用者的合法权益，受法律保护，任何单位和个人不得侵犯”；第七条规定：“国家保护林农的合法权益”。目前这些规定尚未得到落实。森林具有经济、社会和生态效益。由于目前公益林被禁伐，使所有者不可能享有公益林经济效益的收益权；虽然所有者享有社会和生态效益的收益权，但是由于公益林具有非竞争性和非排他性，其生态效益具有外部经济性、计量困难性，使其收益权不能兑现。产权保护是政府的职能，但是目前中国政府不仅没有很好地保障公益林产权收益的实现，而且还由于生态保护剥夺了林农公益林的经济收益权。在 OECD 成员国，因为公共需求将私有林划为环境保护林，私有林所有者将获得补偿[7]。因此，中国政府必须多渠道筹集资金，并且将筹集的资金公平地分配给公益林所有者，使公益林的产权收益得以实现。虽然《中华人民共和国森林法实施条例》第十五条规定：“防护林和特种用途林的经营者，有获得森林生态效益补偿的权利，”但是，仅此一句话，不够具体，例如补偿资金来源渠道、补偿标准等都没有明确规定，无法贯彻实施。所以，政府必须制定实施细则，包括如何分配公益林补偿资金。

3 补偿资金分配应考虑的因素

(1)公益林的成本。补偿资金分配应当考虑公益林的投资额[8]，投资额主要体现为营林成本。只要成本能得到充分补偿，营林投资的风险就降低。原则上，补偿资金分配要考虑历史成本。由于目前公益林的历史成本资料不健全，可以采用重置成本作为补偿资金的分配依据之一。

(2)公益林的质量。公益林按质补偿，符合现代市场经济要求。根据公益林质量等级分配补偿资金，有利于促进公益林质量的提高，增强公益林自身的生态功能。公益林质量等级反映所区划界定的公益林质量状况，是衡量公益林生态功能状况好坏的标志。公益林质量等级可以按照国家质量技术监督局发布的中华人民共和国国家标准《生态公益林建设导则》(GB/T 18337.1—2001)中规定的生态公益林质量评价指标计算。

(3)地方经济发展水平和公益林的需求程度。不同的地方经济发展水平不同，接受补偿意愿不同。政府对公益林的公共财政支出应该体现公众的支付意愿和林农的接受补偿意愿。按照马斯洛的需求层次理论，人均可支配收入较高，生态需求也较高，支付意愿也较强，政府用于公益林生态效益补偿的财政支出也应该较多。人均可支配收入可以近似反映各个地方公益林的生态需求程度和经济发展水平。另外，人均可支配收入数据容易取得。所以，可以用当地人均可支配收入作为公益林补偿资金的分配依据之一。

(4)公益林的重要性程度。在分配补偿资金时，应该考虑不同地域森林生态系统的重要性程度。重要区位或重点保护的公益林，保护等级较高，不允许进行任何形式的采伐，没有木材销售收入，补偿资金应该多分配一些；而一般公益林，保护等级较低，允许进行部分择伐，有一小部分经济收入，公益林保护所造成的经济损失较少，补偿资金应该少分配一些。可以将公益林按照重要性程度分成几级，每级确定一个重要性系数，并且以重要性系数作为分配补偿资金的依据之一。

(5)公益林禁伐所造成的经济损失。补偿资金分配应该考虑公益林禁伐给所有者或经营者所造成的经济损失。虽然由于各种原因，目前难以按照实际损失进行全额补偿，但是，补偿资金的分配，应当考虑经济损失的大小。公益林禁伐的经济损失计算比较复杂，难度较大，计算成本较高。不过，一般情况下，公益林禁伐的经济损失与其蓄积量成正比，所以，可以用禁伐的公益林平均蓄积量作为分配补偿资金的依据之一。也就是说，单位面积平均蓄积量越大，所分配的补偿资金就越多。

(6)树种和林龄。补偿资金分配要考虑到树种和林龄，因为树种不同，造林成本不同，采伐收益也不同，禁伐造成的经济损失也不同，所发挥的生态效益也不同。树种相同，林龄不同，抚育和护林费用也不同，林分蓄积量和材质也不同，禁伐造成的经济损失也不同，所发挥的生态效益也不同。根据我国《森林法》和《森林采伐管理制度》规定，未到主伐年龄，公益林和商品林都不能采伐。假如完全按照禁伐所造成的经济损失进行补偿，可以考虑未到主伐年龄的公益林，暂时不给予补偿。一般情况下，珍贵树种补偿资金要多些；与针叶树相比，阔叶树能够发挥更大的生态效益，补偿资金也要多分配，这也是国外政府普遍做法；林龄越长，补偿资金应该分配越多。

(7)公益林的面积。所分配的公益林生态效益补偿资金应该与公益林面积成正比。

4 补偿资金分配标准确定方法

补偿资金分配标准确定主要有两种方法[9]：核算法和协商法。

4.1 核算法

核算法是以公益林建设和保护成本、公益林所有者的经济损失核算为基础来确定补偿资金的分配标准。按照公益林实际成本核算，具有可验证性，客观性强，容易让人接受和信服；按照重置成本计算，考虑了通货膨胀的影响。按照机会成本测算，考虑了潜在的机会损失；按照预计的采伐收益计算，反映了公益林所有者的经济损失。对于国有的公益林，应该以公益林建设和保护成本核算为基础，同时考虑其他因素，确定补偿资金的分配标准；对于集体、个人等非国有的公益林，应该以公益林所有者的经济损失核算为基础，并且考虑其他因素，确定补偿资金的分配标准。

4.2 协商法

协商法是通过协商达成一致来确定补偿资金的分配标准。自由协商是双方经济博弈过程[9]，对公益林保护而言，从前博弈结果“不补偿，不保护”是一种纳什均衡，但是它造成了生态危机；目前博弈的结果“不补偿或补偿极少，保护”，短期内有利于保护生态环境，但是它不是一种纳什均衡，因为它使公益林所有者遭受经济损失，绝大部分受益者无偿享用公益林生态效益[9]。

按照协商法，补偿资金分配标准确定应该考虑林农的意愿，美国退耕还林项目就充分考虑了农民的意愿，美国政府借助竞标机制和遵循农民自愿的原则来确定与各地自然和经济条件相适应的租金费率(亦即补偿标准)[10,11]。然而，目前中国政府制定的森林生态效益补偿方案，不是林农与政府协商的结果，而是政府单方面的制度安排，然后采用行政命令式强制推行。由于公益林所有者众多，分别与每位所有者协商，交易成本高，花费时间长，无法做到。可以实行听证制度，邀请公益林所有者代表参加，在充分听取和吸收他们意见的基础上，拟定公益林生态效益补偿资金的分配方案。然后，向全社会公布该方案，在广泛征求意见后，修订并实施该方案。

参考文献

[1] 吕月良，陈钦，吴奕，等．林业现代化评价研究[M]．北京：中国林业出版社，2006：176

[2] 李周，张敏新，肖平，等．中国天然林保护的理论与政策探讨[M]．北京：中国社会科学出版社，2004：49 ~ 143.
[3] H. Demsetz(1967)，Toward a Theory of Property Rights，American Economic Review，vol57：347
[4] 张军．现代产权经济学[M]．上海：上海三联书店和上海人民出版社，1996：71
[5] 经济合作与发展组织．发展中国家环境管理的经济手段[M]．刘自敏，李丹，译．北京：中国环境科学出版社，1996：72 ~ 73
[6] 斯蒂格利茨[美]．经济学[M]．第二版．北京：中国人民大学出版社，2000：166
[7] 经济合作与发展组织．环境管理中的市场与政府失灵：湿地与森林[M]．杨柳燕，张红军，徐璐，译。北京：中国环境科学出版社，1996：70 ~ 73
[8] 李文华，李芬，李世东，等．森林生态效益补偿机制与政策研究[J]．生态经济，2007(11)：151 ~ 153
[9] 中国生态补偿机制与政策研究课题组．中国生态补偿机制与政策研究[M]．北京：科学出版社，2007：78 ~ 79
[10] 龚亚珍．世界各国实施生态效益补偿政策的经验对中国的启示[J]．林业科技管理，2002(3)：19 – 21
[11] 郭广荣，李维长，王登举．不同国家森林生态效益的补偿方案研究[J]．绿色中国，2005(7)：14 – 16

作者简介：第一作者：陈钦(1968 –)，男，福建人，博士，福建农林大学经济与管理学院教授，硕士生导师，系副主任，从事林业经济管理研究。

第二作者：刘伟平(1958 –)，男，福建人，博士，福建农林大学经济与管理学院教授，博士生导师，院长，从事林业经济管理研究。

退耕还林工程实施机理及农户决策模式分析

柯水发[1]　赵铁珍[2]

（1. 北京林业大学经济管理学院，北京，100083；
2. 国家林业局经济发展研究中心，北京，100714）

摘要：退耕还林工程是迄今为止我国农户参与面最广的一项生态建设工程。该文首先分析了退耕还林工程的总体进展和实施机理，进而分析了退耕还林工程三种不同的农户参与行为决策模式：自主理性决策模式、从众模仿决策模式和被动接受决策模式，并分析了农户参与退耕还林的决策心态和行为演进机理，最后总结全文，得出一些简要结论。

关键词：退耕还林工程；实施机理；农户；决策模式

Analysis on Implementation Mechanism and Decision Mode of Peasant Households in the Conversion of Cropland to Forestland Program

KE Shui-fa[1], ZHAO Tie-zhen[2]

(1. School of Economy & Management, Beijing Forestry University, Beijing 100083;
2 . Economic Developing and Researching Center, State Forestry Bureau, Beijing 100714)

Abstract: The Conversion of Cropland to Forestland Program (CCFP) is by far the most widely participated in the ecological construction in China with numerous farmer households. the paper first analyze the overall progress and implementation mechanism of the CCFP, and analyze the three kind of the behavior decision - making pattern in different peasant households participate in the CCFP, i. e. The independent rational policy - making pattern, imitates the policy - making pattern from the audiences and passively accepts the policy - making pattern, then analyzed the attitude and behavior evolution mechanism about peasant households participate in CCFP, finally summarize the whole text and draw some brief conclusions.

Key words: The Conversion of Cropland to Forestland Program; Implementation mechanism; Peasant households; Decision mode

自20世纪90年代中期以来，我国政府启动了几项大型或超大型生态保护工程，以遏止水土流失和土地沙漠化加剧的趋势。其中，退耕还林工程是迄今为止我国政策性最强、投资最大、涉及面最广、农户参与面最高的一项生态建设工程。随着退耕还林工程的全面展开，国内外对退耕还林工程的研究文献较多，主要集中于工程实施情况、工程管理、工程政策问题、工程技术措施、工程成效、工程影响、工程监测等方面的研究。而缺乏从农户参与工程的角度开展研究。在退耕还林工程实施过程中，尽管不同工程实施地区间、不同农户间的参与存有差异，且农户参与的广度、深度和宽度随时空而动态变化，但是，如果把农户视为一个群体，从其普遍的行为表现中可以总结抽象出农户参与退耕还林过程中的相关行为特征及行为机理。因此，本文通过对退耕还林工程实施机理及农户参与退耕还林行为决策机理一般规律的揭示[1]，旨在为政府更好地引导、激励和规范农户退耕行为，确保退耕还林工程的可持续发展，巩固退耕还林成果，保障林农利益，构建和谐生态工程，建设社会主义生态文明社会提供决策参考。

1 退耕还林工程进展简况及实施机理分析

分析退耕还林工程进展情况及工程的实施机理，有助于我们更好地揭示农户参与退耕还林工程的行为机理。

1.1 退耕还林工程进展简况

退耕还林是减少水土流失、减轻风沙灾害、改善生态环境的有效措施，是增加农民收入、调整农村产业结构、促进地方经济发展的有效途径，是西部大开发的根本和切入点。退耕还林还草作为我国生态建设的一个重要组成部分，是一项涉及国家、地方、个人利益全面调整的综合系统工程，是对土地资源的管理和利用进行调整，是行政与市场配置土地的混合结果。其政策目标不仅在于遏制生态恶化，还包括产业结构调整、提高农民收入、推动地区社会环境可持续发展等多元化目标(朱洪波，2004)。退耕还林工程自1999年启动以来，经历了试点示范、大规模推进、结构性调整三个阶段，工程建设实施情况较为顺利，并取得了较为显著的成效。

表1 1999～2005年全国退耕还林工程进展概况

指 标	单位	1999	2000	2001	2002	2003	2004	2005
完成造林总面积	万 hm^2	46.70	88.47	89.03	442.36	619.61	321.75	189.83
其中：退耕地造林面积	万 hm^2	39.69	42.8	40.54	203.98	308.59	82.49	66.73
荒山荒地造林面积	万 hm^2	7.01	45.67	48.49	238.38	311.02	239.26	123.10
当年种草总面积	万 hm^2			14.41	11.09	19.56	12.33	4.69
当年兑现粮食	亿 kg			4.00	51.62	86.75	156.24	279.25
当年兑现生活费补助	亿元			3.5	4.58	26.43	3.35	22.42
当年国家投资完成总额	亿元		15.41	32.14	110.61	208.56	214.29	250.88
其中：粮食折资	亿元			20.36	63.08	129.61	157.77	202.80
种苗费	亿元		3.33	7.37	33.07	49.83	26.72	23.80
科技支撑费	亿元			0.12	0.32	5.64	2.74	0.18
其他费用	亿元			4.41	14.46	23.48	27.06	15.37

数据来源：笔者根据1999～2005年《中国林业统计年鉴》整理而得。

注：a. 1999年在四川、陕西和甘肃三省率先试点；2000年正式启动试点；2002年在全国范围内正式全面启动退耕还林工程。因此，1999年和2000年的数据有缺项。

b. 表格中的数据不包括京津风沙源治理工程中的退耕还林情况，累计数为本文经整理后数据的累加，因此与《林业重点工程公报》的相关数据有别。

据国家林业局新闻办公室2007年2月3日发布的《退耕还林工程总体建设情况报告》。工程自1999年试点以来，1999～2006年，国家共安排退耕还林任务3.64亿亩，其中退耕地造林 1.39 亿亩，宜林荒山荒地造林 2.05 亿亩，封山育林 0.2 亿亩。目前，工程全面完成了 1999～2005 年国家下达的计划任务 3.44 亿亩，其中退耕地造林 1.35 亿亩。2000～2006 年国家累计投入工程建设资金 1300.1 亿元。

据笔者对统计资料的整理，1999～2005 年的退耕还林工程进展情况可参见表 1，由该表可以看出，从造林情况看来，以 2003 年为分界线，2003 年前造林面积逐年上升，2003 年后，造林任务面积开始下降。从投资完成情况来看，1999～2003 年投资呈不断上升趋势。

另据笔者对统计资料的整理结果显示，参与工程并受益的农户逐年增多，图 1 显示工程涉及的农户数已从 2001 年的 3577296 人到 2005 年的 25087775 人。据初步统计，1999～2006 年，退耕还林工程现已涉及 3000 多万农户、1 亿多农民。由此，可见退耕工程中农户的参与面之广，这为本文研究工作的开展提供了丰富的研究素材。

1.2 退耕还林工程实施机理分析

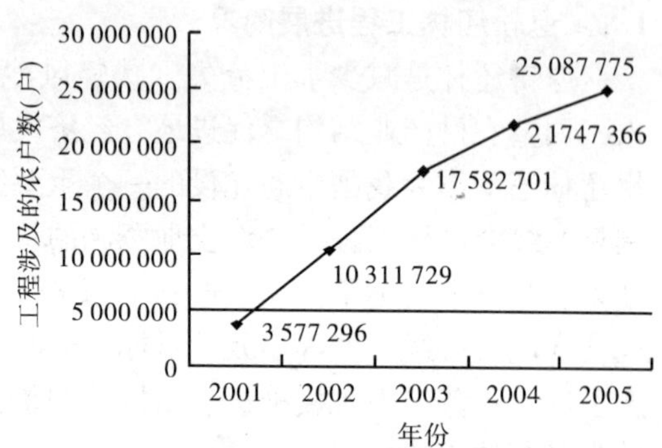

图 1　2001～2005 年退耕还林工程涉及农户数情况

所谓“机理”原意是指有机体的构造、功能和相互关系，在此特指一个系统的组织或部分之间相互作用的过程和方式。退耕还林工程是将水土流失严重的耕地，沙化、盐碱化、石漠化严重的耕地以及粮食产量低而不稳的耕地，有计划、有步骤地停止耕种，因地制宜地造林种草，恢复植被。因此，退耕工程的实施过程是将耕地转换成林地的过程，在这一转换过程中，作为退耕主体的农户也必然要进行行为的转换，即由从事农作物生产转换成林木生产，由原来的获取农作物收益转换为林木收益。由于坡耕地生产过程中往往会造成水土流失，由此引发了耕作行为明显的负外部性，而退耕还林后，林地经营过程中林地上的林草植被发挥了保持水土、涵养水源、调节小气候等生态环境改善的外部效用，而这些外溢的效用被周围和其他地区的人们无偿享用了，具有明显的正外部性。因此，退耕还林的过程实际上也是农户由负外部性行为向正外部性行为转换的过程(图 2)。

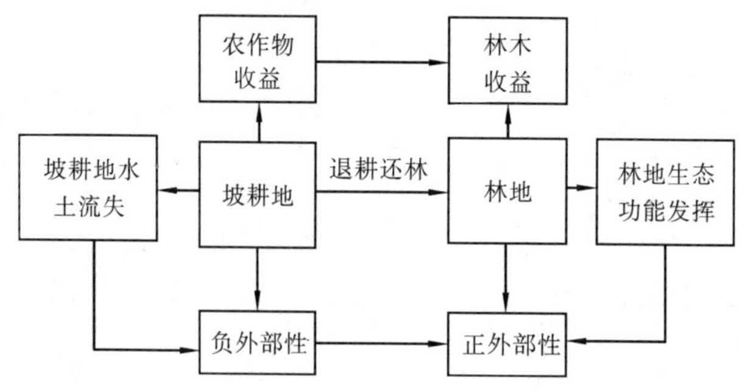

图 2　坡耕地与林地转换机理

退耕还林工程是一项旨在增加生态林供给的林业生态工程。从经济学角度来讲，生态林属于公共资源，生态林属于生态公共物品的范畴。而公共物品与私人物品一个重要的区别就在于公共物品具有非排他性，即一个人对某公共物品的消费，并不排斥其他人对它的同时消费。所以公共物品不适宜也不应该由私人生产，而应该由国家提供。我国所推行的退耕还林政策，其实质就是一项国家提供生态公共物品的政策。但问题在于我国退耕还林工程的实施以私人承包制为基础，这就决定了公共品的供给主体不是国家而是退耕农户。然而退耕农中却很难对农业生产单位和居民收取任何费用，也无法阻止其消费，这就意味着退耕农户作为寻找私人利益的私人生产者在建设生态林后将不能通过市场机制就生态林所产生的正外部性得到任何收益。从激励的角度讲，如果政府想借助私人力量达到既定的生态环保目标，则必须存在能有效激励退耕农户，使其在追求私人利益的同时恰好实现了政府退耕还林目标的一种机制，这就要求公共物品的应然提供者国家必须通过构建虚拟市场机制、遵循权责利相对等的原则，在委托代理运作框架下给予公共物品的生产者退耕农户以一定的价值补偿。当退耕农户得到足够的激励时，就会积极地自愿参与退耕工程，主动承包代理生态林公共物品的供给，即退耕农户通过先退耕，后还林，再加以管护经营，最后产出私人经济物品，获取私人经济收益和补偿收益，同时供给生态公共物品，作为其经营外部性的产品，正好实现了政府的社会生态目标(图3)。

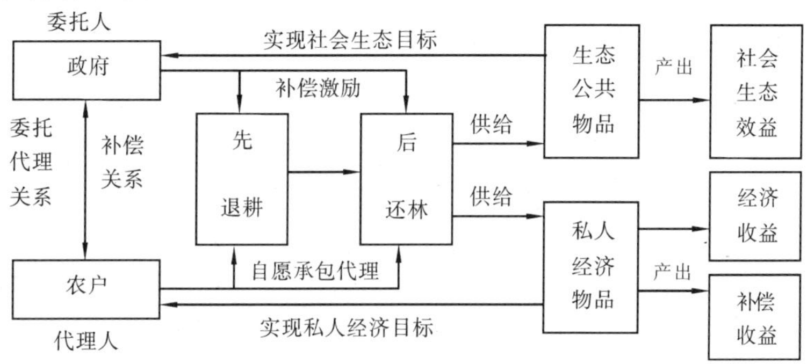

图3 委托代理框架下的退耕还林供给机理

中国退耕还林工程的实施模式系即政府采取强制中的诱致性制度变迁策略来实施：政府强制性规定了退耕还林的区域、时间表、规模和条件，在此基础上政府用退耕还林的机会成本补贴来诱致农户实现中央政府的生态目标。国家与退耕农户之间的关系可以被视作“委托—代理”关系，国家作为生态林的应然提供者委托退耕农户植树造林。从法律角度来讲，国家作为委托人于退耕农户的补偿是一种法律上的义务，而后者作为代理人则基于代理国家完成种树的任务而享有取得劳动报酬的权利。

政府主导、农户参与这种构架是一种多重链的委托代理关系[2](图4)，即由中央政府设计并提出激励约束机制，委托和激励农户来实现其生态目标。退耕农户作为代理者有限地在自身经济利益与政府目标之间进行理性行为组合，农户的行为目标相对于中央的生态目标而言为多重性，既有自身经济利益的最大化，又有政府生态目标的实现。地方政府作为中间环节的行为目标也是多重的：具体执行着中央政府的生态目标实现和监督保证，同时代理中央政府给农户以补贴，既要使中央政府和农户满意，又要尽可能实现本政府垄断租金最大化。而各级林管部门作为各级政府的职能部门，系各级政府委托下退耕还林工作的具体协调者和执行者。

综合上述分析，退耕还林工程的实施机理可描述为：政府通过强制性制度变迁与诱致性制度变迁，构建起多重的委托代理制度，并在这一框架下，采取农户个体承包的方式，将坡耕地转换成林地，最终完成生态公共品的私人供给。

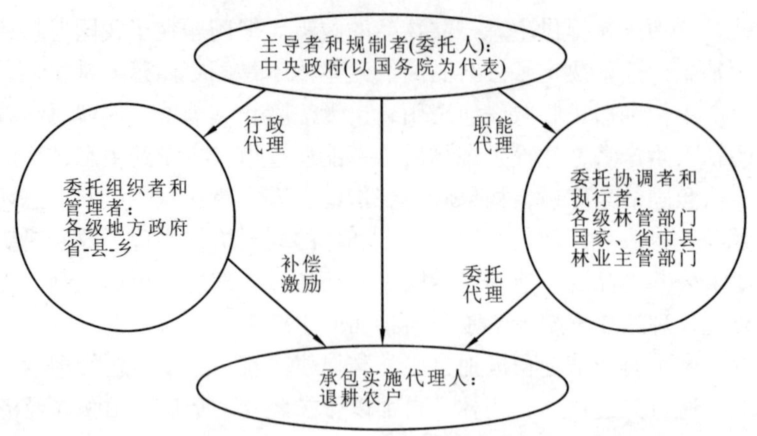

图4 退耕还林委托代理行为模型

2 农户参与退耕还林三种决策模式分析

通过上述退耕还林实施机理的分析可知，退耕还林工程目标的实现在很大程度上要依赖于农户的有效参与。因此，分析研究农户参与退耕还林工程的行为决策模式及机理，有助于我们更好地了解农户的参与动机及决策规律，可以为政府有效地激励农户科学持续参与退耕工程提供决策参考。

决策科学自从20世纪40年代诞生以来，经过科技革命和信息时代的传播，已经深入到各个领域各行各业中，日常生活中人们要面对和做出大量的决策。决策科学认为，决策是决策者对行动目标或手段的探索、判断、评价直至最后选择的全过程。决策是人们在社会实践的基础上，根据对客观规律极其发挥作用的条件的一定认识，在主观意志的参与下进行的选择目标和行动方案的认识活动3。在决策过程和决策思维中，理性因素和非理性因素都大量存在着，为了实现科学决策，应该充分考察其中的理性与非理性因素。上述决策理论为笔者研究农户参与退耕行为提供了理论支撑。

参与退耕还林工程的农户个性特征千差万别，市场经济条件下农户的决策心理也各有差异，但尽管如此，我们还是可以根据决策的性质大致将退耕农户的决策模式分为：自主理性决策模式、从众模仿决策模式和被动接受决策模式。自主理性决策模式，即农户自己根据对政策环境和农户内部情况综合理性分析后而自主做出参与退耕决策。从众模仿决策模式，即农户自身不能确定是否参与退耕，缺乏主见，看见其他农户退耕后有收益，才做出模仿性决策，从众参与退耕。被动接受决策模式，即农户参与退耕的决策不是自己做出的，而是上级政府部门越权决策或他人代为决策，而农户自己只能被动接受。

2.1 自主理性决策模式

自主理性决策模式的基本决策过程如下(图5)：采取此类决策模式的农户，多数为较为理性的农户，他们在决策前，会首先通过各种渠道了解政策内容，并通过开展一定的调查工作，分析农户外部工程政策环境，并结合自身内部的资源条件加以评估，充分了解参与退耕的机会、威胁、优势和劣势，并在外部政策和内部资源的约束条件下，对退耕的具体参与成本、收益和存在的风险加以分析，形成几种退耕决策方案，首先分析是退耕还是不退耕，如果确定退耕，要进一步确定具体的退耕方案，如进一步确定能退多少，在哪里退，退多少最优等，进而理性地参与到具体的退耕实践中，最后实现退耕决策的收益目标。采取此类决策模式的少数农户大多为农村中的“智慧型”农户，他们的素质、能力、关系资源和收入水平相对较高。

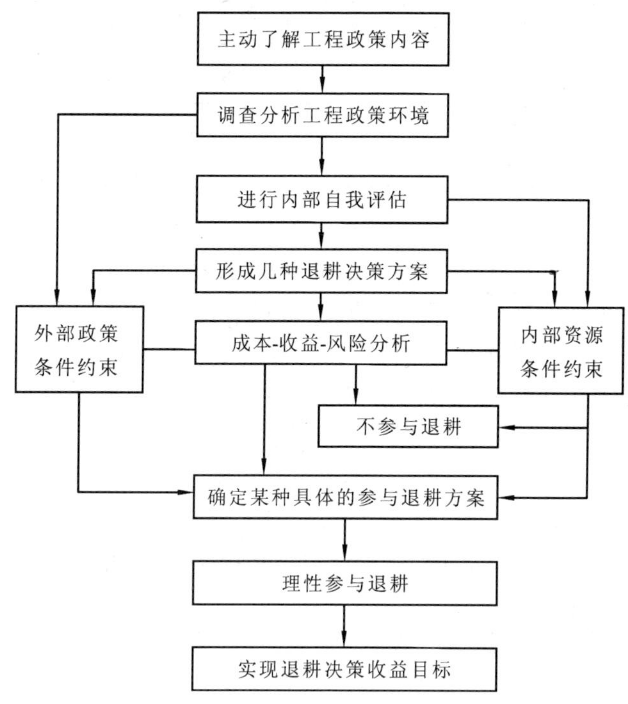

图5 自主理性决策模式

2.2 从众模仿决策模式

从众模仿决策模式的基本决策过程如下(图6)：采取此种决策模式的农户在退耕启动前期，会采取观望等待的策略，在工程进程中不断了解工程政策，同时密切关注其他部分率先退耕的农户及其退耕行为，并以旁观者的姿态对已退耕农户的退耕行为利弊加以分析，如果发现弊大于利，此类农户将继续采取观望或确定放弃参与退耕，如果农户继续观望确实发现弊大于利，最终也会选择不参与退耕，而如果农户继续观望确实发现利大于弊，那么在政府号召、退耕舆论和旁人游说的催化下，农户会从众提出退耕申请，做出从众参与退耕的行为选择决策。采取此类决策模式的农户最为广泛。因为多数农户由于受素质、能力、信息、风险承受能力不高的制约，他们为有限理性的经济人，但他们会通过学习他人行为，不断进步，做出趋同性的大众行为选择。工程实践证实了这一模式，在退耕还林工作开始时，许多农户持观望态度，乡镇干部和林业工作人员到村进行大量宣传和动员，驻村干部组织村干部带头退耕，等到第一年的退耕还林款真正落实以后，农户才积极参与到工程中来。

2.3 被动接受决策模式

从众模仿决策模式的基本决策过程如下(图7)：采取此类决策模式的农户，参与退耕或不参与退耕的行为选择是由上级代为决策的，具体有两种情况：一是上级进行统一规划；二是上级决策者统一指定。那么上级决策后，农户也会进行一定的理性分析，如果上级决策有违自己的经济利益，他们将不愿接受决策，然而在多数情况下，由于承受不了行政压力或行政收益高于经济收益，他们只能或愿意被动地接受上级决策，而如果上级决策恰好与自己的

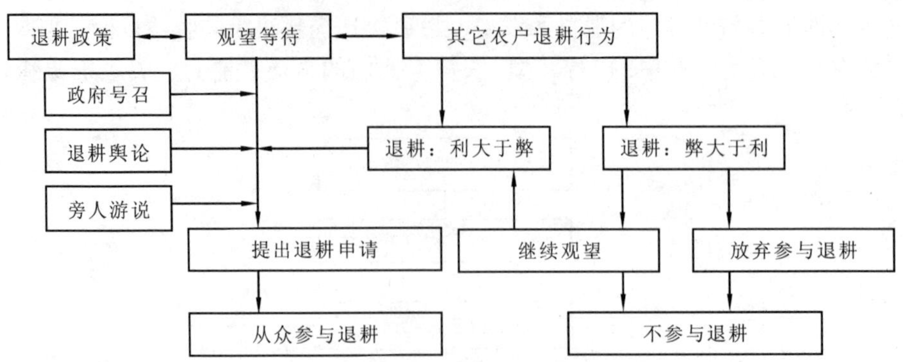

图6　从众模仿决策模式

利益相符，他们则会主动地接受决策并认真地加以执行。因此，此类农户参与不参与退耕主要取决于上级的决策意志，如果农户的耕地统一纳入规划就必须参与退耕，如果未纳入规划，他们就不能参与退耕。如果农户非指定的退耕户，他们则难以介入退耕；如果是统一指定退耕户，那么则必须参与退耕。在具体的退耕实践中，确实存在着此类决策模式的农户。在退耕工程启动前期，有不少农户对政策不信任，实施部门就通过指定村干部或某些大户进行退耕，以起到试点示范作用。而在有些地区，县乡村基于地方经济发展的目的，进行统一规划，纳入规划地区的农户则为退耕户，否则为非退耕户。由此可见，此类农户的决策权是实有虚无，实为上级所越权剥夺。

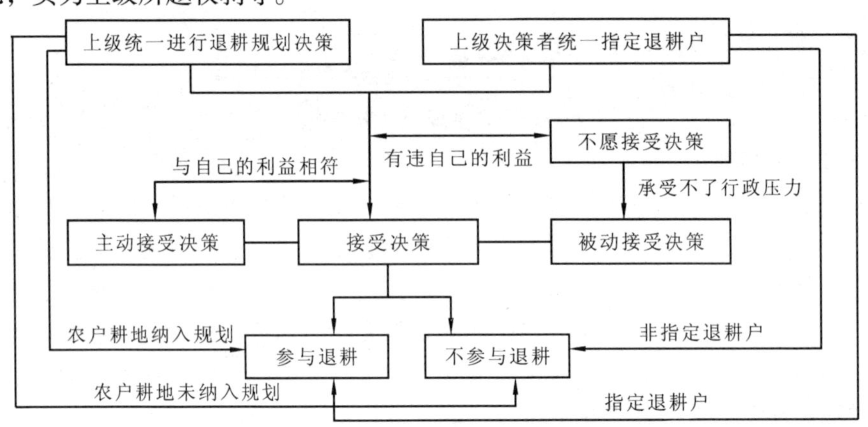

图7　被动接受决策模式

通过上述三种决策模式的决策过程分析，结合具体的退耕实践，我们可以进一步分析出三种决策模式各自的一些具体特征并加以比较。从表2可以看出，三种决策模式在决策目标、决策特点、决策关键因素、决策结果、采取的农户类型及农户比例等是有所区别的。

表 2 三种农户行为决策模式比较

决策模式	自主理性决策模式	从众模仿决策模式	被动接受决策模式
决策目标	自身收益最大化、相对成本和风险最小化	自身参与风险最小化、相对收益最大化	在满足越权决策方利益条件下的自身相对利益最大化
决策特点	理性化、主动性	从众性、模仿性、趋同性	被动性、决策权虚化
决策关键因素	外部环境和内部资源	其他农户的示范效应	越权决策方的意志
决策结果	风险大、收益高	风险小、收益低	风险小、收益高
农户类型	智慧型、创新型、风险型农户	保守型、稳妥型、传统习惯型	干部型、大户型、特定户
农户所占比例	少数农户	多数农户	少数农户

3 农户参与退耕还林心态及行为模式演进分析

随着退耕还林工程的进展和推移，农户参与退耕还林的心态和行为模式在实践中是不断演进的，如果我们把退耕工程大致分为三个时期：试点期、大规模实施期和中后期，在试点期，广大农户对工程不了解，再加上有些农户长期对政府不信任，认为政府给粮还给钱退耕，林木收益还归自己所有，会有这么好的政策吗，多数农户会采取怀疑观望态度，此时，往往只有少数有远见或有冒险精神的农户会主动参与。此时，政府为了推动工程实施，同时也会通过行政任务安排、示意等多种形式，动员村干部、工作人员亲属或某些大户率先参与退耕，以起到示范带头作用，这部分农户中有些是主动参与，有些是被动参与的。此时，即使是主动参与的，他们对退耕的理性认识，往往也是有限的。而等到工程实施一段时间后，特别是到了大规模实施期，广大农户亲眼见到退耕有利可图时，并且在政府的宣传示范推动下，广大农户会积极争取并实际参与退耕，多数农户的参与行为属主动从众参与退耕，当然也会有少数农户由于某种原因自己不愿退却被纳入统一规划的退耕区而被动参与退耕。到了工程实施中后期，参与退耕的农户经过实际参与工程之后，会切身感受到退耕过程中的损益，也会更加理性地将退耕前的收益预期与退耕后的实际收益，以及工程期满后的收益加以比较，对自己的参与行为进行理性的审视和反思。而此时，不同的农户类型将因退耕损益差异而呈现出差异化的心态特点。会有农户因退耕获益而感到满足；会有农户因退耕受损而不满；会有农户因没有参加退耕而深感遗憾；会有农户因别人参加退耕受损而庆幸；会有农户因参加退耕后没有其他出路而忧心。在这种多元化的心理状态下，在工程期结束后，将面临两种行为选择，要么继续保持退耕，要么复耕。

在这一心态行为演进的过程中(图 8)，体现了农户的学习过程，农户的认知需要一个过程，农户的判断也会受到外界的影响，农户的意向在内外动力机制的促进下，会演化为相应的行为选择。同时，在这一演进过程中，三种农户决策模式不断演化，但总体而言，农户在学习和提高认知的过程中，决策行为渐趋于理性。

4 结 论

综合全文分析，我们可以得出如下简要结论：①退耕还林是在多重委托代理制度安排下，采取农户个体承包的方式，将坡耕地转换成林地，最终完成生态公共品私人供给的过

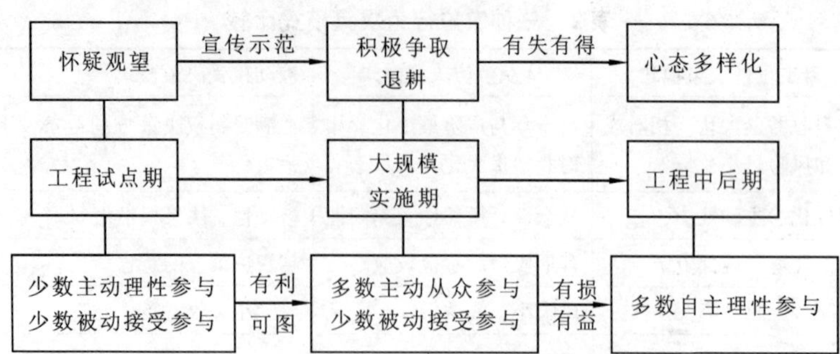

图8 退耕还林农户参与心态及决策行为演进

程。② 农户的行为决策模式可以大致分为：自主理性决策模式、从众模仿决策模式和被动接受决策模式。③理性农户参与退耕的行为决策过程，多数情况下就是综合因素制约下的收益、成本与风险之间的平衡过程。④ 随着退耕还林工程的进展和推移，农户参与退耕还林的决策心态日趋成熟，具体的决策行为也日趋理性化。

参考文献

[1] 柯水发．农户参与退耕还林工程行为理论与实证研究[D]．北京林业大学博士学位论文，2007：105～121

[2] 李春米．退耕还林的制度经济学分析[J]．长安大学学报(社会科学版)，2006，8(2)：44～47

[3] 赫伯特·西蒙．现代决策理论的基础——有限理性论[M]。北京：北京经济学院出版社，1989：45

作者简介：第一作者：柯水发(1977－)，男，福建安溪人，博士，北京林业大学经管学院讲师、副主任，从事林业政策与林农行为研究。

影响世界林产品贸易的几个重要问题

田明华　赵景培　刘丹丹
（北京林业大学经济管理学院，北京，100083）

摘要：近年来，中国已经成为世界林产品贸易大国，因此，必须关注世界林产品贸易。随着世界经济的增长，林产品国际贸易发展迅速，但非法采伐生产和贸易、森林认证、碳汇贸易、进出口检验检疫、贸易保护国内加工增值、贸易争端等问题对世界林产品贸易影响越来越大，其中大多数与环境保护有关。而中国往往处于这些问题的焦点。该文对这些问题进行了介绍和分析，以期为应对这些挑战提供政策参考。

关键词：木质林产品；国际贸易；环境

Some Issues Influencing the International Trade of Woody Forest Products in the World

TIAN Ming-hua, ZHAO Jing-pei, LIU Dan-dan
(School of Economics and Management, Beijing Forestry University, Beijing 100083)

Abstract: China has become one of the biggest trade countries of woody forest products in the world in recent years. So China should pay attention to the international trade of woody forest products. With increasing of world economy, the international trade of woody forest products develops rapidly, but some issues, for example, illegal – logging and associated trade, forest certification, inspection and quarantine in imports and exports, trade protection, increasing value through domestic process, trade disputes and so on, have more important influence to the international trade of woody forest products. Most of them relate to environment protection, and China always becomes the focus of these issues. This paper introduces the proceeding of these issues, and gives a brief analysis for the reference in policy to respond these challenges.

Key words: Woody forest products; International trade; Environment

近年来中国木质林产品(原木、锯材、人造板、纸类、家具、木制品等，以下简称林产品)贸易增长很快，在世界木质林产品贸易中的地位不断提高，中国已经成为世界主要林产品贸易国。2006 年中国林产品进出口贸易总额 357.98 亿美元，其中出口 192.23 亿美元，进口 165.74 亿美元[1]。根据 FAO2004 年的统计数据，按数量计算，中国是世界第 1 大木浆进口国，世界第 2 大原木进口国，第 2 大人造板进口国，第 3 大纸与纸板进口国，第 5 大锯材进口国，第 5 大人造板出口国[2]。2003 年木材制成品(含家具)出口金额达 75 亿美元，超过意大利成为世界上第 1 大木材制成品(含家具)出口国[3]。根据 FAO《1997 ~2004 年世界林产品年鉴》，按林产品贸易金额计算，不含家具和纸制品，2004 年中国是第 2 大木质林产品进口国，仅次于美国，占世界木质林产品进口总额的 10.4%[4]。如果含家具和纸制品，估计中国是第 6 大木质林产品出口国。

随着世界经济的增长，林产品国际贸易发展迅速。根据 FAO Statistics 统计数据，不包括刨花板、废纸、家具、木制品，2005 年世界林产品进口贸易总额为 1758.3 亿美元，出口贸易总金额约为 1699.3 亿美元，分别比 1996 年增长 31.11% 和 34.08%[5]。随着世界范围内林产品生产与贸易蓬勃的发展，贸易保护和贸易争端日渐增多；随着人们环境保护意识的增强，与保护森林有关的一些国际行动越来越影响到林产品贸易，如非法采伐生产和贸易、森林认证、碳汇贸易、进出口检验检疫等。由于中国近年来才迅速成为世界主要林产品贸易国，尤其是中国林产品贸易呈现进口林产品以木浆、原木、锯材等直接消耗森林的初级产品为主的特征，主要来自东南亚、俄罗斯、北美、非洲，而东南亚、俄罗斯、非洲恰恰是森林破坏严重地区；出口林产品以家具、木制品、人造板等深加工产品为主，主要出口美国、欧洲、日本等发达国家和地区，而它们尤其是欧洲恰恰是环境敏感和贸易保护盛行的地区。因此，中国往往成为这些当前国际社会热烈争论的环境与贸易问题的焦点。深入地分析这些问题，正确认识和把握这些问题，对于中国应对这些问题所带来的挑战具有重要的意义。

1 非法采伐生产和贸易

随着林产品国际贸易的发展，潜在的经济利益催生了大量的非法木材采伐和非法贸易。世界自然基金会认为全球 65% 的森林受到非法采伐的威胁[6]，不少国际人士认为非法木材生产和贸易已成为原始森林资源消失的主要原因之一。

对天然林的非法采伐，主要发生在亚洲的印度尼西亚、缅甸，非洲的喀麦隆、赞比亚、刚果，北美的墨西哥和欧洲的俄罗斯等国家，而他们正是一些木材出口国。根据 2004 年印度尼西亚的官方数据，当年该国木制品中 76% 来源非法，如果包括非法出口的原木，非法采伐的比例将很可能达到 80%[7]，绝大部分未申报的出口木材是在没有监督，不符合可持续采伐水平，违反森林保护区、河岸保护区和陡坡禁止采伐的情况下进行的非法采伐；在巴西，估计有 80% 的木材属于非法采伐[3]；2003 ~2004 年，巴布亚新几内亚政府和世界银行曾委托独立调查小组对现有的采伐项目进行审查，结果发现没有一个项目遵守了所有相关法律，很多项目还违反了环境条例[7]；在俄罗斯远东地区，出现了大量的对人迹罕至的原始森林的非法采伐，一些地区在集材和运材过程中大量丢失原木，采伐后的永冻层出现不可弥补的生态系统退化，有人估计非法采伐量估计有 40% ~50%[3]。大片原始森林被非法采伐与贸易，造成了严重的环境问题。

大量调查证实，非法采伐木材在犯罪集团的安排下取得伪造文件，通过非法途径，走私到其他国家，形成跨国非法采伐贸易链。从统计数据来看，木材贸易中确实存在非法贸易的现象。例如，2004 年马来西亚只记录了 115 万 m^3 的原木出口中国，但中国海关却记录了从马来西亚进口 272 万 m^3 原木，双方的数据差距有 157 万 m^3 之多[7]。这些原木大多是在印度尼西亚非法采得，使用伪造文件佯装马来西亚的原木出口的。估计每年全球非法采伐和走私贸易的木材贸易额可达 100 亿 ~150 亿美元[7]。这些非法木材经过进口国加工后形成各类林产品，再大量出口到美国、加拿大、日本和英国等国家，成为完整的贸易链条。非法木材采伐与交易对其衍生产业的发展存在着巨大的负面冲击。根据美国林业及纸业协会 2004 年的研究数据，全球林产品的价格由于非法木材采伐和交易下降了7%～16%[8]。

在面对如何控制非法木材贸易的时候，人们首先需要回答的问题是：什么是非法木材？在一些主要木材出口国，由于法律制度不完善，界定木材采伐是否非法比较困难。如一份关于印度尼西亚林业管理法规的分析报告指出：在印度尼西亚法律和政府的各项规定之间存在相当的不一致，这就给界定非法和合法带来了很大的困难。在巴西，也存在同样的法律问题，联邦政府、州政府和地方政府有关林业管理的法律法规相互重叠，相互冲突的现象时有发生。实际上，木材的采伐和进出口贸易是否合法，国际上只有一部法律具有约束力，那就是《濒危野生动植物种国际贸易公约》(Convention on International Trade in Endangered Species of Wild Fauna and Flora，简称CITES，1973年)。如果进口的木材不在CITES保护范围之内，在进口环节就很难鉴别进口的木材是否合法。然而大多数的濒危树种仍未被列入该名录[3]。

林产品的产销供应链条是非常复杂的。制止非法采伐是森林经营管理者、木材采伐、运输、林产品加工企业、出口商、出口国海关、进口国海关、进口商、进口国林产品加工企业、零售商、最终产品经销商和消费者，以及各国各级政府和国际组织的共同责任，需要各方共同努力才能取得实际效果。对于木材进口国而言，进口的这些木材到底是否来自非法采伐的木材和禁伐的森林很难界定。比如说，木材经销商可以通过贿赂政府官员获得合法的木材出口手续后出口到国外。在这些过程中，非法来源的木材转变成具有合法手续的木材，表面上就成了合法的贸易。对于这样的木材贸易状况，进口国政府很难完全控制。

为防止非法采伐和林产品贸易，国际社会采取了一系列措施打击非法采伐与相关贸易。这些措施既有生产国单方面采取的政策措施，也有消费国的进口和采购政策；既有政府间的多边和双边性协议和合作计划，也有企业和行业协会的采购标准。

1998年5月出台的《八国集团森林行动计划》(G8 Action Program on Forests)是国际首次承诺打击非法采伐与相关贸易的主要行动计划，有效提升了国际间对非法采伐的关注程度，之后出台的一系列多边和双边行动和协议都受到该行动计划的影响[6]。

森林执法与施政(Forest Law Enforcement and Governance，简称FLEG)是由世界银行发起组织的部长级地区论坛，目的是促进林产品生产国和消费国共同参与打击非法采伐与相关贸易，其参与方包括林产品生产国和消费国、捐助国、非营利组织和私营部门机构已举行了3次地区性的部长级会议，各国政府代表在上述三次地区性的会议上都同意了打击非法采伐与相关贸易的部长级声明和指导性行动计划[6]。

欧盟作为主要的林产品进口地区，2002年2月制订“森林执法、施政与贸易(Forest Law Enforcement，Governance and Trade，简称FLEGT)行动计划”，目标是向林产品供给国提供援助和制定欧盟的林产品贸易措施，减少非法采伐的林产品进入欧盟，采取措施主要有确保林产品合法性的自愿伙伴协议和许可制度，倡导制定行业的自发规定和政府采购政策，以保证从合法来源购买木制品[6]。

生产国与消费国的协议主要有：2002年4月，《英国－印度尼西亚谅解备忘录》签署，此后，印度尼西亚与挪威、中国、日本和韩国签订了类似的协议；2005年9月《中欧峰会联合宣言》同意“共同合作打击亚洲地区的非法采伐问题”；2005年11月《中俄联合公报》同意：进一步加强森林资源开发利用，加大对非法采伐木材和贸易的打击力度；2008年5月《中华人民共和国政府和美利坚合众国政府关于打击非法采伐和相关贸易的谅解备忘录》签署[6]。

很多发达国家的中央、地区和地方政府已经或正在制定各种各样的“绿色”采购政策，英国和丹麦已经建立中央政府购买木材和木制品来源合法证明的系统，法国、德国、荷兰正在建设，倡导购买可持续生产的木材和木制品。2005 年八国集团会议后，日本表示将调整其中央政府采购政策，停止对非法木材产品的购买[6]。英国对于从国外进口的木材都要求经销商出具证据，证明其采购的木材来自合法砍伐[3]。

木材生产国进行的改进森林执法、反腐败及推广合法采伐等活动是应对非法采伐的重要环节，许多消费国为生产国的这些活动提供了资金和技术帮助，提高了生产国的执法能力。美国、英国、欧盟和日本均向印度尼西亚提供能力建设方面的支持；柬埔寨、加纳、利比里亚以及刚果也与有关国家和国际组织合作，开展打击非法采伐方面的合作[6]。马来西亚已经采取了使用条形码和卫星跟踪系统的有效措施，有效遏制了非法采伐；在菲律宾，2004 年 12 月的山洪和塌方之后也采取了打击非法采伐并实施再造林项目的行动。2005 年印度尼西亚派遣国民警卫军和军队到其巴布亚省，对非法采伐和出口进行严厉打击，2 个月内查封了接近 40 万 m^3 的非法原木，相当于每年 3% 的全球热带原木贸易量[7]。

相信各国将会进一步加强国际合作与交流，加强对林产品贸易合法性的监管，这必将对国际林产品贸易产生重要影响。

近几年来，随着中国木材进口数量的急剧增加，特别是中国进口的木材多来自于存在过度采伐、天然林毁坏以及非法砍伐等问题的国家，围绕中国木材贸易的争论也越来越多。有国外媒体指责中国以威胁他国森林资源为代价进口木材[3]。对于木材的非法采伐和贸易链条，中国政府的打击态度是坚决的，并采取了积极措施进行遏制，与很多国家签署了打击非法采伐和贸易的合作协议，如 2005 年 9 月《中欧峰会联合宣言》同意“共同合作打击亚洲地区的非法采伐问题”；2005 年 11 月《中俄联合公报》同意：进一步加强森林资源开发利用，加大对非法采伐木材和贸易的打击力度；2008 年 5 月《中华人民共和国政府和美利坚合众国政府关于打击非法采伐和相关贸易的谅解备忘录》签署[6]。中国不仅对本国木材采伐有严格的法律规定和执法体系，而且对进口木材和林产品有严格的监管程序，由商务部、海关总署、国家林业局等部门共同对林产品进口实施监管，并共同打击不法行为，还颁布了《中国企业境外森林可持续培育指南》。这是世界上第一个专门针对本国企业境外从事森林培育活动的管理和技术规范。中国政府一贯严厉打击非法采伐的立场不会改变，将继续加强双边和多边合作，打击非法采伐木材贸易。实际上，发达国家对中国廉价产品的需求带动了中国林产品的生产，驱使中国进口更多的木材。如果说中国对木材的需求加深了全球的森林危机，欧美日等地区同样有不可推卸的责任。作为世界上重要的木材进口国，随着中国打击非法采伐木材贸易力度的加大，不可避免影响到中国乃至世界林产品贸易的格局。

2 森林认证与林产品贸易

森林认证是 20 世纪 90 年代初，在联合国环境与发展大会以后发展起来的。促进森林可持续经营的传统方法(如发展援助、贷款、技术援助和海外培训等)大多忽视了商业部门，特别是忽视了木材产品的国际贸易对森林的影响。森林认证是一种运用市场机制来促进森林可持续经营，实现生态、社会和经济目标的工具，力图通过对森林经营活动进行独立的评估，将“绿色消费者”与寻求提高森林经营水平和扩大市场份额，以求获得更高收益的生产商联系在一起。森林认证包括森林经营认证(FM)和产品产销监管链认证(COC)两部分。森林经营认证，也称森林可持续经营认证或简称森林认证，是针对森林经营单位，由独立的第三方森林认证机构根据所制定的森林经营的标准，按照公认的程序对森林经营绩效进行审核，以证明其达到可持续经营的要求的过程。产品产销监督链认证是由森林认证机构按照一套标准对木材加工企业的各个生产环节，包括从原木的运输、加工到流通整个链条进行鉴定，以确保最终产品源自于经过认证的经营良好的森林。通过森林认证，能够完全解决非法采伐与其相关贸易问题。

森林认证在全球范围内取得了快速的发展，已经得到许多国家政府和森林工业部门的关注和认同，目前世界上共有50多个森林认证体系，主要分为全球性体系、区域性体系和国家体系三类。世界森林认证体系由PEFC与FSC两大体系主导，面临着多样化与趋同化。

最初建立起森林认证制度的是森林管理委员会(FSC)。FSC是在世界自然保护基金会(WWF)等环境保护团体的支援下于1993年设立的独立的、非盈利性的非政府环境保护组织，其宗旨是推动森林认证，促进对环境负责、对社会有益和在经济上可行的森林经营活动。FSC森林认证是一个在实践中被广泛应用的国际森林认证体系，包括森林认证和产销监管链认证，通过认证的森林和林产品就可以使用FSC标志和标签。截至2007年10月8日，全球已有77个国家775个森林经营单位9071万 hm^2 森林通过了FSC的森林经营认证，有84个国家的7249个企业通过了FSC的CoC认证[9]。

国际标准化组织(ISO)于1947年创立于日内瓦，负责制定在世界范围内通用的国际标准，以推进国际贸易和科学技术的发展，加强国际间经济合作。其1996年开始的ISO14001环境管理系统目的是帮助组织实现环境目标与经济目标的统一，支持环境保护和污染预防，应用到森林领域成为ISO森林认证制度。为了将ISO14001与森林经营联系在一起，还制定了一个技术报告14061，使ISO14001的要求事项适应于森林的可持续经营，反映了与《蒙特利尔公约》、《赫尔辛基公约》这些国际标准、指标的关系。

泛欧洲森林认证(PEFC)是1998年由法国、德国、奥地利、比利时、捷克、芬兰、瑞典、挪威等欧洲14个国家的林业利益团体创立的泛欧洲森林认证协会(PEFCC)实施的区域性森林认证体系，2003年改称森林认证认可计划(PEFC)，并引入木材认可体系，参加国达到25个[10]。其特点是适合于存在许多小规模生产企业的欧洲企业，并致力于认证体系互认。欧洲以外的加拿大CSA体系、美国SFI体系、ATFS体系均与PEFC实现互认。

泛非森林认证体系(PAFC)是由非洲木材贸易组织13个成员国的部长于2000年10月批准的一项建立泛非森林认证体系计划，目的是促进可持续森林经营框架体系热带木材的生产和贸易。成员包括安哥拉、喀麦隆、中非、刚果、象牙海岸、赤道几内亚、加蓬、加纳、利比里亚、尼日利亚、圣多美和普林西比、坦桑尼亚、扎伊尔。PAFC旨在在其成员国内制定并实施森林认证体系，包括标签制度，但其认证体系不完整，还不包括认证进程和相应的管理。迄今为止，该体系还没有认证过森林。

由于森林认证工作的普及与发展，绝大多数国家认同森林认证作为一种市场机制能够促进森林的可持续经营，积极发展了各自的森林认证体系，其中具有代表性的认证体系为：芬兰森林认证体系(FSCS)、加拿大标准协会体系(CSA)、美国可持续林业倡议体系(SFI)、美国林场体系(ATFS)、英国森林保障计划(UKWAS)、马来西亚木材认证委员会体系(MTCC)、印尼生态标签研究所体系(LEI)和玻利维亚自愿森林认证委员会体系(CFV)。

森林认证方兴未艾，发展很快但不均衡。至2007年6月，全球已有约3亿多 hm^2 森林通过了各种森林认证体系的认证，约占全球森林面积的7.8%[11]。2005年底全球80多个国家的2.75亿hm^2认证森林面积中，SFI占37%、PEFC占19%、FSC占16%、CSA占16%、ATFS占10%、其他占2%；90%以上在北半球；60.6%在北美、33.9%在欧洲、2.7%在非洲、1.5%在大洋洲、1.0%在拉丁美洲、0.3%在亚洲；90%以上在发达国家，欧洲50%的森林已获得认证，北美30%的森林已获得认证；认证的森林大部分是工业人工林(特别是SFI体系)，而且绝大部分是温带和寒温带森林，热带和亚热带森林很少[12]。

森林认证直接影响着林产品国际贸易的发展。欧洲及北美等发达国家，非常重视产品的环保性，政府采取了一些相关的行动，促进认证林产品的贸易。另外，虽然对于森林认证是否会构成贸易壁垒国际上还存在分歧，但在一些市场森林认证事实上已形成了非关税壁垒。近年来，各国出于可持续发展及贸易保护的需要，把环境问题与贸易结合起来，导致了新的贸易壁垒。在一定情况下，森林认证可能成为一种绿色壁垒。近几年来，欧盟对包括林产品在内的一些进口商品制定了一些具体政策，一方面是政府采购必须购买生产过程符合欧盟要求的商品；另一方面采取所谓的"贸易鼓励安排"政策，即如果出口到欧盟国家的商品，其生产过程符合欧盟的要求，那么这种商品就可以享受一定比例的关税折扣[3]。但是总体来看，认证林产品的需求和供给在全球林产品贸易中所占比例较小，主要分布于欧洲和北美的环境敏感市场(欧洲5%，美国2%)；欧洲温带材认证林产品的供应大于需求，热带材供应小于需求；3亿m^3潜在认证材供应量，但仅有少部分作为认证材进行贸易[13]。虽然世界上开展森林认证具有环保、社会责任、政府支持等推动力，但也面临着成本、需求、利益冲突等障碍。由于各个国家经济发展水平的差异，对森林认证和标签的林产品的需求也不一样。目前，大多数国家对认证产品没有太大的需求，在短期内也不会改变这一状况。

中国政府对森林认证十分重视。2001年国家林业局成立森林认证处，具体负责森林认证工作，标志着中国森林认证进程的开始。目前，中国正成为全球FSC发展最快的国家，在WWF中国分会推动下，截至2008年7月2日，有12家森林经营单位共70.5万hm^2的森林通过了FSC的FM认证，有604家企业(含香港)通过了FSC的CoC认证[14]。2007年3月，PEFC在中国成立了项目促进办公室，截至2008年7月2日，有15家企业通过PEFC的CoC认证[14]。中国一直在积极建立自己的森林认证体系，先后制定《中国森林可持续经营标准与指标》、《中国森林认证原则与标准》、《中国森林认证产销监管链认证原则与标准》等多项标准，2006年在吉林、黑龙江、浙江、福建、广东和四川6省开展森林认证试点，2007年又在内蒙古(大兴安岭)、广西、云南、海南、安徽、河北6省(区)开展第二批试点，同时，为了探索与FSC体系的合作，把黑龙江穆棱林业局列为试点单位[11]，2008年又批准了7个试点单位[15]，目前共有20个试点，试点承担单位包括国有森工集团、国有林场、林业企业(合资、国外独资)，林地权属类型包括国有林、集体林，森林类型包括温带针叶天然林、天然次生林，以及温带阔叶林，亚热带天然、天然次生阔叶林[15]。中国将按照国际惯例完成森林认证组织、研究和培训机构的建立，2008年初已经与国家认监委达成一致，很快即可开展中国标准的CFCC森林认证，并将与国际其他体系并存运行。随着中国森林认证的发展和中国标准的CFCC森林认证与世界主要森林认证体系互认的进程，中国林产品贸易中经过森林认证的产品的比例会越来越大。

3 碳汇贸易与林产品贸易

当前，气候变化正深刻地影响着全球社会经济的可持续发展。20世纪50年代后期，科学界开始注意并研究全球气候变化与温室气体的关系，至90年代初，各国科学界、工业界和政府不得不痛苦地承认：人类向大气中排放CO_2等温室气体是导致全球变暖的主要因素。人类应对气候变化的基本手段无外乎两个，一是提高对气候变化的适应能力，二是增强对气候变化的减缓能力。就后者而言，关键是减少温室气体在大气中积累，其做法一是减少温室气体排放(源)；二是增加温室气体吸收(汇)。减少温室气体排放源主要是通过减少能耗，提高能效来实现，但常常会对一个国家经济产生负面影响。增加温室气体吸收汇，主要是利用森林等植物的光合作用，把大气中的CO_2以生物量的形式固定到植物体和土壤中，在一定时期内起到减少大气中温室气体积累的作用。森林是陆地生态系统的主体，以其巨大的生物量贮存着大量的碳，森林植被中的碳含量约占生物量干重的50%，人工林每生长$1m^3$木材，约可以吸收$CO_2$1.83t[16]，因此森林碳汇是最大的吸收汇；同时森林的破坏，特别是毁林成为大气CO_2的重要来源，除了贮存在森林中的碳被迅速释放进入大气外，毁林引起的土地利用变化还将引起森林土壤有机碳的大量排放，成为碳源。因此森林对于应对全球气候变化具有重要作用。

为了寻求在全球范围内采取有效措施减缓气候变暖过程，1992年6月，国际社会在巴西里约热内卢举行的联合国环境与发展大会上通过了《联合国气候变化框架公约》；1997年12月，又通过了具有法律约束力的《京都议定书》，2005年2月16日正式生效，议定书规定41个发达国家(附件1国家)承担控制导致全球气候变暖的温室气体排放的法定义务，即：每个国家在2008～2012年内将温室气体的排放量从1990年水平平均减少5.2%[17]。为了实现温室气体减排成本的最小化，《京都议定书》允许附件I国家运用3种“灵活”机制来帮助完成它们的温室气体减排任务，即：国际排放交易(ET)——允许附件I国家之间进行排放许可(称作排放限额单位，AAUs)交易；联合履约(JI)——允许附件I国家之间互相购买因实施项目而获得的排放补偿信用(称作减排单位，ERUs)；清洁发展机制(CDM)——允许附件I国家在发展中国家实施项目并获得排放补偿信用(称作已认证的减排，CERs)。CDM是《京都议定书》三机制中唯一与发展中国家相关的机制。这种机制既能使发达国家以低于国内成本的方式获得减排量又有利于促进发展中国家社会经济可持续发展。通过实施CDM项目，发达国家可以在发展中国家投资，在工业、交通和能源部门中实施提高能源效率开发新能源和可再生能源等项目，减少温室气体排放源。同时，可以通过实施有关土地利用、土地利用变化和林业(简称LULUCF)等方面的项目，增加陆地生态系统的吸收汇，这些项目产生实质性的温室气体减排量，用来实现附件I国家在《京都议定书》中承诺的减排目标。林业CDM碳汇项目可以使发达国家低成本获得减排量，又为发展中国家林业和社区发展引入大量的国际资金，有助于改善项目所在地的生态环境和保护生物多样性。因此林业CDM碳汇试点项目已全面开展起来，项目所在地包括印度、马来西亚、捷克、阿根廷、伯利兹、哥斯达黎加、墨西哥、巴拿马、巴西、中国等国家。由于附件I国家可以通过碳汇项目完成20%的减排任务，这就意味着发达国家每年可通过造林碳汇项目完成约3500万t碳的减排额度，按10～15美元/t的市场价格计算，发达国家每年将在发展中国家投资3亿～5亿美元开展造林碳汇项目[18]。

无疑，应对全球气候变化的CDM造林碳汇项目会对发展中国家的森林发展发挥重大作用，并进一步影响到林产品贸易。一方面，发展中国家森林数量的增加和质量的改善，提高了木材原料的潜在供给能力，并通过技术辐射、社会条件改善等提高发展中国家木材原料的现实供给能力；另一方面，造林碳汇项目的发展会减少现有森林、林地的合法和非法的商业利用，从而减少木材原料的现实供给能力。由于CDM造林碳汇项目规模相对小和时间相对短，这些影响还不会很快显现出来，但长期来看，森林碳汇问题会对世界林产品贸易有重要影响。更重要的是，CDM造林碳汇项目中的碳交易，成为林产品贸易的新的分支，获取木材不再是森林经营的唯一商业目标，这势必对目前以木材为基础的林产品生产和贸易提出了新的挑战。

面对新机遇和新挑战，中国也积极地开展与林业碳汇项目相关工作。2001年起中国应急启动了一系列关于碳循环、碳汇、碳源等方面的国家级研究项目；为促进CDM项目活动的有效开展，国家林业局在2003年底成立了碳汇管理办公室，具体负责林业碳汇工作的协调和管理；2005年10月12日，国家发改委颁布了清洁发展机制项目运行管理办法，规定了CDM项目管理的相关制度和基本原则；为熟悉林业碳汇项目实施的有关规则和积累经验，中国及时启动了林业碳汇试点项目，2005年中国与意大利环境和国土资源部合作的内蒙古敖汉旗防治荒漠化青年造林项目，是中国造林的第一个碳汇造林项目，项目第一个有效期5年时间内投资153万美元，在荒沙地造林3000hm^2[18]，此后广西、四川、云南、安徽、山西、河北、辽宁等一系列CDM项目相继启动；2007年7月25日，中石油集团与国家林业局、中国绿化基金会等联合发起建立中国绿色碳基金，以推进中国以植树造林、固碳减排为目的的林业碳汇工程。中国在积极开展与林业碳汇项目相关工作的同时，坚持国家利益高于一切的原则，不承诺任何与自身发展水平不适应的义务，反对一些发达国家强制发展中国家承担温室气体减排或限排义务，积极促进发达国家履行向发展中国家转让资金和技术的义务。

4 进出口检验检疫与林产品贸易

随着林产品贸易的迅速发展，多种病虫害给进口国的经济、社会和生态造成了严重的危害。目前，中国从俄罗斯、印度尼西亚、巴布亚新几内亚、加蓬等40多个国家进口160多种木材。这些树种分布广泛，疫情复杂。在进口原木数量猛增的同时，进口原木由于携带有各种有害生物而对中国森林资源造成危害的风险也在日益加大。仅2003年，中国口岸就从进境木材中截获各类有害生物186种7058批次。各国政府都采取了相应的措施防止有害外来生物的入侵[3]。例如1998年9月，美国要求所有来自中国的木质包装和木质铺垫材料须附有中国出入境检验检疫机关出具的证书，证明木质包装经过热处理、熏蒸处理或防腐处理，违规货物将整批禁止入境。第2年，英国、欧盟等也宣布对中国离境产品的木质包装采取紧急措施，实施新的检疫标准。据当时的估算，仅欧盟这一决定即影响了中国70多亿美元的对欧出口贸易[19]。

近年来，为保护人类、动植物的健康和安全，保护生态环境，很多国家采取了一些强制性或非强制性技术性措施。例如1996年欧盟标准化委员会提高了人造板甲醛释放量的要求；美国规定了油漆中重金属的含量限量要求；1998年欧盟成员国对原产加拿大的针叶材实施卫生与技术规则的进口限制措施；2003年欧盟通过了《关于限制经过砷防腐处理的木材进入市场的指令》，规定输往欧盟的木材及木制品除CCA(加铬砷酸铜)外，不得使用其他含砷防腐剂[19]。

根据WTO的《技术性贸易壁垒协议》(TBT)和《卫生与动植物检疫实施的协议》(SPS)，

成员国为保护人类、动植物的生命、健康或环境而制定某项技术性标准和法规，对没有经过检疫或检疫不符合标准的木材贸易进行限制，只要不构成任意的或不合理的歧视和对国际贸易的变相限制，就是允许的。但不可否认的是，发达国家凭借其雄厚的经济实力和先进的技术优势，通过国内立法和制定区域性环境标准，以保护环境、保障人类健康和安全、保护动植物健康和安全为由，不断提高标准，限制别国产品进入，实际上构成了新的贸易壁垒，被称为绿色壁垒或环境壁垒，主要形式有：绿色关税和市场准入，绿色技术标准制度、绿色环境标志制度、绿色包装制度、绿色卫生检疫制度及绿色补贴制度、绿色税收制度等。这对发展中国家林产品出口造成了重大影响。从 WTO 新一轮多哈贸易与环境谈判后的发展趋势看，林产品的环境标准要求会日趋严格，将会进一步影响世界林产品贸易的格局。

为防止有害外来生物的入侵，中国在不断加强进出口检验检疫工作。中国也在不断修订国内林产品标准，与国际接轨，鼓励企业进行各种国际认证，避开各种技术壁垒和绿色壁垒。

5 贸易保护与林产品贸易

林产品是经过一定的加工后服务于人类的森林产品，它依赖于森林资源。森林资源是人类生存发展不可或缺的一种自然资源，但随着对森林资源的开发和利用，地球上的森林资源不断受到破坏，对全球气候和生物多样性构成了威胁，影响到人类的生存环境。为了保护森林资源，许多国家尤其是原木出口国纷纷设立或提高出口关税、采取了贸易限制手段。例如印度尼西亚提高了原生木材的出口关税，美国通过专门立法禁止在某些情况下联邦所有的或州属的未加工的原木出口。由于热带雨林的急剧减少，一些国家要求禁止使用热带林木，欧洲议会在 1990 年通过了一项决议，对热带木材的进口实施许可证制度，还建立一项基金来支持热带国家对林木进行可持续开采。根据俄罗斯最新修订的《森林法》，从 2007 年 1 月起，俄罗斯将现行原木出口关税提高至 10%，且不低于 6 欧元/m^3，此后每年上调 30%，至 2010 年前提高到不低于 24 欧元。2008 年 4 月，俄罗斯进一步将原木出口关税上调至 25% 且不低于 15 欧元/m^3，并决定从 2009 年 1 月起，将上调至 80% 且不低于 50 欧元/m^3[20]。这些国家对木材贸易采取的限制措施虽然违反了 WTO 贸易自由化原则，但因为符合第 20 条(g)款允许成员国“为有效保护可能用竭的天然资源”而采取贸易措施的规定而成为合乎规定的措施。贸易限制措施主要集中于原木和锯材类产品，尤其是原木出口，这无疑会减少原木和锯材类产品的国际贸易。这是近年来原木、锯材贸易额增长不明显的重要原因。同时它对大量依靠进口木材发展林产品加工业的国家产生巨大影响，并必然对世界林产品贸易格局产生重大影响。中国大量依靠进口木材发展林产品加工业的发展战略受到了严峻的挑战。在这种情况下，加上中国实施天然林保护工程使得国内木材供应有限，大力发展人工林以缓和木材供需之间的矛盾，就成为必然的选择。中国已经拨出专款补贴速生丰产林种植，一直持续到 2015 年。此外，中国政府也积极鼓励相关企业到木材出口国收购森林资源和投资设厂，以满足国内日益增长的木材需求。

6 国内加工增值与林产品贸易

从原木到木制成品的加工过程，也是产品增值的过程。在整个产业链上，原材料(原木)生产者从产品增值中分享的利润相对较少。木材加工增值不仅有利于当地经济的发展，增加就业机会，还能拉动基础设施建设，产业关联效应明显。同时，木材加工增值有利于提高本国森林资源的利用效率。因此，许多国家尤其是发展中国家都在不断促进本国木材加工业产业升级，增加高附加值林产品(如家具、纸制品等)的生产和出口，减少原木出口比重。

近10年来，随着经济的发展，国内木材加工能力的提高，发展中国家高附加值林产品出口量增长迅速。2006年，中国木家具出口金额已达87.84亿美元，占林产品出口总额的45.69%，是世界第1家具出口国[3]。印度尼西亚、马来西亚、泰国、越南和巴西的木材制成品的出口量也在逐年增加。2004年ITTO国家木材制成品出口金额已经超过原木出口金额。世界第1大原木出口国俄罗斯近年来在不断提高原木出口关税的同时对木材加工出口提供税收优惠，从而减少未被加工的原木出口量，提高高附加值的木材加工品的出口量，其锯材出口2004年比2000年提高62.4%，成为第2大锯材出口国[3]。

鼓励国内加工增值政策一般与限制原木出口政策并行，它同样对大量依靠进口木材发展林产品加工业的国家产生巨大影响，并对世界林产品贸易格局产生重大影响，但对高附加值林产品国际贸易量影响要小一些。

7 贸易争端与林产品贸易

随着林产品贸易的蓬勃发展，各国之间的贸易争端也呈不断上升之势。林产品贸易争端的形式很多，有“两反一保”(反倾销、反补贴和保障措施)，其中反倾销措施被采用最为频繁，其他如技术性贸易壁垒、绿色贸易壁垒、知识产权保护以及劳工标准都可能成为贸易争端的原因，而且呈不断上升之势。

国际林产品贸易争端比较典型的有加拿大和美国之间的木材贸易争端。木材是加美两国间的主要贸易产品之一，根据两国1996年签订的木材贸易协定，加拿大每年可向美国出口大约100亿加元(约合67亿美元)的软木及其他木材制品，美国不征收任何关税。但美国商界和国会对此反应强烈，要求2001年该协定期满后，立即对加拿大木材征收20%的关税，而加拿大政府一直在争取说服美国延长目前的木材贸易协定。2000年美国将加拿大木材出口限制解释为补贴，并发起反补贴调查，2001年4月美国对加拿大针叶材发起反倾销调查，8月即宣布开始向加拿大软木及软木制品征收惩罚性关税，引起加拿大强烈不满，认为美方的这种做法是违反自由贸易的贸易保护主义行为，在磋商未达成一致情况下，多次向WTO申诉[21]。

随着中国林产品出口迅速增长，贸易摩擦越来越多。2003年美国对中国木制卧室家具提出反倾销调查，涉案企业130多家，金额9.6亿美元，2004年终裁征收0.83%~198%不等的反倾销税；2005年美国对中国文具纸反倾销案，涉案金额1.25亿美元；2005年美国对中国木地板锁扣专利技术侵权发起“337”调查，2007年签发普遍排除令限制相关产品进口美国，涉案企业18家，涉案金额数亿美元；2006年美国对中国铜版纸同时提起反倾销和发补贴调查，涉案金额1.2亿美元，2007年裁定征收10.9%~20.4%的临时反补贴税；2006年加拿大家具业特保调查案，要求对中国家具征收3年的高额附加税；2007年美国又开始对中国木制卧室家具实施新一轮反倾销复审调查；2007年美国对中国木地板和胶合板“332”调查正式启动……[22,23]。林产品贸易争端常常久拖不决，一旦裁决一般对出口国、尤其发展中国家不利，极大影响出口贸易，进而影响出口国产业发展和就业。例如受美国木制卧室家具法倾销案影响，2004年7月到2005年3月，中国对美木制卧室家具出口额下降15%[22]。

对于中国面临的越来越多的林产品贸易争端，中国政府基本采取据理力争的态度，鼓励和协助企业应对。

参考文献

[1] 国家林业局.2007 中国林业发展报告[M]. 北京：中国林业出版社，2007：114 ~125

[2] 刘园园. 世界木材市场的国际竞争与中国木材贸易[D]. 浙江杭州：浙江大学，2006：28 ~35

[3] 孙顶强，尹润生. 全球林产品贸易格局变化及相关问题讨论[J]. 林业经济，2006(5)：74 ~80

[4] 周泽峰. 出口退税对林产品贸易的影响研究[D]. 北京：中国林业科学研究院，2007：61

[5] 毛力. 中国林产品国际贸易及其竞争力分析[D]. 北京：中国林业科学研究院，2007：9 ~16

[6] 孙久灵. 非法采伐与相关贸易问题研究[EB/OL]. 中国科技论文在线，http：//www. paper. edu. cn/downloadpaper. php? serial_ number =200805 -839&type =1，2007 -5 -29

[7] 章轲. 木材跨国非法采伐贸易链调查[N]. 第一财经日报，2006 -3 -30(A04)

[8] 国家林业局信息中心. 森林与林产品认证及市场发展国际研讨会召开[EB/OL]. 国家林业局政府网，http：//www. forestry. gov. cn/subpage/content. asp? lm_ Tname = zwgk&lmdm = 4000&id = 4343，2008 -4 -7

[9] 中国林科院科信所森林认证研究与推广中心.FSC 简介[EB/OL]. 中国森林认证网，http：//www. cfcn. cn/fsc. asp，2008 -6 -23

[10] 刘燕. 我国森林认证体系的运行机制研究[D]. 北京：北京林业大学，2007：36 ~38

[11] 科技日报电子版编辑部. 森林认证成为可持续经营有效手段[EB/OL]. 科报网，http：//www. stdaily. com/gb/green/2007 -08/14/content_ 707307. htm，2007 -8 -14

[12] 张新欣. 我国 FSC 森林认证结果及其影响分析[D]. 北京：北京林业大学，2007：5 ~6

[13] 徐斌. 国内外森林认证的机遇与挑战[N]. 中国绿色时报，2007 -12 -6(B3)

[14] 袁海云. 陆文明：森林认证的效益不能简单用金钱来衡量[J]. 地板新时代，2008(7)：53 ~55

[15] 陈晓倩. 中国森林认证国家体系试点面临的机遇与挑战[J]. 地板新时代，2008(7)：48 ~50

[16] 李怒云，宋维明. 气候变化与中国林业碳汇政策研究综述[J]. 林业经济，2006(5)：60 ~64

[17] 林德荣，李智勇，支玲. 森林碳汇市场的演进及展望[J]. 世界林业研究，2005(1)：1 ~4

[18] 叶绍明，郑小贤. 国内外林业碳汇项目最新进展及对策探讨[J]. 林业经济，2006(4)：64 ~68

[19] 姜春前，徐秀英，于玲，沈月琴. 中国木质林产品出口面临的技术性贸易壁垒研究[J]. 世界林业研究，2005(5)：52 ~55

[20] 中华工商时报. 俄罗斯连续调高木材出口关税[N]. 中华工商时报，2008 -3 -31(008)

[21] 胡光耀. 加美木材贸易又起争端[N]. 中国贸易报，2001 -08 -14(002)

[22] 谷梅. 中国林产品出口贸易摩擦应对策略研究[D]. 北京：北京林业大学，2007：4 ~6

[23] 刘松涛.337 调查：反思复合木地板案[J]. WTO 经济导刊，2006(8)：35 ~37

作者简介：第一作者：田明华(1969 -)，男，山东桓台人，博士，北京林业大学经济管理学院副教授，副院长，从事林业经济问题、国际贸易研究。

通讯作者：赵景培，(1983 -)，女，天津人，北京林业大学经济管理学院硕士研究生，从事国际贸易研究。

第三作者：刘丹丹，(1984 -)，女，河北保定人，硕士研究生，从事国际贸易研究。

森林公园与社区和谐发展机制探究

陈贵松[1,2]　陈建成[1]

（1. 北京林业大学经济管理学院，北京，100083；

2. 福建农林大学经济与管理学院，福州，350002）

摘要：人们期盼森林公园在和谐社会建设中发挥更大的效益。目前大多数森林公园与社区的关系总是偏离理想状态，轻视社区，旅游开发给社区带来负面影响但社区却难以介入旅游开发。其实森林公园与社区互为关键利益相关者，双方合作是博弈的最优策略。双方应在政府等相关利益相关者的支持下，建立观念支持机制、决策合作机制、学习培训机制和收益分享机制等，寻求可持续发展的多赢策略。

关键词：森林公园；社区；和谐发展；机制

Study on Harmonious Development Mechanism between Forest Park and Community

CHEN Gui-song[1,2], CHEN Jian-cheng[1]

(1. School of Economy & Management, Beijing Forestry University, Beijing 100083;

2. Economy and Management College, Fujian Agriculture and Forestry University, Fuzhou 350002)

Abstract: Forest park was expected to offer more benefit in the construction of harmonious society. Much relationship between forest park and community was always departure from ideal status, such as despise community, bring negative effect, and the resident was difficult to attend the development of tourism. Forest park and community are critical inter – stakeholder, cooperation are optimize selection . They should corporate under the support by many stakeholders and construct many mechanisms to realize the sustainable development, which includes notion support, decision cooperate, knowledge study and benefit allocate.

Key words: Forest park; Community; Harmonious development; Mechanism

中国第一家森林公园成立于1982年，近20多年发展迅速，到2006年底，全国各级森林公园总数达2067处，规划总面积1569万hm^2，分布在1281个县，旅游2.13亿人次[1]。到2007年，森林公园总数再创2151处的新高[2]，森林公园已经是个大家族，其对社会的影响日渐深入。

1　研究背景与问题的提出

中共十六大提出了21世纪头20年中国全面建设小康社会的发展目标，中共十六届四中全会明确提出“要把和谐社会建设摆在重要位置”，中共十六届六中全会更是明确地提出构建社会主义和谐社会九大目标和任务，和谐发展成为时代主题。旅游作为当今世界发展最快的产业之一，具有很强的关联带动性，在构建和谐社会中将大有所为[3]。从理论上说，森林公园作为旅游大军的重要一员，对解决农村富余劳动力、增加农民收入、提高农村文明程度、改善生态环境、促进新农村建设等方面该有大作为。然而森林公园对区域经济、社会等方面的积极影响还不够显著，在和谐社会建设中发挥更大的效益成为人们的期盼。

相当多研究人员把注意力集中于森林公园内有限的空间范畴，许多管理人员也只把管理主要抓在森林公园内部。然而，森林公园不是一个孤立的系统，其发展牵涉诸多利益相关者。为获得持续、健康发展，森林公园要处理好公园内外诸多利益相关者的关系。限于篇幅，本文主要探讨森林公园与社区的和谐发展问题。森林公园与社区的关系状况，森林公园与社区能和谐发展的潜力以及实现森林公园与社区和谐发展的路径都是本文探讨的重点。

2 森林公园与社区的关系分析

森林公园与社区的关系复杂，可粗略地划分为以下四种类型。类型一，森林公园与社区和谐发展，相互促进型；类型二，有利于森林公园发展而不利于社区发展型；类型三，有利于社区发展而不利于森林公园发展型；类型四，森林公园与社区相互冲突，相互抑制型。最理想的是第一种，然而目前大多森林公园与社区之间的关系却总偏离这种最佳状态，具体表现为：

2.1 森林公园轻视社区居民

诸多森林公园的经营主体，如国有林场、林业局等，缺乏合作意识，选择封闭式发展模式，常将乡村社区排除在旅游发展的合作伙伴之外。轻视社区，认为社区居民素质差、思想传统、精神贫困，觉得社区居民经济贫困、没有能力搞旅游开发，把社区居民视为弱者，甚至认为社区居民是依赖者，把社区居民视为森林公园旅游发展的障碍，消极看待社区居民。采取的措施主要是回避，甚至努力将社区居民搬迁出森林公园之外；部分森林公园出于旅游开发需要，有限地吸纳少量社区居民参与，但这些居民只是承担起清洁卫生、巡山护林、保安、服务员等低层次、低报酬的工作，与森林公园正式员工的高工资形成鲜明的对比。

2.2 森林公园旅游开发却给社区带来负面影响

森林公园在旅游开发过程中不可避免给公园周边的社区及其居民发带来许多负面影响，如水污染、空气污染、噪音污染和视觉污染等的不断加剧；过度拥挤和交通堵塞以及物价上升；治安下降、社会风气变坏以及历史古迹和传统文化的破坏等。这些负面影响几乎每个社区居民都必须分担。另外，在建立公园后，绝大多数社区居民被限制或禁止进园采摘或砍伐，使原有的对传统资源利用方式与生产方式遭受破坏。

2.3 社区难以介入森林公园旅游开发

深处山区的大部分居民，长期受官本位思想的影响而形成对权势的依附心理[4]，不敢要求参与森林公园的旅游开发而与国争利；再者个人在争取参与旅游开发的权益时，势力弱小，存在私人成本高于私人收益的问题，在“经济人”思想的指导下，很少人愿意带头争取参与旅游开发的权利[5]。基于此，社区难以通过正常渠道介入森林公园旅游开发。

社区居民在森林公园的旅游开发中获益甚微，同时承受旅游开发的诸多负面影响，导致社区居民对森林公园的不满与冲突。轻者表现为社区居民消极对待旅游业，不支持森林公园旅游业的发展，对游客不热情；重则与公园对抗，破坏通往公园的道路、殴打游客等反抗行为，抵制、阻碍公园的发展。无论是森林公园对社区居民的轻视，社区居民的难介入，还是森林公园与社区居民的矛盾冲突，都不利于彼此双方的发展。为构建和谐社会，双方应寻求协同发展道路。

3 森林公园与社区和谐发展的理论解释

3.1 社区与森林公园互为关键利益相关者

利益相关者理论是20世纪60年代左右在西方国家逐步发展起来的，进入90年代以后，利益相关者理论受到了经济学家、管理学家的高度重视，被认为是帮助认识和理解“现实企业”的工具。在发达国家旅游业中，对于利益相关者理论应用已经显示出其重要价值，中国旅游界也开始接受了这一理念。利益相关者是指所有能够影响企业决定、政策和运作或者受企业的决定、政策和运作影响的个人或人群。森林公园的关键利益相关者有：政府管理部门、投资者、游客、周边社区以及公园员工等。而公园周边社区的关键利益相关者是：地方政府、社区居民、森林公园等。可见，森林公园与社区互为关键利益相关者，彼此相互影响，要求双方兼顾彼此的利益，使各方面能够均衡协调发展。①社区有助于森林公园旅游活动的发展。首先，社区及其居民构成森林公园旅游产品的重要组成部分，对森林公园游客来说，社区中的居民及其生活方式是重要的旅游吸引物；其次，社区是森林公园廉价服务的提供者，社区居民的两栖性，可以季节性参与旅游服务，有利于消除森林公园淡旺季问题，大大降低经营成本；第三，社区是森林公园旅游产品和旅游商品的提供者，他们提供的商品不仅丰富旅游食品，还充实游客的购物，扩大游客的旅游收获，增加满意度。可见，社区居民对公园的态度和支持将促进森林公园旅游开发的顺利进行。②森林公园促进社区的发展。首先，公园开发改变了当地居民的生活条件，交通、通讯、供水、供电等基础设施得到了全面改善；其次，旅游发展带来了客流，创造了新的就业机会，增加了居民收入；第三，与外界交流增加，居民素质得到提高，传统文化得到保护和发展。森林公园对社区的积极影响促进社区的经济繁荣、环境改善和文化发展。

任何一个组织的发展都离不开各种利益相关者的投入与参与，组织的经营管理活动要为综合平衡各利益相关者的利益要求而展开。对于森林公园和社区来说，不能一味地认为社区居民是森林公园的依附者，也不能认为森林公园是社区的破坏者，两者是共栖共生关系，要寻求双方的协同发展。他们各自追求的不应该仅仅是各自的利益，而是利益相关者的整体利益。对互为关键利益相关者的他们来说，彼此的利益要相互满足。

3.2 社区与森林公园共赢的博弈分析

森林公园在当前形势下，有追求经济利益的动机，希望以最小的成本获取最大的利益；社区居民同样也要追求个人利益最大化，希望借助森林公园的旅游开发获取一定的收益。森林公园与社区居民各自为争取自己最大利益而做出有利于自己的决策和行动，这样就因两者间有利益争夺而发生博弈。一般来讲，博弈包括3个基本要素：局中人、策略集合和支付函数。局中人是指参加博弈的直接当事人，即森林公园和社区居民；策略集合是局中人在博弈中的所有可能选择行为的集合，本文中的策略集合包括两方面：社区居民是参与或者不参与旅游开发，森林公园是支持或不支持社区居民参与旅游开发；支付函数是森林公园和社区居民从博弈中获得的收益。博弈论中的“纳什均衡”指的是在没有外在的强制力约束时，当事人按照制度安排而各自进行最优化决策所构成的战略组合结果。在旅游开发中，森林公园的愿望是垄断经营，采取的行为是限制社区居民参与旅游活动；社区居民的愿望是尽可能地参与旅游活动，采取的行动是绕开限制尽量参与，如低价拉客、不规范地兜售旅游商品等，既减少了森林公园的收益，也损害了游客的利益。双方的博弈如图1所示，这种从各自利益出发的决策行为并未实现收益最大化，还存在可以改进的策略。

社区居民 \ 森林公园	支持	不支持
参与	第四种情况 5，2	第三种情况 3，1
不参与	第一种情况 4，0	第二种情况 4，0

图1 森林公园与社区的博弈

如上图所示，如果社区居民没有参与旅游服务的兴趣，此时居民获益为0，投资者获得全部收益，如第一和第二种情况。如果社区居民有参与的意愿，森林公园又不支持社区居民参与旅游，居民会破除森林公园的限定，甚至采取违规操作与森林公园争夺利益，这样森林公园的收益会减少到3，居民通过这种行为夺得的收益为1，即第三种情况。当森林公园关注到居民的需求，支持其参与时，居民对旅游开发有更正确的认识，会自觉爱惜保护森林公园的旅游资源和环境。同时，社区居民拥有参与旅游配套服务的优势，如开设家庭旅馆、制作与销售手工艺品以及农副产品等，这样居民就会更好地展现当地文化，游客也因此提高旅游的体验价值，可以吸引更多的游客前来旅游，进而增加森林公园总收益，此为第四种情况。从图1可知，社区居民选择参与旅游为优势策略，而森林公园选择支持社区居民参与旅游也为优势策略，因此，当社区居民参与旅游，并获得森林公园的支持时，两者达成共识，即共同维护公园的旅游发展，双方利益都得到提高，属于稳定局势，达到纳什均衡。由此可见，森林公园与社区居民的利益冲突可以通过协调合作获得平衡，达到双赢，而且实现社会潜在利益[6]。

4 森林公园与社区和谐发展机制的构建

森林公园与社区和谐发展机制的构建是个系统工程。解决问题的思路不能仅局限在森林公园和社区居民这两个利益相关者，双方应在政府等相关利益相关者的支持下，寻求可持续发展的多赢策略。

4.1 观念支持机制

为促进森林公园与周边社区的和谐发展，前提条件是设法转变森林公园管理者与社区居民双方观念，创造良好的发展氛围。尤其是森林公园管理人员要深刻认识到社区居民这一利益相关者的重要影响，主动深入了解社区诉求，充分挖掘社区优势与潜力。社区居民也应转变观念，积极参与森林公园的旅游开发。在这个机制的实现中，宣传教育起重要作用。

4.2 决策协作机制

包括创造保证社区居民等利益相关者参与的决策机制；创立旅游发展的合作机制以及建立对旅游问题的日常协商制度等[7]。使社区居民等利益相关者从旅游规划开始，到森林公园经营管理以及环境保护的整个过程，都有一定的话语权，能参与并及时反映各自诉求，并共同探讨决策方案，这样将促进科学方案的形成和推行成本的降低。在这些进程中，还需要对相关利益主体的激励与约束，如需要加强对规划人员的教育与约束，督促他们在规划设计过程中倾听社区建议，充当好森林公园与社区间的参谋。

4.3 学习培养机制

造就充分认识旅游、高效服务旅游的社区居民以及森林公园经营管理人员。通过培训，加强社区居民的文化认同感，培养社区参与意识，并强化和提高工作人员和居民在旅游服务技能。具体方法有如：一是挖掘和提升森林公园和周边社区的历史文化。组织专门人员配合社区居民对森林公园所在地的文化进行挖掘、整理、提升，或将其开发成为旅游产品，或通过建立社区档案馆、展览馆等方式保存起来。这是建立森林公园经营管理者与社区居民互信与互动的基础。二是对社区居民和森林公园员工普遍进行学习教育。通过建立学习型公园，组织文化活动，提高社区居民和森林公园经营管理者的综合素质，如文化水平、服务意识等。三是开展专业培训。应围绕旅游为森林公园员工和社区居民提供一些有针对性的专业培训，这样，不但可以提高森林公园员工的服务水平，而且提高社区居民的就业能力和机会，也可以为森林公园的进一步发展储备人力资源。

4.4 利益分享机制

森林公园不能只停留给居民提供简单劳动，社区居民也不能只是低层次的参与，双方协同完成旅游接待，实现旅游收益分享。利益分享一方面在保留社区居民参与森林公园生产经营活动的基础上，要吸纳更多的社区居民直接参与旅游服务而受益。在目前条件下，森林公园应支持社区居民供给旅游服务设施和旅游服务。基于森林公园内对娱乐与经营场所的大规模建设的限制以及森林公园自身资金的缺乏，完全可以由政府协调搞好规划的前提下，鼓励和引导森林公园周边社区居民改造原有建筑或新建一些项目，以补充旅游服务设施供给的不足，并通过社区居民的参与，增强旅游产品的地方性。利益分享的另一方面是增加公益支出。如森林公园经营者要进行调研，在与社区居民充分协商的基础上，设立与森林公园经营利润挂钩的奖励基金或特别基金，可用来资助森林公园及其周边居民子女上学、重大疾病的养护、奖励为森林公园发展做出特别贡献的居民等。或通过扶持促进社区精神文明发展的活动，如，建立歌咏协会、棋牌协会、读书协会、环保协会等，让社区居民有所乐、有所为。

以上只是提出几点主要围绕森林公园与社区居民这两个利益相关者的粗略思路，各森林公园要结合各自的发展阶段的具体情况，并充分平衡各相关利益相关者，创新地提出一些促进森林公园各相关主体和谐发展的良策。

参考文献

[1] 国家林业局场圃总站．2006 年度我国森林公园旅游接待人数超 2 亿人次[P/OL]．http：//www. forestry. gov. cn/subpage/content. asp？ lm_ Tname = lyyw&lmdm = 2065&id = 15476，2008 - 05 - 12

[2] 国家林业局场圃总站．国家林业局森林公园管理办公室公布 2007 年度全国森林公园建设与经营情况统计数据[P/OL]. http：//www. forestry. gov. cn/sub/FstArticle. aspx？ id = stly. 333，2008 - 05 - 13

[3] 新华社．邵琪伟：构建和谐社会 旅游业大有可为[P/OL]. http：//travel. people. com. cn/GB/41636/41644/4945628. html，2006 - 10 - 21

[4] 蒋艳．欠发达地区旅游发展中的社区参与意识分析[J]. 浙江教育学院学报，2004(2)：18 ~ 22

[5] 黎洁，赵西萍．社区参与旅游发展理论的若干经济学质疑[J]. 旅游学刊，2001(4)：44 ~ 47

[6] 黄鹂，郭贞，王玲玲．景区投资者与社区居民利益冲突的经济学分析[J]．东北师大学报(自然科学版)，2007(4)：149~153
[7] 佟敏，黄清．社区参与生态旅游模式研究[J]．学习与探索，2004(6)：123~128

作者简介：第一作者：陈贵松(1971 -)，男，福建周宁人，北京林业大学经济管理学院博士生，福建农林大学经济与管理学院副教授，系主任，从事森林旅游与森林公园研究。

通讯作者：陈建成(1963 -)，男，山西芮城人，博士，北京林业大学经济管理学院教授，博士生导师，党委书记，从事林业经济、林业统计、农业经济、行政管理研究。

国有森工企业产业结构与就业结构关系的实证分析

关海玲[1,2]　陈建成[1]　张晓静[3]

（1. 北京林业大学经济管理学院，北京，100083；2. 太原科技大学经济管理学院，太原，030024；3. 国家林业局经济发展研究中心，北京，100714）

摘要：产业结构的状况会影响劳动者的就业选择、产业结构的变化会带来劳动者就业结构的变化；反之，就业结构是否适应产业结构的要求，是否随产业结构的变化而变化，也是影响产业发展水平的因素。所以产业结构与就业结构的关联性是必然存在的，二者的关系协调与否是衡量地区经济健康发展的重要标志。本文研究了国有森工企业产业结构与就业结构之间的动态变化关系，并提出促进国有森工企业未来产业结构与就业结构协调发展的有效措施。

关键词：产业结构；就业结构；国有森工企业

Empirical Analysis of Relations between Industry and Employment Structure on State - Owned Forestry Industry

GUAN Hai-ling[1,2], CHEN Jian-cheng[1], ZHANG Xiao-jing[3]

(1. School of Economy & Management, Beijing Forestry University, Beijing 100083; 2. School of Economy & Management, Taiyuan University of Science and Technology, Taiyuan 030024; 3. Economic Developing and Researching Center, State Forestry Bureau, Beijing 100714)

Abstract: The situation of the industrial structure can affect the employment option of laborer, the change of industrial structure can bring about changes of the employment structure. Whether the employment structure can adapt to requirements of the industrial structure, and vary along with the changes in the industrial structure, which can impact on industrial development and vice versa. Therefore, it is inevitable that the relevance between the industrial structure and employment structure. The harmony between the industrial structure and employment structure indicates whether the regional national economy develops healthy. This paper investigates dynamic changes between industry and employment structure on state - owned forestry industry, and bring forward feasible measures about accelerating the coordinative development of the two sides.

Key words: Industrial structure; Employment structure; State - owned forestry enterprise

1 引 言

按照产业经济学的解释，产业结构是指社会再生产过程中，各产业之间质的联系和量的比例关系，通常指各产业在 GDP 中所占的比重。就业结构通常是指国民经济各部门之间所占用的劳动力数量和比例关系。产业结构是衡量一个国家或地区一定社会历史阶段经济水平的关键指标，而三次产业的就业结构则反映了一个国家或地区对劳动力资源的利用状况。产业结构与就业结构的紧密关系是不言而喻的，克拉克、库兹涅茨、钱纳里等经济学家的研究也充分说明了这一点。产业结构的状况会影响劳动者的就业选择、产业结构的变化会带来劳动者就业结构的变化；反之，劳动者就业结构是否适应产业结构的要求，是否随产业结构的变化而变化，也是影响产业发展水平的因素。所以产业结构与就业结构的关联性是必然存在的，而且两者之间的关系是否协调会直接影响一个国家、一个地区经济的发展状况与发展潜力。

2 产业结构与就业结构关联性分析

2.1 就业结构对产业结构的影响

本文对国有森工企业产业结构与就业结构进行相关性分析，目的在于从实证的角度说明三次产业各自与其就业结构相关联的程度。主要运用 SPSS 15.0 进行统计分析。

首先建立一元线性回归模型，$Y_i = a_1 + a_2 X_i + \varepsilon (i = 1, 2, 3)$，其中：$Y$ 表示某次产业就业人员比重；X 表示某次产业 GDP 结构比重；i 表示第几次产业；ε 表示随机误差。

其次选择样本数据，根据国家林业重点工程社会经济效益监测报告及中国林业统计年鉴相关数据计算各产业就业人员比重及各产业 GDP 结构比重，数据如表 1 所示。

表 1 国有森工企业实施天保工程前后各产业就业人员比重与各产业结构比重

年份	第一产业就业人员比重	第一产业产值结构比重	第二产业就业人员比重	第二产业产值结构比重	第三产业就业人员比重	第三产业产值结构比重
1997	20.8	9.3	61.8	82.2	17.4	8.5
1998	26.4	18.2	55.4	70.6	18.2	11.1
1999	27.8	22.3	55.1	64.9	17.1	12.8
2000	27.9	22.2	52.8	64.3	19.3	13.5
2001	29.3	24.1	50.7	60.7	20.0	15.1
2002	30.9	26.1	47.9	57.7	21.3	16.2
2003	42.4	34.1	36.9	45.8	20.7	20.1
2004	52.2	48.28	29.2	30.14	21.4	21.58
2005	56.3	51.07	20.4	26.88	23.6	22.05
2006	61.7	53.34	15.5	24.87	22.8	21.79

数据来源：根据《中国林业统计年鉴》，《国家林业重点工程社会经济效益监测报告》相关数据计算所得。

2.1.1 第一产业 GDP 结构与就业结构的相关关系

运用上述一元线性回归模型，根据表 1 中第一产业就业人员比重和第一产业 GDP 结构比重的数据分析二者之间的相关关系。同时为了具体分析两者之间相关关系的变化，决定重点关注近十年尤其是天然林资源保护工程实施后，第一产业 GDP 结构与就业人员比重结构之间的回归方程的变化。整理 SPSS 回归后两者之间的回归方程：$Y=8.463+0.942X$。

表 2 回归系数与方差结果分析表

Coefficients(a)

Model		Unstandardized Coefficients		Standardized Coefficients	t	Sig.	R^2	Adjusted R^2
		β	Std. Error	Beta				
1	(Constant)	8.463	1.713		4.940	0.001	0.978	0.975
	产业结构	0.942	0.050	0.989	18.741	0.000		

a. Dependent Variable：就业结构。

ANOVA(b)

Model		Sum of Squares	df	Mean Square	F	Sig.
1	Regression	1836.451	1	1836.451	351.224	0.000(a)
	Residual	41.830	8	5.229		
	Total	1878.281	9			

a. Predictors：(Constant)，产业结构；b. Dependent Variable：就业结构。

表 2 分析结果表明，第一产业就业人员比重和第一产业 GDP 结构比重存在显著的相关关系，其中，常数项系数为 8.436，β 系数为 0.942，Sig. 值 0.000；F 值为 351.224(Sig. = 0.000)。这样的分析结果表明，从 1997~2006 年的回归方程解释变量系数可知，第一产业 GDP 结构比重每增加 1%，可使该产业就业结构比重增加 0.942 个百分点，对就业变动的影响力强；但其常数项为 8.463，说明国有森工企业第一产业吸纳劳动力的起点较低，农业生产对劳动力素质要求不高，且第一产业有较多的富余劳动力。

2.1.2 第二产业 GDP 结构与就业结构的相关关系

运用上述一元线性回归模型，根据表 1 中第二产业就业人员比重和第二产业 GDP 结构比重的数据分析第二产业二者之间的相关关系。整理 SPSS 回归后的第二产业 GDP 结构与就业人员比重结构的回归方程如下：$Y=0.647+0.794X$。

表 3 回归系数与方差结果分析表

Coefficients(a)

Model		Unstandardized Coefficients		Standardized Coefficients	t	Sig.	R^2	Adjusted R^2
		β	Std. Error	Beta				
1	(Constant)	0.647	3.004		0.215	0.835	0.982	0.965
	产业结构	0.794	0.054	0.982	14.820	0.000		

a. Dependent Variable：就业结构。

ANOVA(b)

Model		Sum of Squares	df	Mean Square	F	Sig.
1	Regression	2244.021	1	2244.021	219.625	0.000(a)
	Residual	81.740	8	10.218		
	Total	2325.761	9			

a. Predictors: (Constant), 产业结构; b. Dependent Variable: 就业结构。

表3分析结果表明，第二产业就业人员比重和第二产业GDP结构比重存在着显著的线性相关关系，其中，常数项系数为0.647，β 系数分别为0.794，Sig. 值0.000；F 值为219.625(Sig. =0.000)。这样的分析结果表明，从1997～2006年的回归方程解释变量系数可知，第二产业GDP结构比重每增加1%，可使该产业就业结构比重增加0.794个百分点，对就业变动的影响力略低于第一产业。1.20个百分点，对就业变动的影响力略高于第一产业。同时常数项为0.647，说明国有森工企业第二产业吸纳劳动力的起点高，农业剩余劳动力向第二产业转移会存在一定的困难，这可能与第二产业某些行业技术性较强有关，比如非木质林产品加工、木材及竹藤家具制造业及木竹浆造纸及制品等。

2.1.3 第三产业GDP结构与就业结构的相关关系

同样运用上述一元线性回归模型，根据表1中第三产业就业人员比重和第三产业GDP结构比重的数据分析第三产业二者之间的相关关系。整理SPSS回归后的第三产业GDP结构与就业人员比重结构的回归方程如下：$Y=13.533+0.408X$。

表4 回归系数与方差结果分析表

Coefficients(a)

Model		Unstandardized Coefficients		Standardized Coefficients	t	Sig.	R^2	Adjusted R^2
		β	Std. Error	Beta				
1	(Constant)	13.533	1.129		11.988	0.000	0.824	0.802
	产业结构	0.408	0.067	0.908	6.122	0.000		

a. Dependent Variable: 就业结构。

ANOVA(b)

Model		Sum of Squares	df	Mean Square	F	Sig.
1	Regression	35.862	1	35.862	37.481	0.000(a)
	Residual	7.654	8	0.957		
	Total	43.516	9			

a. Predictors: (Constant), 产业结构; b. Dependent Variable: 就业结构。

表4分析结果表明，第三产业就业人员比重和第三产业GDP结构比重存在较显著的线性相关关系，其中，常数项系数为13.533，β 系数为0.408，Sig. 值0.000；F 值为37.481(Sig. =0.000)。这样的分析结果表明，从1997～2006年的回归方程解释变量系数可知，第三产业GDP结构比重每增加1%，可使该产业就业结构比重增加0.408个百分点，对就业变

动的影响力低于第一产业和第二产业，表明国有森工企业第三产业吸纳劳动力的潜力还很大。常数项为13.533，说明第三产业吸纳劳动力的起点高。所以，扩大和增加就业机会，国有森工企业应当注重发展第三产业。

2.2 就业结构对产业结构的影响

为准确反映就业结构对产业结构的影响，一般采用产业结构偏差系数这个指标来分析。结构偏差系数是不同产业、部门、所有制或地区间劳动力就业比例与产值比例的偏差程度，计算方法是不同产业、部门、所有制结构或地区的产值百分比除以相对应的就业百分比，然后用1减去相应得到的数字的差就是结构偏差系数。而所谓的产业结构偏差系数即是各个产业的产值百分比除以相对应的就业百分比，然后用1减去相应得到的数字。

计算公式为：$E=1-X_i/Y_i(i=1,2,3)$，公式中，Y_i 为第 i 产业就业人员占全社会就业人员比重，X_i 表示第 i 产业产值占全社会国内生产总值的比重，E 为结构偏差系数(又称偏离度)。

由产业结构偏差系数的含义和计算方法可知：一般情况下，结构偏差系数为正时，表明产值构成百分比要滞后于其相应产业的就业构成百分比，劳动生产率较低，存在剩余劳动力；相反结构偏差系数为负值时，表明产业产值构成百分比要超前于其相应的就业构成百分比，该产业还存在很大的就业空间；当结构偏差系数接近于0时，表明产业产值构成百分比和其相应的就业构成百分比相差较小，而且结构偏差系数的绝对值越小，产值结构与就业结构发展越平衡，结构性失业产生的机会就越小。因此只要结构性偏差系数不为0或其绝对值较大在以后的经济发展中就必然会导致大量结构性失业状况的发生。1997~2004年产业结构偏差系数如下表5所示。

表5 1997~2006年国有森工企业三次产业结构偏差系数

年份	第一产业	第二产业	第三产业
1997	0.55	-0.33	0.51
1998	0.31	-0.27	0.39
1999	0.20	-0.18	0.25
2000	0.20	-0.22	0.30
2001	0.18	-0.20	0.25
2002	0.16	-0.20	0.24
2003	0.20	-0.24	0.03
2004	0.08	-0.03	-0.01
2005	0.09	-0.31	0.08
2006	0.14	-0.60	0.04

从表5三次产业的结构偏离度统计数据来看，1997~2006年第一产业结构偏差系数一直为正，表明第一产业产值构成百分比要滞后于第一产业的就业构成百分比，即劳动生产率较低，存在剩余劳动力。同时第一产业结构偏差系数基本呈下降趋势，由1997年的0.55下降到2006年的0.14，这表明国有森工企业第一产业就业结构与产业结构的不协调性在增加，另一方面也说明第一产业存在大量的剩余劳动力。

第二产业的结构偏离度呈现负值，说明表明第二产业产值构成百分比要超前其相应的就业构成百分比，该产业还存在很大的就业空间。同时还可以看出，除2004和2006年外，第二产业结构偏差系数绝对值呈现小幅度下降的趋势，并逐渐趋于合理，这表明国有森工企业第二产业就业结构与产业结构变化存在的滞后程度有所改善，但还需继续努力。

第三产业的结构偏离度呈现正值，表明第三产业产值构成百分比要滞后于其就业构成百分比，同时第三产业结构偏差系数下降幅度较大，其绝对值由1997年的0.51下降到2006年0.04。这说明国有森工企业第三产业就业结构与产业结构变化存在的滞后性及不协调性明显得到改善。其原因主要有两个方面：首先，天保工程实施后，由于林区木材采伐量的限制，许多“木头企业”已处夕阳产业或者关闭时，国有林区的许多国有森工企业想方设法转换企业的经营管理机制，大力发展林区第三产业，因而使得第三产业中的批发零售业得到迅速发展。由此，林产工业企业停产形成的大量富余人员。其次，第三产业很多是属于劳动密集型的行业，而且第三产业市场竞争充分，用人机制灵活，有利于吸纳部分二、三产业转移过来的剩余劳动力。

3 促进国有森工企业产业结构与就业协调发展的建议

3.1 依托第一产业，拓宽就业渠道

加快推进林区城镇化建设，以吸纳大量的富余劳动力，这也是增加林区职工的就业机会、加快富余劳动力数量逐步减少，实现第一产业与第二产业发展的良性互动和优化升级的重要措施。

(1)政府经济发展政策的重视。在天保工程实施的过程中，国家政府应加大第一产业发展和产业结构升级，特别是与林区第一产业发展相关项目及其资金、税收、信贷、土地、人才等一系列活动的扶持政策方面，应加大用于国有林区企业贷款贴息、加大国有林区基础设施的建设，扶持一批上规模并能够吸纳足够多林区富余劳动力的种植业和养殖业基地，带动林区经济发展和林农的富裕生活。

(2)充分发挥自然资源禀赋优势。大多数国有林区与农业发展相关的自然资源比较丰富，首先是林地资源丰富，分布范围广，林地类型多，土地肥沃，非常适合农业的发展。其次，林区中药材资源丰富，药用植物广泛分布于各个国有林区山林和丘陵地带，目前已知的有上万种，曾有些是国内享有盛誉的，比如东北的野山参、人参，西北的葡萄等。尽管西北地区国有林区的土地贫瘠，但可以开拓思路，在农业生产中扬长避短，充分发挥自然资源禀赋优势，积极发展当地特色农业。

(3)充分利用劳动力成本比较优势。国有林区尚属边远山区，远离城镇，其工业和服务业都很落后，所能提供的就业机会非常有限。然而，随着天保工程建设的深入，形成了大量的富余劳动力，特别是“40/50”劳动力以及妇女，他们的就业机会成本很低，而农业产业生产中手工劳作的岗位比较多。因此，国有林区农业产业的发展，不仅可以解决富余劳动力的就业问题，同时还可以拓宽国有林场经济收益的来源渠道，增加企业的效益。

(4)突出产品区位特色。由于特殊的地理和气候，国有林区的产品要比其他地区的同类产品有更优的品质，形成当地的特色产品、优势产品。许多产品未经化学药品的影响，形成独特的绿色食品，深受广大消费者的喜欢，在产品销售环节上具有一定的品质优势。

3.2 搞好第二产业，深化林产品加工

实现国有林区劳动力的充分就业，要着力提高和调整第二产业发展，转换企业的经营管

理机制，促进产业结构升级，坚持以信息化带动工业化，以工业化促进信息化，走一条科技含量高，经济效益好，资源耗费低，环境污染少，人力资源得到充分发挥的现代化林产工业产业链。人力资源要得到充分发挥，就是要提高劳动者的素质和利用我国劳动力成本低廉的条件，提高经济的竞争力，并妥善处理好提高工业生产率与扩大就业的关系。因此，转换经营管理机制是国有林区加快林区第二产业发展的必然趋势。

3.3 搞活第三产业，增加就业面

第三产业的发展变化反应了一个地区的经济发展水平，同时也反应了该国有林场区今后的发展走向和潜力。加大生态旅游等第三产业在国有林区经济中的比例，是提高林业生产社会化程度和林区劳动生产率的必然趋势。林区第三产业的发展对于促进林区经济增长方式转变和增加社会就业具有重大的作用。

要积极发展第三产业，主要是发展以劳动密集型为主的服务业，如饮食业、商业、旅游业、咨询业、信息服务业、文化服务业、教育服务业、体育服务业、司法和会计等中介社会服务组织。在发展第三产业时，我们要清醒的意识到，国有林区较低的平均消费水平对于第三产业的发展又形成明显的制约，因此不能仅依靠第三产业的增长来满足巨大的就业需求，还要加快全林区的经济发展水平。

4 结 论

由以上分析可以看出，尽管国有森工企业各产业吸纳劳动力的能力不同，但各产业结构与就业结构具有显著的正相关性，即各产业 GDP 的增加会带动该产业就业人员比重的增加。这个结论证明国有森工企业符合产业结构的状况会影响劳动者的就业选择的理论，以及产业结构的变化会带来劳动者就业结构变化的理论。因此，要加快国有森工企业产业结构调整，若就业问题及就业结构的合理化能在产业结构调整中得以实现，这将对我国国有林区的经济发展起较大的推动作用。

参考文献

[1] 赵文龙，周恒．就业结构与产业结构特征的均衡性分析[J]．理论导刊，2006(6)
[2] 郭松山．我国产业结构变动与劳动力就业的关系分析[J]．山东财政学院学报，2005(3)
[3] 王芳．江西省产业结构与就业结构的相关性分析[J]．统计观察，2004(1)
[4] 李仲生．中国产业结构与就业结构的变化[J]．人口与经济，2003(3)

作者简介：第一作者：关海玲(1972－)，女，山西临汾人，北京林业大学经济管理学院博士研究生，太原科技大学经济管理学院，讲师。

通讯作者：陈建成(1963－)，男，山西芮城人，博士，北京林业大学经济管理学院教授、博士生导师、党委书记，从事林业经济、林业统计、农业经济、行政管理研究。

第三作者：张晓静(1963－)，女，山西人，北京林业大学经济管理学院博士研究生，国家林业局经济发展研究中心副研究员。

我国国有林场体制改革问题探索

李红勋[1]　田明华[1]　王自力[1,2]

（1. 北京林业大学经济管理学院，北京，100083；

2. 北京林大林业科技股份有限公司，北京，100083）

摘要：我国正在进行事业单位分类改革，国有林场面临重新界定的问题。国有林场对于我国生态、经济和社会实现协调、永续发展，构建和谐社会具有重要影响，但目前面临危困局面。该文阐述了我国国有林场体制改革的争论，对有林场体制的历史演变和现行管理体制进行了分析，认为国有林场事业化管理体制和经营机制是制约国有林场可持续发展的重要原因。针对目前国有林场事业化的观点和趋向，该文提出生态建设不是国有林场事业化的理由，多元化发展混业经营使国有林场难以事业化，国有林场事业化面临诸多体制难题，进而提出企业化才是国有林场改革与发展的方向。

关键词：国有林场；管理体制；事业化；企业化；生态公益林

Study on the System Reform of State-owned Forest Farms in China

LI Hong-xun[1], TIAN Ming-hua[1], WANG Zi-li[1,2]

(1. School of Economics and Management, Beijing Forestry University, Beijing 100083;

2. Beijing Forestry University Forest Science Co., Ltd., Beijing 100083)

Abstract: The public institutions of China are reformed according to different characters, so the state-owned forest farms need to be recognized again. The state-owned forest farms play a key role in unisonous and sustainable development of the environment, economy and society in China, but face a dangerous and difficult situation in recent years. Based on the dispute about the reform of the state-owned forest farms, this paper analyzes the changes of the state-owned forest farms and actual administering mechanism of them, thinks that the administering mechanism and the management system turning to public institutions is an important factor that restricts the sustainable development of state-owned forest farms. Aim at the viewpoint and trend that state-owned forest farms turning into public institutions, this paper brings forward that ecological construction is not a reason of state - owned forest farms turning into public institutions, the mixed management makes it difficult to turn state - owned forest farms into public institutions, and turning state-owned forest farms into public institutions faces some puzzle in system. So turning state-owned forest farms into enterprise should be the reform way of state-owned forest farms.

Key words: State-owned forest farm; Administering mechanism; Turn to public institutions; Turn to enterprise; Ecological forest

从新中国建立初期开始，我国为加快森林资源培育，保护和改善生态状况，在重点生态脆弱地区和大面积集中连片的国有荒山荒地上，采取国家投资的方式，陆续建立起来的专门从事营造林和森林管护的林业基层单位。截至2006年底，全国国有林场已发展到4466处，分布在31个省(自治区、直辖市)的1600多个县(市、旗、区)，职工总人数65万人，经营总面积5666.67万hm^2，其中林业用地面积、森林面积、森林蓄积量、木材产量均占全国的1/6~1/5[2]，各级野生动植物保护及自然保护区、森林公园、风景名胜区大多坐落在国有林场经营区内。国有林场不仅已成为我国生态安全的重要屏障，同时还是我国最重要的后备森林资源基地和木材生产的重要基地，也是我国保护生物多样性的重要场地、我国风景资源的重要基地。

1 我国国有林场体制问题的提出

1.1 我国事业单位的分类改革的需要

改革开放30年来，我国的经济生活发生了巨大的变化，我国正处于完善社会主义市场经济体制的时期。目前我国正在进行事业单位的分类改革，拥有3000万正式职工的126万个事业单位[1]将面临重新界定的问题。作为事业单位的国有林场(其中的大部分都是差额拨款的事业单位)，同样面临着如何进行改革的问题。是改为事业单位，还是改为企业单位?怎么改才能符合林场的发展实际？可以说，国有林场正面临着严峻的发展战略选择的问题。

1.2 我国国有林场走出困境的需要

当前有相当多的国有林场面临严重的危困局面，如资源枯竭、负债沉重、生产生活设施破旧，职工收入低、生活贫困、养老金及医保得不到落实，林场生产生活举步维艰。据统计，全国国有贫困林场3800多个，占国有林场总数的4/5以上，2005年底债务总额达186.8亿元[3]。根据2007年的一项调查，全国国有林场职工未参加养老保险的比例平均是40%，有的虽然参加了但欠交大量社保费，大部分国有林场没有参加医疗保险，经测算，仅仅富余人员安置资金、解决社会保障的资金、拖欠职工的工资等，全国至少需要60亿元(不包括解决190多亿元的债务)；全国还有499个国有林场不通公路，504个国有林场不通电，483国有林场不通电话，32万人居住在危房中[4]。2006年全国国有林场职工年人均工资只有7800元[3]，而同年我国城镇居民人均可支配收入11759元，农村居民人均纯收入3587元[5]。近些年来，国家对林业发展的投入很多，例如1998~2007年10年间，中央财政累计投入扶贫资金9.9亿元[3,4]，扶持国有贫困林场的建设和发展；国有林场现有3666.67万hm^2森林中，公益林就有2666.67万hm^2，每年可以获得中央财政生态效益补偿基金20亿元；20多个省出台了地方公益林补偿政策，如广东每年安排4亿多元、浙江每年安排1亿多元用于地方公益林补偿，其中很多是面向国有林场的；还有天保工程等大量资金投入[2]。但是，国有林场的危困局面并没有根本性的转变，多数国有林场经营管理仍然粗放，经济效率不高，经济增长缓慢，缺少发展活力和后劲。这就不能不从国有林场体制上去寻找原因了。在现有的体制模式下国有林场已经普遍陷入困境，国有林场体制改革是国有林场走出困境的需要。

1.3 维护我国生态安全、建立和谐社会的需要

党的十七大报告明确指出，我国要“坚持生产发展、生活富裕、生态良好的文明发展道路”，“构建社会主义和谐社会”，实现“人与自然和谐发展”[6]，国有林场的贫困化问题，已

经和正在影响到国有林场有效开展森林保护和营林工作，影响到我国生态、社会的全面协调、可持续发展。据统计，国有林场还有近 10 万 hm^2 的宜林荒山需要绿化，15 万 hm^2 的中幼林亟待抚育[4]。大量处于贫困化境地的国有林场人员业成为社会的不安定因素。国有林场的可持续发展对于我国生态、经济和社会实现协调、永续发展具有重要意义。因此，国有林场体制改革是维护我国生态安全、建立和谐社会的需要。

2 我国国有林场体制改革的争论

2.1 我国国有林场体制改革的争论

在对国有林场改革的方向上，目前我国主要有 3 种观点：①国有林场企业论，认为国有林场应当改成企业，这样可使林场减少依赖性；②国有林场事业论，认为国有林场目前还不具备改成企业的条件，仍应作为事业单位，但内部可实行企业化管理；③国有林场分类论，认为目前林场的发展很不平衡，经济状况差异很大，应当对国有林场划分类型，分类管理，可将国有林场划分为三种类型：经营型林场、自给型林场和生态型林场，或者根据国有林场的生产经营特点和分类经营的原则，按照政府对林场的管理和国土生态安全、战略安全功能进行划分，在性质上将国有林场划分为事业性单位(生态公益型林场)和生产性单位(商品经营型林场)两大类，一个林场同时有生态公益林和商品林经营的则分类进行经营管理[7]。

2.2 我国国有林场体制改革主流观点

目前，主流的观点是将目前占据国有林场绝大部分的生态公益型转变为公益性事业单位，重新核定生态公益型林场的事业人员(主要是管理和技术人员)编制，将其工作经费纳入同级财政预算，实行收支两条线，内部实行精简机构，改革劳动、用工和分配制度，绩效承包等多种形式改革，调动职工生产积极性，增强林场发展活力，省(直辖市)、地(市)两级成立林场管理机构，林场管理机构人员按照或参照公务员管理，机构经费全额纳入当地财政预算。极少部分的国有林场划为商品经营型林场，自主经营，自负盈亏，成为企业单位。

2.3 我国国有林场体制改革的时代背景和要求

党的十七大报告明确指出，“要完善社会主义市场经济体制，推进各方面体制改革创新，加快重要领域和关键环节改革步伐，全面提高开放水平，着力构建充满活力、富有效率、更加开放、有利于科学发展的体制机制，为发展中国特色社会主义提供强大动力和体制保障”，“深入贯彻落实科学发展观，继续解放思想，坚持改革开放，推动科学发展，促进社会和谐”[6]，为国有林场改革和发展提供了时代背景和要求，为国有林场改革和发展指明了方向。将国有林场建设成为体制创新、机制灵活、生态良好、产业发达、生活富裕、社会文明的新林场，充分发挥国有林场在我国生态建设、和谐社会建设、经济建设中的重要作用，是国有林场体制改革和发展的根本目标。

3 我国国有林场体制分析

3.1 我国国有林场体制的历史演变

从历史上看，我国国有林场的性质随着时间的推移、社会经济发展和林业发展战略的变化而变化。①计划经济时期，在国家工业化过程中，在以木材生产为中心的指导思想下，国有林场是国家设立的林业企业生产单位，是独立进行以培育、抚育、经营、利用森林为主的经济组织，它是以生产林产品为目的的基本经济单位，属于企业性质的生产性单位[7]。②

改革开放以后至20世纪末，伴随着国家经济体制的改革，荒山绿化的积极推进，大部分的国有林场成为差额拨款的事业单位，国家在财政上进行扶持，林场的生产技术人员和经营管理人员列入国家编制，经费由政府财政解决，国有林场成为国家培育森林资源和优良苗木的基地，成为全民所有制的生产性事业单位[7]。③21世纪以来，随着国家和社会对对生态环境的重视，国家对生态公益林建设的加强，国有林场的任务从木材生产为主转向生态利用为主[7]，2003年国家林业局会同相关6部门联合调研提出的《关于加快国有林场改革与发展的实施意见》，明确将占国有林场绝大部分的生态公益型林场界定为事业单位，很多地方(例如重庆)已经将国有林场全部按事业单位管理[2]，国有林场的性质逐渐趋向纯事业单位性质。

可以发现，长期以来，国有林场基本是被作为事业单位管理的。即使在建场初期，也是通过国家事业费投入，解决林场建设初期的造林投入，以后，则通过集中专项费用筹集了大量林业基本建设资金，为大规模绿化造林提供了投入保证[8]。原因在于森林培育生产周期长，而且大多数国有林场的林地质量不高，林场经济自立能力有限。在国有林场的任务从木材生产为主转向生态利用为主以后，国家专项投入更是大大增加。这就决定了国有林场经营独立性受到国家限制，最典型的就是国有林场实行森林限额采伐制度。在绝大多数国有林场，林场的人、财、物均受到政府的直接控制。但是，国有林场又是一个生产性单位，其经营的森林，不论是生态林，还是商品林，均要求生产效率的最大化，事业型的管理体制与林场市场化经营要求存在内在冲突。所以出现了“事业单位企业化管理”模式，试图解决这一矛盾，然而很难解决。在20世纪80年代末以后的一个时期，很多国有林场实行事业单位企业化管理，结果是在利益驱动之下，一些国有林场的森林遭到严重破坏，森林质量下降[9]。这不是经营理念出现偏差的问题，而是事业型的管理体制与林场市场化经营要求内在冲突的必然结果。因此，21世纪后在国家和社会对对生态环境日益重视的背景下，国有林场又逐渐趋向纯事业单位性质。

3.2 我国国有林场现行管理体制分析

国有林场按隶属关系划分，目前省级管理的占10%、地市级管理的占15%、县级管理的占75%[2]。绝大部分归林业部门管理，少部分归景区管理局、旅游管理局、院校等非林业部门管理；林业部门管理之中，还有的省份将省属国有林场分2级、3级乃至4级管理；有些国有林场又与自然保护区、森林公园等交杂在一起。国有林场不论其是企业还是事业性质，普遍与政府机关一样存在各种级别，但级别不一。一般来说，省、直辖市、自治区林业厅(局)直属林场为处级、副处级单位，地市林业局直属林场为副处级或科级单位，县属林场为科级、副科级乃至股级单位，各地差别较大。很多地方，例如湖北，实行“省负责投资、市(州)代管业务、县(市)主管人事”的“事业单位企业化管理”体制，主要有“省直管、省办市管、省办市监督县主管”3种管理形式，有“纯林场型、以场带村型、国(有)集(体)合作型”3种经营类型[10]。国有林场的经营内容除了生态公益林管护的主要任务外，很多国有林场为适应市场经济的发展，依据林场资源特色，择优发展木材精深加工、森林生态旅游、特色种养与加工、林下产业经营、绿色食品、外部绿化工程等，涉及林业、农业、畜牧业、养殖业、旅游业、加工业，形成国有林场既不像事业又不像企业，职工既不像工人又不像农民的现象。同时，大多数国有林场处于边远的山区，与农区交错，与乡村毗邻，甚至“以场带村”(如安徽省有11个国有林场以场带村，共带行政村45个，6.2万人[11])，但处于农区又独立于乡村行政的特点，使国有林场的发展，在许多地方没有纳入当地的社会经济发展规划，成为政策孤岛，处于“城不城、乡不乡”的尴尬境地[4]，不仅国有林场自身不能享受如农村税费改革、粮补、种补以及电改、水改、路改、山区治理、新农村建设等国家各项惠农政策，甚至场带村的农民也不能享受这些惠农政策[11]。

通过以上分析，可以发现，我国国有林场总体上一直具有比较强烈的事业单位特征，而且逐步强化。国有林场现行体制，既有定位不明的问题，又有“多头管理”的弊病。这种“企不企、事不事、工不工、农不农、城不城、乡不乡”的性质，条条块块的多头管理，已经严重制约了国有林场的发展，使国有林场难以走出目前面临的困境。

4 我国国有林场事业化改革存在的问题

4.1 国有林场事业化的公益性理由不充分

目前主张将国有林场转变为事业型单位(不论是差额拨款还是全额拨款，不论是企业化经营的事业单位还是纯公益事业单位)，一个很重要的理由是，就目前大多数国有林场来说，其目前主要任务是生态建设，提供的是公共物品，因此是无法利用其管护的森林通过市场获得经济收入的，难以成为传统意义上的企业，通过转变为事业单位，可以由政府财政出资来弥补提供生态公益林这一公共物品所需要的成本。

这一观点是站不住脚的，因为它将生产生态公益林这一公共物品的国有林场和提供生态公益功能的生态公益林这一公共物品混淆了，尤其是认为只有国有林场才是生产生态公益林这一公共物品的唯一单位更是片面的。

从理论上讲，公共物品应该由政府来提供，因为公共物品的非排他性和非竞争性特征排除了企业或私人通过市场提供公共物品的可能性。但是公共物品应该由政府来提供并不必然决定公共物品应该由政府来直接生产，政府完全可以将某些公共物品委托给企业甚至私人进行间接生产，只不过要提供企业或私人生产所需要的资金罢了。相比之下，单纯由政府生产和经营公共物品，由于多种原因往往缺乏效率。因此，要区别“政府提供”和“政府生产”这两个概念：后者是政府对公共物品进行直接生产，而前者是通过某种适当方式，也许是自己直接生产某些公共物品，也许是将某些公共物品委托给企业或私人进行间接生产。政府的职能应该是“提供”，而不是自己“生产”全部的公共物品[12]。

放到生态公益林和国有林场上看，政府可以通过所辖的事业型的国有林场来生产生态公益林这一公共物品，也可以将生态公益林的生产交由企业完成。生态公益林生产和事业型国有林场并不是必然的一体关系。目前，我国政府实施森林生态效益补偿基金制度以及天然林资源保护工程等，以生态公益林为对象对生态公益林管护予以补贴，而不是将以承担生态公益林管护为主要任务的国有林场直接纳入财政预算，实际上就说明了政府已经认清了生态公益林和国有林场的差别，生态公益林是公共物品，国有林场只是生态公益林这一公共物品的生产者。因此承认生态公益林是公共物品，应由政府提供，并不意味着政府组织事业型的国有林场去生产生态公益林这种公共物品。政府提供公共物品本质上是提供公共物品生产所需要的资金，而不是具体生产经营公共物品。所以说，从生态公益林是公共物品，进而国有林场主要任务是生态建设就必然推导出国有林场必须是事业型单位的结论是不必然的。国有林场成为事业单位可能解决了其运营的资金来源问题，如前所述，在事业体制下，国有林场运营效率的低下是其致命伤，经营机制不活问题的解决更是无从谈起。

4.2 国有林场事业化面临多元化发展困境

经过多年的发展，大多数国有林场已经成为一个多元化生产经营体，其建设和管理业务涉及林业、农业、工业、商业、交通运输、电力电信、旅游等诸多行业，即使是在林业范畴，也同样涉及营林、管护、林产品加工等性质不同的方面。其中，只有生态公益林管护、荒山绿化等属于公益性活动，其他基本是经济性活动、盈利性活动。国有林场的企业和事业职能混杂的这个特点，使它很难成为纯事业型单位。对此目前有两种解决办法：

(1)国有林场采取事业型单位企业化经营的模式，实行收支两条线。但是我们不能不认识到，事业、企业的性质是很难调和的，收支两条线使国有林场没有提高效率的生产积极性，因为费尽心力所获得的收入自己也得不到，不做任何事也可以旱涝保收，这种机制性的矛盾，使国有林场难以获得发展的内在动力。由于仍是事业单位，众多婆婆对国有林场经营的干涉必然使国有林场失去经营的活力。所谓经营机制不活、发展动力不足的问题在事业型单位企业化经营的模式是难以解决的。

(2)将混业经营的国有林场中有关生产型经营部分分离出来，使国有林场成为纯粹的公益事业型单位，只负责生态公益林管护和建设。然而，首先，这种混业经营很难拆分，涉及到人财物的分离诸多方面，尤其是国有林场的很多经营内容是依托于其所管护的生态公益林资源本身的，例如竹木加工、种苗、花卉、木本水果、干果、食用菌、森林旅游等，有些则是利用国有林地开展的种养殖加工；其次，国有林场本身就是一个基层单位了，其多种经营的项目呈现品种杂、规模小、效益差，难以单独产业化、企业化；第三，生态公益林作为一种资源，不仅仅是发挥生态公益效能，还有多种社会效益、经济效益，如林下资源利用、森林旅游、干果资源等，不利用实质上是一种浪费，也使国有林场失去了一个重要的经济来源，一些以生态公益林管护为主业，但多元化经营搞得好的国有林场也因此失去活力；第四，国有林场的多元化经营解决了很多人的就业，剥离经济成分，只会使国有林场富余人员问题更难以解决；第五，作为一个纯事业型单位，可能解决了其运营的资金来源问题，但是运营效率的低下却是其致命伤，在事业体制下，经营机制不活问题的解决更是无从谈起。因此，将混业经营的国有林场转变为纯事业型单位也是不可行的。

可见，不论是事业型单位企业化经营，还是拆离混业部分使国有林场成为纯粹的公益事业型单位，都解决不了目前国有林场混业经营的问题。

4.3 国有林场事业化面临诸多体制难题

根据目前的主流观点，要将生态公益型林场转变为公益性事业单位，这意味着要将绝大部分国有林场转变为公益性事业单位，因为绝大部分国有林场都是生态公益型林场。这显然与当前国家减少事业单位的改革方向相悖。这是国家林业局早在2003年提出的《关于加快国有林场改革与发展的实施意见》迟迟得不到国务院批准的重要原因。主流观点提出的要将国有林场管理和技术人员经费纳入同级财政预算，林场管理机构经费全额纳入当地财政预算，也不可行。国有林场所在的县都是经济不十分发达的地区，而县级管理的国有林场占75%，这势必给县级财政构成了极大的资金压力，形成越穷支付越多的局面，即使由省级财政支付，仍然存在穷省支付多富省支付少的问题。林场管理机构的问题也是一样。从国有林场主要承担的生态公益林的生态公益性质来看，它首先是为了满足国家生态建设的需要，其次才是省、市、县生态建设的需要。根据谁受益谁承担的原则，应该是中央承担大头，其次是省、市、县，因此目前的改革思路是有问题的。主流观点提出的国有林场内部实行精简机构，改革劳动、用工和分配制度，绩效承包等多种形式改革，进而提高国有林场经营效率，调动职工生产积极性，增强林场发展活力的办法，对解决国有林场经营管理粗放，缺少发展活力和后劲有一定的作用。但是，几十年来，国有林场不是没有尝试过精简结构、经营承包责任制、用工合同制等改革措施，然而事业型单位制度性的桎梏限制了这些措施作用的发挥，往往陷入越精简越多、短期经营的泥坑，效率低下、缺乏活力依然困扰着国有林场。

5 我国国有林场企业化改革的探索

综上所述，国有林场事业化不论是从理论上还是现实上，都不能成为国有林场改革与发展的方向。既然将国有林场转变为事业型单位的路行不通，剩下的唯一路径就是国有林场转变为企业了。

企业是以盈利为目的，从而进行生产经营，为社会提供产品和服务的经济组织。追求利益构成了企业型国有林场发展的原动力。在企业模式下，国有林场与各级政府之间不再是行政隶属关系，政府不能干预国有林场具体经营活动，使国有林场摆脱了现有人事制度、管理体制的桎梏，成为自主经营、自负盈亏的发展实体，有效解决了管理体制不顺、经营机制不活问题。国有林场转变为企业，可以很好地将国有林场混业经营的问题完全解决，多种经营本身就是企业的一种经营，各种经营活动的协调和取舍完全由利益机制决定。当然，生产生态公益林这种公共物品的活动，无法通过市场获取收益，但因其生产了生态公益林这种公共物品，并付出了成本，也向社会提供了，所以政府应根据其生产的生态公益林的数量和质量对其做出补偿，即政府作为社会的代表“买单”，弥补其生产成本。这实际上形成了一个生态公益林的供给和需求的市场，而且这个人为制造的市场同一般的市场一样是互动和开放的。政府提供的成本补偿必须足够，否则国有林场有权利减少或停止生态公益林的生产；政府也由其提供的资金数量，根据社会的需求调节生态公益林的供给；其他企业和个人可以参与到生态公益林的管护经营中，形成与国有林场的公平竞争。国有林场为获得政府对生态公益林补偿，形成收入并由此获益，尤其在其他国有林场和非国有林场单位的竞争压力下，必然努力降低成本、提高效率，切实解决了现在国有林场缺乏生产经营积极性的弊病。

因此，我国国有林场改革与发展的基本方向，是国有林场应当继续推进企业化、市场化改革，真正转变为企业(实际上，“国营林场”向“国有林场”的转变，不仅仅是名称的转变，已经标示着企业化、市场化改革的方向)，而不是回归到事业管理模式。这样，才能真正实现“输血”到“造血”的质变。在我国市场化改革进程中，将国有林场回归到事业管理模式可以说是国有林场改革与发展的一种倒退。

当然，国有林场体制改革与发展，是一个工作点多、牵扯面广、政策性强、极其复杂的社会工程，不是一蹴而就、一步到位的，有个很长的历史过程，也必定是艰难的、复杂的，尤其是国有林场企业化改革，更会遇到利益相关者的重重阻力。除了大力宣传，使政府和社会充分认识国有林场的改革意义，进一步解放思想，消除内部改革阻力以外，还需要有足够的改革与发展的外部条件，首先要解决当前国有林场的历史欠账，使国有林场改革能够轻装上阵；其次是建立和健全国有林场生态效益补偿制度，构建国有林场发展完整资金链；第三是实现政企分开、社企分开，将国有林场彻底企业化；第四是引入市场竞争机制，允许社会资源介入生态公益林建设。只有这样，国有林场才能建设成为体制创新、机制灵活、生态良好、产业发达、生活富裕、社会文明的新林场，充分发挥国有林场在我国生态建设、和谐社会建设、经济建设中的重要作用。

参考文献

[1] 杨琳，董瑞丰．事业单位将被分成三类[J]．瞭望新闻周刊，2008(9)：1

[2] 国家林业局．2007 中国林业发展报告[M]．北京：中国林业出版社，2007：31，32，81

[3] 刘琴．中央 9 年投资 8 亿多元扶持国有贫困林场建设[N]．中国绿色时报，2007－2－26(第 001 版)

[4] 国家林业局国有林场和林木种苗工作总站．晋、辽、湘三省国有林场改革情况调研报告[A]//贾治邦．生态建设与改革发展：2007 年林业重大问题调查研究报告[C]．北京：中国林业出版社，2008：160～164

[5] 国家统计局．中华人民共和国 2006 年国民经济和社会发展统计公报[EB/OL]．国家统计局网站，http：//www. stats. gov. cn/tjgb/ndtjgb/qgndtjgb/t20070228_ 402387821. htm，2007－2－28

[6] 胡锦涛．高举中国特色社会主义伟大旗帜 为夺取全面建设小康社会新胜利而奋斗——在中国共产党十七次全国代表大会上的报告(2007 年 10 月 15 日)[M]．北京：人民出版社，2007－10

[7] 祖建新，石道金．对国有林场性质的思考[J]．经济与社会发展，2006(4)：59～61，104

[8] 何斌．试论国有林场森林分类经营[J]．广西林业，1999(5)：19～20

[9] 黄柏槐．改革：推动国有林场发展[J]．中国林业，2006(7B)：35～36

[10] 湖北省人大农村委员会，湖北省林业局．关于湖北省国有林场改革情况的调研报告[A]//贾治邦．生态建设与改革发展：2007 年林业重大问题调查研究报告[C]．北京：中国林业出版社，2008：168～173

[11] 安徽省林业厅．安徽省国有场圃税费负担问题调查报告[A]//贾治邦．生态建设与改革发展：2007 年林业重大问题调查研究报告[C]．北京：中国林业出版社，2008：164～168

[12] 田明华，陈建成，陈晓倩．我国生态林业运作制度框架研究[J]．林业经济，2003(4)：36～38

作者简介：第一作者：李红勋(1967－)，男，河南虞城人，博士，北京林业大学经济管理学院副教授，系主任，从事林业经济研究。

通讯作者：田明华(1969－)，男，山东桓台人，博士，北京林业大学经济管理学院副教授，副院长，从事林业经济问题、国际贸易研究。

第三作者：王自力(1967—　)，男，辽宁朝阳人，博士，北京林大林业科技股份有限公司董事长、总经理，北京林业大学副研究员、处长，从事林业经济研究。

我国国有林区就业弹性的实证分析

奉钦亮[1,2]　陈建成[1]　张晓静[3]

（1. 北京林业大学经济管理学院，北京，100083；2. 广西生态工程职业技术学院，柳州，545003；3. 国家林业局经济发展研究中心，北京，100714）

摘要：就业与经济增长是当代社会主要的经济问题，也是关系到每一社会成员切身利益的事情。在经济增长与就业关系的研究中，国民生产总值增长对就业的弹性分析是重要的基础研究之一。本文分析了我国国有林区经济增长与就业结构的变动趋势，在此基础上利用方差分析、T检验和多元线性回归分析等统计方法，对数据进行统计分析，最后，对增加国有林区劳动就业机会、促进林区经济发展提出了一些政策建议。

关键词：国有林区；就业弹性；弹性系数

Empirical Analysis of employment elasticity in State - owned Forest Areas

FENG Qin-liang[1,2], CHEN Jian-cheng[1], ZHANG Xiao-jing[3]

(1. School of Economy & Management, Beijing Forestry University, Beijing 100083
2. Vocational Technical College of Ecological Engineering in Guangxi, Guangxi 545003
3. Economic Developing and Researching Center, State Forestry Bureau, Beijing 100714)

Abstract: Employment and economic growth is not only a major economic issue in the contemporary society, but also relate to the vital interests of each social member. The growth of GNP on employment elasticity is one of the significant research projects, relating to the economic growth and employment. This paper analyses the changing trend between economic growth and employment structure in state - owned forest areas in China, using statistical methods such as variance analysis, t - testing and regression analysis, applying software for 15. 0, statistically analyzing the relationship between employment and economic increase. Finally, it gives out some policy advice about increasing employment opportunities and accelerating economy development in state - owned forest areas.

Key words: State - owned forest areas; Employment elasticity; Elastic coefficient

自天然林资源保护工程实施以来，国有林区的森林资源呈现恢复性增长，局部地区生态状况明显改善；但林区转产困难，职工收入低水平徘徊，富余人员增多等一系列的问题仍然存在。国有林区的就业问题，是直接关系到林业资源合理利用、国有林区人民安居乐业、社会和谐发展的重大问题。本文将从就业弹性的角度，对我国国有林区经济增长与就业增长进行测算。

1 就业弹性的模型建立

衡量经济增长率与就业增长率之间关系的一种常用指标是就业弹性。经济增长的就业弹性(以下简称就业弹性)就是当影响经济增长的其他因素不变时，经济增长(减少)一个百分点所引起就业变化(不一定同方向)的比率；一般说来，就业弹性越大，经济增长带动就业增长的效果就越好，依靠经济增长拉动就业的作用就越明显；当就业弹性水平较低时，即使经济保持高增长，也不会对就业有较强劲的拉动，此时，依靠经济增长来解决就业问题就不会产生太明显的效果。在就业弹性为负值时，弹性的含义就变得比较复杂，形成一种“海绵”效应，即经济增长对就业的作用在这种情况下可以分为两种：一种为“挤出”效应，这种效应来自于经济为正增长但就业减少的情况，此时就业弹性绝对值越大对就业“挤出”效应就越大，就业弹性绝对值越小对就业“挤出”效应就越小；另一种为“吸入”效应，这种效应来自于经济为负增长但就业增加的情况，此时就业弹性绝对值越大对就业的“吸入”效应就越大，就业弹性绝对值越小对就业“吸入”效应就越小。此外，如果就业弹性为零，说明经济增长对就业增长没有拉动作用。当然，在经济增长率为零的情况下，就业弹性也就不存在了。

假定分别用ε、E 和 Y 来表示就业弹性、就业量和林业总产值，则计算公式为：$\varepsilon = (\triangle E/\triangle Y) \times (Y/E)$。

就业弹性系数变动的范围。当$\varepsilon > 1$，经济体系吸收劳动力的增长速度超过其产值增长速度，就业弹性系数大于1，劳动生产率下降；当$\varepsilon = 1$，经济体系吸收劳动力的增长速度等于其产值增长速度，就业弹性等于1，劳动生产率不变；当$\varepsilon < 1$，经济体系吸收劳动力的增长速度慢于其产值增长速度，就业弹性小于1，劳动生产率上升。由于一般不考虑产值和就业的负增长，就业弹性始终为正值；同时在现实经济体系中，劳动生产率一般呈上升趋势，因此就业弹性小于1。通常情况下，就业弹性在0与1之间变动，即$0 < k < 1$。当k越接近1时，就业弹性越大，该经济体系吸收劳动力的能力越强；当k越接近0时，就业弹性越小，该经济体系吸收劳动力的能力越弱。

上述就业弹性只有在市场经济条件下才能准确显现出来。因为在市场经济正常发展的情况下，经济的增长与对劳动力的需求是成正比的。行业要发展，就要增加劳动力的投入；相应地，行业不景气，也会排斥劳动力。因为劳动力就业状况既是经济增长的一种反映，也是经济景气的一种“晴雨表”。但在计划经济下，由于企业用人不一定按生产需要增减，就业弹性并不明显。在由计划经济向市场经济转轨时期，就业弹性也不一定能呈现出规律性。在计算就业弹性时，范围应是一个国家或一个地区，而不是一个企业，在分析就业弹性时，应计算一定时期(若干年)的数值，而不是只计算一个年度的数值。

2 国有林区就业弹性测算

根据《中国林业统计年鉴》数据资料，测算我国国有林区劳动力的就业弹性，时间序列和样本区间为10年。根据上述公式，研究得出我国国有林区的就业弹性系数的变化情况。

从图1可以看出，1997～2000年，就业弹性一直呈现下降趋势以至到2000年达到最低点，这是因为在这一时期，林业的增长方式和要素配置方式也发生了根本性变化，企业用工制度逐步转变为以市场手段配置为主。由于传统林业企业规模小、经营分散、水平低下，受

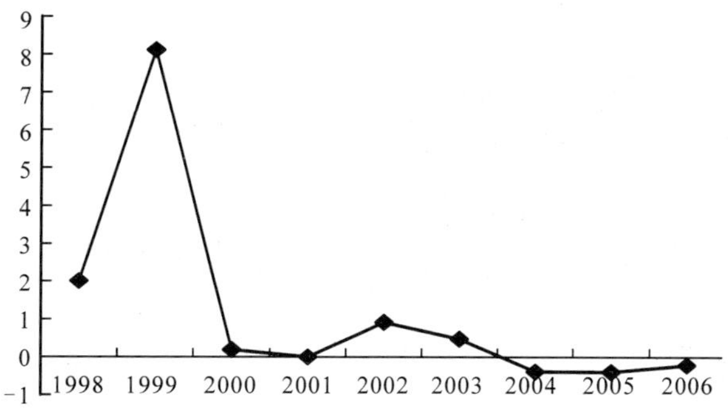

图 1 国有林区 1998~2006 年的就业弹性系数的变化

资源和市场的双重约束，一些企业开始处于停产、半停产状态，有的甚至出现倒闭、破产，大量职工开始下岗。这给林区社会造成了极大的就业压力。从 2003 年以后，林业的就业弹性系数开始呈稳步上升的趋势，这说明随着国家安置政策的出台和完善，国有林区积极探索改革发展之路，逐步形成了以管护为主、多种经营的局面，并初步实现了“减人、转产、安置”的目标，新的就业格局开始形成。

表 1 近 10 年来国有林区就业弹性系数变化

年份	国有林区年末人数（万人）	企业总产值（万元）	就业增长率（%）	产值增长率（%）	就业弹性系数
1997	1032983	12288124			
1998	985564	12008357	-4.59	-2.28	2.01
1999	760792	11670427	-22.80	-2.81	8.11
2000	629801	1011223	-17.22	-91.33	0.19
2001	629801	1054407	0	4.27	0
2002	582564	967247	-7.50	-8.27	0.91
2003	958329	2297567	64.50	137.53	0.47
2004	915274	2563970	-4.49	11.60	-0.39
2005	902593	2652701	-1.39	3.46	-0.40
2006	879250	2964444	-2.59	11.75	-0.22

资料来源：《中国林业统计年鉴》(1997~2006)

3 我国国有林区经济增长和就业增长关系的回归分析

从以上分析可以看出国有林区经济增长与就业的关系。为了更准确的判断它们的相关程度，下面进一步用计量工具对林业行业的经济增长与就业增长进行回归分析。回归分析是计量经济学的主要工具之一，可用来研究解释变量与因变量之间的协变规律性，研究他们的依从关系。根据计量经济学原理，我们把国有林区经济增长率作为自变量，而把就业增长率作为因变量，建立一个函数模型：

$$Y = a + bX + u$$

其中：Y：就业增长率；X：经济增长率；a，b：待定系数；u：随机扰动项(一般情况下不计)。

具体步骤如下：

第一步，利用公式 $b = \frac{\sum (X_i - \bar{X})(Y_i - \bar{Y})}{\sum (X_i - \bar{X})^2}$，$a$ 求出 a，b 的值，得出回归方程。

第二步，利用公式 $r = \frac{\sum (X_i - \bar{X})(Y_i - \bar{Y})}{\sum (X_i - \bar{X})^2 \sum (Y_i - \bar{Y})^2}$，求出 r 的值，r 是变量的相关系数。

第三步，对相关系数作 F 检验，其中 $F = \frac{(n-2)r^2}{1-r^2}$，求出 F 检验值。

根据表中的数据，运用 SPSS15.0 软件进行回归分析，计算结果如下：

$$Y = -2.298 + 0.385X$$

表 2 相关分析表

		就业增长率	产出增长率
Pearson Correlation	就业增长率	1.000	0.890
	产出增长率	0.890	1.000
Sig. (1 - tailed)	就业增长率	0	0.001
	产出增长率	0.001	
N	就业增长率	9	9
	产出增长率	9	9

表 3 模型摘要

Model	*R*	*R* Square	Adjusted *R* Square	Std. Error of the Estimate
1	0.890(a)	0.793	0.763	12.26374

a. Predictors: (Constant), 产出增长率。

表 4 线形回归分析的系数

Model		Unstandardized Coefficients		Standardized Coefficients	*t*	Sig.
		β	Std. Error	Beta		
1	(Constant)	-2.298	4.122		-0.558	0.594
	产出增长率	0.385	0.074	0.890	5.175	0.001

a. Dependent Variable: 就业增长率。

表 5 方差分析

Model		Sum of Squares	*df*	Mean Square	*F*	Sig.
1	Regression	4028.234	1	4028.234	26.784	0.001(a)
	Residual	1052.796	7	150.399		
	Total	5081.029	8			

a. Predictors: (Constant), 产出增长率。b. Dependent Variable: 就业增长率。

由国有林区就业增长率与产业增长率散点图分布可以看出，国有林区的散点图比较集中，经济增长率与就业增长率之间存在着较强的线性相关关系。其中，Pearson 相关系数为 0.890，单尾显著性检验的概率值为 0.001，小于 0.05。由表 3 可以看出，两变量的判定系

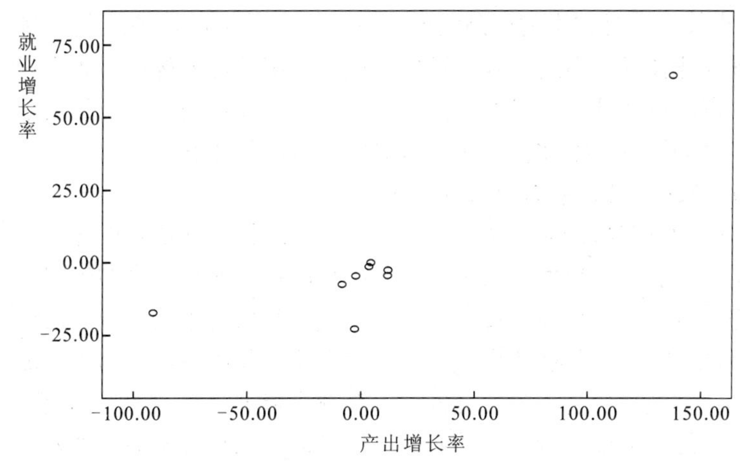

图2 国有林区就业增长率与产业增长率散点图分布

数为0.793，调整判定系数0.763，由表4分析结果可知，常数项系数为-2.298，β系数为0.385，Sig. 值0.001；F值为26.784(Sig. =0.001)。这样的分析结果表明，从1997~2006年的回归方程解释变量系数可知，GDP增长率每增长化1%，就业增长率就增长0.385%，这说明国有林区经济增长对就业变动的影响力强。

4 政策建议

分析就业弹性变化的目的，能帮助我们更好地把握国有林区的人力资源需求和行业就业形势，表明天然林资源保护工程实施后国有林区在经济结构变化的一些特征，从而采取相应的政策和措施，实现国有林区经济增长与充分就业。

4.1 加快国有林区产业结构调整和升级

4.1.1 采用“公司+基地+林农”模式，重视非农产业发展

国有林区不仅要重视非农产业的发展，与科研院校合作，寻求技术支持，利用丰富的林下资源发展多种经营，壮大企业规模；不仅要解决林区职工的劳动就业，还可以带动林区农民劳动致富。此外，在发展非农产业时，坚持产业化经营的道路。在采用“公司+基地+林农”模式中，林农生产林副产品，公司加工和销售林副产品，基地充当中介，为林农提供某些服务(技术服务、物资采购、生产中的日常管理或标准化的生产规程)。在运作上，公司根据市场需要对价格进行预测，通过签订契约与基地约定本年度生产数量、品种及主要品质和技术指标。公司不仅与林农，且和基地也签订协议。在生产过程中，有的基地还为林农提供购买生产资料的服务。而生产过程中所需的技术服务，一般是公司的技术人员在产前、产中、产后对林农进行技术培训。林副产品成熟后，由基地根据公司与林农签订的种植收购合同，进行检验、收购，最后由公司进行最终加工和销售。

4.1.2 延伸林产工业产业链，重视林产工业发展

(1)要有选择地发展一些劳动密集型林产工业链的同时，大力调整优化第二产业的生产力结构，努力推进信息化建设，以信息化带动林产工业化，充分利用世界先进的林产工业信息技术，发挥林产工业的后发优势，把握实现经济增长方式的跨越式发展的新机遇，并使之与自主创新结合起来，研发新的森工产品，创办新兴产业，为具备一定素质的林区富余劳动力扩大就业提供机会。

(2)引进先进技术，延伸木材产品的产业链。天然林资源保护工程实施以后，国有林区企业应加快先进林业技术的引进，利用科技力量，采用循环型林产工业产业链的经营管理模式，从林产工业资源培育开始，尽可能循环使用林产工业资源，不断延长木材产业链，在增加林产工业总产值的同时，增加就业岗位，提高林区的就业率。

4.1.3 拓宽传统产业，优化第三产业内部结构

第三产业是劳动密集型产业。调整国有林区产业结构，加快发展林区第三产业的基础是优化其内部结构。第一，突出发展旅游业。国有林区拥有非常丰富的生态景观资源，实施旅游牵动战略，完善旅游基础设施建设，开发精品线路和旅游景区景点，加快产业化步伐，整合现有的旅游资源，把国有林区建设成为现代生态旅游休闲中心。第二，加快培育和发展现代服务业。即加快发展现代物流，信息咨询，金融保险，房地产和中介服务等现代服务业。第三，继续繁荣传统服务业。森林旅游业的发展可以带动传统服务业的发展。在国有林区应重点发展商贸、餐饮、社区服务等与人民生活息息相关的服务业，大力发展连锁经营与现代化商贸经营，推进电子商务的发展。

4.2 合配置人力资源，优化从业人员专业结构

目前，国有林区从业人员专业结构不合理，第一、二、三产业从业人员悬殊。天然林资源保护工程实施后，在促进富余人员劳动就业中，首先，应在稳定现有的专业技术人员(包括管理人员)的同时，要积极引进园艺技术、生物工程、生态工程、花卉技术、森林旅游、计算机技术、工程管理、养殖技术、经济管理、市场营销、国际贸易等方面的人才，特别是市场营销方面的人才引进与开发，以满足国有林区产业调整和发展林区多元化经济以及自营经济发展的需要。其次，合理配置一、二、三产业的从业人员，充分利用现有的从业人员，通过转岗学习培训，充实一、三产业的人力资源，使得第二产业劳动人员的转岗。加强农产品和林下产品信息的管理和咨询，拓展旅游开发项目等工作，推动国有林区经营管理体制改革和促进林区经济发展以及提高国有林区富余人员的劳动再就业。

参考文献

[1] 赵建国. 发展第三产业促进就业的实证分析[J]. 改革，2002(1)

[2] 赵农华. 上海第三产业发展推动劳动就业增长的实证分析[J]. 统计研究，2002(2)

[3] 李红松. 我国经济增长与就业弹性问题研究[J]. 财经研究，2003(4)

[4] 方齐云. 增长经济学[M]. 武汉：湖北人民出版社，2002

[5] 李子奈. 计量经济学[M]. 北京：高等教育出版社，2000

作者简介：第一作者：奉钦亮(1976 -)，男，广西富川人，北京林业大学经济管理学院博士研究生，广西生态工程职业技术学院讲师，从事旅游管理、投资经济及人力资源管理研究；

通讯作者：陈建成(1963 -)，男，山西芮城人，博士，北京林业大学经济管理学院教授，博士生导师，党委书记，从事林业经济、林业统计、农业经济、行政管理研究。

第三作者：张晓静(1963 -)，女，山西人，北京林业大学经济管理学院博士研究生，国家林业局经济发展研究中心副研究员。

我国森林认证动力模式选择*

刘燕[1]　田明华[2]　支玲[1]
（1. 西南林学院经济管理学院，昆明，650224；
2. 北京林业大学经济管理学院，北京，100083）

摘要： 该文分析了我国森林认证发展的动力系统，结合国外森林认证的五种动力模式，即由非政府环保组织推动的模式、由私有林主发起推动的模式、由政府主导推动的模式、以市场机制推动的模式、以法律法规带动认证的模式，对国内情况进行分析，选择出适合我国森林认证发展的阶段性动力模式：在森林认证发展的初期以政府为主要动力，其他动力因素共同推动森林认证发展的模式，到成熟阶段，转之以市场机制推动的模式。

关键词： 森林认证；动力模式；森林可持续经营

Study on Driving Pattern of China's Own Forest Certification

LIU Yan[1], TIAN Ming-hua[2], ZHI Ling[1]
(1. Faculty of Economics and Management, Southwest Forestry University, Kunming 650224;
2. School of Economics and Management, Beijing Forestry University, Beijing 100083)

Abstract: With analyzing driving system of China's Own forest certification, unifying the five foreign driving patterns, this paper carries on the analysis to the domestic situation. Then, on base of these patterns, it chooses one feasible pattern for different stage. At the outset stage, it chooses the pattern which lead by government and the other driving factors promote the forest certification together. At the mature stage, it chooses the pattern of market mechanism.

Key words: Forest certification; Driving pattern; Sustainable forestry management

1　我国森林认证体系的动力系统

1.1　我国森林认证的动力系统

任何一个事物的发生和发展实际上都是在一些人或组织，在一定的客观环境里推动的。有的是直接参与到该项目中，有的则是间接地提供事物发展的动力。从系统的角度讲，任意一个系统都是存在于一个大的环境中，森林认证体系也是如此。对于森林认证体系的动力系统来讲，它是我国森林认证体系与外界联系、并发生作用的子系统。我国森林认证动力系统

* 国家自然科学基金：西部退耕还林工程后续发展能力评价及建设(70573110)

图如图 1 所示：

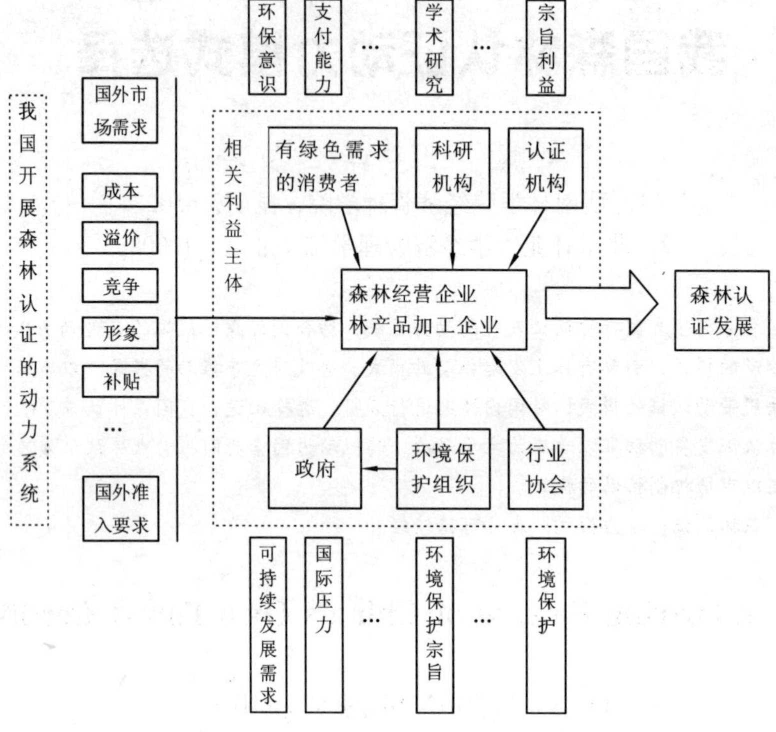

图 1 我国森林认证体系动力系统图

Fig. 1 The engine system of China's forest certification scheme

整个森林认证的动力系统是由一系列相互作用的链条构成的。这些链条交汇的中心是森林经营企业和林产品加工企业(下面简称森林经营相关企业)。森林经营相关企业在其他各利益相关主体的作用下开展森林认证，进而推动森林认证的发展。下面来看一下，利益相关主体是如何作用于森林经营相关企业的。

(1)森林认证的源动力——有绿色需求的消费者。这些有绿色需求的消费者是指具有较高环保意识，并且有能力支付更高的价格购买认证产品的群体。他们是森林经营相关企业的生命线，他们对林产品环保属性的要求或者他们愿意多支付环境溢价购买环保产品的意愿都会影响到企业的决策。在压力的推动下或利润的驱使下，企业也就会积极寻求认证。

(2)政府。在我国，政府代表人民行使对森林资源的所有权。所以，我国森林的林权主要是国有或集体所有。那么政府很多时候就是森林经营者，它为了实现可持续发展的目标，为了应付国际舆论的压力，为了保护我国森林经营相关企业在国外市场的占有率，它通常会支持森林认证。它的支持可能体现在一些政策法规上。例如，2003 年 6 月 25 日出台的《中共中央关于加快林业发展的决定》，其中谈到“积极开展森林认证工作，尽快与国际接轨。”是在政策上给予森林认证的最大支持。再如，玻利维亚将一些森林认证的标准直接写入《森林法》中，它是在缩小认证标准与法律要求之间的距离，这就意味着，一旦企业达到了法律的要求，那它基本也可以达到认证标准的要求，从而使得认证成本降低，同时守法成本也降低。

(3)环保组织。环保组织的作用方式有两种，一种是宣传并普及环保知识，帮助消费者提高环保意识，给政府造成压力，再作用于企业；另一种是环保组织利用绿色消费需求刺激企业，直接说服企业参与认证。

(4)科研机构的作用。科研机构一般是通过学术研究，一方面，使得企业更加明了认证后所得到的好处，另一方面，通过研究给认证体系提出更好的建议，以便制度更合理，认证成本更低，能被更多消费者接受，这样能达到间接促使企业寻求认证的目的。

(5)行业协会。一般来说，行业协会应该是代表企业利益与外界、政府进行沟通的组织。它应该是站在发展的立场，以可持续发展观作指导来看待认证，所以，它也会利用协会的作用，督促企业进行认证。

(6)认证机构。由于对企业或森林认证是这类机构的宗旨之一，森林经营相关企业就应该是它的客户，是他们收入的来源。因此，认证机构也会通过宣传、营销等方式说服企业进行认证。

1.2 我国森林认证体系相关利益者动因分析

1.2.1 政府主管部门

由于我国的林业产权制度的复杂性导致森林认证相关比较复杂。首先，政府主管部门分两个方面：一是主管全国范围内认证认可活动的认监委；二是代表国家或集体对国有林和集体林行使所有权的中央政府(国家林业局)和地方政府(地方林业局)。

认监委的动因分析。认监委实际上并不是直接参与推动森林认证的发展，不过森林认证作为一种新生的认证，它属于认证认可的范围，所以它是认监委的职权范围内的活动。因此，认监委会密切关注森林认证的活动，并且会根据森林认证的特殊情况，在政策上给予相应的支持。所以，笔者认为它的动因在于维护自己的管理权力，同时也会考虑到森林认证对国家实现可持续增长的特殊作用。

中央政府(国家林业局)的动因分析。总的来说，政府的目的是推动本国经济的可持续增长，在这个过程中，资源的可持续利用、环境的可持续改善都是和经济的持续增长息息相关的，所以政府会积极地推动森林认证的进程。同时，政府为了在全球范围内实现国家利益，应对外界的环保压力，它也会积极开展森林认证。这里是从宏观上来谈的政府积极推动、参与森林认证的动因。中央政府(国家林业局)及地方政府(地方林业局)分别作为国有林和集体林的所有者的代表，它实际上是属于森林经营单位的范畴，所以它们的动因是和森林经营相关单位的动因是一致的。当然，鉴于它们自身又是政府机关的特性，可能在其决策过程中也会受到中央政府态度的影响。

1.2.2 非政府环保组织

我国面临的情况是，国内环保组织很多，但是缺乏较有影响力的。我国的环保组织大多数仅限于环保知识的普及推广，最多进行一些环保运用技术的研究。但是，目前，国际非政府环保组织在我国森林认证的推动中起到了非常重要的作用。例如，我国森林认证工作组就是在WWF/WB联盟的倡导下成立的，很多森林认证研究项目也都是在其资助下完成的。

1.2.3 森林经营相关单位

森林经营相关单位包括森林所有者，林产品加工企业，林产品经销企业等。这里的森林所有者主要包括管理国有林和集体林的国家林业局及各地方林业局下属的林场，私有林主。从目前我国森林认证开展的形势来看，森林经营单位进行森林认证的动因主要有：①提高森林经营单位的森林经营水平，促进森林的可持续经营，确保木材的长期供应；②稳定企业现有产品市场份额，并为进入新市场创造市场准入条件；③提高职员的士气和能力，吸引人才；④区分产品，实施产品差异化战略，获取产品环保溢价；⑤提高企业产品在国际市场上的竞争能力和信誉；⑥获取财政资助及技术支持；例如我国目前经过认证的四个国有林场均是在国外木材购买商及非政府环保组织的资助下完成的。经过 COC 认证的企业则主要是在国际市场绿色需求的压力下进行的，目的不外乎是以上几个。

总之，森林经营相关单位进行森林认证主要是受利益主导的，只有当企业认为认证的收益大于认证的成本时，它才可能实施认证。当然，其中一个问题就是，成本是可见的，但是收益却很难具体估算。

1.2.4 林产品消费者

林产品的消费者可以分为两个部分：一是国内的林产品消费者；二是国外的消费者，主要消费的是我国出口的产品。事实上，目前我国的森林认证主要还是国外消费推动的。这一点从经过 COC 认证的主要是向外型的企业就可以看出，这些林产品的生产企业的产品主要是通过国际贸易流向国外。从国内的消费者目前还没有发挥出其对森林认证的推动作用。当然这有消费者主观的原因，也有客观的原因。但是我国的消费者的绿色需求的潜力还是非常巨大的。

1.2.5 相关的科研机构

从森林认证引入我国到现在有四个林场经过了 FSC 的森林经营认证，有近 100 家企业经过 FSC 的 COC 认证，中国林业科学研究院、北京林业大学等相关科研院所起了很重要的作用。如前所述，目前我国的森林认证的推广的主体还是科研机构。我国的科研机构从性质来看，它也是以国家财政、科研基金为资金来源的事业单位，同时它也可以申请获得国际相关的非政府环保组织的资助。它们的主要职能就是研究与国家经济、社会等息息相关问题及解决的对策，推动科学技术的进步，为国家的宏观决策提供智力支持。在做科学研究的过程中，实现研究者自身的价值。因此，森林认证相关的研究可以实现科研人员学术理想的手段。在学者们不断地发表自己的学术观点时，他们就直接或间接地为推广、推动森林认证做了贡献。总之，获得资金支持、实现科研理想以及他们的社会责任感是它们推动森林认证的基本动因。

2 我国森林认证体系动力模式选择

2.1 国外森林认证动力模式总结

通过分析可以发现，推动认证的力量是多方面的，有市场力量推动的在企业自愿基础上的森林经营认证，也有应公众要求对企业森林经营的某些方面进行的认证，还有在法律和法规约束下对企业进行的强制性认证。根据刘燕(2006)对森林认证体系发展动力模式分析，可以总结出以下几种动力模式：①由非政府环保组织推动的模式，如 FSC；②由私有林主发起推动的模式，如 PEFC、ATFS 等；③由政府主导型的模式，如 MTCC、LEI 等；④以市场机制推动的模式，如 CSA 和 ISO14000 环境管理体系；⑤以法律法规带动认证模式，如 CFV[1]。

当然，每种森林认证体系也都有自己的特点，不能简单的归属到这 5 种模式，不过它们是比较主要的类型。事实上，在体系动力模式方面，每个体系都是在不断根据环境变化的，这里主要是指认证体系发展初期的主要推动力量。在每种体系发展到一定的阶段，要求其取得国际认可的阶段，它就是一个由其他推动力量向市场机制推动力量转化的过程，即森林认证体系的最终推动力量应该是引导市场的消费者。因为只有以市场为导向的森林经营认证是建立在完全自愿的基础上的独立认证，其目的是向市场传递信息，所以一个森林认证体系通常包括林产品的标签和 CoC 认证。

2.2 国外动力模式在我国的适用性分析

2.2.1 由非政府环保组织推动的模式分析

我国的非政府环保组织兴起于 20 世纪 80 年代，近年来在提高公民环保意识和重建生态、防治污染、倡导绿色生活方式等方面发挥着重要作用。尽管如此，我国非政府环保组织存在以下几点不足：①环境权益的欠缺制约非政府环保组织作用的发挥。我国的环境立法在理论和实践上都过于强调国家的环境保护权力。公众环境保护的积极性难以发挥，很难达到环境法保护环境，协调人类与环境关系的目的。由于权利的限制，对于环境有影响的政府决策和工程建设，非政府环保组织不能从公开的渠道顺畅的获得相关信息。另外，我国环境决策民主化的举措主要表现在听取专家学者的意见上，民间组织无法对政府的环境决策发表意见，并真正对其决策产生影响。②环保非政府组织的活动层次不高。环保非政府组织的活动从深远意义上，可以分为三个层次：通过环境教育使公众意识到环境与资源危机；作为利害关系人和政府协商环境决策；针对环境政策出台后的实施行为施加影响。而我国的环保非政府组织比较温和，较少代表公众或团体与政府发生对立，目前的活动主要停留在第一层面上，即举办环境专题讲座、研讨会、培训班、展览，编写环境普及读物、杂志，利用媒体进行宣传等环境公众教育领域。③环保非政府组织的经费短缺、筹资渠道有限。经费短缺是我国环保非政府组织所面临的直接突出问题，是困扰其发挥作用的瓶颈。④公众认同度低，社会影响力不高。环保非政府组织在我国的发展程度还不够高，多数人对我国非政府组织的了解程度极为有限[2]。因此，我国的环保非政府组织的社会影响力不容乐观。根据我国的基本国情，非政府环保组织对森林认证的推动力也是杯水车薪。所以，由非政府环保组织推动的模式目前在中国不能成为主要的动力。

2.2.2 由私有林主发起推动的模式分析

由私有林主发起推动的模式，其推动主体不仅仅是私有林主，更有广大的林产品加工企业。因为从认证的利益链条上看，私有林主发起推动，他们也必须考虑到林产品加工企业的利益，获得他们的支持。所以，更确切地说，这种模式应该是森林经营相关单位推动的模式。我国的森林经营企业大都属于国有，推行森林认证，也是由于政府的参与，政府才是最终推动者。我们在这里主要说的是林产品加工企业，因为一旦林产品加工企业参与了森林认证，森林经营企业作为木材的提供者，在需求的拉动下，必然参与森林认证。在我国，木材加工产品主要有两条销路，一是在国内销售，一是销往国外。由于森林认证在国内还没有得到相当的发展，加之国内消费者的环保意识还不是很强，所以产品主要在国内销售的企业不会主动寻求认证。但是，森林认证在国外得到许多国家的认可，国内的林产品加工企业在压力的推动下或利润的驱使下，会寻求认证。总之，林产品加工企业发起认证，不仅可以使森林经营企业寻求森林认证，同时也能满足消费者的绿色需求。因此，以林产品加工企业发起的动力模式在我国是非常具有潜力的模式，充分利用，便会得到很好的效果。

2.2.3 由政府主导型的模式分析

在我国，政府代表人民行使对森林资源的所有权。所以，我国森林的林权主要是国有或集体所有。那么政府很多时候就是森林经营者，它为了实现可持续发展的目标，为了应付国际舆论的压力，为了保护我国森林经营相关企业在国外市场的占有率，它通常会支持森林认证。它的支持主要体现在一些政策法规上。例如，2003 年 6 月 25 日出台的《中共中央关于加快林业发展的决定》，其中谈到“积极开展森林认证工作，尽快与国际接轨。”是在政策上给予森林认证的最大支持[3]。但是，我国幅员辽阔，森林分布不均，中央政府(国家林业局)代表国家对国有林行使所有权，其他权利则在地方政府(地方林业局)。中央政府(国家林业局)为了推动本国经济的可持续增长，资源的可持续利用、环境的可持续改善都是和经济的持续增长息息相关的，所以政府会积极地推动森林认证的进程。同时，政府为了在全球范围内实现国家利益，应对外界的环保压力，它也会积极开展森林认证。所以，无论从哪方面来讲，政府都会积极推动、参与森林认证。中央政府(国家林业局)只是政策法规的颁布者，具体的实施还是要靠地方政府(地方林业局)来完成。在很多地方，由于地方政府的主管者环保意识还不是很强，森林认证的推行还是存在难题。但是，尽管如此，总的来看，我国政府也是在推动森林认证的进展。在现阶段，虽然以政府主导的认证体系不是很符合森林认证的基本原则，很难得到国际社会及其他认证体系的认可，但是，基于我国的基本国情，以政府主导的森林认证是相对可行的动力模式。

2.2.4 以市场机制推动的模式分析

以市场机制推动的模式主要是指以林产品消费者推动的模式。消费者推动的动机主要是实现其绿色需求。我国林产品的消费者可以分为两个部分：一是国内的林产品消费者；二是国外的消费者，主要消费的是我国出口的产品。在我国，国民经济收入不是很高，消费者的整体素质也不是很高，这就严重制约了我国森林认证体系的建立和发展。从我国目前经济、社会发展现状和居民消费水平来看，我国居民消费水平刚刚实现由温饱阶段向小康阶段过渡，即跨入小康消费的门槛，居民消费虽已摆脱单纯的对消费对象的数量追求，但仍然停留在对消费对象范围扩大、构建比较完整的消费需求结构的水平，远没有达到追求消费质量的阶段。因此，就目前消费水平而言，我国绿色消费处于起点阶段，绿色消费动力取决于绿色产品与非绿色产品之间的消费替代效应的变化。另外，我国绿色消费的发展具有地域上的不平衡性，在一些比较发达的大城市，绿色消费的发展比较超前，而在一些不发达的地区，有的消费者甚至都没听说过绿色消费这个概念[1]。我国消费者环保意识淡薄，绿色消费概念并未深入人心。而在经济发达的国家，消费者的环保意识较高，有能力支付更高的价格购买认证的产品。事实上，目前我国的森林认证主要还是国外消费者推动的。所以，国内的消费者目前还没有发挥出其对森林认证的推动作用。虽然，现阶段我国的消费水平还不够高，但是我国的消费者的绿色需求的潜力还是非常巨大的，因为随着我国经济的增长，生活水平的提高，绿色消费也会在我国掀起。

2.2.5 以法律法规带动认证的模式分析

这种模式的好处在于企业获得认证非常容易，同时该体系注重多方参与，使得认证体系适应本国国情，而且该认证体系获得了国内、国际各方的支持，所以，有利于他们利用认证开拓国际市场。笔者认为，这种模式产生的一个前提条件就是该国森林经营水平已经达到了一定的程度。因为，如果一个国家或地区的森林经营水平本身就不高，即使法律规定得很严格，企业还是达不到要求，也不可能达到认证的要求。不过，这种模式可以成为解决认证国内市场动力不足的一种途径。针对我国的情况，森林经营水平较低仍然是森林认证发展的一个制约因素[4]，所以，目前也不可能完全采用这种动力模式，但此模式可以作为政府主导型模式的一个辅助。

2.3 我国森林认证动力模式选择

2.3.1 现阶段我国森林认证体系的动力来源

从我国森林认证的发展来看，森林认证的引入实际上是由学术界引进的，并且在政府的不断扶持下成立了相关的研究、运作机构。与此同时，国外的一些非政府环保组织如WWF/WB联盟也参与推动了森林认证的发展。另外一个重要的因素是国外市场的需求。这是可以从我国目前认证的状况能推断出来的。我国现在经过FSC认证的五家森林经营单位[5]，基本都是在国外市场的压力下进行了，有的甚至直接由国外企业赞助进行认证的。如友好林业局是在宜家的赞助之下申请认证的。另外，我国目前经过产销监管链认证的420家[5,6]企业都是分布在沿海一带的林产品生产企业，他们的产品市场主要是在国外。因此，总体看来，我国森林认证发展的推动力量主要来自四个方面：科研院所、政府、环保组织及国外市场压力。从森林认证理论的发展来看，科研究院所、政府、环保组织发挥了很重要的作用，但从森林认证实践来看，起主要作用的还是国外市场的压力。笔者认为，目前我国森林认证推动的模式是属于市场机制推动的模式，只是这种国外市场力量推动的模式还不足以支撑整个森林认证的发展，而且现在我国经过认证的企业都是在FSC体系下认证的，严格说来，这还是FSC的推动模式。就我国的森林认证体系而言，主要还是政府推动型，体现为政府资助的科研机构推动，国际非政府环保组织也发挥了一定的作用。

2.3.2 我国动力模式的选择

五种模式中，由非政府环保组织推动的模式在中国不一定适用。原因是中国缺乏较为有影响力的环保组织，而且，非政府组织的作用在中国没有得到很好的发挥。以私有林主发起的推动模式也不太适用，一方面是由于我国私有林的面积在全国森林总面积中占的比重要很小；另一方面，我国森林经营相关企业的认知水平有限，而且，它们也缺乏一个有力的行业协会来推动。在学术界，被很多学者推崇的是由政府主导的模式。这也有其存在的客观原因：政府的作用在很多方面都还有渗透，政府力量比较强大。但是以政府主导的认证体系显然不是很符合森林认证的基本原则，很难得到国际社会及其他认证体系的认可。所以，以政府主导的森林认证体系可以是一个暂时的阶段，而最终目标是达到以市场机制推动的模式。在政府主导的阶段也可以辅之以法律法规推动。

从以上分析，也可以基本得出结论，在推动模式的选择上，走渐进的发展道路。也即是在森林认证发展的最初阶段，由于国内认证产品市场没有培育起来，结合中国国情选择政府及环保组织主导的模式。到了一定的阶段，政府就应该隐退，而改由市场机制主导。也就是说，在森林认证发展初期，由于政府有可持续发展的需求，所以它参与到森林认证体系的运作中来，它的主要任务也是通过各种途径培育认证产品市场，保证森林认证标签的权威性。

3 重构我国森林认证动力机制政策建议

关于森林认证体系动力机制的研究在我国并未见详细、深入的研究。但大多文献中也涉及到一些。目前我国消费者的认知水平和经济能力还不足以形成森林认证的动力，这还需要加强宣传[4]。另外，从国外压力来看我国森林认证的动力也不是很强，因为环境敏感国家的林产品市场在我国的整个林产品贸易中的份额有限，所以推动作用小[7]。另外，在我国环保组织的作用发挥也不明显。但是，从国家角度来说，政府积极支持开展森林认证，国务院在政策上给予了森林认证大力支持。以上的文献说明了我国现在各种动力的状况，但是它们离森林认证体系的发展还有很大的差距。所以我们必须对现有动力体系进行重新整合，根据我们所选择的动力模式，即最初阶段由政府及环保组织主导，同时多方共同推动；最后，逐渐转化成由市场主导推动的模式，构建适合我国国情和林情的动力机制。为此，我们应该从以下几方面入手：

(1)必须明确界定好政府的作用，因为在我国，政府推动对森林认证的发展尤为重要。一个宗旨是政府在前期必须适度地参与森林认证体系的发展，一旦稳定的认证产品市场建立起来以后，政府的直接参与认证体系建设的作用应该淡化，转而注重为森林认证提供良好的支撑体系。

(2)必须完善非政府环保组织的作用发挥机制，让他们充分参与到森林认证中来。在构建我国森林认证体系时要充分考虑到这一点。

(3)积极通过网络、电视等媒体宣传森林认证，提高森林认证的认知度。

(4)政府应该赋予森林认证标签以权威性，以吸引有绿色需求的消费者购买认证产品。

(5)积极培育消费者的绿色需求，以形成强大的认证产品市场。同时，可以借鉴国外林产品贸易网络的形式，政府主导成立认证产品联盟，要求成员必须购买认证产品。

(6)在消费者动力不足的情况下，政府可以给予认证企业相关的税收优惠或补贴，抵消部分认证成本，缩小认证产品与未认证产品的价格差别。例如，出口退税政策可以向认证产品倾斜；政府采购也要向认证产品倾斜。目前，欧盟就是规定政府采购的林产品必须来自于可持续经营的森林，这个影响是相当大的。

参考文献

[1] 刘燕．我国森林认证体系的运行机制研究[D]．北京：北京林业大学，2006：12~54

[2] 李俊瑛．我国环保非政府组织的兴起及其发展[J]．环境教育，2006(10)：50

[3] 黄雪菊．积极开展森林认证 尽快与国际接轨[J]．绿色中国，2004(18)：40

[4] 田明华，刘燕．影响我国建立森林认证体系的因素分析[J]．绿色中国，2004(9)：20~24

[5] FSC. Global FSC certificates：type and distribution。http：//www. fsc. org/fileadmin/web – data/public/document_ center/powerpoints_ graphs/facts_ figures/08 – 04 – 01_ Global_ FSC_ certificates_ – _ type_ and _ distribution_ – _ FINAL. pdf，2008 – 6 – 20

[6] PEFC. Statistical figures on PEFC certification[EB]. http：//register. pefc. cz/statistics. asp，2008 – 6 – 17

[7] 朱春全，董珂．各权益相关者在推动森林认证中的作用[J]．森林认证通讯，2002(1)：4~5

作者简介：第一作者：刘燕(1982 –)，女，贵州六盘水人，硕士，西南林学院经济管理学院讲师，从事林业经济问题、国际贸易研究。

通讯作者：田明华(1969 –)，男，山东桓台人，博士，北京林业大学经济管理学院副教授，副院长，从事林业经济问题、国际贸易研究。

中国造纸及纸制品业生产要素贡献率的实证分析

印中华　宋维明

（北京林业大学经济管理学院，北京，100083）

摘要：生产要素贡献率是衡量中国造纸及纸制品业发展水平的重要指标。该文采用 Cobb - Douglas 生产函数，运用回归法测算出中国造纸及纸制品业的资本产出弹性和劳动产出弹性，在此基础上计算出生产要素贡献率。研究发现，资本对中国造纸及纸制品业经济增长的贡献率较大，从而得出结论，中国造纸及纸制品业处于资本驱动阶段，并以此为依据，提出了中国造纸及纸制品业发展的对策和建议。

关键词：造纸及纸制品业；资本产出弹性；劳动产出弹性；生产要素增长率；生产要素贡献率；Cobb - Douglas 生产函数模型

An Empirical Analysis on the Contribution Rate of Production Factors of Paper and Paper Products Industry in China

YIN Zhong-hua, SONG Wei-ming

(School of Economy & Management, Beijing Forestry University, Beijing 100083)

Abstract: The contribution rate of production factors is an important indicator to measure the development level of paper and paper products industry in China. The paper adopts Cobb - Douglas production function, and makes use of regression method to calculate capital output flexibility and labour output flexibility of China's paper and paper products industry. On the basis of that, the paper calculates the contribution rate of production factors. The research shows that capital makes greater contribution to the economic growth rate of paper and paper products industry in China than other production factors. Thus it is concluded that China's paper and paper products industry should be at the capital - driven stage. On this basis, the paper puts forward the strategies and recommendations on the development of paper and paper products industry in China.

Key words: Paper and paper products industry; Capital output flexibility; Labour output f - lexibility; Growth of production factors; Contribution rate of production factors; Cobb - Douglas production function model

造纸及纸制品业是国民经济的基础性行业，是经济体系中不可缺少的重要组成部分，也是木材产业的主要行业之一，在促进经济发展、文化传播、吸纳就业和带动相关产业发展等方面起到了不可替代的重要作用。生产要素是影响产业发展的主要因素，大多数经济政策都是通过生产要素这一经济杠杆对产业发展发挥作用。因此，生产要素贡献率作为产业发展的“晴雨表”，可以较为真实地反映产业的现状和发展趋势。综上所述，研究中国造纸及纸制品业生产要素贡献率具有很强的现实意义。

回归分析法基于严格的数理统计方法，是经济分析常用的方法，因此本文选用回归分析法作为实证分析的主要方法。目前，对中国造纸及纸制品业生产要素贡献率的研究还不多见，因此，本文作者利用回归分析对这方面的问题作一些初步的探讨，期望能够得出一些具有政策意义的结论。

1 模型的选择

生产要素范围广泛，涉及企业生产的各个方面，其中资本、劳动和技术是基本的投入要素，对产业发展的影响较大，构成企业生产成本的主要部分。因此，选取资本、劳动和技术作为模型中生产要素变量。技术进步是指能够使一定数量生产要素的组合创造更多产出的所有因素共同发生作用的过程，有狭义和广义之分[1]。本文的技术进步是指广义的概念，包括技术水平、企业管理和人力资本等方面，具体是指新产业的研发，工艺流程的改进，劳动者素质的提高，组织管理的改善等。

Cobb－Douglas 生产函数模型是由阿默斯特学院的数学教授柯布(C. W. Cobb)和美国芝加哥大学的经济学教授道格拉斯(P. H. Douglas)共同研究提出的。因为 Cobb－Douglas 模型在研究生产要素弹性系数方面具有良好的性质，而弹性系数又是测算生产要素贡献率的关键因素，所以本文引入该模型：

$$Y_t = A_t K_t^{\alpha} L_t^{\beta} e^{\varepsilon t} \tag{1}$$

其中，t 表示时间，Y_t 为产出值，K_t 为资本投入量①，L_t 为劳动投入量，α 为资本的产出弹性，β 为劳动的产出弹性，A_t 表示技术水平，$e^{\varepsilon t}$ 为误差项。为了数据处理的方便，将原模型线性化，式(1)的对数线性式为：

$$\ln Y_t = \ln A_t + \alpha \ln K_t + \beta \ln L_t + \varepsilon_t \tag{2}$$

对式(2)两边同时求导，得到式(3)：

$$\frac{\partial Y_t}{Y_t} = \frac{\partial A_t}{A^t} + \alpha \frac{\partial K_t}{K_t} + \beta \frac{\partial L_t}{L_t} \tag{3}$$

将式(3)转换成差分方程的形式，得到式(4)：

$$\frac{\Delta Y_t}{Y_t} = \frac{\Delta A_t}{A^t} + \alpha \frac{\Delta K_t}{K_t} + \beta \frac{\Delta L_t}{L_t} \tag{4}$$

设$\Delta Y_t/Y_t$ 为 y，表示产出增长速度；设$\Delta A_t/A_t$ 为 a，表示技术进步使产出增长的部分，即技术进步率；设$\Delta K_t/K_t$ 为 k，表示资本增长速度，则 αk 表示资本增加使产出增长的部分；设$\Delta L_t/L_t$ 为 l，表示劳动增长速度，则 βl 表示劳动增加使产出增长的部分。

$$y = a + \alpha k + \beta l \tag{5}$$

则生产要素贡献率的计算公式分别为式(6)、式(7)和式(8)，其中 EA 表示技术贡献

---

① Cobb－Douglas 生产函数模型中的资本 K 主要是指物化资本，即固定资本存量。

率，E_K 表示资本贡献率，E_L 表示劳动贡献率。

$$E_A = \frac{a}{y} \times 100\% \tag{6}$$

$$E_K = \frac{\alpha k}{y} \times 100\% \tag{7}$$

$$E_L = \frac{\beta l}{y} \times 100\% \tag{8}$$

对式(5)两边同时除以产出增长速度 y，得到：

$$E_A + E_K + E_L = 1 \tag{9}$$

式(9)表明经济增长是由技术、资本和劳动共同作用的结果，三者对经济增长的贡献呈现相辅相成的关系。

2 实证分析

2.1 生产要素弹性系数的测定

2.1.1 数据选取

由于 A_t 在式(1)中只是作为系数存在，因此为了回归的方便，将式(2)中的 ln At 替换成常数 C，得到公式(10)：

$$\ln Y_i = C + \alpha \ln K_i + \beta \ln L_t + \varepsilon_t \tag{10}$$

将公式(10)作为回归模型，通过最小二乘法测算生产要素弹性系数 α 和 β。选取1995～2006年中国造纸及纸制品业的工业总产值、固定资本存量和职工年平均人数作为模型数据(表1)，其中工业总产值代表产出 Y_t，固定资本存量代表资本投入量 K_t，职工年平均人数代表劳动投入量 L_t。

表1 1995～2006年中国造纸及纸制品业主要经济指标

Table 1 Main economic indicators of paper and paper products industry in China from 1995 to 2006

年份	工业总产值/亿元	固定资本存量/亿元	职工年平均人数/万人
1995	1014.46	444.03	133.00
1996	1122.04	534.76	128.00
1997	1117.71	622.59	124.00
1998	1126.21	728.71	84.00
1999	1219.29	778.84	75.00
2000	1454.41	982.18	66.00
2001	1638.72	1071.00	61.00
2002	1905.80	1160.91	58.00
2003	2285.36	1281.20	113.95
2004	2828.84	1513.02	118.03
2005	3396.95	1761.23	200.90
2006	4242.80	1959.14	134.77

注：数据来源于历年《中国工业经济统计年鉴》，经整理得到。工业总产值和资本存量按1995年不变价格计算，固定资本存量为固定资产净值年平均余额。

2.1.2 回归结果

通过运用统计分析软件 SPSS 15.0，对模型回归，报告结果如下：

表 2 模型回归分析报告

Table 2 A report of regression model analysis

Predictors：(Constant)，ln*K*，ln*L*

Dependent Variable：ln*Y*

Method：Least Squares

Variable	Coefficient	Std. Error	t - Statistic	Prob.
C	-0.516	0.500	-1.031	0.330
ln*K*	0.950	0.059	15.996	0.000
ln*L*	0.312	0.073	4.278	0.002
R - squared	0.970	Durbin - Watson stat	1.678	
Adjusted *R* - squared	0.964	VIF	1.013	
F - statistic	146.548	Tolerance	0.988	
Prob. (*F* - statistic)	0.000			

注：ln*K* 和 ln*L* 的方差膨胀因子(VIF)均为 1.013，ln*K* 和 ln*L* 的容许度因子(Tolerance)均为 0.998。

根据表 2，回归模型为：

$$\ln \hat{Y}_t = -0.516 + 0.950 \ln K_t + 0.312 \ln L_t \tag{11}$$

其中 α 和 β 分别为 0.950 和 0.312。F 值和 t 值均通过 5% 的显著性检验，决定系数 R^2 为 0.970，说明模型回归效果良好。

2.1.3 假设检验

根据表 2，模型的 DW 值为 1.678，在 5% 的显著性水平下，$DW > d_u$，证明模型不存在自相关。方差膨胀因子(VIF)和容许度因子(Tolerance)均趋近于 1，证明模型不存在多重共线性。

为了检验模型是否存在异方差性，对模型做怀特(White)检验，步骤如下：

(1)设模型 1 的残差为$\hat{\varepsilon}$，根据给定的数据，估计模型 1，并获得$\hat{\varepsilon}^2$。

(2)做如下辅助回归：

$$\hat{\varepsilon}^2 = \lambda_1 + \lambda_2 \ln K_t + \lambda_3 \ln L_t + \lambda_4 (\ln K_t)^2 + \lambda_5 (\ln L_t)^2 + \lambda_6 \ln K_t \ln L_t + \mu_t \tag{12}$$

(3)从辅助回归求得$\hat{R}^2 = 0.4992$。在无异方差性的虚拟假设下，可以证明，从辅助回归算得的$\hat{R}^2$ 乘以样本数 n，渐进地遵循自由度等于辅助回归中的自变量(不包括常数项)个数的 x^2 分布，即：

$$n \times \hat{R}^2 \sim x^2_{df=5}$$

现在，$n \times \hat{R}^2 = 12 \times 0.4992 = 5.9904$，对于 5 个自由度，5% 临界 x^2 值是 11.0705，显然 $n \times \hat{R}^2 < 11.0705$。因此，根据怀特检验，模型 1 不存在异方差。

2.2 生产要素贡献率的测定

根据表 1，1995～2006 年中国造纸及纸制品业工业总产值年均增长 13.89%，资本年均增长14.45%，劳动年均增长0.12%。按照式(5)求得，技术年均进步率为0.13%。根据式(6)、式(7)和式(8)求得，资本年均贡献率为98.80%，劳动年均贡献率为0.27%，技术年均贡献率为0.93%(表3)。可见，资本在中国造纸及纸制品业的发展中起决定性的作用，造纸及纸制品行业是典型的资本密集型行业，在这个行业中技术和劳动对产业发展的贡献较小。按照迈克尔·波特的产业国际竞争阶段理论，中国造纸及纸制品业处于投资驱动阶段。在这一阶段，企业投资于建设现代的、有效率的，同时也是适应市场的大规模项目，需要大规模购买先进设备[2]。因此，固定资产投资，尤其是先进设备的投资，成为这个阶段企业提高生产效率和产品质量的主要手段，从而促使资本投入对经济增长的贡献率在各类要素的总贡献率中占有更大的比重。当然，技术年均进步率在一定程度上可能被以新型机器设备建设的贡献率所掩盖。

表3 1995~2006年中国造纸及纸制品业生产要素年均增长率及年均贡献率 单位:%

Table 3 Average annual growth rate of production factors and average annual contribution rate of paper and paper products industry in China from 1995 to 2006 Unit:%

年 份	资本年均增长率	劳动年均增长率	技术年均进步率
1995~2006	14.45	0.12	0.13
	资本年均贡献率	劳动年均贡献率	技术年均贡献率
	98.80	0.27	0.93

3 对策建议

从以上实证分析结果可以看出，中国造纸及纸制品业工业总产值的增长严重依赖资本投入，而技术和劳动在产业发展过程中起到的作用微乎其微。从我国经济发展的阶段性特征考察，这种经济增长方式符合中国的实际，也是造纸和纸制品行业成长所必经的途径。但是，资本要素推动的产业发展，在一定阶段只能积累可见的竞争性资产，却不能从根本上促使产业形成可持续的、保证产业价值链在更高层次上连续的创新过程。也就是说，如果长期依赖资本投入而忽视技术对产出的贡献，产业就难以形成创造性的生命力，势必会影响产业的可持续发展，最终将导致产业失去成长的内生动力。因此，在迅速形成造纸及纸制品产业的资本规模的同时，必须强化将资本积累的力量转化为技术创新力量的作用，包括从政府、产业和企业，甚至个人在这个转化中的作用。这就需要确定不同层次的运行政策和策略。

3.1 短期策略

规模化发展，使产业成长的必经之路，特别是在有形的竞争资产的积累方面，强大的资本贡献率起着不可替代的作用。因此，短期内，中国造纸及纸制品业应该加大投资力度，扩大生产规模。中国造纸及纸制品业的资本产出弹性和劳动产出弹性之和为1.262，说明该产业的扩张处于规模报酬递增阶段。同时，资本贡献率在生产要素贡献率中最大，说明资本投入成为产业发展的第一推动力。因此，短期内，中国造纸及纸制品业应该积极扩大投资规模。一方面，政府应该实施宽松的财政政策，保证投资的稳定性，避免产业经济的大起大落。另一方面，政府应该重视投资环境的建设。为了吸引国内外资金的流入造纸及纸制品业，政府不仅需要改善投资区域内的自然地理环境和基础设施等基本物质条件，而且应该在当地的政治、经济、市场、文化、办事效率等软环境建设方面下工夫。

3.2 长期战略

从长期来看，产业成长的终极目标是形成可持续的竞争力。因此，当来自大规模投资积累起来的有形竞争性资产达到一定规模时，产业必须尽快将这些资产转化为创造性的竞争过程，即：产业成长的动力和能力主要产生于知识和科学技术的不断创新。因此，中国造纸及纸制品业要形成可持续的竞争力，必须将发展的动力转向技术，实现资源基础的转换。因为根据边际报酬递减规律，资本对产业发展的贡献率将逐步下降。如果长期一味依赖资本投入来刺激产业发展，当资本贡献率降到较低的水平时，产业将陷入衰退。在当今开放型的竞争环境中，技术力量的强弱将决定着产业发展的前途及未来命运。因为技术进步对经济增长的促进作用不受边际报酬递减规律的影响，可以为产业发展提供不竭动力。中国造纸及纸制品业的技术贡献率不到1%，与符合现代产业发展的要求向去甚远，尚存在很大的提升空间。因此，实现资源基础由资本向技术的转变是中国造纸及纸制品业可持续发展的必由之路，也是产业进入创新驱动阶段的关键。但是，提高技术水平不是一朝一夕的事情，必须循序渐进，量力而行。

政府作为经济政策的制定者，应该鼓励企业积极引进国外先进的技术装备，引导科研院所与企业之间形成产学研的长效机制，同时大力推广先进的生产技术和管理经验；行业协会作为产业经济的指导性机构，应该在行业标准制定、联合企业与技术研发机构、市场信息传递和管理人员的教育培训方面起到指导性作用；企业作为市场经营行为的主体，应该在技术的引进与研发、管理水平的提高、人力资本开发和学习效应的营造等方面发挥主导性作用。

参考文献

[1] 李萍．技术进步与发展趋向[M]．贵阳：贵州人民出版社，1998：5

[2] 宋维明．国际经营学基础[M]．北京：中国林业出版社，2003：95～96

作者简介：第一作者：印中华(1981－)，男，辽宁丹东人，北京林业大学经济管理学院博士研究生，从事林产品贸易研究。

通讯作者：宋维明(1957－)，男，河北沧州人，博士，北京林业大学教授，博士生导师，副校长，北京林业大学林产品贸易研究中心主任，从事林业经济管理研究。

中国花卉产业发展现状、问题和建议

田明华[1]　冉福祥[2]　杨秀英[3]
（1. 北京林业大学经济管理学院，北京，100083；2. 甘肃林业职业技术学院，天水，741020；3. 山西林业职业技术学院，太原，030009）

摘要：花卉产业是集经济效益、社会效益和生态效益“三效合一”，劳动密集、资金密集和技术密集“三密合一”的绿色朝阳产业，中国发展花卉产业的优势突出，对于调整农业种植结构、提高农民收入、满足人民生活需要具有重要意义。近年来，中国花卉产业发展迅速，已经成为世界最大的花卉生产基地。但是，存在生产规模小、专业化程度低，缺乏拥有自主知识产权的品种和技术，区域特色的品牌产品不足，生产技术质量体系不够规范，花卉产品质量低，花卉流通体系不健全、配套设施产品匮乏，花卉产业的管理需进一步加强等一系列问题。对此，该文提出了一系列针对性地建议。

关键词：花卉产业；生产规模；质量；品种；技术；产业化

The Status and Problems of China's Flower Industry and Counter Measures

TIAN Ming-hua[1], RAN Fu-xiang[2], YANG Xiu-ying[3]
(1. School of Economics and Management, Beijing Forestry University, Beijing 100083;
2. Gansu Forestry technology College, Tianshui 741020;
3. Shanxi Vocational College of Forestry, Taiyuan 030009)

Abstract: Flower industry is a green and sunrise industry which not only brings into play economical, social and ecological benefits, but also concentrates labor – intensive, capital – intensive and technology – intensive. To develop China's flower industry with outstanding advantages is of momentous current significance which is propitious to the structural adjustment of agriculture cultivation, raising peasantry's revenue and meeting the needs of people's life. China's flower industry develops quickly in recent years, and China has been taken for the big country in the world. But there are still plenty of problems in China's flower industry, for example, the scale of production is too small, specialization level is low, the breeds and techniques with independent intellectual property rights lack, the brand products with region features are not enough, the technique quality systems are not normative, the flower product quality is bad, the flower currency system is not perfect, the partner products is short, the flower industry need be supervise more, and so on. Therefore, this paper brings forward a series of counter measures to the questions.

Key words: Flower industry; Scale of production; Quality; Breed; Technique; Industrialization

1　中国发展花卉产业的意义

广义的花卉包括鲜切花、盆栽花卉、观叶植物、庭院花卉、绿化苗木、观赏树木、草坪等几大类，它以独特的景观价值成为美化人们生活、绿化环境的重要组成部分[1]。花卉产业除了上述花卉产品直接的生产、加工、运输、销售之外，还包括种子种苗、专用花肥、育花基质、园林机械等辅助产业[2]。

第二次世界大战以后，作为一门现代新兴产业，花卉产业在国际范围内迅速崛起，一直呈现出持续发展、欣欣向荣的局面。世界各国花卉业的生产规模、产值及贸易额都有了较大幅度的增长。目前世界花卉生产面积约 210 万 hm^2，全球花卉产业总产值已达到 2000 亿美元，世界花卉产品贸易额从 20 世纪 90 年代起以每年 10% 左右的速度递增，已成为世界贸易的大宗商品，到 2006 年全球花卉消费已超过 3000 亿美元[3]。现代花卉产业早已突破了传统种植业的范畴，辐射到农药、肥料、基质、设施、设备等相关工业、运输业、商业、旅游业等多行业，已由小农生产方式，发展为环节相互独立、多方协同的现代产业价值链体系，因此，花卉产业的健康发展具有经济、社会、环境等多方面的意义[4]，被称之为“花卉经济”。

目前，花卉的消费日趋扩大。继欧洲、美国和日本花卉市场经久不衰、持续发展之后，发展中国家和地区的花卉消费量大幅度增加，成为全球新兴花卉消费市场[3]。世界花卉产业全球转移趋势加强，花卉生产已由西欧、北美和亚洲的日本等发达地区转向自然气候条件优越、劳动力价格比较低的发展中国家和地区。虽然花卉生产竞争十分激烈，市场变化很大，还受到政治、经济文化、社会等多方面的影响，但花卉产业以其高产出、高效益的特征仍然吸引了各国把花卉产业作为高附加值、高产出产业，不断加大发展力度[4]。据世界经济贸易行家预测，在 21 世纪最有发展前途的 10 大行业中，花卉业被列为第 2 位。花卉业是世界各国农业中唯一不受农产品配额限制的产业，被誉为“朝阳产业”。近 10 多年来，世界花卉业以年平均 25% 的速度增长，远远超过世界经济发展的平均速度，是世界上最具有活力的产业之一[1]。

中国发展花卉产业具有种质资源优势、气候资源优势、劳动力资源优势、市场潜力优势和人文资源优势[5]，成本比较优势明显，花卉产业作为一项占地面积小、科技含量高、经济效益大的优势产业，是农业种植结构调整的重要方向[6]，是吸纳农村剩余劳动力、提高农民收入水平的重要手段。从种植业收益来看，通常花卉的亩产值在 1 万元以上，水稻为 800 ~ 1200 元，蔬菜为 6000 ~ 8000 元。单位土地面积上种植花卉的产值一般可以达到普通作物和果树的 10 ~ 50 倍，而花卉出口创汇利润高达 40%，比蔬菜、水果高 3 ~ 4 倍[7]。

综上所述，花卉产业是集经济效益、社会效益和生态效益“三效合一”，劳动密集、资金密集和技术密集“三密合一”的绿色朝阳产业，发展花卉业是调整农业种植结构、打造都市型现代农业的战略选择，对于促进城乡共同发展、建设社会主义新农村和带动农民致富具有重要的战略意义[3]。

2 中国花卉产业发展现状

2.1 中国花卉产业发展总体状况

近年来中国花卉产业发展十分迅速，花卉种植面积与销售额持续上升，花卉产值20年来年均增长约30%，2007年全国花卉种植面积75.03万 hm^2，约占世界花卉总种植面积的1/3，已成为世界最大的花卉生产基地，2007年全国花卉销售额达613.70亿元，出口额约3.28亿美元[8]。因此，中国在世界花卉生产贸易格局中占有重要的地位。

表1 2001～2007年全国花卉产销情况及花卉生产经营实体情况[8～10]

	种植面积（hm^2）	销售额（万元）	出口额（万美元）	花卉市场（个）	花卉企业（个）	花农（户）	从业人员（人）	专业技术人员（人）
2001	246005.9	2158419.42	8003.4	2052	32019	694683	1953111	59552
2002	334453.7	2939916.2	8283.2	2397	52022	864006	2470165	85145
2003	430115.4	3531089.5	9756.8	2185	60244	954660	2934064	97267
2004	636006.3	4305751.1	14434.0	2354	53452	1136928	3270586	122851
2005	810181.2	5033435.1	15425.8	2586	64908	1251313	4401095	132318
2006	722136.1	5562338.6	60913.0	2547	56383	1417266	3588447	136412
2007	750331.9	6136970.6	32754.5	2485	54651	1194385	3675408	132214

据农业部公布的花卉统计数据，2007年全国有花卉市场2485个，企业54651个，其中种植面积在3hm^2 以上或年营业额在500万元以上的大中型企业7825家，花农1194385户，从业人员3675408人，专业技术人员132214人[8]。从以上数据可以看出，中国花卉企业数量从狭义上说也就是5.7万家(含花卉市场)。花农是一个庞大的群体，他们一般没有在工商注册，但有些生产规模和产值不低于花卉企业。从概念上讲，他们类似于花卉发达国家的种植者(Grower)。发达国家都将种植者视同小企业[11]，因此，从广义上说，中国花卉产业共有大小企业125余万家。

2.2 中国花卉产业发展的特点

近年来，由全国花卉生产基本变动情况可以看出，中国花卉产业发展呈现出以下特点：

(1)花卉种植面积大幅扩大，花卉销售额逐年增加。2001年，中国花卉种植面积为24.6万 hm^2，比1995年增加了228%；鲜切花销售量37.0亿枝，比1995年增加了239%；销售额为25.0亿元。到2005年，花卉种植面积达到81.0万 hm^2，是1995年花卉种植面积的近11倍，与2004年相比，增加了229%；鲜切花销售量达到108.8亿枝，是1995年的10倍，比2004年增加了194%；鲜切花销售额为50.8亿元，比2004年增加了103%[9]。2006年，花卉种植面积大幅下降，但花卉销售额不降反增，2007年花卉种植面积回升到75.0万 hm^2，花卉销售额为613.7亿元，其中鲜切花销售量达到129.1亿枝，销售额69.78亿元。2001～2007年，花卉种植面积年增长率平均为17.25%；花卉销售额年平均增长16.1%。

(2)花卉生产经营实体增加，花农及从业人员增多。2001年，中国拥有花卉市场2052个，花卉企业3.2万个，其中大中型企业3343个，花农69.5万户，从业人员195.3万人。2005年，花卉市场达到2586个，花卉企业6.5万个，其中大中型企业8334个，花农增加到125.1万户，花卉从业人员增加至440.1万人。2001～2005年的5年时间，花卉市场数量增加了26%；花卉企业数量增加了102.7%，平均年增长22.1%；种花农户增加了80.1%，平均年增长16.0%；花卉从业人员数量增加了125.3%，花卉专业技术人员人数增加了122.2%[9]。2006年花卉生产经营实体、从业人员均大幅下降，但花农增多，2007年有所回升，花卉市场达到2485个，花卉企业5.5万个，其中大中型企业7825个，花农增加到119.4万户，花卉从业人员增加至367.5万人[8]。

(3)花卉产品结构不断向多样化、国际化方向发展。一是鲜切花生产。1986年前鲜切花生产在中国基本上是空白，这些年来，鲜切花发展有了重大突破。尤其是近些年来，云南省鲜切花生产发展迅速。另外广东、上海等沿海城市以及华中、华北等大中城市附近也纷纷开始发展鲜切花生产，生产品种也由菊花、康乃馨、剑兰、月季等普通切花向百合、火鹤、满天星、鹤望兰等高档切花发展，产品质量逐渐提高；二是商品盆景异军突起，年产量达数百万盆，商品盆景也已开始进入国际市场；三是盆栽花卉种类增多，绿化苗木生产结构也逐渐趋于合理[9]。

(4)花卉生产逐步向专业化、规模化迈进。花卉进入商品生产以后，特别是随着市场经济的不断深入，花卉生产者逐步放弃了“小而全、小而散”的传统生产方式，开始向专业化和规模化方向发展。主要花卉产品的生产已初步形成规模，并显示出区域优势和企业优势。到目前，中国已形成了以上海、昆明为重点的鲜花生产基地，以广东、福建为中心的观叶植物生产基地，以四川、辽宁、上海为主的种球、种苗繁殖基地。这些基地的形成，对中国花卉区域化生产起到了积极的促进作用[9]。

(5)花卉市场由季节供应向周年上市转化。随着市场竞争的日趋激烈，花卉开始向大生产、大流通方向发展，生产者充分利用中国地域辽阔、生产区域广、南北海拔生态条件各异的有利条件，有效地调剂了不同花卉产品的上市时间；另外生产者更加注重生产设施条件的改善。到目前主要的鲜切花产品和商品盆花盆景基本可实现周年供应[9]。

(6)花卉国际贸易逐年扩大。近年来中国花卉进出口贸易也呈现双增长趋势。据中国海关统计，2005年中国花卉进出口总额达到1.43亿美元，与2004年相比增长了26.1%。其中出口总额将近7475万美元，比2004年增长了19.8%；进口总额为6860万美元，与2004年相比增长了33.7%[9]。2007年中国花卉产品进出口总额首次突破2亿美元，达2.08亿美元，与2006年相比增长了22.5%，其中，出口金额近1.26亿美元，比上年增长23.86%，进口金额0.82亿美元，较上年增长20.52%，中国花卉进出口贸易继续保持“双升”态势[12]。据统计，2007年中国盆花和鲜切花出口总额达3509万美元和3056万美元，较2006年分别增长了18.6%和10.83%。盆花出口种类基本锁定在绿植、盆景、国兰等几大类，主要出口市场是韩国、荷兰、日本、美国等国以及中国香港地区。鲜切花出口种类主要有菊花、康乃馨、月季等品种，出口市场以日本、新加坡、泰国、马来西亚和中国香港地区为主[12]。

如果按照中国花卉协会及农业部中国花卉业年度统计的口径，2006年中国花卉出口额呈现突破性增长，约6.09亿美元[3]，2007年中国花卉出口额3.28亿美元[8]。

表 2 2004～2007 年海关统计中国花卉进出口情况[9][12]

	进出口总额（万美元）	进出口总额增长（%）	出口额（万美元）	出口额增长（%）	进口额（万美元）	进口额增长（%）
2004	11370	/	6240	/	5131	/
2005	14335	26.10	7475	19.80	6860	33.70
2006	16977	18.43	10173	36.09	6804	-0.82
2007	20800	22.52	12600	23.86	8200	20.52

(7)花卉产业前景良好。世界花卉业的生产、销售将继续保持比较快的发展速度。西欧国家在花卉生产、经营方面会继续保持其优势地位，然而由于其基础水平较高，从提高的幅度和发展的速度上看，将相对减慢。而亚洲的一些发展中国家特别是中国，由于经济的不断发展，需求的规模和质量会不断提高，花卉业将会继续呈现比较快的发展速度，生产规模会快速扩大，花卉产量和质量也会大幅度提高。中国拥有独特的气候、地形、环境条件，花卉资源异常丰富，悠久的花卉栽培历史积累了丰厚的花卉文化底蕴，花卉生产正逐渐向规模化、专业化方向发展，国内花卉消费市场空间巨大，而且，中国政府部门和花卉相关行业组织均高度重视和支持花卉产业的发展，出台并执行了一系列有利于花卉生产和贸易的政策。在这种有利环境下，中国的花卉产业发展具有良好的前景[9]。

3 中国花卉产业存在的问题

虽然中国花卉产业经过多年发展，已经奠定了较好的产业基础，但与其他国家或其他产业相比，还存在较大的差距。目前中国是世界第一大的花卉种植国，但远非花卉强国，存在产业结构不合理、规模小、品种少、质量差、效益低，经营管理水平较差，流通体系还不健全，普遍存在“重生产、轻流通，重数量、轻质量”的现象。

3.1 单位面积产量、产值都比较低

目前中国花卉的种植面积和产量均居世界第一位，但与发达国家相比，单位面积产量、产值都比较低。中国花卉种植面积是荷兰的近 10 倍，而产值却只有荷兰的 1/6，出口额只有荷兰的几十分之一[5]。中国切花月季的生产，每平方米土地年生产月季不到 100 支，而在荷兰、哥伦比亚等花卉发达国家，平均每平方米土地年生产月季 250～500 支[5]。主要原因是中国大部分花卉生产以露地栽培为主，花卉生产单产低、质量差。

3.2 品种单一、落后，科技含量低

世界花卉消费市场目前的总体趋势是消费正由传统花卉日渐转向新优花卉。由于中国花卉产业起步较晚，育种能力不强，导致新优品种严重匮乏。中国花卉出口的类别主要有鲜切花、盆栽植物、观赏苗木、干花以及蝴蝶兰、康乃馨半成品和原产于中国的花卉种子，大都属于低端产品，科技含量较低，品种老化，无法占领国外高端产品市场，虽然价格上占有一定的优势，但其利润率却很低。以出口日本为例，中国康乃馨的出口量占日本康乃馨市场的第二位，但价格却一直徘徊在哥伦比亚产品的 1/3 价位，主要原因就是品种落后。国际上畅销的品种很多在中国根本没有生产[13]。

3.3 花卉质量普遍较低，生产条件简单落后，技术水平有限

(1)花卉生产方面。2007 年中国花卉保护地栽培面积占总种植面积的 21.62%，其中温

室仅占8.71%[8]，而荷兰花卉温室面积约占花卉生产总面积的60%左右，韩国温室生产面积占总面积的57%[5]。花卉设施生产面积所占比重过小，花卉生产主要靠露地生产、靠天吃饭，耕作方式落后，淡季很难生产出高品质的花，花卉质量得不到保证，花卉质量普遍较低，质量参差不齐。由于中国贯彻推广花卉标准化生产的工作严重滞后，栽培管理水平低，造成花卉产品质量不稳定，甚至低劣[13]。据农业部花卉产品质量监督检验测试中心(上海)于2002年的“五一”、“十一”和2003年的春节期间，抽检了上海及其他省126个生产单位的包括鲜切花、盆栽植物(包括观叶植物、盆花)、种苗3大类56个品种共308个样品，结果显示，花卉产品质量现状不容乐观。其中，三次抽检鲜切花135个样品，一、二级品仅占13.7%，三级品占40.7%，而不合格品高达45.9%。抽检的10个种子种苗样品，则全部为不合格品。产品质量差，档次低是生产效益低的主要因素之一[14]。国际市场对于花卉品质要求极为严格。比如，许多国家进口花卉和苗木要求株高、干径都要统一。再比如，很多国家为了防止植物危险性有害生物随进境栽培介质传入，进口花卉要求不带土。但中国目前栽培介质发展水平还不高，这样就造成许多产品被挡在了国际市场的大门之外[13]。

(2)花卉流通方面。花卉流通需要有完整的冷链保障体系。从中国花卉流通的整个环节来看，由于缺乏采收、预冷、分级、捆扎、包装、保鲜、运输、配送、销售等产后处理技术，几乎都程度不同地存在冷链环节中断情况，花卉保鲜技术落后致使鲜花售前保鲜期大大缩短，对到达目标市场后的品质造成了极大影响。尤其在鲜切花出口中，该问题表现得更为突出。以出口日本为例，从哥伦比亚到日本的康乃馨，海运所需时间是上海到日本的7倍，但哥伦比亚的康乃馨比上海货新鲜得多，价格也要高出3倍之多。也正是由于上述原因，导致国内花卉出口商在向远距离国家(美国、荷兰等)出口鲜切花、切叶时，会放弃成本优势，更多地选择运费较高的航空，而放弃海运运输方式。同时这也是为什么中国鲜切花出口市场过于集中在周边国家(日本、韩国等)的原因所在[13]。

3.4 新品种开发和保护工作力度不够

中国花卉新品种开发落后和保护引进不力，已成为中国花卉产业发展中的瓶颈。

新品种、新技术是花卉产业发展的基础，新的科研成果能否迅速转化为生产力直接影响着花卉产业的发展。目前，中国花卉科研力量分散，研究资金少，研究人员也较少，多集中于高等院校和科研院所，高等院校和科研机构多以研究为主，与实际生产应用还有一定的距离，同行单位之间缺乏交流与合作，搞小而全，缺少专业化的系统研究，科研成果转化率低、速度慢，低水平重复研究现象也很严重，如组培快繁及重复引种等[15]，大部分切花品种靠引进，栽培技术不配套，对植物资源系统研究不够，没有突破性品种，技术含量、商品性好的科技成果较少，注重引进国外品种、忽略国内资源的开发利用。据估计，中国花卉市场上草花种子的80%是从国外进口的[5]。中国的花卉新品种选育与花卉产业发展极不相配，严重缺乏拥有自主知识产权、具有较强市场竞争力的花卉新特优品种，这已成为制约中国花卉产业发展，参与国际市场竞争的突出问题。据报道，情人节最受欢迎的月季切花“泰坦尼克”，中国每种植一棵，都要向荷兰莫尔海姆公司交纳8.5元的新品种保护费，如果不交纳品种保护费就不可能走出国门[16]。

新品种的保护是花卉产业可持续发展的内在动力。重视新品种的保护，一是能吸引国外新品种尽快进入中国，提升国内花卉产业水平，增强国际竞争力。二是促进培育有自主知识产权的品种，以加快进入花卉生产强国的行列。近几年来，世界花卉贸易中知识产权保护越来越严格。从2005年开始，世界花卉行业要求出口花卉必须持有知识产权证，否则无法出口。在缺乏自主知识产权的新优产品的情况下，要想扩大出口，就必须按照国际规则，通过支付品种权费，来取得国际市场份额[13]。

3.5 花卉流通体系不健全，花卉价格混乱，花卉出口量较小、出口额不高

至2005年，中国虽然建成了2586个花卉市场，但由于功能雷同的初级交易市场多，缺乏市场专业管理人才，市场功能不完善等，且没有信息保障系统，花卉市场信息无法快速传递，造成全国花卉流通体系不畅。

有些地区的市场投资者在建市场前缺少调查研究，导致市场分布过于密集或规模过大，市场分布不合理。一些大城市和沿海开放城市的花卉市场比较集中，甚至出现过热现象。如北京、上海，大型花卉批发市场就有10多个，由于大多采取物业管理的模式，不能实现应有的商品调剂功能和信息服务功能，许多批发市场经营效益差，而一些内陆地区由于流通网络不畅，花卉价格居高不下，大大地限制了花卉消费市场的开发。如中国东北地区、西北地区、华北地区的流通体系建设仍然比较薄弱。大型花卉批发市场少，三个地区的花卉零售店加起来也只占全国的6.2%，而这些地区的花卉消费潜力大，花卉流通网络的建设就成为重中之重[14]。

目前大多中国花卉企业主要还是采用原始的经营方式：业务员在国内外跑来跑去，在市场上来回奔波；或者利用门市进行营销的单一模式。大部分企业缺乏利用现代化技术经营的意识，利用互联网发展的花卉企业比较少[16]。当前国内花卉流通价格混乱，几乎没有一家与另一家的价格能保持一致。很多企业在没有经过国家经营许可的情况下，利用一些非正规渠道，在市场上来回的呐喊压价，试图利用这种方法吸引一些商家来购买，更有甚者甚至用其他的廉价品种甚至是过期或劣质产品来经销。对于所有的花卉公司来说，打价格战更令本来就不景气的花卉市场雪上加霜。价格的压缩必然导致成本的压缩，而成本的压缩只能靠降低产品的内在科技含量和质量来实现。最后只能是让消费者受到损失，而企业也同样是名声扫地，再无信誉可言[16]。

虽然近期中国花卉出口总体态势良好，但总体出口规模相对种植面积仍然偏小。目前中国花卉的种植面积和产量均居世界第一位，花卉的种植面积已达到世界花卉生产总面积的1/3。而中国花卉出口量仅占世界贸易量的3%，出口额最高也不足世界的6%。中国花卉出口竞争力不高的首要原因就是花卉质量不能保证。没有过硬的产品质量作保障，即使低价进入国际市场，也不可能有长足的发展[13]。品种少、流通体系还不健全也严重制约着中国花卉的出口。另外，花卉出口手续繁杂，环节多。按照目前海关的规定，花卉出口需按照一般货物出口，要履行报验、报关各项程序，通关手续比较繁杂，不够快捷，完成整个出口手续至少需要将近一周的时间。另外，中国一些花卉产品的出口在检疫、濒危等证明的办理方面还存在着一些问题，审批环节多、手续繁、周期长，增加了企业的运营成本。例如对蝴蝶兰等已实现规模化人工繁育的非濒危物种的花卉产品出口也需办理“濒危证”。有的地区仅检疫证的办理就要一个月的时间。花卉出口通关的低效对于本身保鲜水平不高的中国花卉，可谓“雪上加霜”[13]。

3.6 产业结构不合理，产业化程度较低，规模化、专业化、组织化程度较差

从产业结构上看，如果将中国花卉企业分布到产业链上形成一个图形，大致就是一个“鸡蛋”(图1)。

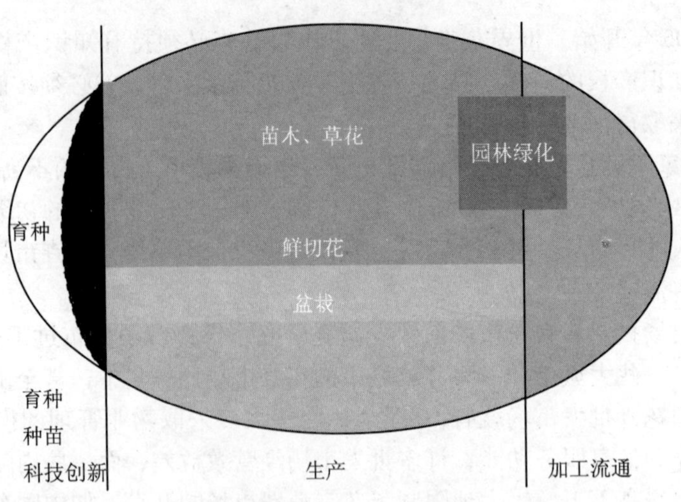

图1 中国花卉业产业链示意图[11]

图1从左到右代表花卉产业链的育种种苗、生产以及流通几个主要环节，特点大致是“两头小，中间大”，大部分企业从事生产，从面积上看，中国是名副其实的花卉生产大国。图中育种的部分没有上颜色，那是因为目前我们的育种能力比较低，花卉生产所需的品种、种子、种球、种苗(黑色部分)主要依赖国外直接进口或者进口扩繁。花卉企业的大部分分布在“鸡蛋”的中间——生产上，大中型企业在园林、苗木、切花、盆栽生产上都有分布，而中小企业和花农主要集中在苗木、草花生产，其次是鲜切花，从事盆栽植物生产的花农不多，可能是因为盆栽的设施和技术水平门槛较高的缘故。“鸡蛋”的尾部，也就是中国的花卉流通，也是一个产业瓶颈，不仅企业(含个体户)数量偏少，这些企业力量也有限，不能为庞大的生产提供足够的流通支持[11]。

从产业化程度上看，中国花卉企业呈现“多、散、小、差”，从事花卉生产的企业多、规模小，花农种植分散，管理粗放，规模化、专业化、组织化程度较差。

中国花卉企业基本上是在农户及国有苗圃生产基础上发展起来的，过去农林生产中的小农经济、分散经营的主体格局仍然存在，难以吸收新技术，例如中国花卉企业多采用常规的播种、扦插、嫁接等繁殖方法，繁殖方式落后，繁殖系数小，受生产季节的影响较大，生产成本较高，无法形成批量生产和规模效益[5]。

花卉生产主要以企业、农户自产自销为主，未能有效形成产、供、销一体化的生产经营体系，未形成规模经营，开拓国际市场的能力较差，难以承接国外大批量、高质量要求的订单，难以抵御巨大的市场风险，长期停留于低水平的价格竞争阶段[13]。

花卉是特殊的鲜活产品，及时准确地了解国内外花卉产销情况和价格走势，对于指导花卉生产和流通至关重要。目前花卉生产者和花卉生产企业不能及时准确地掌握花卉生产发展状况及市场行情，获得市场信息的手段落后，信息传递速度缓慢，准确性不高[17]。许多花卉生产者只能根据历年的花卉生产和销售情况来选择当年的种植品种[5]。

花卉企业发展盲目性较大，缺乏长期经营的战略思维，缺少有效的市场营销手段和稳定的客户群体，短期利益行为较重。由于缺少自己的特色和拳头产品，争相种植某些一时畅销的花卉品种，导致一哄而上，使花卉产品的数量和规格过于集中，市场饱和后无法销售[5]。

行业内未形成团结、统一、联合对外的协调机制，行业持续定期信息服务工作不够深入和强化，行业组织开展国际行业交流不够，为企业牵线搭桥、帮助企业洽谈成交活动不足，市场宣传、拓展工作不到位，造成生产者不了解市场需求，盲目生产，盲目销售，销售渠道混乱[13]。

3.7 宏观管理不足，花卉产业的发展盲目性较大

花卉产业的可持续发展需要完善的法律作保障，花卉产业化需要科学的管理办法，然而中国尚未形成一套完整的政策法规来保证花卉产业的可持续发展。例如，目前中国还没有出台完善的品种专利保护法，育种人员没有积极性，培育出的新品种不愿意拿出来推广，这是品种选育成果少有了成果也不能很快转化为商品的主要原因，这严重阻碍了花卉产品的更新换代。另外，整个花卉产业的标准化管理跟不上，花卉产品质量标准、生产人员技术考核标准不完善，经营人员没有上岗标准。从事花卉产业的人员大多是缺乏专业培训的花农小农经济思想极为严重，唯利是图，从而导致花卉市场混乱，无序竞争严重[15]。

花卉产业发展依赖于市场的需求，上什么项目，上多大规模，其生产要和市场需求紧密结合，并能引导市场和消费者，同时也要看自身具备的条件。目前在中国许多地区发展花卉产业的积极性很高，但由于对这个产业的特点、规律认识不足缺乏市场调查和科学论证，加上信息服务的匮乏，导致生产者在计划安排、项目引进、基地建设等方面都有一定的盲目性。这不仅会给生产带来直接的经济损失，而且还会严重影响花卉产业的可持续发展[15]。据有关部门统计分析，目前中国花卉种植面积超过 1 万 hm^2 的有 10 个省，达 5000 ~ 10000hm^2 的有 6 个省(自治区、直辖市)，而这 16 个省(自治区、直辖市)的花卉品种结构大多数雷同，没有明显的特色产品或拳头产品[14]。

中国花卉的“游资”与“游民”问题始干扰着中国花卉业的健康发展。所谓“游资”，泛指花卉产业外的资金，因为存款利息低，二三产业没有好的投资项目，就涌到了第一产业，在第一产业中又选择了产值相对较高的花卉。所谓“游民”就是指为追求更高经济效益转向花卉生产的菜农、粮农等。两者都有流动性，而且数量较大，来去迅猛，业内用之妥当则得利，两者都可以成为产业的新生力量，用之不妥则生害，造成产能过剩，市场恶性竞争。产业发展历史上，每次飞跃都离不开“游资”和“游民”做出的贡献，然而每次危机的出现也都有他们的责任。政府和行业协会要及时引导，妥善处理“游资”与“游民”问题，防患未然[11]。

4 中国花卉产业发展的建议

中国花卉产业应努力的目标不是追求栽培面积的扩大，而是调整产品结构，增加科技含量，增加产值及拓展市场，提高生产效率。

4.1 生产方式要向规模化、专业化方向发展

花卉生产的规模化可有效地降低成本，便于栽培和管理。花卉生产的专业化能有效地集中技术力量进行专项研究和攻关，为保证产品质量奠定了坚实的基础。荷兰目前大约有花卉生产 1.2 万家(包括种植户)，生产面积 1.1 万 hm^2，从业人员 7.2 万人，销售额则高达 73 亿欧元(合人民币约 730 亿元)[11]。在花卉业发达的哥伦比亚，全国具有一定规模的花卉生产农场约有 100 多个，出口的主要花卉品种约 10 多种。每个农场的花卉种植面积约 20 ~ 30 hm^2，一个农场原则上只生产 2 ~ 3 种花卉，规模化、专业化生产程度相当高[18]。

目前，中国的广东省、云南省、江苏省花卉业已逐步形成相对集中连片的花卉生产基地

和“公司+农户+市场”的产业结构[5]，逐步向规模化、专业化方向发展。但中国花卉企业中，农户数量庞大，小企业多，中大企业少，就是底盘大，上头小。多数农户生产面积只有几亩，员工就是几个家庭成员，平均每户2~3人，年营业额几万元[11]。农户的数量是企业数量的20倍之多。而54651个企业当中，种植面积在3hm^2以上或年营业额在500万元以上的大中型企业只有7825家[8]，所占比例不到15%，形成人们常说的“有数量，缺巨人”现象。如果与发达国家相比，中国花卉企业的生产面积普遍偏小，营业额或产值则更小。

4.2 调整花卉品种结构，利用区域优势，发展特色花卉

据世贸组织统计，1998年全球花卉贸易出口额超过74亿美元。产品结构为：鲜切花占60%，小盆花占30%，观叶植物占10%，其中鲜切花是花卉产业发展的主体。世界上许多花卉产业大国，鲜切花生产占产业的60%以上[14]。近10年来，国内鲜切花和盆花生产虽然受到重视，但产业结构调整力度还不够。据有关部门统计资料显示，2007年花卉产业种植比例为：观赏苗木生产占花卉总生产面积的53.89%，盆栽植物占10.30%，鲜切花仅占5.77%；观赏苗木占国内花卉销售额的46.82%，盆栽植物占29.28%，鲜切花11.37%[8]。国内花卉生产面积是世界总生产面积的1/3，而切花生产总量仅为国际市场的3%[14]。这与当前国际花卉贸易的产品结构形成很大反差，没有充分发挥中国劳动力资源优势，还需要大力发展切花和盆栽植物产业。

没有特色就难以挤占花卉市场，已逐渐为花卉界所共识。如主产切花的以色列，近年来，从澳大利亚、南非大量引进野生花卉新品种，经驯化、选育，不断推出蜡花、一枝黄花、银莲花属等特色花卉，使老品种比重从73%降到43%，新品种由27%上升到57%[19]。

首先是要发挥资源优势，充分开发和利用中国特有的花卉种质资源，形成特色产品，在高科技装备的基础上形成规模化商品生产。其次是发挥地理优势，充分利用当地的环境气候条件，发展适合当地的花卉生产项目。第三是在重视花卉生产的基础上，对产品、技术的开发和市场的建设予以高度的重视，促进花卉产业的科研、生产、市场三要素协调发展，避免出现大起大落、结构失衡等问题[15]。

中国地域辽阔，各种气候类型并存，各地可根据当地的气候、土壤条件，生产力水平，充分发挥自身的自然优势和有利条件，研究国内外花卉市场的供求状况与变化趋势，确定生产规模和产品结构，使花卉生产结构优化、减少风险、特色鲜明、布局合理、质量提高、效益增加。还要提高花卉生产的设施设备，确保各地域特色花卉全年生产，把花卉产业推向新的发展阶段[5]。

4.3 提高科技含量，依靠科技手段提升花卉品质和国际竞争力

4.3.1 加强花卉新品种的选育、关键技术研发，加速科技成果向生产力的转化

新产品的不断开发、新技术的不断出现和完善是推动花卉生产的动力因素，科技成果迅速转化为生产力，是中国花卉产业不断发展的源泉。花卉产业是高科技、高投入、高产出和高效益的新兴产业，没有科技进步，就谈不上花卉产业的发展，更谈不上花卉产业的可持续发展[15]。荷兰、美国、德国、新西兰、日本等花卉产业发达的国家几乎占有全世界90%的花卉品种专利。自主创新是发展的灵魂。自主创新能力不强，拥有自主知识产权的花卉新品种不多，主要花卉原种依赖进口，是严重制约中国花卉业发展的瓶颈[13]。要想获得更高的市场份额和经济利润，必须拥有大量具有品种专利的花卉品种。要改变中国花卉市场上洋花、洋草占统治地位的被动局面，大力推进主要产品的原种进口替代，从根本上来讲，就是

要千方百计地提升中国花卉育种水平，充分依靠高等院校及科研单位的科技力量，通过传统育种方法和现代生物技术方法培育新品种，并将科技成果尽快转化为生产力。中国要重视中国传统珍贵名花和野生花卉资源开发和利用，选育出一批具有国际竞争力的新品种，使中国花卉品种既能满足自己的需要，又能丰富国际花卉市场[5]。在加强新品种培育的同时，要加强工厂化育苗、设施技术、栽培技术以及保鲜、贮运等配套技术等制约花卉业发展的核心技术和关键技术的研究，及时将科研成果转向生产，使中国花卉产业的发展不断持续向前，从而真正实现"依靠科技进步，发展花卉产业"[15]。为此，要加快建立以企业为主体、市场为导向、产学研相结合的技术创新体系，引导和支持创新要素向企业集聚，促进科技成果向现实生产力转化，逐步形成具有中国特色的、以科技进步和创新为基础的新竞争优势[13]。

4.3.2 提高花卉从业人员的专业素质

中国花卉业中专业技术人员比例极低。2007 年从业人员高达 367.5 万人，专业技术人员仅为 13.2 万人，专业技术人员所占的比例为 3.60%。专业技术人员的严重缺乏，在一定程度上影响了花卉生产过程中新品种、新技术的研发和推广，造成产品质量不高，产品缺乏市场竞争力，从而制约着花卉产业的健康发展。

现代花卉产业是一个技术密集型的产业，从生产一线的工作人员到各级经营管理人员，都必须具备相当的专业知识，因此通过对技术人员的不断培训，培养出拥有专业技能的花卉生产、管理和营销人员是非常必要的，同时加强国际交往，引进人才，为花卉产业的发展注入新鲜血液，实现人才资源利用的可持续性[15]。

4.4 建立完善的花卉流通网络体系

在知识经济时代，信息和技术是保障花卉产业可持续发展的动力因素，因此占有信息、技术资源，并不断丰富和完善，为花卉产品注入更高的科技含量，这是花卉产业可持续发展必不可少的[15]。

要加大科研力度，借鉴国外先进的花卉保鲜技术，延长花卉的保鲜期，改善花卉运输工具。可以通过引进国外先进设备，利用电子通信以及网络技术对花卉的整个采摘、包装、运输过程进行全程监控，增加、改进各环节衔接处的冷藏设备，完善整个冷链运输，加快普及冷链物流技术。如在冷链物流具体实行的过程中，借鉴国外 RFID 技术实现对运输/配送过程中温度发生改变时的预警[13]。

流通网络是花卉生产和销售的纽带，完善的信息和流通体系是发展花卉业的基础条件。应借鉴国外供销系统化管理经验，彻底改变目前花企供求脱节、流通不畅、封闭零散的现状，尽快建立花卉绿色通道，简化出省出口花木手续，降低规费；建立流畅的花卉市场网络体系和花卉电子交易系统，促进大型花卉，生产企业和花卉市场的电子联网，通过拍卖、网上交易、速递等现代流通形式，提高流通过程中的物流、资金流和信息流的速度；加强花卉产业信息服务，保证市场信息传递准确，使花农、花企能及时准确地了解国内外花卉种植销售情况和价格走势，用于指导花卉生产[5]，及时调整生产经营方向，因地制宜、因时制宜地调整产品及品种结构，生产优质、畅销花卉，不断提升国际国内市场竞争力[9]。

4.5 科学定位、稳步发展，实现产业的调控性和法律的保障性

中国花卉产业由原来的萌芽、缓慢发展到恢复、调整和快速发展主要依靠的是社会主义市场经济的推动、从业人员的积极性和花农的自我积累，但要在这个较低水平的基础上，真正形成和发展为一个现代化产业，并实现可持续发展，我们还要对花卉产业有一个正确的认

识，既要看到它是一种高效高风险产业，必须根据市场的需求和变化，适时、适度地发展，又要看到它需要相应的设施和技术。花卉产业的经济效益明显高于其他种植业，市场需求在不断扩大，群众已经表现出自发搞花卉的热潮，但中国花卉产业的发展应在充分认识自我的条件下，科学定位，避免盲目发展[15]。要建立完善的立法和管理机制，完善花卉产业机制，调整产业结构，规范花卉市场，实现国家统一标准和统一管理，使花卉产业的发展有法可依，能够沿着科学化的轨道健康、可持续地发展[15]。

4.6 加强行业服务，积极推进花卉产业化进程

通过组建行业服务协会，一方面对内提供信息等服务，按国内外市场的变化规律安排生产，减少花农的经济风险；另一方面通过相对统一的对外交涉，稳定、提高花卉产品的国际销售价格，以保护花农的利益，做到花卉出口的可持续发展。同时，以行业协会为龙头，扩大集约化经营，把分散的小规模生产纳入社会化大生产的轨道，规模生产，降低生产和经营成本。通过产业化经营，把生产、加工、运输、销售组成有机整体，产加销一条龙，贸工农一体化，形成有竞争力的花卉产区，打破各自为政的弊端，共同开拓市场和抵抗市场风险，努力提高产品出口创汇能力。同时避免陷入低价竞争的恶性循环，提高综合效益。总之，应充分发挥商会在国际市场中的作用，使单一企业规模相对较小的花卉企业形成一种行业合力参与激烈的国际市场竞争，从而使中国的花卉企业逐步做大做强[13]。

4.7 引导花卉消费，培育消费市场

目前中国花卉生产面积、产量占世界之首，但人均消费量很低，仅为发达国家平均消费水平1/80，消费不旺已成为阻碍中国花卉发展的主要瓶颈之一。因此，要适应现代社会发展需要，引导消费者由中低档产品逐步向中高档产品过渡。但是目前花卉生产缺乏技术流程；流通中，对流通、包装、运输等没有严格的技术要求；交易中，没有市场准入制度。这些问题的存在造成了“优质不优价”、无序竞争的恶劣局面，严重影响了花卉业的发展。相关主管部门应该建立健全质量管理控制体系，满足多样化、优质化的消费需求，通过展览、讲座、竞赛等活动宣传花文化，将许多已形成的花卉象征理念、欣赏理念、认识理念、审美理念及保健、食用、药用功能等科技知识在全社会普及，提升花卉产业的“软力量”，刺激和引导消费，培育消费市场[9]。

参考文献

[1] 宋青君. 我国花卉产业及其发展对策[J]. 中国农业科技导报，2006(6)：35～39

[2] 孔德政. 2008年花卉产业预测[J]. 农家参谋，2008(5)：5

[3] 王春城. 北京花卉产业后奥运发展规划[J]. 花木盆景(花卉园艺版)，2008(6)：42～43

[4] 林建忠，赖瑞云，李金雨，赖钟雄. 世界花卉产业发展概况[J]. 江西农业学报，2008，20(3)：36～39

[5] 孙莉. 中国花卉业比较优势及发展方向[J]. 长春大学学报，2006，16(4)：101～104

[6] 田志宏，祝华军. 我国设施农业种植结构调整方向分析——以蔬菜、花卉生产为例[J]. 农业技术经济。2003(5)：14～17

[7] 何剑秋. 广州花卉生产现状与发展对策[J]. 中国花卉园艺，2001(20)：12～14

[8] 农业部. 2007年全国花卉业统计数据. 中国花卉园艺，2008(19)：13

[9] 付迪，袁天远. 我国花卉生产发展的现状、前景以及政策建议[J]. 中国集体经济，2007(12)：27～29

[10] 白燕枫，陆继亮. 产业结构调整效果初显 产品质量生产水平提升——2006年全国花卉统计数据分

析．中国花卉园艺，2007(17)：36～38
[11] 周媛．中国花卉企业发展历程及现状分析[J]．中国花卉园艺，2007(7)：20～22
[12] 寇亚琴．我国花卉进出口呈“双升”态势 品质逐年提升[N]．中国花卉报，2008－04－08(005)
[13] 李彤．提升我国花卉出口竞争力的对策研究[J]．经济论坛，2008(8)：49～51
[14] 陈振东．我国花卉产业存在的若干问题与分析[J]．福建热作科技，2006，31(2)：34～35
[15] 王广军．中国花卉业可持续发展对策[J]．中外企业家，2006(12)：59～61
[16] 杨磊．后奥运时代，我国花卉企业如何应对——关于我国花卉产业发展的思考[J]．中国林业，2008(5B)：18～19
[17] 李志．哥伦比亚的花卉产业(上)[J]．农村百事通，2004(6)：26
[18] 蔡幼华．世界花卉产业现状及发展趋势[J]．福建热作科技，2002，27(3)：47～48

作者简介：第一作者：田明华(1969－)，男，山东桓台人，博士，北京林业大学经济管理学院副教授，副院长，从事林业经济问题、国际贸易研究。

通讯作者：冉福祥(1966－)，男，甘肃西和人，硕士，甘肃林业职业技术学院副教授，副院长，从事林业经济研究。

第三作者：杨秀英(1965－)，女，山西忻州人，硕士，山西林业职业技术学院讲师，系副主任，从事林业经济研究。

辽宁省集体林权制度改革经验与前瞻

翟印礼　王洪玉

（沈阳农业大学经济管理学院，沈阳，110161）

摘要： 辽宁省集体林权制度改革已经取得很大进展，并形成了区域模式，在北方省份具有代表性，其经验值得借鉴。本文在对辽宁省林业特色、辽宁省集体林权制度改革历程及区域模式分析的基础上，对集体林权制度改革的前景进行展望，并提出进一步深化集体林权制度改革的建议及保障措施。

关键词： 辽宁省；集体林权制度改革；经验模式

Reform Experience and Prospect of Collective Forest Property Right System in Liaoning Province

ZHAI Yin-li, WANG Hong-yu

(College of Economics and Management, Shenyang Agricultural University, Shenyang 110161)

Abstract: Liaoning province has gotten a great improvement in reforming property right system of collective forest and become a regional model with the provinvial characterastics and a representative of Northern provinces. The achieved experience could be used by other provinces in reforming property system of collective forest. After analysising the provincial characteristics, the process of reforming property system of collective forest and its regional model, the paper prospected the future of the reform and made the suggestions on the reform deep of property system of collective forest with the guaranteed measures.

Key words: Liaoning province; Reform of property right system of collective forest; Experience model

集体林权改革是继土地家庭联产承包责任制后，农村中又一项重大改革。并已在我国南方的福建、江西、浙江省和北方辽宁省试行。辽宁省是北方实行集体林权改革的典型省份，对其经验加以总结及对发展前景加以探讨，会有助于推进北方地区的集体林权改革。

1 导 论

1.1 辽宁省林业特色

辽宁省林业用地面积 10425.45 万亩，集体林面积 8933.9 万亩，占全省林地面积的 86.5%；公益林面积 5890 万亩，占全省林地面积的 56%，其中集体林占 80% 以上。辽宁省此次林改应改面积 7926 万亩，参改的行政村有 11345 个。

从辽宁省各地区来看，辽宁省地形多样，各地林情不一，林农对林业的依赖程度也不一样。东部山区与长白山接壤，是山地多林区，森林面积大，蓄积多，林地立地条件好，农民对林业的依赖程度高，林业用地面积 5181.3 万亩，其中有林地面积达到 4410.45 万亩，占全省有林地面积的 63.35%；森林蓄积量 14161.35 万 m^3，占全省总量的 76.36%；森林覆盖率达到了 53.07%，宜林荒山面积 192.58 万亩，占全省的 12.28%。西部地区位于科尔沁沙地南缘，半石质荒山和沙漠化土地多，是干旱半干旱地区，林地立地条件相对较差，农民对林业的依赖程度低，是恢复植被、加快生态建设的重点区。林业用地面积 3354 万亩，其中有林地面积 1777.25 万亩，蓄积 3314.85 万 m^2，分别占全省森林面积和蓄积的 25.53% 和 17.87%，森林覆盖率 20.01%，宜林荒山面积 1278.16 万亩，占全省的 81.48%，集体林应改面积为 2320 万亩，占全省应改面积的 30%。

表 1 辽宁省各地区森林资源状况

地区名称	林业用地面积（万亩）	有林地面积（万亩）	森林蓄积量（万 m^3）	森林覆盖率（%）	宜林荒山面积（万亩）
辽东	5181.3	4410.5	14161.35	53.07	192.58
辽西	3354	1777.25	3314.85	20.01	1278.16

与南方集体林区相比，如福建、江西等地，南方集体林生长周期短，林地生产力比北方高，马尾松、杉树、毛竹一年四季处在生长期，林农见效快。而北方的树木生长期一年只有 3/4 时间处于生长期，林地生产力比南方低，林木生长周期长，林农见效慢。

1.2 辽宁省集体林权的前期改革

自 1978 年始，政府注意到集体林经营存在的问题，1979 年 2 月通过了《中华人民共和国森林法(试行)》，对林业经营体制做出了一些调整和重要规定。此后，在家庭联产承包责任制在自发耕地改革中迅速扩展并初显成效的情况下，为进一步理顺林业产权制度，林业借鉴了农业家庭经营的经验，并复制到林业，逐步实施了林业家庭经营。在这一阶段，辽宁省开展了以划定自留山、责任山和确定林业生产责任制为内容的林业“三定”工作，划定并保留下来自留山 792.17 万亩、责任山 680.66 万亩。这在一定程度上调动了林农发展林业的积极性，初步地解放了林业的生产力。自 1984 年开始，在中共中央 1 号文件提出“在荒山、荒沙、荒滩种草、种树，谁种谁有，长期不变，可以继承，可以折价转让”的政策推动下，在辽宁省出现了自发进行人工幼林转让苗头。特别是 1990 年以后，辽宁省的新宾、桓仁两县正式开始了人工林活立木有偿流转工作试点，当年交易发生 67 起，成交面积 3061 亩，交易金额 132 万元。1991 ~1997 年林木有偿转让交易发展最为迅速，6 年间共发生转让面积达 250 多万亩，交易金额达几亿元[3]。自此以后林业生产经营中，在共有产权不变的情况下形成以家庭经营为主导，出现了多种产权实现模式[4]。但是改革不彻底，不全面，许多改革成果没有以法律形式固定下来。

1.3 辽宁省新一轮集体林权改革

1.3.1 改革进程

2005 年 3 月，辽宁省政府在本溪市启动了集体林权制度改革试点；9 月召开了集体林权制度改革现场会，随之东部山区 5 市 18 县全面展开；11 月省政府出台了《关于深化集体林产权制度改革的意见》，至此林权改革在全省全面推开。按照省政府的要求，从2005年开始用2~3年时间，基本完成全省集体林产权制度改革，逐步建立起经营主体多元化，权、责、利相统一的集体林经营管理新体制和新机制。这次改革和以前的历次改革相比，涉及林地面积之大、涵盖林农之多、辐射范围之广、改革模式之多样更是前所未有。截至4月底，全省林权证发放51.3万册，面积1065万亩，完成率13.6%。截至2007年7月，辽宁省共完成集体林权改革面积5761万亩，占集体林面积的72.69%。

1.3.2 主要做法

辽宁省集体林权制度改革，因地制宜因林制宜，不搞一刀切，根据实际情况，首先实行分区突破，就是按照东、中、西各个区域的特点和改革的主要目的，因地制宜地确定了不同的改革模式。其次实行分类改革，对商品林采取相对放宽经营政策，鼓励对林地适度开发，合理利用，自愿流转。对公益林坚持公益性质不变，经营方式不变，实行"补偿到户、双重管护，生态优先、适度利用，科学经营、有序管理"的办法。公益林实行林改后，一是承包者能够获得公益林补偿；二是科学适度开发公益林地，发展林地经济，可以获得一定收入；三是合理经营公益林，可获得一些抚育间伐收入。

1.3.3 改革的彻底性

一是林农对获得林地"四至"的清楚程度，在328个获得林地调查户中，包括确认和完善的林地，林农清楚并实地确认过林地"四至"的户278个，占被访者总数的84.76%，清楚但未实地确认过林地"四至"的农户18个，占5.49%，两项合计为90.25%，这说明此次集体林权改革是较彻底的。

二是林权证发放情况，已经发放林权证的农户79个，占24.09%，正在办理中的农户214个，占65.24%，两项合计为89.33%。林权证是林地、林木明晰产权和确权到户的保证，89.33%这一数字说明集体林权改革是彻底的，其余10.67%的农户没有林权证的原因是林权纠纷等问题。

三是农民对集体林权改革政策的放心程度，表示放心的247个，占75.3%，表示不放心的农户62个，占18.9%，没想过的农户19个，占5.79%。这表明农民对集体林权改革这一政策还是放心的，但由于大部分林权证还没有发到农民手里，所以农民心里还是不太踏实，短期会影响农户对林地的投入行为。

2 辽宁省集体林权改革经验

辽宁省地形多样，东部与长白山接壤，是山地多林区；中南部位于辽河平原，是平原绿化的重点地区；西北部位于科尔沁沙地南缘，半石质荒山和沙漠化土地多，是干旱半干旱地区。按照辽宁省东、中、西各个区域的特点和改革的主要目的，因地制宜地确定了不同的改革模式。

2.1 辽东地区

该地区是多林山区，是辽宁省水源涵养和公益林保护的重点地区。2000年初，辽宁对东部山区2300多万亩天然林实施了自费禁伐政策，工程区森林覆盖率逐年提高，东部山区县平均森林覆盖率已达70%。在保护发展的基础上"存本取息"，本次林改采取以家庭承包(均山均林)模式为主，其他模式并存的方式，把林地经营权还权于林农，并把公益林管护责任也落实给林农。

从调查的数据来看绝大多数是采取家庭承包(均山均林)的模式，是这一地区集体林改革采取的典型模式类型。这是由于，该地区集体林人均面积大、资源状况好、林农对林业的依赖程度高、林农普遍意识到森林的价值、对集体林的政策稳定性预期很高。在家庭承包(均山均林)模式的具体做法中该地区(以本溪为代表)采取三种做法：一是直接调查取得村、组的集体山林的总面积和蓄积，把林地分成好、中、差不同类别，再除以有资格参改的总人数，按户分山分林；二是调查取得村、组的集体山林的总面积和蓄积，由林业站等上级部门估算总经济价值，把总经济价值按参改的总人数平均再按户分山；三是以上两种方法结合。在所有模式中家庭承包(均山均林)的政治风险最小，但是改革后政府对森林资源控制成本大、难度高、效率低而且改革成本较大。这三种具体做法都必须较准确的获得总的资源状况，需要大量的人力、物力、财力，时间长耗费大；有利于保障林农的公平性利益，避免造成林农失地、有利于制止乱砍滥伐和偷盗行为的发生，但林地地块的分散给林农经营带来一定的困难。

在力求公平的过程中，把山林分成不同等级再均分到户，造成家庭地块分散，这更加加剧了家庭承包模式带来的难以形成规模优势、带来规模经济的问题；不利于山林的防火、防虫；单户经营主体的经营选择有可能造成一个地区树种单一、大面积皆伐的问题；家庭承包形成单户经营，而单户经营和市场经济的社会化生产相矛盾，使林农在交易谈判中力量不足，利益易于被剥夺，这种经营模式也不利于林业新技术的推广应用。关于这一地区公益林改革模式，到目前为止，虽然并没有带来乱砍滥伐行为，但是调查中发现林农对管护费用的意见较大，主要是太少，有的对截“流”问题不理解，认为不透明。对个人所有或经营的重点公益林方面，采取了所谓的本溪模式：在林改地区，队伍不散，人员不减，与参加林改的群众签订管护委托书，除了产权变动外，管护方式不变。

需要指出的是，林农所说的“均利”有两层含义。一是上述论及的家庭承包(均山均林)的具体做法；二是在有些地方，是指拍卖不宜家庭承包(均山均林)的林木所得货币形式价值的人均分配方式。这两者相去甚远，统一称为“均利”实际上掩盖了两种不同改革模式的差异。

2.2 辽中地区

这一地区以平原农田防护林居多，改革目的是调动林农对残次林网改造的积极性。采取招标、承包等方式，即对农田林网实行招标流转，收取更新造林抵押金，造林验收合格后再全额退还，实现改制、改造“双赢”。

该地区集体林中公益林比重大，以农田防护林为主；林农对林业的依赖程度不高，林地不适合发展林下经济；林农普遍认为公益林补贴低，对经营林业热情不高。采取的典型改革模式是招标、承包。这两种模式与家庭承包相比改革成本要小的多，在集体农田防护林网的保护经营方面可以说是成功的，但是也存在一些问题，主要是如下两个方面：一是操作过程中的权力寻租行为和信息寻租行为的发生，也就是公平性问题；二是政府林业部门对公益林补贴的分配问题。

本地区还对改革后的集体公益林管护模式做了探索，在实践中具体模式有铁岭模式：在征得林农同意后，集中管护，补植苗木费，整地和林木抚育费共计 1.5 元/(年・亩)，补助给林农个人；营口模式：小户与铁岭一样，大户经营由自己安排护林人员，乡镇留出监管费用 0.5 元/(年・亩)，用作监管员劳务费，其余 4.0 元/(年・亩)给大户。

2.3 辽西地区

这一地区属于西部三北防护林区，集体林改革在立地条件好的多林村实行承包，在立地条件差的少林村实行“一包二送三补贴”，鼓励农民承包管护经营。

辽西地区是生态脆弱区，集体有林地较少，且由于气候，土壤，政策原因经营林业的收益几乎为零，主要收益是补贴性质的公益林管护费，在现在管护费很少却要承担风险很大的管护责任的情况下林农的积极性很低，林农对林业的依赖性低。因此采取的模式也不同与辽东、中地区。在立地条件好，土层厚的地区集体林改革的典型模式是联户承包。联户承包这种模式类型是指，多于一户的林农自愿的共同承包经营同一块林地。与家庭承包(均山均林)相比联户承包模式政府的成本小，改革后对林地、林木控制成本低、管理效率高。而且在没有造成林农失地的情况下，保证了公平，也在一定程度上解决了地块分散问题、防火防虫问题，但是为单户间的纠纷埋下隐患。为了防微杜渐，需要政府引导来明确联户间的责、权、利，最好有明确的合同。联户承包增强了林农在市场交易谈判中的力量，有利于维护林农自身的利益。一定程度上，解决了单户经营主体形成的树种单一和大面积皆伐问题。拍卖模式是针对林况好、面积小，不利于均分的集体林地。改革成本小，林农马上能获得收益，但是易于发生各种寻租行为，体制上的缺陷(没有维护林农利益，林农信任的主体)难于维护林农的利益。对立地条件差，不利于承包和拍卖的山林分地不分林，实行了公益林股份制。

3 改革前景展望

辽宁省根据森林资源状况的不同，将全省林业建设划分为三大区域。我们调研的地区主要是辽东和辽西。辽东地区森林资源丰富、林木质量较好、林地可以合理利用。林农分到的林地比较多，收入来源主要是林业多种经营，如林地养殖、林地开发发展中草药等，不以木材收入为主。辽西地区生态环境脆弱，森林资源在辽东的重要性主要体现在保护环境方面。此次改革主要是确权到户，但因为当地条件的限制，农民真正能利用林业获得的收入非常少。因此，两地林业的发展趋势将是不同的。

3.1 辽东地区

辽东林农区别于其他地区林农最大的优势是森林资源丰富，而且可以合理利用林地资源。所以，作为重要的生态保护区，辽东山区未来的发展主要将着眼于森林和林地资源，发展林业多种经济。一是以落叶松、刺槐等为主的速生丰产用材林和工业原料林培育业；二是发展以红松、板栗、榛子等为主的果材林培育业；三是发展以林下参、五味子等为主的中药材经营；四是发展林蛙、林下鹿等为主的林下养殖业；六是发展以蘑菇、山野菜等为主的森林采集业；五是发展以木材及其他林副产品为主的林产品加工业；七是充分利用当地森林资源，发展森林旅游业。

3.2 辽西地区

辽西属于重要的生态建设地区。辽西林农的发展必须兼顾辽西的林情。一是退耕还林，加大森林植被建设；二是合理利用无林地，开发荒山，增加森林覆盖率；四是合理利用幼龄林前几年的林下空地，发展林下种植业，如林下种植西香瓜和玉米等；五是形成规模的林下养鹅业。

4 对策及保障措施

4.1 开展林权抵押贷款业务

由各级政府与各金融机构进行协商，加快开展林权抵押业务，解决林农从事林业生产的资金问题。在降低林农抵押贷款门槛的同时，要加大监管力度，防止林农用林权证抵押来的资金挪作他用，违背贷款初衷，防止欺骗资金。出台相关政策，林权抵押贷款只能专款专用，只能用于林业生产，加强林农对林业的重视程度，避免林农第二次失林、失地。

4.2 适度放开采伐限额制度

采伐限额制度与林农希望的按市场需求自主采伐相矛盾，限制了林农造林、营林的积极性。调研中我们发现虽然林农的目标是实现自身利益最大化，但他们对环境的认识较前几年有极大的提高，适度放开采伐限额不会造成乱砍滥伐。根据分类经营的要求，商品林主要以发挥经济效益为主，所以必须让经营商品林的林农认为造林、营林是有利可图的，这就要改革现有的采伐制度。笔者建议：

4.2.1 对现有的林木疏伐

应根据树种特性、林分结构、立地条件等确定如何采伐，采伐多少，保留多少。林地较好、林木质量较高的地区，如辽东地区，主要砍伐那些对林农生产影响较大的，与其他林木争水、争光的，个别粗壮的成熟林木。辽西地区，林木质量不好，应该把一些长势相对不好的残次林、腐质林砍伐掉，确保其他树木能够很好的透光透风。

4.2.2 带状间伐

辽东、辽西地区现有的很多林木已经达到成熟林或过熟林期，但农民拿不到采伐指标只能等。应按照计划分带状的进行间伐，如留一定面积间伐一定的面积，这样农民可以从现有木材采伐中获取收入，还可以把采伐后的林地改种其他树种，如种植山杏、刺槐、红松等。这样，混交种植的树木可以有效地避免大面积的虫害、火灾，还可以起到比单一树种更好的防护效果。

4.2.3 复层林砍伐

主要是针对已形成复层林的树木而言的。把形成复层林的林地的上层成熟树木砍伐，确保水源、氧气、光照充足，促进其他优良林木生长。

公益林主要以发挥生态效益为主，辽西生态脆弱，所以对公益林必须管死，但因林改后也分到了每家每户少量的公益林，这样为了让农民乐意管护，就需要加大公益林补偿资金。辽东地区分到户的林地面积较大，而且林农的林业收入并不单纯地靠林木的砍伐，相对于辽西，公益林管护较容易。辽东地区林农的未来着眼点在于林地利用上，必须有限制的开发林地，尤其是公益林地，必须以法律法规确定，以免大面积的、破坏性的利用公益林地，造成水土流失。

4.3 完善林业社会化服务体系

4.3.1 努力扩大林业服务机构提供的服务范围

尤其是资金问题，如何有效地向林农提供信贷服务，解决林农贷款难的问题已经成为制约林农和林业经济发展的重要因素，应积极推进和实行林权证抵押贷款，或向林农提供无息、低息贷款或给予一些补贴政策。总之，应尽量扩大服务的范围，在条件允许情况下尽可能多的提供与林农生产、生活密切相关的各种服务项目。

4.3.2 为林农提供更多数量的服务，实现服务主体多元化

(1)改革林业社会化服务机构，强化服务功能。各级林业部门是开展林业社会化服务的主力军，必须有正确的定位，要理顺行政、事业和社会服务组织职能，稳定公益性、放开经营性，实现公益性机构与经营性组织彻底分离。强化服务队伍建设，提高服务能力。社会化服务组织转变观念，找准位置，积极主动加强自身机构和队伍建设。服务人员除收取少量的管理费用外，应对农技推广、指导等进行无偿服务为主。

(2)引导和支持发展各类经济组织。①发展壮大村级集体经济组织。村级集体经济组织在担负管理集体经济资产的同时，应努力开展村级公共服务工作，如组织林农统一购买良种、化肥、农药、农膜等生产资料，统一组织林下生产、户间互助，统一销售林副产品等，另外，还可通过信息服务、科技服务、设立营销协会、林副品深加工等形式，兴办林业社会化服务产业，以突出村级集体经济组织的合作功能，推进林业社会化服务的发展。②大力发展农民自我服务组织，大力发展各类林业专业合作经济组织。鉴于当前农村服务力量薄弱，一定要坚持国家、集体、社会、个人多管齐办的方针，积极支持农民自办、联办服务组织，发挥政府在林业社会化服务体系中的作用。林业社会化服务体系是一项内容广泛、群众性极强的社会经营活动，单纯依靠国家和集体经济组织是办不好的，必须充分发动群众，积极支持广大林农自办、联办服务组织。这些民办服务组织在发展林业社会化服务体系中起着不可忽视的重要作用，各级政府，尤其是县乡两级政府要在资金、技术、生产资料供应、工商、税收等方面给予大力支持，不断壮大农民服务队伍，充分发挥政府在林业社会化服务体系中的支持作用。发挥资源优势，围绕支柱产业和主导产品组建各类专业合作经济组织。要坚持多样化发展，合作类型上可以是林农专业合作社或林业产业协会，可提供技术、农资、信息、产品收购等一项或多项服务，也可提供产前、产中、产后系列化服务，可分村、乡镇、县三级兴办，可围绕一、二、三产业办，同类型的专业合作组织还可组建联合组织等，扩大合作领域。实行“民办、民管、民益”，既为农民提供各类服务，又维护农民利益。③实行林业产业化经营，扩大服务领域。采取“公司＋农户”、“生产基地＋农户”或“公司＋基地＋农户”的模式，解决林农生产经营中的问题。龙头企业通过产业化经营带给农民技术信息，并且林产品通过龙头企业进入了市场，是林农获得更好的市场信息，获得更大的经济效益。同时引导和壮大龙头企业，鼓励工商企业投资农业，发展林产品加工、运输、销售、储存、保鲜等产业，引导龙头企业主要抓产前和产后服务，把一般的种养环节让给农民，使农民在产业化进程中得到实惠。

4.3.3 更新服务理念，创新服务方式

在服务村民中做到几个结合：与村民需求相结合。采取广播、骨干培训、印发资料、现场指导等多种形式，针对不同时期、不同村户安排各项服务内容，提高服务的及时性和针对性；与产业发展相结合。根据各村养殖、种植、林果生产等生产优势，确定重点服务项目，推进一村一品建设；与提高自我服务能力相结合。定期组织技能培训，邀请有关部门专业技术人员共同进村入户，向“村民中心”服务人员传授服务技能；及时发布林产品需求等相关实用信息。帮助林农做出林业生产、经营等方面的科学决策；加强与林业科研、教育的协作，引导林农自身经济组织健康发展。服务中注重点面结合，突出面上咨询培训，点上示范指导，建立新技术、新品种试验示范点。

4.3.4 加大对林业社会化服务体系的投资力度，为林业社会化服务提供保障

政府应继续加大投入，但必须调整投资方向，转变对林业的投入机制。投资主要用于林业基础设施建设，如森林防火设施，山区交通的改善等，并加大对县、乡两级林业社会化服务体系如林业服务机构、林业合作组织及林业专业协会的资金扶持等。并在税费收取、信贷支持、资金支持等方面，对各类服务组织实行优惠政策。

4.4 健全公益林补偿制度

林业生产是一个长期的过程，在生产过程中，需要政府的政策、资金支持。首先，要增加公益林管护补偿，现阶段采用的每亩5元的国家公益林补偿基金，对于国家来说是很大的财政支出，但是分给林农，尤其是只有小面积林地的林农来说，只是杯水车薪。生态较好的地区，林农可以利用公益林的林下发展多种经营，林农护林热情相对高一些。但是生态脆弱地区，林农只能在公益林中拾一些柴火，对公益林的管护较为疏忽。所以，国家应该增加公益林补偿资金。其次，将林地分权到户后，林农护林的积极性有所提高，但是一家一户的防火、病虫害防治却很难实施。国家要加强森防体系建设，购置预报预测、防火隔离、扑火设施等。建立林业生态安全基金，集中管理，专款专用。

4.5 完善林权流转机制

辽宁省目前林业市场的交易量较少，有必要建立规范的林业流转市场，机构要精少，避免从各级铺开。建立和完善资产评估交易平台，降低评估费用，真正的让利于林农。以市场机制为主线，实行市场化运作，坚持政企分离。尽快出台林业资源流转规范，从政策、法律上约束、规范森林资源的流转。

作者简介：第一作者：翟印礼(1958－)，男，博士，沈阳农业大学经济管理学院教授，副院长，从事农林经济理论与政策研究。

辽宁省集体林权制度改革三大效益分析

王林琳　翟印礼

（沈阳农业大学经济管理学院，沈阳，110116）

摘要：任何一项改革和效益都是分不开的，改革就是为了追求最大效益的结果，因此可以说集体林权改革本质上也是一场效益改革。林业是个特殊的行业，集经济、生态和社会三大效益于一体，从而林权改革更能体现改革和效益的关系。本文通过对辽宁省集体林权改革情况介绍，从三大效益的角度分析和思考集体林权改革，找出其在三大效益中存在的问题，并进一步针对这些问题提出对策建议。

关键词：辽宁；集体林权改革；经济效益；生态效益；社会效益

Analysis on Reform of Collective Forest Property Right System Ownership from Three－effective in Liaoning Province

WANG Lin-lin, ZHAI Yin-li

(College of Economics and Management, Shenyang Agricultural University, Shenyang 110161)

Abstract: Innovations can not detach from benefits. Innovation is the result of pursuing the most benefit. So we can say the essence of collective forest property right reform is an effect revolution. Forestry is a special industry, which gathering three benefits, economic benefit, ecological benefit and social benefit. Therefore, the forest property right system can explain the relationship between innovation and benefits well. The forest situation and the instance of forest forestry property right system reform of Liaoning Province were introduced, then the revolution was analyzed and considered basing on above three benefits, some problems were found and some suggestions on dealing with those problems were put forward.

Key words: Liaoning; Forest ownership reform; Economic benefit; Ecological benefit; Social benefit

1　辽宁省集体林权改革情况

辽宁省土地总面积为1457.39万hm^2。其中林业用地面积695万hm^2，占全省总土地面积的47.69%；非林业用地面积占全省总土地面积的52.31%，森林覆盖率为35.13%，其中集体林业用地面积600万hm^2，占全省林业用地总面积的86.4%。

辽宁省集体林权改革工作，在省委、省政府的正确领导下，在国家林业局的支持和引导下，自2005年3月开始试点，到11月全面铺开，历经两年多时间，已取得较好的成效，截至2007年11月底，全省集体林权改革主要指标已经超额完成预期目标。确权到户率达89.9%，超过了80%的预期目标，全省已有8765个村完成改革，共完成确权到户面积7112万亩，已签合同329万分；林权纠纷调处率达到94%，超过了80%的预期目标，调处纠纷12311起，调处纠纷面积99.7万亩；群众满意度达到98%，超过了预期目标80%，全省有389万农户，1379万农民参加了林改。

2 辽宁省林权改革的三大效益分析

2.1 经济效益分析

从经济效益角度来说，一是促进了林业生产力的发展，二是显著地增加了农民收入。

(1)林权改革促进了林业生产力的发展。辽宁省在林权制度改革后，集体林的权属由"我们的"变为"我的"，立即产生了巨大的生产力。首先造林方面出现了"争山争苗"的喜人景象，由过去的"要我造林"转变为"我要造林"。如宽甸县2006年和2007年平均每年造林面积都在0.73万hm^2，其中农户个人造林占90%，双山子镇2006年造林467hm^2，较往年增长1倍。其次营林方面由过去的"粗放经营"转变为"科学经营"。确权到户的林农开始像精耕"一分田"一样细做"八分山"。如桓仁县川里村林改前基本不搞森林抚育，2005年全村红松抚育33.4hm^2，2006年红松嫁接18hm^2，红松抚育面积达到52hm^2。昌图县宝力镇樱桃村宋维财承包林带6hm^2，栽树8000株，施农家肥100m^2。再者投入方面由过去的"不敢投入"转变为"舍得投入"。据初步统计2007年全省非公有制投入林业产业发展的资金达15亿元，是2006年的2倍。

(2)林权改革显著地增加了农民收入。林权制度改革实现了"山定权、树定根、人定心"，为广大山区农民增收致富开辟了有效途径。通过减免木竹税费、政策性让利和发展林业产业，加上改革拉动木竹价格上涨和林地林木升值，使得农民来自林业的收入大幅度增加。据辽宁省统计局资料显示，全省800多亿的集体森林资产，近2000万的农村人口，人均可增加收入4000多元。有的林农说，这次林改分到的山林相当于3年的农业收入。同时，林改促进了山区农民就业，搭建了农民增收致富的平台，如本溪县东营坊乡33户村民联合投资开发林果示范项目，从2007年开始，种植刺嫩芽每年可收入1万元，可持续5~7年；落叶松15年后可全部采伐，预计收入24万元；16年后，红松林松子采集及到主伐的木材可累积收入460多万元。

2.2 林权改革的生态效益分析

从生态效益角度来讲，一是使森林资源保护取得了新突破，二是增强了林农的森林保护意识。

(1)林权改革使森林资源保护取得新突破。实施林权改革后，当地的森林资源由以前的集体所有变成了现在的个人所有，使用权转移到了当地农户手中。在得到森林资源的使用权后，农民对森林保护的积极性提高了。同时，也加强了对自己所拥有森林的管护。这样，一方面降低了森林资源的病虫害和火灾的风险，另一方面提高了森林的经营水平。因此，在林权改革后森林资源的保护由以前的集体保护转变为现在的个人保护。

(2)林权改革增强了林农的保护意识。分山到户后，林农做了林地的主人，对山林资源十分珍惜，保护的意识普遍增强，由过去的"漠不关心"转变为"主动管护"。林改前是"林不归我，我不爱林；利不连我，我不营林；责不发我；我不护林”，现在家家都是护林队，人人都是护林员。农民自发组织，实行互助联防，加强巡山护林，制止滥砍盗伐。林改后全省“两乱”案件明显下降，据统计林改后林业案件下降了50%多。

2.3 林权改革的社会效益分析

从社会效益角度来说，本次改革一方面解决了大量的历史遗留问题，促进了和谐社会建设，另一方面改善了农村干群关系，增进了农村社会和谐。

(1)林权改革解决了大量历史遗留问题，促进了社会和谐建设。改革前，一些地方借改革之名，将集体山林暗箱流转，低价出售，损害了群众利益，造成干群之间矛盾重重，关系紧张；另一方面由于“三定”时工作粗放，很多承包的山林面积不准、四至不清，所以山林纠纷不断，上访频繁。这次林改一是对历史遗留的林权纠纷进行了清理和解决，改革中已调处纠纷12311起；二是新改部分改变了过去承包、流转集体山林由村干部少数说了算的做法，实行公平、公正、公开的阳光操作。改革由大多数村民说了算，避免了少数人借集体林流转之机牟取私利的行为，铲除了纠纷的根源，乡村干部威信有了明显提高，农村干群关系得到明显改善，增进了农村社会和谐。

(2)林权改革增强了集体的经济实力，促进了社会主义新农村建设。通过林权制度改革一些村组织取得了一定的林木承包费，还可以通过每年收取林地使用费的办法，使村集体有稳定的经济来源，因此，具备了搞各种公益事业的经济基础，加速了社会主义新农村建设的步伐。

3 林权改革三大效益问题分析

辽宁省林权改革在取得巨大成效的同时，同样还面临许多问题。林权改革毕竟不仅仅是一场改革，它涉及到方方面面，经济发展、生态建设以及社会稳定。改革过程中，在三大效益方面取得了好的效果，但也存在一些有待解决的问题。

(1)经济效益问题。一是目前林农增收，获得了利益，从中得到了好处，但从长远看，如何帮助林农利用好山林，经营好山林，最大限度地挖掘林地潜力，发展林业生产已成为当务之急。二是分山到户后，林业建设呈现出林权结构分散化、经营主体多元化、经营形式多样化的特征，林业生产建设的组织管理难度明显加大，任务明显加重。如何根据形势变化，大力加强各级林业主管部门及其工作体系建设，也成为一个必须高度重视的紧迫问题。三是怎样依照林业的特点和规律，创新林业经营方式，引导群众开展适度规模经营和生产合作，也必须提上日程。

(2)生态效益问题。林权制度改革后商品林经营效益大幅度提高，相比之下公益林则由于补偿标准太低，群众意见较大，纷纷要求退出公益林范围，给生态公益林的保护管理和长远发展带来了巨大压力；同时生态公益林管理没有弹性，完全不准采伐，在发挥生态效益的同时损失了经济效益；再就是对灌木的采伐，完全不管，容易导致林农皆伐，造成水土流失，破坏生态环境等问题。

(3)社会效益问题。集体林权改革后，各级政府及其相关部门的执政理念和服务方式发生了深刻变化，如何将他们的工作重点和履职方式转变到为农户提供服务上来，保证林权改革的持续性，是个不容忽视的问题。此外，由于分山到户后，各户自主经营管护，力量分散，防火力量薄弱，因此森林防火是一个值得强调的问题。

4 对策建议

4.1 针对经济效益问题的对策建议

(1)充实林农科学经营水平。通过设立免费培训小组或者培训机构，专门负责传授给林农科学技术知识，让他们能因地制宜，适地适树，种植林木，经营林地。同时鼓励林农从事多种经营，用科学的手段经营和管理山林，发挥林地最大的潜力，走可持续发展和现代化林业建设道路。

(2)加快林农信贷业发展。金融机构要积极稳妥地开展林权抵押贷款等金融服务，抓紧建立和完善林权抵押贷款办法，简化贷款手续，降低融资成本，加大农户联保和小额贷款力度，积极支持林业产业龙头企业和商品林基地建设，同时国家金融机构应尽快针对森林资源资产和林业产业发展的特点，开发必要的金融产品，积极推进村镇银行和“小额信贷组织”的设立，从而进一步解决农民发展林业生产资金难的问题。

(3)建立健全林业市场服务体系。林权改革只是解决了林业发展的动力机制问题，要真正实现兴林富农的目标，就必须同时加强管护保障，科技保障，流通保障等工作，建立与林业发展要求相适应结构合理功能齐全的林业中介服务组织，咨询部门，提供市场信息，同时，健全交易中心，设立适合林业发展的交易体系，一方面加大林木培育的服务，另一方面，为其林木提供一个公平公正的市场。

(4)加强林业科研队伍的建设。加强林业科研队伍的建设，依照林业的特点和规律，不断探索和创新林业经营方式，引导群众开展适度规模经营和生产合作，尽可能地发挥林地的潜力，实现经济效益最大化。

4.2 针对生态效益问题的对策建议

(1)特殊对待国家重点公益林补偿问题。一是提高补偿标准。目前中央财政对国家重点公益林的补偿标准为75元/(hm^2·年)，与经营商品林的效益相比，显然不合理，建议国家根据财力状况，逐年提高补偿标准。二是地方不要完全依赖于中央，自己应适当增加公益林财政支出，同时积极探索和建立多渠道筹集公益林补偿资金的机制，可寄希望于一些大型企业。

(2)注重兼用林建设。兼用林是向生态林过渡的森林，随着经济的发展，将大部分向生态林过渡，少部分向商品林过渡。在充分发挥生态效益的同时，积极发展经济林木，获取一定的经济效益，实行政府投入和生态补偿保护以及经营者投入经营的办法，以发挥生态效益为主的管理措施。

(3)平衡对公益林的采伐管理。林木像人一样，有其寿命周期，有其价值实现的最佳期限，所以各级政府应积极探索和研究出台相关政策，允许对公益林在不影响生态功能发挥的前提下，进行经营性采伐和科学利用，发挥森林的综合效益。

(4)完善对灌木林的管理。灌木林在保持水土，防止水土流失和生态建设中发挥着不可忽视的作用，因此必须加强灌木林的管理，加快制定灌木林采伐管理办法，在放宽采伐的同时不能放任林农不管，要做到放而有序、活而不乱、管而不死。

4.3 针对社会效益问题的对策建议

(1)建设林业社区。在实施林权改革的过程中，建议辽宁省在一些林地较多的地方，以10~20户林农为一个小林业社区，100~200户林农为一个大的林业社区，大小林业社区均选出一名区长，负责本社区的林业政策宣传、林业科技指导、林产品市场的咨询等工作，并在一定时间期内召开各林业社区经验交流会，相互学习林业经营心得，保证林权改革的可持续性。

(2)健全基层干部绩效考核制度。通过改革，各级政府及其相关部门的执政理念和服务方式发生了深刻变化，职责进一步清晰，履行职责的方法进一步优化，执法、管理、服务三大职能进一步加强。林业管理体制得到理顺，全省林业行政事业经费全部纳入了财政预算，彻底结束了林业部门长期靠规费供养的历史，各级林业部门开始把工作重点和履职方式转到加强管理和提供服务上来。所以应尽快制定相应的林业干部绩效考核制度，根据其所管辖的范围，通过科学的指标，衡量该区域内林业所产生的经济、生态和社会效益，评估其工作绩效，然后按绩效等级给予奖励，激励林业干部(特别是基层林业干部)全心全意搞林业，为林业经济的发展做出贡献。

(3)切实做好森林防火工作。森林火灾一直是林业经营的大敌，为防止森林火灾，国家每年都要投入大量的资金。分山到户后，林农自主经营管护，然而，林农防火意识不强，防火设备不齐全和落后，不懂专业防火知识，这样就容易造成生命危险以及森林资源损失。因此，森林防火仍然应作为林业部门的重点工作，不得因为属于林农自己的管护范围而不管不顾，或者说收费等，必须一如既往地做好监测和预警工作，使部队布防、物资储备、应急保障等防护措施及时到位，实现火患早排除、火险早预警、火情早发现、火灾早处置，努力保障人民财产安全和国家森林资源安全。

参考文献

[1]王文权．关于辽宁省集体林权制度改革情况的报告[J]．林业经济，2007(7)：3~7

[2]贾治邦．林业重大问题调查研究报告[R]．北京：中国林业出版社，2007：272~274

[3]王晓强．辽宁集体林权改革资本意义凸现[J]．中国林业产业，2008(5)：48~49

[4]钟全林，陈少滕．集体林权制度改革后面临的森林资源管理问题与对策[J]。林业经济，2007(6)：32

作者简介：第一作者：王林琳，女，沈阳农业大学经济管理学院硕士研究生，从事林业经济理论与政策研究。

通讯作者：翟印礼(1958－)，男，博士，沈阳农业大学经济管理学院教授，副院长，从事农林经济理论与政策研究。

辽宁省集体林产权改革 300 户林农的调查报告

韩晓燕　翟印礼
（沈阳农业大学经济管理学院，沈阳，110161）

摘要：通过对辽宁省集体林产权改革试点地区 300 余户林农的调查，阐述了辽宁省集体林产权改革的必要性，分析了实践过程中取得的初步成效和存在的主要问题，总结了集体林产权改革的经验。

关键词：集体林；产权改革

An Investigation on Liaoning Collective Forest Property Right Reform in 300 Foresters

HAN Xiao-yan, ZHAI Yin-li
(College of Economics and Management, Shenyang Agricultural University, Shenyang 110161)

Abstract: The article describes the necessity of forest's collective property right reform in Liaoning province and analyzes the reform's primary effects on forest industry. This paper also discusses some practical problems of reform and sums up the experiences of the collective property right reform of forest.

Key words: Collective forest; Property right reform

集体林产权改革是以家庭承包经营为本质的农村基本经营管理制度改革在林业中的拓展。2005 年辽宁省作为北方林区试点开始了集体林产权改革工作。为了解辽宁省集体林权改革的总体进展和效果，研究深化改革的方向和配套措施，课题组受辽宁省林业厅委托，于 2007 年下半年对辽宁林区采用入户调查和访谈等方式进行了专题调研，共获得有效问卷 340 份。通过调研认为辽宁集体林产权改革的现实成因、发展林业产业和探索制度创新的经验可以为集体林区改革提供有益的借鉴。尽管明确林权的主体改革才基本完成，但改革带来的林区生产生活面貌的重大变化和历史意义已经超过了改革本身。

1　集体林产权改革是突破林区经济社会发展矛盾的必然选择

辽宁省林业用地 10425.45 万亩（698.51 万 hm^2），森林覆盖率 35.13%；全省集体林面积 9000 万亩（603 万 hm^2），占全省林地面积的 86.4%，蓄积量达 2 亿 m^3，其中公益林面积 5890 万亩（934.63 万 hm^2），占全省林地面积的 56%。虽然在“两权合一，统一经营”的制度安排下，森林资源总量曾经有过长足发展。但经济、社会发展，资源与制度几大要素之间长期积累形成的矛盾，使经济与资源的两危形势已经明显的显现出来。一方面，辽东地区丰富的森林资源并没有给农民带来富裕，辽西贫瘠的自然条件形成了制约农业发展的瓶颈，贫困和农民增收困难成为各地林区需要破解的首要难题。另一方面，森林资源培育乏力。集体统一经营下，林农的权利主体地位不明确，导致林业与林农关系松散。“林不归我，我不爱林；利不连我，我不营林；责不罚我，我不护林”的现象普遍存在。林农造林管护的积极性不高，森林资源总量增长缓慢乏力，林分质量粗放低下，林种结构单一，生态质量有所下降。此外，森林资源保护也面临困境，由于保护的社会成本增加，局部地区乱砍乱伐，乱征乱占林地等涉林案件逐年上升。如果不能突破这种两危境地，林区的资源经济社会就不能实现可持续发展。因此，彻底理顺要素之间的作用关系，创新林区资源经济社会管理体制，建立激励相融的制度安排成为克服发展障碍的必然选择。

2 集体林产权改革的主要成绩

2005 年 3 月集体林产权改革首先在本溪市试点，2005 年 11 月辽宁省政府出台了《关于深化集体林产权制度改革的意见》，明确了辽宁省深化集体林权制度改革的指导思想、总体目标、基本原则，以及改革的范围、内容、政策措施和方法步骤。截至 2008 年 3 月底，辽宁共完成集体林确权到户面积 7200 多万亩(482.4 万 hm^2)，占应完成总数的 92%，涉及林农超过 400 万户。调研发现落实农户的林地经营使用权、林木所有权、林地的处置权和转让权等主体改革已经为集体林区带来盎然生机。

2.1 林农营林积极性大大提高

林改有力地调动了林农的营林积极性。2007 年辽宁省非公有制造林面积 200.1 万亩(13.41 万 hm^2)，占造林总面积的 81%；全省非公有制投入林业产业发展资金达 15 亿元，是上年的近 2 倍。以阜新市为例，2006 年涌现出百亩(6.7hm^2)以上造林大户 1600 多户，千亩(67hm^2)以上造林大户近 200 户。问卷结果显示，新获得林地的 280 户中有 78 户进行了造林或低产林改造，2005 年以前全部调查户仅造林 53.55 亩(3.59hm^2)，2005 年当年就增加到 95.55 亩(6.4hm^2)，2006 年达到 1240.35 亩(83.1hm^2)，2007 年为 609.25 亩(40.82hm^2)，农户基本把可利用的土地全部造林。从投资意愿上，林改后有 292 户(占 82.3%)有投资林业的愿望，其中有 93 户有扩大营林面积的意愿，占 31.85%。在劳动时间上，林农从事林业生产的人均年劳动时间从 28.45 天增加到 31.12 天；在管护上，林农从过去几年不去林子 1 次，现在最高的每月去 7 ~ 8 次，年平均去林地 17 次。对改革获得的林地，有 7.41% 的农户进行过浇水施肥，有 16.93% 的进行了幼林抚育。为了保护森林部分蚕农将放养次数从 1 年 2 次减到 1 年 1 次。调研还发现一些地区林农还自发制定了村规民约，对森林实行双重管护、制约滥伐盗采、防火和制止林地内乱埋滥葬等不良现象。这为形成资源保护的长效机制奠定了良好基础，林改后全省林业案件比改革前减少了 50% 以上。

2.2 林下产业蓬勃发展

辽宁以公益林和用材林为主，生长周期长，立地条件各异，在一些山区森林与居住地相距很远，因而林改中农户对投资回收期较短的林下经营表现出普遍热情。在有投资意愿的农户中想投资中草药、食用菌和林下驯养的分别为 116、31 和 22，占 57.87%。实际从事林下经营的户数由林改前的 25 户增加到 51 户，林下经营面积从 936.5 亩(62.75hm^2)扩大到 1870.5 亩(125.32hm^2)。以本溪为例，2006 年全市林业总产值实现 50 亿元，农民人均林业收入 2625 元，占总收入的 58.9%。2007 年全市以红松为主的干坚果经济林达到 99.8 万亩

(6.69万hm^2)，林下药材达到63.3万亩，山野菜达到14.8万亩(9916hm^2)，放养林蛙面积达到410万亩，年产商品林蛙1亿只，速生丰产林达到88.5万亩(27.47万hm^2)，年森林旅游产值超亿元。一些起步较早的农户已获得巨大收益，纷纷效仿的林农增收前景也非常可观。此外，某些经营项目已经显现出了产业化集约化的发展趋势。例如五味子种植，五味子饮料加工企业在本溪落户并已解决产品销售问题，生产大户与农业大学合作建立具有标准化技术的生产基地，同时又牵头组织专业协会为散户提供信息和技术服务。座谈发现，这些生产大户不仅有带动当地经济发展的责任意识，而且具有创新精神，有的已经注册成立公司，准备冲击韩国等国外市场，同时还打算把专业协会发展成规范的农民合作社。

2.3 农林社会化服务进入起步发展阶段

问卷结果显示，当前林业社会化服务的主要内容集中于林业生产和基础服务。被调查的农户中，享受到种苗服务、技术培训和资金服务的分别占64.8%、48.3%和15.3%；享受到森林病虫害防治、森林放火和政策宣传服务的农户占到35.2%、42.6%和46.6%。这些服务65%来自乡镇林业站提供，11%来自种苗站，其他机构提供的较少。林业技术来源方面，49%的农户回答来自林业机构，16%和15%回答来自新闻媒体和专家讲座。在调查的30个村中，6个村有农民合作经济组织，其中涉及林业的有3个协会，均为林下经营项目。被调查的35户中草药和食用菌经营农户中26户是协会会员，占74.3%。座谈发现，辽宁将林业服务体系和和能力建设作为下一步的工作重点。除原有林业站等政府机构外，有的县市已经着手建立林业要素市场和综合服务大厅。辽宁林业厅王文权厅长强调：深化改革要“统分结合、五统五放”，其中公益林、三防体系、资源流转、采伐管理和生产规划编制方面要加强相关部门的服务，而社会化服务要放开，加快社会化服务组织建设和管理。可见辽宁林业社会化服务已处于起步发展阶段。

3 集体林产权改革中林农的认知与诉求

3.1 林农对集体林产权改革的认知程度较高，满意度较高

在被调查的340户农民中听说过或知道集体林权改革的占96.18%；完全支持改革的占95%，不做回答的占4.71%，仅1户表示反对；认为改革很彻底的占86.76%，认为不彻底的占2.06%，另有11.18%的农户不愿做出评价；有74.41%的农户参加了林改投票，认为改革模式公平的农户占79.41%，认为不公平的占5.29%，另有11.47%认为公平问题很难说；对改革结果表示满意的占86.76%，完全不满意的占1.47%。这一结果很大程度上归功于政策宣传和规范的操作过程。

3.2 林农的诉求集中于生产经营的要素约束和森林管理与服务。

调查发现，资金、技术、自然条件、自然灾害、基础设施和产品销售是生产经营的主要约束因素。有79.7%的农户表示遇到过这些约束，各自频率分别为50.18%、9.96%、8.86%、2.58%和2.58%。资金上，农户靠自有资金经营的占70.75%，依靠亲朋帮助的占15.4%，得到小额信贷帮助的有9.7%，认为获取资金很难和比较难的农户占23.82%和34.22%，有26.5%的认为获得资金的难易程度一般，只有11.18%和2.68%的农户认为比较容易或很容易。技术上，林改后仅有10户采用了新技术，主要是良种壮苗和改进造林密度的技术。在原有已掌握的新技术却没有应用的原因上，回答资金约束的占38.3%，立地条件约束占29.6%，劳动力不足的占16%。另外，14.8%的农户认为自然条件好没有必要

应用，8.6%认为没有市场前景。

与之对应，对所需服务的回答中分别有42.3%和36.3%选择资金和技术，11.2%的选择政策知识，4.7%的选择了市场信息。在期望的技术服务方式上，有58%的农户选择现场指导，23%选择讲座或培训，只有17%选择科普下乡，从侧面反映出应加强科普下乡的实效。在林业服务的组织上，认为应由政府组织的占54.7%，认为由林农自己或林业大户组织的仅占5.8%和2.4%，可见林农仍然对政府寄予最高期望。另外，57%的农户表示愿意参加林业合作组织，但仅3%的农户表示接受过有合作组织参与的服务，因而林业合作经济有待加强。

森林管理与服务中采伐限额和立地条件等成为林农反映强烈的焦点。审批程序复杂、获得指标困难，甚至采伐指标被中间商操作的腐败现象都是农户面临的客观事实。而林木生长周期很长，只能在成熟期采伐，这使农户依靠林木增收的愿望很难实现。所以农户更希望可以合理间伐，为发展林下经营提供必要的空气、水源和阳光等。此外，各地林改主要采取均山(面积)、均林(蓄积量)或均利(林木价值)等模式，造成一些农户立地条件差，只能以管护为主，也给农户增收带来障碍。因此，农户迫切希望打破林地经营的约束以达到增收的目的，这一定程度上影响了农户营林的积极性。

调查中，有73.85%的农户认为采伐限额影响了林业生产，此外反映公益林管护和林地承包期问题的也占到了12.72%和6.36%，同时有41.8%的农户仍担心林业政策变动，有56.5%的人表示若出现政策变动一定会影响自家的林业生产。此外，有61%的农户明确反对将林地划入公益林，这可能是因为林农不熟悉公益林政策，补偿机制效果没有到位造成的。调查发现，35%的农户没有听说过公益林管护费和补偿政策，有38%听说过但不了解。可见，进行制度创新消除政策约束是深化集体林权改革的方向，加强森林的管理和服务的工作仍然任重道远。

4 集体林产权改革的经验和政策建议

综上所述，辽宁集体林权制度改革在试点期间基本达到改革的预期目标，顺利地完成了第一步确权环节。但如何深化和完善改革仍是长期的任务，特别是在改革后如何搞活经营、建立要素流转机制和完善社会化服务机制成为当前急需解决的重要问题。

4.1 林改模式创新奠定了林权改革的基础

集体林产权改革政策性强，而各地森林资源状况不一，因而能否公平公正的维护农户利益又利于森林资源培育是改革的关键。试点中，林业干部尊重林农意愿，发掘林农创造力，协调各方利益，以林地面积、林木蓄积量和林木价值3种标准，形成均山、均林和均利等办法。考虑到农户经营能力，结合森林和集体经济实际，形成家庭承包和联户承包等主要模式，同时采用拍卖、换山换地、租赁经营、规模经营和一定面积的集体预留等灵活的具体措施。实际操作中，以彻底摸清资源底数、深入了解农户实际、开展民主议事，梳理遗留问题为基础，以村集体为单位制定林改方案，并严格按我国《村民委员会组织法》和《农村土地承包法》等相关法律运作，最大限度提高农户的满意度。这种按照农户自愿、因地制宜、依法操作、惠达百姓等原则进行的制度创新是辽宁林改的基本经验，深化改革仍需要继续遵循这些原则。

4.2 配套改革的重点仍是制度创新

综上所述，研究认为只有从农户反映的问题和林业产业发展需要出发，继续依靠制度创新，完善相关配套改革，才能促进森林资源培育和当地经济发展。从林权本身看，建立以林权交易为核心的要素市场、森林资源流转机制和林权抵押贷款等相关制度，为林农从林改和林业发展中获得效益提供保障是配套改革的关键。从林业产业看，要完善并严格执行公益林管护和公益林补偿金制度，强化森林三防和森林经营方案编制等提供政府服务的相关制度。从农户角度看：一方面要根据实际适度放活采伐限额制度，或采用更合理的采伐限额管理办法，比如允许对残次林、腐质林进行疏伐、成熟林和过熟林带状间伐、复层林上层成熟树木采伐等办法。另一方面要为林农提供多元化、针对性强的生产经营服务，包括扩大现有机构的服务范围，提高服务质量，扶植林业合作经济组织发展，加强技术培训、提供资金支持等。

参考文献

[1] 张俊清，吕杰．集体林产权制度改革效应分析[J]．林业经济问题，2007，27(3)：276～279

[2] 王文全．关于辽宁省集体林林权制度改革情况的汇报[J]．林业经济，2007(7)：327

[3] 马文学，刘永会，王广建．辽宁省集体林产权改革的公益林建设[J]．改革之窗，2006(11)：13～14

[4] 陈珂，魏彪，苏丹．辽宁集体林产权改革模式研究[J]．林业经济，2007，27(6)：535～540

作者简介：第一作者：韩晓燕，女，沈阳农业大学经济管理学院，从事林业经济理论与政策研究。

通讯作者：翟印礼(1958－)，男，博士，沈阳农业大学经济管理学院教授，副院长，从事农林经济理论与政策研究。

北京市山区生态公益林补偿政策实施成效分析

高岚[1]　米锋[2]　崔向雨[2]
（1. 华南农业大学经济管理学院，广州，510642；
2. 北京林业大学经济管理学院，北京，100083）

摘要：2004 年，经国务院批准，由财政部正式建立中央森林生态效益补偿基金制度，这项制度的实施，标志着我国结束了长期无偿使用森林生态效益的历史，开始进入有偿使用森林生态效益的新阶段。全国各地相继制定出台了生态公益林补偿政策办法，北京市在 2004 年底开始实施山区生态公益林补偿政策，政策实施以来取得良好的效果。该文简要介绍了补偿政策实施概况，分析了补偿实施成效，最后针对发现的问题提出对策及建议。

关键词：生态公益林；补偿政策评价；北京市山区

Analysis of implementation results of compensation policy of non - commercial forest in Beijing's mountainous area

GAO Lan[1], MI Feng[2], CUI Xiang-yu[2]
(1. School of Economics and Management, South China Agricultural University, Guangzhou 510642; 2. School of Economics and Management, Beijing Forestry University, Beijing 100083)

Abstract: In 2004, approved by the State Council, the Ministry of finance established central compensatory fund system of Forest ecological benefits formally which meaned the end of history of using forest ecological benefits for free for long and the start of the new stage of paying for it. And then all over the country come up similar policies one after another. Beijing began to carry out compensatory policy of non - commercial forest in mountainous area at the end of 2004 and obtained the good results. This paper introduces the overview of the implementation briefly and analyzes the results of policy, at last brings up advices aimed to the problems.

Key words: Non - commercial forest; Evaluation of compensatory policy; Beijing's mountainous area

1　基本情况

1.1　自然社会状况

北京市位于华北平原的北端，东南与天津市接壤，其余边界均与河北省相邻，距渤海约 150 km。东西宽约 160 km，南北长约 176 km。总面积 1.68 万 km^2，其中山地约占全市总面积的 62%，平原约占 38%。全市辖 18 个区县，其中城区 4 个（东城、西城、崇文、宣武），近郊区 4 个(朝阳、海淀、丰台、石景山)，远郊区县 10 个(平谷、密云、怀柔、延庆、昌平、门头沟、房山、大兴、通州、顺义)。

《北京市十一五山区发展规划》将房山区、门头沟区、昌平区、平谷区、怀柔区、密云县和延庆县七个山区县的 83 个山区和半山区乡镇划入规划，包含 1669 个村委会、61.8 万户、161.8 万人，占全市人口总数的 14%。图 1 中有颜色覆盖的区域即是山区规划范围。

图 1　北京市山区乡镇分布图

生态公益林补偿政策涵盖的 10 个区县(补偿政策还涉及图 1 中三处标注城区——海淀区、丰台区、顺义区)总面积 1.4 万 km^2，占北京市总面积的 83.3%，有 158 个建制乡镇、2794 个村，常住人口 684.5 万人，占全市总人口数的 43.2%。

1.2　森林资源概况

北京市林地总面积 1054280.8 hm^2，全市林地总面积中，山区林地面积 880907.3 hm^2，占全市林地总面积的 84%，平原地区林地面积 173373.5 hm^2，占全市林地总面积的 16%。全市林木绿化率(林木覆盖率)49.99%，森林覆盖率 35.47%。其中，山区林木绿化率 67.85%，森林覆盖率 46.55%；平原林木绿化率 23.57%，森林覆盖率 19.10%。

根据北京市山区生态公益林补偿机制调研的数据和《北京市“十五”森林资源调查报告》的数据统计计算(均统一按照 2004 年底数据)，生态公益林补偿区县的林地总面积 986993.5

hm^2，森林面积 559420.7 hm^2，分别占全市的 93.62%、90.34%，森林覆盖率和林木绿化率达到 36.42%、51.59%，如表 1 所示。

表 1　山区、平原森林面积情况表　　单位：hm^2、%

	林地面积	森林面积	比　重	森林覆盖率	林木绿化率
全　市	1054280.8	619243.2	58.74	35.47	49.99
山　区	880907.3	469023.1	53.24	46.55	67.85
平　原	173373.5	150220.1	86.65	19.10	23.57
补偿区县	986993.5	559420.7	56.7	36.42	51.59

数据来源：部分数据根据《北京市森林资源规划设计调查“十五”调查报告》(2005)整理

根据北京市森林资源规划设计调查“十五”调查统计数据，2004 年底，山区生态公益林总面积 373241.5 hm^2，其中防护林 345188.7 hm^2，特种用途林 28052.8 hm^2，各区县生态公益林面积情况详见表 2。

表 2　北京市山区生态公益林面积　　单位：hm^2

区(县)	生态公益林	#防护林	#特种用途林
平谷区	28870.9	28128	742.9
密云县	86235.1	85907.7	327.4
怀柔区	84885.6	83887.5	998.1
延庆县	82038.6	75503.9	6534.7
昌平区	25899.1	15597.7	10301.4
门头沟区	37423.4	30893.4	6530
房山区	27888.8	25270.5	2618.3
合　计	373241.5	345188.7	28052.8

* 数据来源：《北京市森林资源规划设计调查“十五”调查报告》(2005)

全市林分总面积 454785.65 hm^2，林分蓄积 12952862 m^3，生态公益林林分面积 431062.6 hm^2，占林分面积的 94.8%，蓄积 12083，986m^3，占林分蓄积的 93.3%，其中防护林面积 378043.8 hm^2，占林分面积的 83.1%，蓄积 10761017.9 m^3，占林分蓄积的 83.1%；特用林面积 53018.8 hm^2，占林分面积的 11.6%，蓄积 1322968 m^3，占林分蓄积的 10.2%；其他林种结构的林分面积 23723.0 hm^2，占林分面积的 5.2%，蓄积 868876.4 m^3，占林分蓄积的 6.7%。

表 3　北京市山区林分资源面积、蓄积统计表　　单位：hm^2、m^2、%

	面　积	比　重	蓄　积	比　重
全　市	454785.6	100	12952862	100
生态公益林	431062.6	94.8	12083986	93.3
防护林	378043.8	83.1	10761018	83.1
特用林	53018.8	11.7	1322968	10.2
其　他	23723.0	5.2	868876.4	6.7

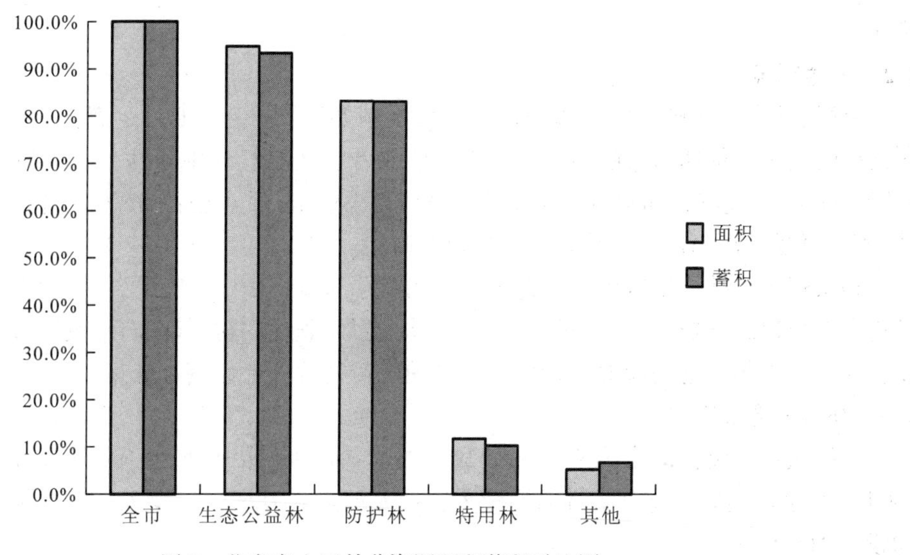

图 2 北京市山区林分资源面积蓄积对比图

综上，北京市山区特殊地形天然的构成了一道生态屏障，占地面积、森林资源、人口数量都占有着重要的地位。改革开放以来，山区经济发展取得了飞速的发展，形成了特色林果业、旅游业和养殖业等主导产业，但相对来说，北京山区的经济总量偏小，人均产出较低，人均财政收入，农民年均收入等指标仍然低于北京市平均水平。北京城市总体规划(2004～2020 年)中明确了城市定位——国家首都、国际城市、历史名城、宜居城市。国际城市、宜居城市这两大定位标准就要求城市在生态环境和人民生活舒适度等指标上有着严格的要求。

从以上数据分析可见，北京市的环境主体是山区生态系统，山区的生态环境主体是森林生态系统，对山区森林资源的环境承载就提出了很高的要求，山区生态环境的发展也关乎北京市城市的健康发展和环境可持续性。因此，实施的环境保护政策及工程等，对环境保护、促进山区经济可持续发展、增加农民收入等问题都需要进行统筹兼顾，协调进行。北京市山区生态公益林补偿机制就是在这一背景下实施的，它对北京市山区森林资源的保护、保育有着重要的作用，对建立北京市绿色生态屏障、确保北京市城市可持续发展有着巨大意义。

2 生态公益林补偿实施概况

2.1 生态公益林补偿政策实施的背景

在森林生态效益补助资金试点实践的基础上，2004 年我国正式设立森林生态效益补偿基金。为全面推进首都现代化建设，实现城乡统筹，推进山区林业建设，改善生态环境，建立有利于山区林业发展的长效机制，促进首都经济环境协调发展，北京市委、市政府在广泛调查研究的基础上，经市政府常务会和市委常委会讨论决定，做出了建立山区生态公益林补偿机制的重大决策。市政府于 2004 年 8 月下发了《北京市人民政府关于建立山区生态公益林补偿机制的通知》。同年 9 月，北京市林业局和北京市财政局联合下发了关于《北京市实施山区生态公益林补偿机制办法》的通知。该通知对具体的补偿范围及管护人员的要求等细则做出了明确的规定。与此同时，北京市财政局下发了《关于北京市山区生态公益林补偿资金管理暂行办法的通知》，对补偿资金的使用和管理做出了明确的规定。2004 年 12 月 1 日北京市全面开始了山区生态公益林补偿工作，标志着北京市山区集体生态公益林补偿机制的建立。

2.2 补偿对象

根据《北京市实施山区生态公益林补偿机制办法》规定，山区生态公益林补偿机制涉及北京市山区农村集体所有的山场上人工种植或者自然生长的中幼林、成林和灌木林(乡镇分布图和图1)。经济林和国有的生态公益林(被划入国有重点公益林的部分集体生态公益林除外)不能享受本次山区生态公益林补偿机制政策。

补偿资金直补给山区生态公益林补偿的对象为负责山区生态公益林抚育、保护和管理的具有本地户口的管护人员。在村支部、村委会担任职务的村干部及目前已经从事二、三产业人员，不再参与生态公益林的管护，不享受生态公益林补偿资金政策。

2.3 补偿资金标准

管护人员工资标准定为400元/(月·人)。补偿年限从2004年开始，暂定到2010年。2004年北京市山区生态公益林需要配置管护人员近4万名，年投入补偿资金1.92亿元，平均投入315元/(hm^2·年)。

2.4 补偿的途径及方式

补偿的途径主要是采取财政投入的方式。补偿资金由市、区(县)财政预算安排，纳入财政预算管理，实行专款专用，专账管理，市、区(县)财政投入比例为8:2，对山区生态公益林建设和管理实行“养山就业、规范补偿、以工代补、建管结合”的方针，以补偿政策涉及乡镇为单位，按一定条件配置生态公益林管护人员，补偿资金由乡镇财政以直补方式发给管护人员。

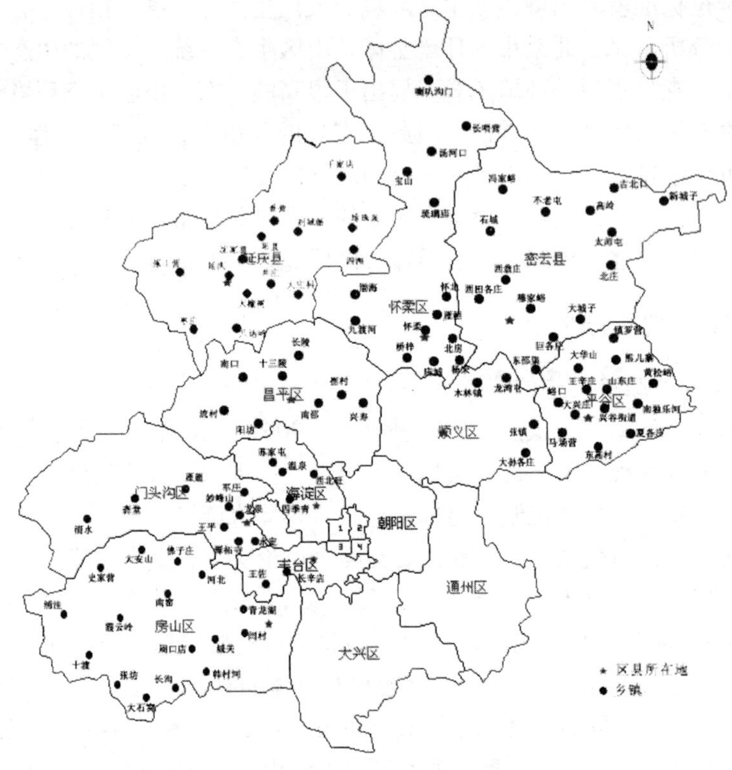

图3 北京市生态公益林补偿乡镇分布图

3 实施成效分析

为了分析北京市实施山区生态公益林补偿机制后的成效，项目组采取了典型抽样方法，以北京市 101 个乡镇样本为基础，运用随机性原则，每镇选 2 村，每村选 2 户作为典型样本，政府协助发放、调研，共发放问卷 717 份，回收 717 份调研问卷，其中有效问卷 617 份。通过对调研问卷的分析和实地入户访谈，可以看到北京市实施山区生态公益林补偿机制后，取得了良好的成效。

3.1 森林资源得到有效保护

3.1.1 生态公益林抚育

实施山区生态公益林补偿机制，按生态公益林类型、面积确定管护人员，开展林木抚育和防止森林火灾、防治病虫害，使禁牧、禁猎、禁薪、禁垦、禁伐等五禁措施得到全面落实，基本解决了山区的林牧矛盾，使山区林业得到持续、健康发展。全市重点地区开展了以补植补造、修枝割灌、松土扩堰、平茬复壮为主要内容的生态公益林林木抚育，2004 ~ 2006 年抚育面积共计 34.22 万 hm^2。

表 4 2004 ~ 2006 年生态公益林抚育面积 单位：hm^2

年 份	补植补造	松土阔堰	修枝割灌	间株定株	抚育间伐	平茬复壮	总 计
2004 年*	8400.00	47500.00	26100.00	78700.00	39300.00	—	200000.00
2005 年	8164.60	14499.60	43867.00	3036.48	1557.00	9529.87	80654.55
2006 年	5186.67	14260.00	34306.67	3633.33	1200.00	2993.33	61580.00

数据来源：* 首都园林绿化政务网；北京市山区生态公益林补偿机制工作资料汇编。

通过对山区生态公益林中幼林的抚育，达到了促进林木生长、调整林分密度和结构的目的，提高了生态防护功能和景观效果。

图 4 中幼林抚育前后对比

3.1.2 保护生态公益林资源

在森林防火期内，生态林管护工作以森林防火为主，建立了有效的组织协调机制，充分发挥了生态林管护员作用。有关数据统计，截至 2006 年底全市生态林管护员共发放护林防火宣传材料 54 万份，制止林区违章用火 6381 次，在重点林区打防火道 369.9 万多延长米，清理林间可燃物面积近 1.85 万 hm^2，上报发生火情 111 次，及时扑救未形成火情 1482 次；积极开展了森林病虫害监测防治、森林资源保护工作。

在森林病虫害防治方面，2006年全市生态林管护员发现森林病虫害上报3287次，参加森林病虫害防治的管护专业队689个、共计12.09万人次，制止破坏森林资源行为188次。生态林管护人员成为林木抚育、森林防火、森林资源保护和森林病虫害防治工作的重要力量，为建设和保护山区生态林资源做出了重要贡献。

3.2　经济环境协调发展

实施山区生态公益林补偿政策以来，生态公益林管护员数量逐步增加，补偿政策惠及面越来越大。截至2006年底，全市山区共有近4.6万名管护员上岗，参加生态公益林管护工作。

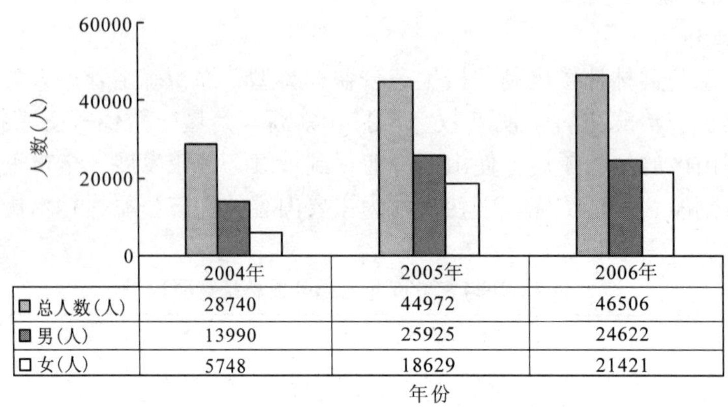

	2004年	2005年	2006年
总人数(人)	28740	44972	46506
男(人)	13990	25925	24622
女(人)	5748	18629	21421

图5　2004～2006年管护员上岗人数图

各区县还把生态公益林建设和管护与产业结构调整、农民就业增收、经济发展有机结合起来，加大投资，扩大管护面积，增加管护人员。例如，海淀区在市补偿政策的基础上，制定了本区的生态公益林补偿办法，将山区、平原的生态公益林统一纳入管护范围，增加投入5100万元，增加管护人员6383人，管护费月标准500～1500元/人。

房山、门头沟区加大对关闭煤矿和非煤矿的生态修复力度，遏制私挖乱采，并妥善解决了煤矿关闭后有关人员的就业问题。在这其中，山区生态公益林补偿机制对解决这一问题发挥了积极作用。

3.3　管护员收入大大提高

3.3.1　严格资金管理，补偿资金到位

《北京市人民政府关于建立山区生态公益林补偿机制的通知》，明确了山区生态公益林补偿机制的补偿标准为，月人均补偿400元，补偿资金由乡镇财政以“直补”的方式发给。市、区(县)财政部门按照8∶2的配套比例积极筹集补偿资金，其中昌平区还把资金配套比例调整为1∶1——市里补多少，区里配套多少，一分不少全都补贴给农民。

为使管护资金及时直接发放到农民手中，市、区财政部门积极筹集资金，按时拨付到乡镇财政所。乡镇财政所实行专账管理、专款专用，依据乡镇林业站对生态林管护工作的检查验收情况、出勤情况的通知书，采取直补方式兑现给管护人员，管护人员凭本人身份证领取管护资金卡或现金。

3.3.2　管护员增收显著

2006年底，全市在岗生态公益林管护员有4.6万多名，占全市山区农村剩余劳动力23.14万名的19.9%，占全市15万转移就业农民的30.8%。其中，安排低保、低收入户人

员 5063 人，弃牧人员 2609 人。全市年投入管护资金 2.2 亿元，使山区农户年纯收入增加了 350 多元，直接参加生态公益林管护的 43074 个家庭年均增加收入 5100 多元。增加幅度最大的是延庆县千家店镇大石窑村，生态公益林面积 1800 hm^2，确定管护人员 157 名，全村年人均增收 1800 多元，实现了由传统“靠山吃山”向“养山就业”的重大转变。

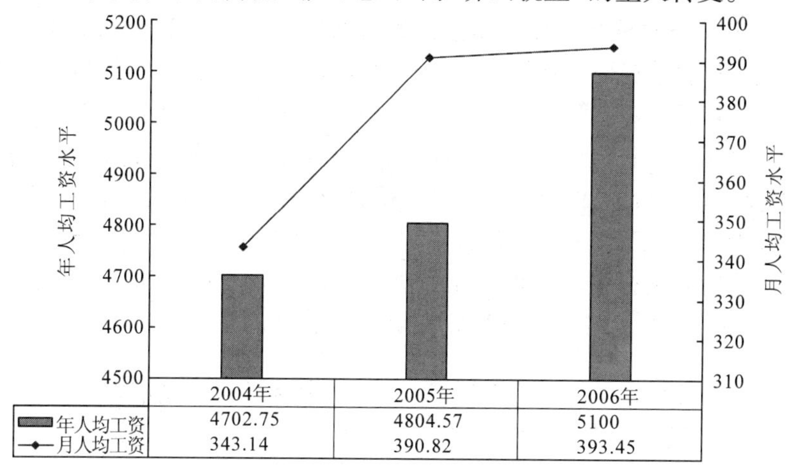

图 6 2004 ~ 2006 年管护员工资水平

3.4 管护责任制落实到位

3.4.1 组建专业培训队伍

北京市园林绿化局成立专家咨询组，制定并印发了《北京市山区生态林管护员培训方案》，明确了全市山区生态林管护员的培训原则、培训范围、培训计划、培训方式、培训内容和培训目标、培训时限，聘请北京林业大学、中国林业科学研究院等 10 多名专家组织编印了《生态公益林管护指南》，把培训的实效作为考核生态林管护工作的重要内容，建立了考核制度。成立了一支以林业技术专家为基础，吸纳林业领域博士、硕士、本科生志愿者服务的专业培训队伍。

3.4.2 提高农民务林素质

免费发放培训教材《生态公益林管护指南》5 万册、《北京市山区生态公益林管护标准、管护人员职责(试行)》6 万册、生态公益林管护知识挂历 5 万份，达到人手一册。向乡镇、村发放教学光盘 2000 余张。

2006 年底，培训队伍到平谷、密云、怀柔、延庆等 10 个区县的 102 个乡镇、358 个村，面向 4 万多名生态林管护员，直接培训了 21700 多名生态林管护队长、管护员技术骨干、部分管护员和村长、乡镇林业站人员等管理人员，开展生态公益林管护员培训 2997 期，共培训 263 场次，累计培训 34.9 万人次，使每名生态公益林管护员每年接受 3 ~4 次培训。同时发放了 4500 余份生态林管护宣传材料。

通过开展技术培训，使生态林管护员初步掌握了生态林管护的基本理论知识和技术技能及相关的法律法规知识，增强了履行管护职责的主动性、自觉性和责任感；充分利用电视、广播和报纸杂志宣传建设山区生态林补偿机制。各区县编制了宣传手册，为每个管护人员统一配置胸卡、佩戴袖标，便于履行职责和社会监督。通过各种形式的宣传活动，进一步提高了社会对实施山区生态林补偿机制工作的认识，增强了山区广大干部群众的责任感和使命感。

4 存在的问题与建议

4.1 基层管理工作薄弱

4.1.1 主管部门不明

北京市山区生态公益林补偿政策实施的管理部门主要分为业务管理和行政管理两个部门。业务部门主要负责生态公益林管护和建设的技术管理工作；行政部门主要负责政策、方针制定传达，人员管理，资金管理等。调查结果显示，区县中直接负责生态公益林管理工作的主要是区(县)林业局、区(县)农委、退耕还林管理办公室等部门。生态公益林管护员的基层管理单位是乡镇政府，具体工作部门是乡镇林业站，但目前山区有一部分乡镇没有林业站，生态公益林管护管理工作大部分都由各村的村委会等部门负责。在参与生态公益林补偿管理工作的管理部门的调查中，村委会在各业务管理和行政管理部门中的比重分别占到了57%和55%的，而乡镇林业站仅占到12%和4%(如图7)。

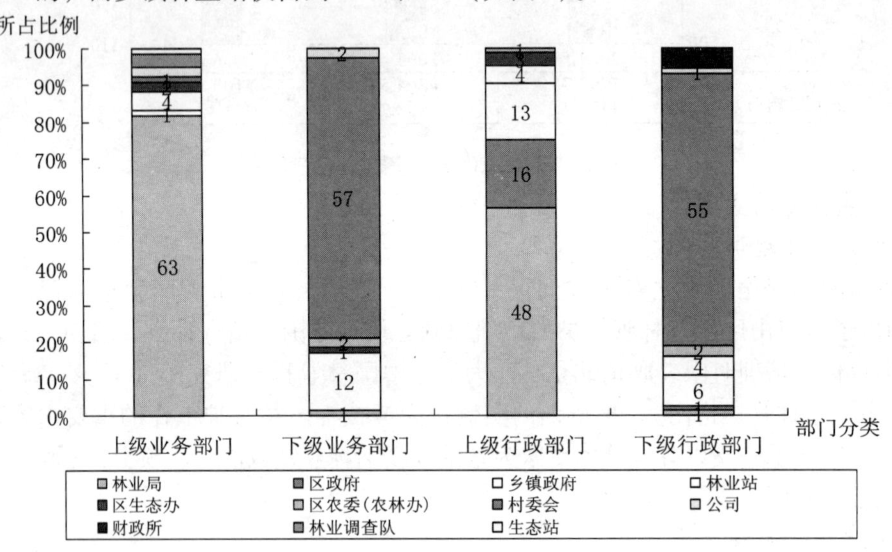

图7 生态公益林补偿政策实施上下级管理部门结构图

由此可见，在政策实施中涉及到较多的管理部门，导致上下级的主管部门不明确。容易导致责任分工不明而互相推诿工作，尤其是乡镇政府的林业站作为重要的基层管理部门并未发挥其应有的作用。乡镇林业站作为林业工作的基层单位，对林业的建设和发展有着不可替代的作用。因此，需要明确主管部门，进一步加强基层林业站建设。

4.1.2 管理人员不足

政策实施中的管理人员不足问题是管理中的主要问题之一，也是对政策实施和执行产生直接影响的主要因素之一。根据调查结果，各区县从事生态公益林补偿管理工作的平均人数仅为7人，最多的是海淀区农林委，有22人；最少只有2人。在乡镇林业工作站中负责管理工作的人数平均仅为3人。对于每个区县生态公益林管护面积最少也有4万亩、管护人员最少也有328人的工作来说，在管理层面上的工作人员相对来说还需要有针对性地增加。

4.2 管理制度有待规范

4.2.1 岗位管理制度不健全

一是加强岗位、业务考核。提高上岗率，进一步规范考勤。总体上岗率能达到80%，但有的村没有正式考勤记录，有的考勤不经常，存在断档现象。二是突出绩效奖惩。解决管护人员履职不尽责的问题，做好管护工作，需进一步建立健全山区生态公益林管护管理制度，研究补偿资金与管护工作绩效挂钩的办法，制定《山区生态公益林补偿机制管理办法》和《山区生态公益林经营管护规划》，进一步明确市、区(县)、乡(镇)、村级组织、管护专业队及管护人员的责任、标准和任务，提高规范化、科学化、制度化管理水平。

4.2.2 管护队伍素质亟待提高

山区生态公益林管护是一项专业技术性很强、技术技能要求高的工作，但是，目前4.6万多名生态公益林管护员普遍存在年龄偏大、身体条件较弱、文化水平较低、整体素质不高的问题。

一是生态公益林管护员高龄比例仍需降低。2004～2006年，生态公益林管护员平均年龄分别为47、47、45岁。30～50岁的比例从2004年的34%提高到2006年的57%，但60岁以上比例依然高达12%。从年龄结构上看(图8)，数据显示年龄结构基本合理，但尚需降低60岁以上人员比例，龄偏大、身体条件较弱、文化水平较低、整体素质不高的问题。

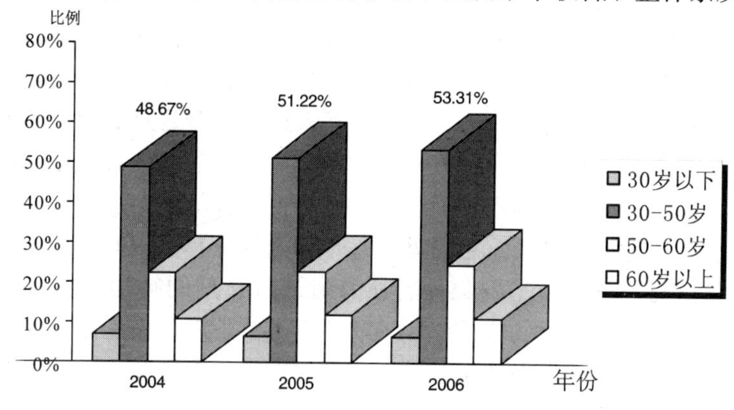

图8 2004～2006管护人员年龄结构图

二是生态公益林管护员培训质量有待提高。2004年高中以上人员比例仅占4.9%，2005年、2006年虽有所提高，但是2006年也仅达到9.8%，管护人员队伍以初中文化人员为主体，占到54%。森林的抚育、森林病虫害的防治等很多技术性工作，禁火、禁伐等宣传也需要讲究方法、策略。

目前对管护人员的培训内容，主要集中在生态公益林抚育及管护技术等劳动技能上(图9)，对相关法律和劳动安全保障等方面的宣传和培训工作还非常薄弱，导致管护人员的法律意识和安全保障意识严重缺乏。然而，生态公益林管护员文化水平较低，势必会存在上岗履职自觉性和责任感不强，学习掌握专业技能比较吃力等诸多问题，难以完成高标准、高质量的林木抚育工作，因此需要加强有关技能的培训。

4.3 补偿政策没有充分体现补偿实质

根据资源与环境经济学理论，生态公益林是一种公共物品，具有明显的外部经济性，其效益一旦生产出来，每个消费者都能够从中获益。如果由私人来提供公共物品，由于私人收

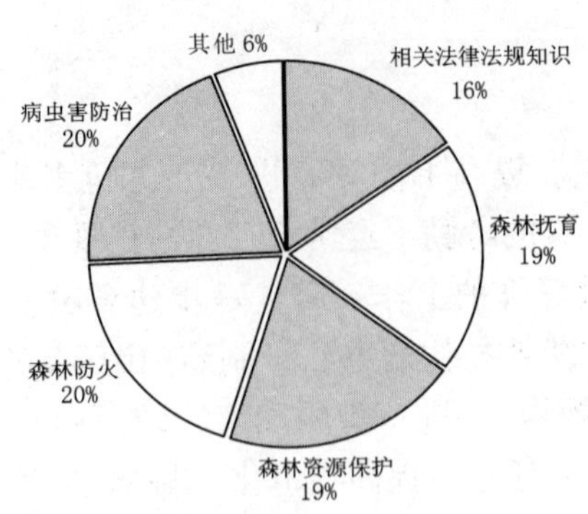

图9 培训内容及比例图

益小于社会收益，一般情况下，会造成私人供应量少于社会最佳需要量，甚至为零，导致社会福利损失和市场失灵。由于存在每个消费者都有动力去享受别人提供的公共物品带来的好处，但是理性的个人却具有虚报需求以逃避相应成本的动机。因此在市场自发的条件下公共物品私人提供存在无效性。所以公共物品生产理论认为，公共物品应该由政府提供，或者由政府出资，个人来经营。

按照庇古税的征收原理，通过财政机制，以经济手段、补偿、征税等方式来解决其外部经济性，强制“免费搭便车者”付费。科斯定律认为，对于产权明晰的生态公益林，森林资源的培育可以获得补偿，环境资源的受益者有义务对所获得的良好生态环境予以补偿。无论是庇古税还是科斯定律都是基于生态效益补偿的本质是对森林发挥的生态效益的补偿，落实到补偿政策上就是对森林经营者社会边际效益与私人边际效益之差的额度的补偿。

所以从经济学的角度来看建立生态效益补偿机制，应该是对生态公益林的受益者征收一定补偿费用。北京市将集体所有林划转为生态公益林，森林的经营性质已变为社会公共福利性质，森林的所有者不能按自己的意志去处置森林和砍伐森林，同时集体林所发挥的生态效益被社会其他成员占有，按道理应对集体林所有者进行合理的补偿。但在现实的补偿政策中，并没有真正完全体现出补偿的本质，没有体现出“受益者付费”的原则，也没有与森林发挥的生态效益挂钩，当前的生态公益林补偿只是对集体生态公益林管护人员的不完全工资补偿，缺乏对补偿政策本质的深刻理解，需要进一步完善。

4.4 补偿渠道及方式单一

(1)补偿资金渠道单一。北京市山区生态林补偿资金主要是由市、区(县)财政预算安排，补偿资金量受财政拨款的影响波动较大，在一定程度上也受制于北京市经济增长周期的影响。

(2)补偿资金发放方式单一。直接将补偿资金发放到管护员手中，可以避免补偿资金被挪用，但是不利于补偿政策的可持续性和从根本上调动农民的护林积极性。生态公益林补偿的实现形式具有多元化的特征，应从精神、实物、技术等政策之外的方面来拓宽补偿或者奖励的方法方式，从更广的范围来调动农民护林营林的积极性。

4.5 后续发展和补偿期限问题

根据《北京市人民政府关于建立山区生态林补偿机制的通知》，补偿资金安排年限从2004年开始，暂定到2010年。但对于期满后如何补偿，建设的生态公益林资源是否可以进入市场，如何采伐和交易等并没有进行下一步的研究和规定，在调查过程中，无论是管理层面还是广大管护员和农户都对补偿期限表现出很大的担忧，调查结果期望值及意见如图10

所示，有90%的农户和管护人员希望政策一直持续下去，有6%的人对此不表态，其他4%表示按规定执行。

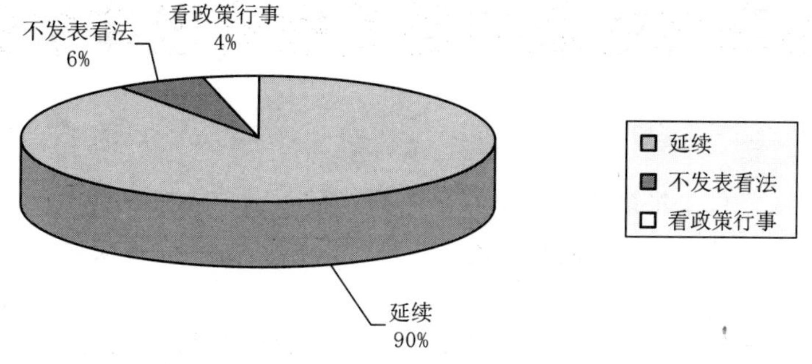

图10 补偿政策实施意愿比例图

参考文献

[1] 北京市园林绿化局. 十五森林资源二类调查报告. 2005: 67~68

[2] 北京市园林绿化局造林处. 北京市2005年山区生态公益林实施方案, 2005: 3~5

[3] 周泓洋. 森林管护纳入国家财政支出——就森林生态效益补助资金试点访国家林业局财政部负责人[N]. 人民日报, 2001-11-22(第五版)

[4] 祝浩. 我国生态公益林效益补偿问题研究进展[J]. 林业经济, 2007(5): 37~39

[5] 甘敬, 胡涌. 北京山区公益林生态补偿的理论与实践[J]. 北京林业大学学报(社会科学版), 2006(1): 55~58

[6] 校建民. 密云集水区公益林补偿研究[D]. 北京林业大学, 2004

[7] 丁希滨. 山东省森林生态效益补偿机制研究[D]. 山东农业大学, 2006

[8] 江波. 浙江省生态公益林群落结构特征及其调控研究[D]. 北京林业大学, 2005

[9] 张峰. 北京市郊区可持续景观生态规划及优化生态生产范式研究——以昌平区为例[D]. 中国科学院研究生院(植物研究所), 2004

作者简介：第一作者：高岚(1959-)，女，四川广元人，博士，华南农业大学经济管理学院教授，从事林业经济与政策、森林资源与环境经济研究。

通讯作者：米锋(1976-)，女，山东泰安人，博士，北京林业大学经济管理学院讲师，从事林业经济、林业技术经济研究。

第三作者：崔向雨(1982-)，黑龙江双城人，硕士，北京林业大学经济管理学院研究生，从事林业经济与政策、森林资源与环境经济研究。

北京市森林生态补偿资金管理体系的建立

米锋[1]　高岚[2]

（1. 北京林业大学经济管理学院，北京，100083；
2. 华南农业大学经济管理学院，广州，510642）

摘要：本文在对补偿资金管理流程，扣留、罚没款的处理方式等问题进行分析的基础上，建立了北京市森林生态补偿资金账户管理体系，并提出了相应的监督管理方法，为北京市森林生态效益补偿政策的科学合理发展奠定了基础。

关键词：北京市；森林生态补偿；资金管理体系

Establishing the Capital Management System of the Forest Ecological Compensation in Beijing

MI Feng[1], GAO Lan[2]

（1. School of Economics and Management, Beijing Forestry University, Beijing 100083;
2. School of Economics and Management, South China Agricultural University , Guangzhou 510642）

Abstract: In this paper, based on the analysis of the compensation capital management flow and the detainment punishment fund treatment fashion, the capital management system of the forest ecological compensation were established. And corresponding supervising management methods were put forward, in order to establish the base for the scientific and reasonable development of the forest ecological compensation policy in Beijing.

Key words: Beijing; Forest ecological compensation; The capital management system

2004 年北京市委、市政府做出了建立北京市山区生态林补偿机制的重大决策[1]。该政策自实施以来成效显著，但也暴露出诸多问题。除补偿标准过低有待科学论证外，补偿资金管理也有待进一步完善。虽然森林生态效益补偿资金管理明确规定专款专用，但资金管理上仍依附于其他部门，容易受到其他部门的干涉，没有形成森林分级管理体系。因此，需要建立独立的森林生态效益补偿资金管理部门，进行上下级直线管理，避免其他行政干涉，使补偿资金真正实现专款专用。同时，制定北京市森林生态补偿资金管理流程，进一步完善账目管理及补偿资金的监督和管理。

1　森林生态效益补偿资金的管理

1.1　补偿资金的构成

目前我国所实行的生态补偿标准为 5 元/亩，北京市的补偿标准为 21 元/亩，然而无论是国家标准还是地方标准，严格意义上讲，做不到全额补偿，并没有真正完全体现出补偿的本质，没有体现出"受益者付费"的原则，也没有与森林发挥的生态效益挂钩，当前的生态林补偿也只是对集体生态林管护人员的不完全工资的补偿，也只是森林生态效益补偿的一小部分而已，应该称其为是一种"小额补助"更为恰当。但是，从目前的经济发展状况来看，做到全额补偿也不现实。因此，在森林生态效益补偿资金的构成上，应全方位考虑。除了考虑经济发展水平、生态区位、森林类型、林分质量等影响因素外，森林生态效益补偿资金主要由管护补助资金(即管护人员工资)、所有者和经营者的直接补偿资金、培植管理资金、基础设施投入资金、管理经费投入资金、特殊事件应急储备金等六方面的内容构成。

1.2 补偿资金的管理流程

对以上六方面森林生态效益补偿资金的管理，分别采用专款专用，建立相应独立的资金管理账户，资金进行直线管理等方式，尤其对生态林管护人员的工资采用建立专门银行账户发放方式，具体管理流程如下。

1.2.1 管护补助资金(即管护人员工资)管理流程

对于管护补助资金应单独设立账户进行管理，并经过乡镇一级的林业主管部门进行工资下发，浮动工资考核分值上报也由乡镇一级进行，工资通过乡镇一级林业主管部门建立的银行账户直接转入森林管护人员手中(具体流程见图1)。

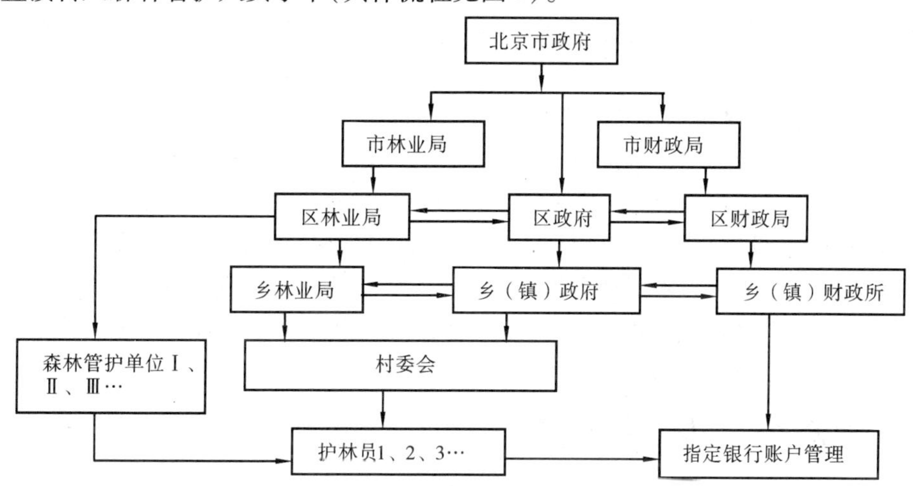

图1 北京市生态林管护员工资管理流程

Fig. 1 The pay management flow of personnel of ecological forest protection

森林生态效益补偿资金管理应该做到管理模式实用、简单，管理机制合理、安全，保证做到每笔森林生态效益补偿资金落实到位，做到管理严格规范、有相关规章制度可依，能充分调动森林经营者、森林管护人员积极性，资金发放标准合理，相关补偿标准由专业职能团队进行调研设立，森林生态效益补偿资金采用指定银行开设账户，避免中间截留、挪用现象发生。

1.2.2 所有者或经营者的直接补偿资金管理流程

对生态林所有者或经营者的直接补偿资金的管理，采用设立单独的账户，独立进行核算的方式。具体流程：①组织人员按照已定的林地划分标准对林地进行级别确定；②进行森林资源资产评估，依据评估额确定补偿额；③申报北京市园林绿化局批准，并设置森林经者个人补偿账户，进行编排入册，通过银行账户对森林经营者进行森林生态效益补偿资金的发放。

对森林经营者的直接补偿资金不经过乡镇一级林业主管部门，由区县一级林业主管部门进行管理；对林权转让需要变更的，补偿账户需要转让人与被转让人双方在区县一级林业部门登记并在林权证上背书，经过林业主管部门同意进行账户转让。

1.2.3 培植管理资金补偿管理流程

这部分补偿资金同样是单独设立账户进行管理。组织专家小组确定森林同一林龄结构标准林年培植费用，对要补偿的森林进行林龄鉴定，确定森林管理培植资金补偿额。这部分资金可以通过乡镇一级林业主管部门进行发放。

1.2.4 基础设施投入资金管理流程

这部分资金的管理直接记入森林固定资产账户。首先需要森林经营主管单位进行项目建设申报，经上级主管部门的审批上报区一级林业主管部门，再由区一级林业主管部门上报预算，对重大投资项目进行招标建设，并由林业主管部门定期进行工程质量监督管理，资金按照工程进度进行拨发，资金直接走森林经营单位账户。

1.2.5 管理经费投入资金管理流程

单独设立账户，根据森林管护单位森林管护人员数进行发放。发放方式采用上一级下转下一级的方式，这部分款项容易被他用，因此必须建立相关的下级报账制度，并做好核实监督管理。

1.2.6 特殊事件应急储备金管理流程

这部分资金要求森林管护单位独立建立账户，严格控制一切挪用现象。在发生特殊事件后，应组织事件损失评估小组进行实地评估，按评估额进行资金补偿。如果发生特大事件，现有应急储备金不足以补偿的，以现有资金的全部数额进行一次性补偿，事后再拨入不足部分的应急储备金。对于损失未能补偿的部分由森林管护单位向上级林业主管部门申请森林损失复原资金，超出部分资金不属于森林生态效益补偿范围，资金流程同样采用上一级根据管辖区森林面积向下划拨资金的方式。

2 扣留、罚没的专款专用资金管理

目前，对管护人员严重失职者或考核未达标者进行工资扣除或扣留，然而这部分专款的处理和监管成为生态林管护单位及很多学者关注的问题，如何管理好这部分资金，真正做到不截留、不挪用，高效使用资金，避免专款留用公款，同时不打乱专款会计账目管理，在这部分资金管理使用上提出以下几种方案可供参考。

(1)有惩有奖。管护人员工资内部解决，无须在管护人员工资专款与其他相关森林生态效益补偿资金之间进行账目平衡，只需在管护人员个人账户之间进行平衡。每月进行管护人员考核，对严重失职者和考核未达标者进行处罚的同时每月评定一定比例的优秀者进行奖励。优秀者奖励金发放按一定名次一定比例发放，如果受奖人数是三，则奖励第一名扣罚资金总额的40%，二、三名各得30%。这种对扣罚资金的管理是最有效的，同时也能通过这种制度的建立调动生态林管护人员积极性。

(2)罚金转福利金。本着专款专用的原则，把这部分罚金转为福利金平均发放，这种管理方式不仅能体现专款专用，同时也能实现罚没资金的合理利用。

(3)森林生态效益补偿资金账户管理。在过去的资金管理体制中，财政无偿拨款使用缺乏必要的约束和激励机制，普遍存在资金浪费和挪用的现象。为实现森林可持续经营的目标，必须在资金的运用过程中建立合理的约束机制。首先考虑建立的是森林生态效益补偿资金账目管理和森林生态效益补偿资金的“预算复审制”，保证专款专用。

生态公益林补偿会计核算设计总的思路是：按行政事业会计制度设置会计科目，会计业务处理按照资金管理单位和资金使用单位设置二级明细科目。生态公益林补偿会计科目设置建立与生态公益林补偿资金管理相适应的生态公益林补偿会计账户体系，准确完整地提供生态公益林补偿资金运用信息[2~10]。其会计科目设置如表1所示。

表1 北京市森林生态补偿账户明细科目分类表

Tab. 1 The account classification list of ecological forest compensation in Beijing

一级科目	明细科目	一级科目	明细科目
现金		其他应交款	生态林专项资产变价收入
银行存款		其他应负款	
其他应收款		其他应付工资	
下拨生态林补偿资金	××单位	应付福利费	
生态林补偿支出	直接补偿		中央级(地方级)
	扶持林区财政	拨入生态林补偿资金	
	人工造林	生态林基金	
	营林道路		
	苗圃设备设施		
	防火设备设施		
	禁伐转产项目		
	扶持		
林木资产	生态林		
生态林专项资金	营林道路		
	苗圃设备设施		
	防火设备设施		

需要注意的是：国有生态林经营单位使用生态林补偿资金而形成的资产，应列入“生态林基金”核算。生态林专项资产在使用中不提折旧，报废时通过资金使用单位的基本账户“固定资产清理”科目核算，其净收入通过“其他应交款——生态林专项资产变价收入”核算，净损失列入当期损益[2~10]。

3 森林生态效益补偿资金的监督管理方法

为了保证每笔森林生态效益补偿资金合理利用，需要建立森林生态效益补偿资金管理监督机制、森林生态效益补偿重大投资建设项目预算复审制和审计账户核对机制。

3.1 建立森林生态效益补偿资金管理监督机制

建立森林生态效益补偿资金监督机制的目的是为了核实每笔资金的利用情况，各级林业主管部门对补偿资金要实行“单独设账，单独核算，单独开户，专户存储，专款专用”的管理原则，任何部门和单位及个人不得截留、挤占、挪用。并制定生态公益林补偿资金会计核算办法，组织会计核算。同时要根据国家的有关规定，建立生态公益林补偿资金管理监督制度，严格实施预决算制度，接受同级财政、审计部门监督。由林业主管部门设立监督考察团队，负责对生态公益林保护状况实行监督、检查验收。具体监督事项[2~10]：

(1)组织会计部门人员进行账目审查。主要目的是规范会计账目，对于漏记、重记、谎报账目数字、做假账目进行严格审查。

(2)账实核对(对与有账目记载的固定资产设施投入和森林新建、改建面积进行账实核对)。

(3)进行绩效考核，评定森林生态效益补偿主管部门的工作情况。绩效考核应该包括两部分内容：一是林区基础设施建设；二是森林新建、改造和管护情况，其主要考察森林生态效益补偿资金利用状况。

3.2 建立森林生态效益补偿重大投资项目预算复审制

森林生态效益补偿重大投资项目预算复审是指通过对森林建设单位或其他部门编制的森林建设项目预决算的工程量、预算单价、材料消耗量、费用计取合法性的复核，是对预算、决算的真实性、合理性、合法性的检验、监督和管理，带有行政性，是监督管理森林建设项目的重要手段，是对森林建设项目质量的有效监控。

森林生态效益补偿重大投资项目预算复审主要有以下内容[2~10]：

(1)从森林建设项目数据入手(考核复审森林建设投入项目数据的合理性，例如森林培植面积复审)。

(2)从取费标准入手，严把取费关口(进行市场调研所需采购材料价格，例如考核培植苗木采购单价合理性)。

(3)实行招投标制度，项目结束时对森林建设项目质量进行考核评估。

(4)每一阶段公示建设进展及相关数据。

对森林生态效益补偿资金进行监督管理是保证每一笔资金能合理利用、科学管理的基础。因此，北京市需要建立相应的森林生态效益补偿资金管理监督部门，下属区县相应设置监督管理部门，主要是进行对申报建设项目的审批和对补偿资金进行监督管理。

北京市森林生态效益补偿资金管理体系的建立与完善，必将会对北京市林业发展起到重大的推动作用。在保证林业资金投入使用效益，调动社会闲置资金投入林业的同时，使北京市森林管护得到加强，进一步带动北京市林业的蓬勃发展。

参考文献

[1] 首都绿化委员会办公室，北京市林业局．北京市山区生态林补偿机制资料汇编[M]．北京市林业局，2004

[2] 左旦平．论林业基金制度体系的理论构建与发展[J]．林业经济，2003(11)：46~48

[3] 张秀媚．浅谈建立森林生态效益补偿制度的理论依据[J]．林业经济问题，1999(5)：44~46

[4] 刘永春．论森林生态效益补偿[J]．安徽林业，2002(3)：34~36

[5] 李明阳，郑阿宝．我国公益林生态效益补偿政策与法规问题探讨[J]．南京林业大学学报(人文社会科学版)，2003，3(2)：57~61

[6] 于振伟，陈玮．森林生态效益补偿机制研究[J]．中国林业企业，2003(3)：19~20

[7] 孔凡斌．试论森林生态补偿制度的政策理论、对象和实现途径[J]．西北林学院学报，2003，18(2)：101~104

[8] 孟全省．对我国森林生态效益补偿制度的思考[J]．林业财务与会计，2003(11)：3~4

[9] 徐信俭，范立敏. 关于建立森林生态效益补偿基金的思考[J]. 林业经济，2000(4)：54~57，73
[10] 郑礼法，韩国康. 关于建立森林生态效益补偿机制的思考[J]. 林业经济，2001(10)：38~41

作者简介：第一作者：米锋(1976－)，女，山东泰安人，博士，北京林业大学经济管理学院讲师，从事林业经济、林业技术经济研究。

通讯作者：高岚(1959－)，女，四川广元人，博士，华南农业大学经济管理学院教授，从事林业经济与政策、森林资源与环境经济研究。

河北省太行山丘陵区生态补偿内部化实证研究

赵瑞波　李建民　侯小娜　郑亚男　杜淑芳
（河北农业大学商学院，保定，071001）

摘要：生态补偿内部化是生态补偿政策制定的核心目标。该文运用个案研究方法，首先介绍太行山丘陵区概况，对太行山丘陵区生态补偿内部化的典型案例作实证研究，然后从经济学角度对生态补偿内部化的原因进行分析，最后针对河北省太行山丘陵区现状，提出生态补偿内部化的相关对策建议。

关键字：太行山丘陵区；生态补偿内部化；实证研究

The Empirical Study on Internalization of Ecological Compensation of Taihang Mountain Hilly Area of Hebei Province

ZHAO Rui-bo, LI Jian-min, HOU Xiao-na, ZHENG Ya-nan, DU Shu-fang
(Business school, Agricultural university of Hebei, Baoding 071001)

Abstract: Internalization of ecological compensation is the core objective of making ecological compensation policy. Through the means of the case, this paper introduces the survey of Taihang Mountain hilly area firstly, studies on a typical case of Taihang Mountain hilly area through empirical research, analyses the reasons for internalization of ecological compensation from the perspective of economics. Finally, as to the status of Taihang Mountain hilly area, this paper provides some policy proposals which related to internalization of the ecological compensation.

Key words: Tai hang Mountain hilly area; Internalization of ecological compensation; The Empirical study

生态环境是经济社会发展的前提条件，是人类生存和发展的终极物质基础。越来越受到国际社会的普遍关注，它的可持续发展直接关系到人类的发展前景。十七大报告提出，要“加强能源资源节约和生态环境保护，增强可持续发展能力”。生态补偿是当前中国社会各界广泛关注的热点问题，虽然我国的生态环境补偿工作刚刚起步，许多学者在生态补偿领域做了很多有价值的研究和探索，包括理论分析、内涵、外延以及国家战略和政策框架等[1~3]。而我国目前通过中央财政纵向转移支付方式开展的生态补偿主要体现在“退耕还林”、“天然林资源保护工程”、“退耕还草”和湿地保护等方面，而在区域与区域之间、流域之间、行业与行业之间、经济主体之间的生态补偿仍然处于空白状态（中国环境科学研究院，2004）。太行山丘陵区作为重要的生态效益输出地，在其生态产品（服务）开发方面，不仅要考虑经济效益和社会效益，更要重视生态效益，从而实现生态产品(服务)的持续供给。针对太行山丘陵区生态补偿问题方面的研究尚处于探索阶段，相关的文献还很少。因此，本文通过实证研究，探索太行山丘陵区生态补偿之路，对太行山丘陵区技术创新模式进行研究，以求为太行山丘陵区及其他丘陵区的生态改善提供借鉴意义。

1 太行山丘陵区概况

太行山丘陵区涉及保定、石家庄、邢台和邯郸4市所辖21个县，总国土面积3万km^2。河北省太行山海拔低于800m的低山丘陵区面积约151.14万hm^2，占该区总面积的60.7%，太行山丘陵区人口众多，其特点是“土地瘠薄、干旱缺水、流失严重、经济落后”。根据土壤普查资料和土壤化验资料，区内土壤的有机质含量一般低于1.5%，尤其是丘陵旱地，土质更为贫瘠。山场面积较大，人均土地约0.33hm^2，而耕地仅为0.07hm^2左右[3]。1999年该区的森林覆盖率还不到10%，而且大部分为幼林和次生林，林业产值仅占农业总产值的10%~20%。人均水资源占有量相当于全国的1/7，属于极度缺水地区。尽管经过了20年的大面积开发，这一地区农村的生活水平发生了较大变化。但仍然相当贫困[4]。

2 河北绿岭公司个案分析

河北绿岭果业有限公司是一个以生产优质薄皮核桃为主导产业的股份制企业，公司成立于1999年，由网通公司员工入股创办。公司基地占地一万多亩，主导产品“绿岭”牌薄皮核桃已获得国家绿色食品认证。公司在筹建之初，就以科技为先导，聘请河北农业大学专家作为智囊团，在项目规划、树种引进、科学管理等方面充分听取专家的意见和建议。公司通过实行土地整治、配套节水工程设施的建设、果树的科学程序化管理，变原来的不毛荒岗为硕果累累的花果之山。目前，已发展成为以绿色“绿岭”牌薄皮核桃生产、加工、销售为主导产业，无公害柴鸡蛋、蔬菜以及杂果、种苗生产为辅助产业的“一业为主，多业并举”的集标准化生产、集约化管理、产业化经营为一体的生态、高效农业科技示范区。在河北农业大学专家的帮助下，通过几年的建设，公司逐步摸索出了一套“果、草、畜、沼气”四位一体的立体生态补偿农业模式。公司2006年纯利润达500余万元，2007年总资产达7000多万元。

公司充分整合现有资源，重视发展生态绿色无污染循环农业。基地原来是丘陵荒岗地带，土层比较薄，公司将低洼地带淤积的好土挖掘出来栽种核桃，而将形成的大坑变成水库养鱼，不仅解决了基地用水问题，增加景色风光，还带来了经济效益。核桃基地地面间种植了优质牧草——紫花苜蓿，树下放养了3万余只柴鸡。苜蓿草不影响核桃生长和产量，并且具有三个用途：一是作为沼气池的原料；二是免费送给附近的牛场；三是可以用来喂养水库中的鱼。作为交换条件，公司免费获得养牛场的牛粪作为有机肥料再还原到基地作为沼气池原料。沼气池为食堂和宿舍提供能源，沼气池出来的废物又被用作肥料来促进核桃树生长。

放养的柴鸡不仅为果园的核桃树提供有机肥料、为核桃树减少病虫害，而且带来了巨大的经济效益，年产柴鸡蛋6000箱，近15000公斤，销售收入达30万元。在基地果园内，实现了丘陵区生态补偿内部化。

3 生态补偿内部化的经济学分析

经济学意义上的生态补偿内部化是指通过一定的政策、法律手段实行生态保护外部性的

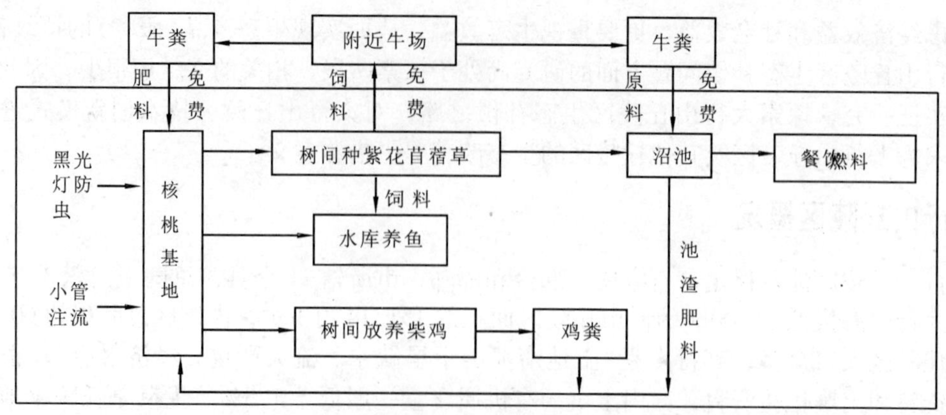

图1 绿岭“四位一体”立体化循环模式

内部化，让生态产品的消费者支付相应费用，生态产品的生产者、提供者获得相应报酬，通过制度设计解决好生态产品消费中的“搭便车”现象，激励公共产品的足额提供，通过制度创新解决好生态投资者的合理回报，激励人们从事生态环境保护投资并使生态资本增殖[2]。通过调整损害或保护生态环境的主体间的利益关系，将生态环境的外部性进行内部化，达到保护生态环境的目的。

通过经济学分析可以生态补偿内部化的原因。

3.1 生态补偿的公共物品外部性

西方经济学家将人们日常消费的物品分为两类：私人物品和公共物品。二者的区别是物品在消费上是否具有排他性和竞争性。私人物品具备严格排他性和竞争性。公共品分为纯公共物品和准公共物品。纯公共物品具有非排他性和消费上的非竞争性，非排他性是指排斥他人对这一物品的消费是不可行的或排斥他人消费是没有必要的，即虽然有些产品在技术上也可以排斥其他人消费，但这样做是不经济的，或者是与公众的共同利益相违背的。纯公共物品如果由市场提供，每个消费者不会自愿去购买，而是等着他人去购买而自己顺便消费获利，这就产生了“免费搭便车”问题，最终导致公共物品的供给不足。准公共物品是指具备上述两个特点中的一个，另一个不具备或不完全具备，或者虽然两个特点都不具备但却具有较大的外部收益(对公共利益有较大影响)的产品或服务。准公共物品是介于纯公共物品和私人物品之间的公共物品。其中，一类在消费上具有非竞争性，但较容易实现排他，即俱乐部产品；另一类与俱乐部产品相反，即消费上具有竞争性，但无法有效地排他，如公共渔场、牧场等，通常被称为共同资源。俱乐部产品容易产生“拥挤”问题(congestion)。人们可以平等免费地使用自然资源，因此资源没有排他性，然而资源是有限的，因而对自然资源的利用又具有了竞争性。生态产品及服务具有公共物品属性，容易产生“公共地的悲剧”，最终导致全体成员的利益受损。

3.2 生态产品(服务)外部性与市场失灵

外部性是在生产或消费中对其他人产生额外的成本或效益，然而施加这种影响的人却没有为此而付出代价或得到好处。由于外部性的存在引起成本收益不对称，影响到市场配置资源的效率，因此企业或个人进行决策的时候，只可能将其实际承担的成本和得到的收益进行比较。在无需对外溢成本进行赔偿的情况下，经济主体实际承担的成本小于其活动的总成本，因而会过量从事产生外溢成本的活动；相反，在外溢收益得不到报酬的情况下，就会选择较少地从事该类活动。导致市场失灵。很显然，生态产品及服务具有公共物品的外部性。

生态产品(服务)具有外部性使得市场失灵。以太行山丘陵区退耕还林还草活动的外部经济性为例说明。一方面，毁林开荒等活动产生负的外部性。“私人成本”为不断地开垦坡地、毁坏林草过程中所发生的一切费用支出，“私人收益”是多获得的粮食和其他农作物的收入等。“社会成本”导致水土流失、生态环境恶化等严重后果，给周边地区带来的经济损失和环境“灾难”，使得他人和社会的福利损失远远超过“私人成本”，造成负的外部性。另一方面，退耕植树种草，牺牲了耕种利益和因为植树多付出了成本，其“私人成本”是退耕还林中的投入及由此带来的其他投入和损失，“私人收益”是在国家政策法规约束与限制下的补偿收入。与此同时，由于改善了周边地区的生态环境，他人和社会都在无须付费而分享其从事生态产品所带来的资源环境效益，使得生态产品(服务)具有强烈的正外部性。但是市场机制发挥作用是有一定的前提条件的，首先产权必须明晰。在产权不明晰或者是公共产权领域里，由于自利心的作用，“公地悲剧”必然会不断上演，即出现了大量的把好处留给自己、坏处转嫁给社会的“搭便车”现象。

3.3 生态产品(服务)外部性与政府失灵

由于生态产品(服务)能够导致市场失灵理所当然的需要政府的介入，政府能够通过税收、管制、建立激励机制和制度改革等手段来协调各个微观经济单位之间、各个部门之间以及各个地区之间的经济利益关系。然而政府也非全能，有了政府的参与，并不代表生态产品(服务)的外部性问题就可以彻底解决。政府在一定程度上也会失灵。政府失灵表现在：扭曲原来可以正常工作的市场机制、政府干预产生生态产品(服务)外部性、政府干预结果更糟糕、政府没有干预真正市场失灵的所需。(盛洪，1996)国家的有关文件，如《全国生态环境建设规划》提出了要建立生态经济补偿机制，现实中也有一些补偿政策和做法，但由于这种做法没有制度化和商品化，定量化不足，可操作性不强，从而使政府出现失灵[6]。

4 河北省太行山丘陵区生态补偿内部化的对策建议

生态产品(服务)所具有的外部性导致的市场失灵、政府失灵使得资源配置无效或低效。经济学认为，经济主体的行为是在一定约束条件下经过成本收益比较而产生的效益最优的行为。因此，通过一定的制度安排对生态的边际私人成本或边际私人收益进行调整，对由于生态产品(服务)产生正外部性而遭受损失进行补偿，采取一些措施或途径来矫正或消除负外部性，使边际社会成本和边际社会收益相一致，从而实现外部效益的内在化。

4.1 建立健全生态补偿内部化机制

生态补偿内部化机制，是一种为保护区域生态环境和维护、改善或恢复生态系统服务功能，调整相关利益者因保护或破坏生态环境活动产生的环境利益及其经济利益分配关系，内化相关活动产生的外部成本，具有经济激励作用的制度安排。建立政府引导、市场推进、社会参与的生态补偿和生态环境建设投融资机制，动员金融事业等单位介入补偿网络，推动社会力量加盟，形成生态补偿内部化网络联合体，按照“谁投资、谁受益”的原则，积极利用国债资金、开发性贷款，以及国际组织和外国政府的贷款，努力形成多元化的资金格局。积极探索资源使用权、排污权交易等市场化的补偿模式，引导鼓励生态环境保护者和受益者之间通过自愿协商，实现合理的生态环境补偿[7]。加强立法，对生态环境资源开发与管理、生态建设、资金投入与补偿的方针、政策进行统一协调，科学确定生态环境补偿标准、补偿方式和补偿对象，这是建立和完善生态环境补偿机制的根本保证[8]。

4.2 转变发展观念，创新生态经济模式

(1)实施丘陵区节能与新能源综合利用工程。借鉴、推广北方农村能源生态模式(即四位一体)技术为主的能源综合利用，提高能源利用效率，发展生态循环能源，以能源建设实现生态补偿内部化。

(2)开发养殖“立体生态工程”。运用生态学原理，将在同一空间内生存的生物种群组建成科学合理的复合群体，进行混合立体养殖、种植，既可以综合防治病虫害，又可以实现“一业带多业”从而提高经济效益，促进丘陵区良性循环。例如：绿岭的“四位一体”立体化生态补偿农业。

太行山丘陵区生态补偿内部化模式是多种多样的，不同的模式有其不同的适用范围和运行机制，但都必须结合当地的资源条件。没有哪一种生态补偿模式对所有地区都有效，开发规模越大，其开发和实施的难度和复杂性就越高。绿岭公司充分利用高校的技术资源优势，引入商业资本，实现了河北省太行山丘陵区生态内部化，将发展现代生态循环农业理念付诸实践，形成了“立体式”生态循环农业，为太行山丘陵区补偿内部化模式提供了很好的成功范例，实现了这一地区经济的跨越式发展。

参考文献

[1] 毛显强，钟瑜，张胜．生态补偿的理论探讨[J]．中国人口、资源与环境，2002。12(4)：38～41

[2] 沈满洪，杨天．生态补偿机制的三大理论基石[N]．中国环境报，2004－03－02(第4版)

[3] 任勇，俞海．冯东方．生态补偿机制的概念需界定[N]．中国环境报，2006－09－15(第4版)

[4] 马平安，段惠敏．河北省太行山低山丘陵区农业综合开发的几个战略问题[J]．河北省科学院学报，1999，16(1)：55～57

[5] 河北省山区经济技术开发办公室．“河北省太行山区千万亩片麻岩山地综合开发治理技术研究”项目[R]，项目编号01230113D，起止年限1999.1～2002.12

[6] 王跃生，韩忠欣．西部开发中的生态环境难题：制度经济学的分析[J]．经济纵横，2002(4)：12～15

[7] 梁红叶．对建立抚顺东部山区生态补偿机制若干问题的探讨[J]．环境保护科学，2007，33(5)：44～46

[8] 许永兵．建立生态补偿机制 促进可持续发展[N]．河北日报，2007－12－04(第6版)

作者简介：第一作者：赵瑞波(1981－)，男，汉族，河北农业大学商学院硕士研究生，从事农业经营与企业管理研究。

通讯作者：李建民(1963－)男，汉族，河北保定市人，博士，河北农业大学商学院教授，硕士研究生导师，从事企业管理与技术创新方面的研究。

第三作者：侯小娜(1983－)，女，汉族，河北农业大学商学院硕士研究生，从事农业经营与企业管理研究；

第四作者：郑亚男(1983－)，女，汉族，河北农业大学商学院硕士研究生，从事林业经济管理研究；

第五作者：杜淑芳(1985－)，女，汉族，河北农业大学商学院硕士研究生，从事农业经营与企业管理研究。

云南省森林碳汇贸易制度研究

文冰　曹超学　王见
（西南林学院经济管理学院，昆明，650224）

摘要：云南省以其得天独厚的气候条件和丰富的生物多样性资源，被中国政府选定为“林业碳汇”生态项目试点地区。本文分析了云南省森林碳汇生产潜力及其价值、开展森林碳汇项目所面临的诸多制度缺陷，进而从为实施林业CDM项目提供保障和利用CDM规则思路加速生态环境建设的两个角度出发，提出制度体系的建设思路。

关键词：清洁发展机制；森林碳汇；制度建设；云南

Study on Institution of Forest Carbon Sequestration Trade in Yunnan Province

WEN Bing, CAO Chao-xue, WANG Jian
(College of Economic Management, Southwest Forestry University, Kunming 650224)

Abstract: Yunnan Province was designated by Chinese government as an important trail area for conducting forestry carbon sequestration ecological program because of its incomparable climatic conditions and rich resource of biodiversity. The potential of forest carbon sequestration and its value in Yunnan Province and the institution lacking problems from initiating to accomplishing process of forest carbon sequestration programs in Yunnan Province were analyzed. The approaches to construct institution system for forest carbon sequestration trade in Yunnan Province were proposed starting from two aspects, i. e. , providing policy insurance for implementation of forest CDM programs, and promoting the building of ecological environment through making use of the ideology of CDM regulations.

Key words: Clean Development Mechanism (CDM); Forest carbon sequestration; Institution establishment; Yunnan Province

清洁发展机制(Clean Development Mechanism，简称CDM)是《京都议定书》三机制中唯一与发展中国家相关的国际贸易制度，通过实施清洁发展机制项目，发达国家可以在发展中国家投资，在工业、交通和能源部门中实施提高能源效率、开发再生能源等项目，减少温室气体排放源；同时，可以通过实施有关土地利用变化、农业和林业等方面的项目，增加生态系统的吸收汇，这些项目产生的实质性温室气体减排量，可以用来实现发达国家在《京都议定书》中承诺的减排目标[1]。它的实施既能使发达国家以低于国内成本的方式获得温室气体减排量，又有利于促进发展中国家的社会经济可持续发展，促进发达国家向发展中国家提供资金和技术。

云南省以其丰富的生物多样性资源，被我国政府选定为“林业碳汇”生态项目试点地区[1]，然而在项目启动和实施中面临诸多制度缺陷问题，为此作者重点分析云南省森林碳汇生产潜力及开展CDM面临的问题，探索建立云南省开展相关项目的制度平台，并以此为契机，提出加速生态环境建设、延缓气候变化的政策建议。

1 云南省开展森林碳汇项目的意义

1.1 史无前例的商机

森林碳汇交易是国际贸易市场上前所未有的事件，活跃的碳交易市场和巨大的经济利益，促使各国政府和民间积极行动。据联合国和世界银行预测，全球碳交易市场潜力巨大，预计2008~2012年，全球碳交易市场规模每年可达600亿美元，2012年全球碳交易市场将达到1500亿美元，有望超过石油市场成为世界第一大市场[2]。截至2008年5月，我国已有1295个CDM项目获国家批准，这个数字增长很快。云南省要抓住这个机遇，采取积极的行动，早行动早获利，可以让云南省林业发展获得净增加的投资，此外还能引进发达国家先进的营林技术和管理方法，改善生态环境条件。

1.2 发挥资源优势

云南省是全国重点林区省份，森林资源在全国名列前茅。光热资源丰富，雨水充沛，森林平均生长量为3.34m^3/(hm^2·年)，高于国内其他地区，说明吸收二氧化碳的能力强，碳汇的产量高，已被国家列为国内生产森林碳汇的优先选择区域。开展森林碳汇项目可以与当前的木本生物质能源林(如膏桐)、生态公益林的营造结合起来。

1.3 响应和落实国家的部署

减缓气候变化，发挥大国作用，是中国政府对国际社会的承诺。我国政府对林业碳汇项目的态度日渐积极，已初步确定造林再造林碳汇项目优先发展区域和次优先发展区域中，云南省都名列前茅。这说明云南有能力争取更多的CDM碳汇项目，另一方面也说明云南有义务、有责任争取更多的该类项目，响应国家对CDM碳汇项目的积极态度。

2 云南省森林碳汇生产潜力分析

云南省是全国重点林区省份，地处长江、珠江等六大江河的源头或上游，山地面积占全省国土面积的94%，林业用地面积占63.37%。目前，全省的森林面积达1909.9万hm^2，森林总蓄积达15.5亿m^2，森林覆盖率近50%，森林资源在全国名列前茅。

根据2002年森林第四次“连查”结果，林业用地中无林地面积达421.81万hm^2，其中宜林荒山荒地面积、采伐迹地面积、火烧迹地面积和宜林沙荒地面积分别为406.93，10.08，4.32，0.48万hm^2，光热资源丰富，雨水充沛，森林平均生长量为3.34 m^3/(hm^2·年)，高于国内其他地区(表1)，是国内生产森林碳汇的优先选择区域。

2.1 云南省森林固碳潜力估算

2.1.1 森林固碳潜力估算模型

根据F-CARBON模型[1]，森林固碳潜力要考虑森林生长对大气碳的吸收与木材利用与采伐中的碳排放。森林每年对大气碳的吸收量计算公式为：

$$SINK = \sum_{i=1}^{5}\sum_{j=1}^{5} AREA_{i,j} \cdot GROWTH_i \cdot AGEGR_j \cdot WODEN_i \cdot CRCNT_i \cdot ASTEM_i \cdot TOTAG_i$$

式中：i 为区域；j 为龄级；$AREA_{i,j}$ 为各区域各龄级森林面积（hm^2）；$GROWTH_i$ 为各区域森林单位面积年生长量（m^2/hm^2 · 年）；$AGEGR_j$ 为各龄级生长率因子；$WODEN_i$ 为木材密度（t/m^3）；$CRCNT_i$ 为单位干重木材的含碳量；$ASTEM_i$ 为树干生物量折算成地上部分生物量的系数；$TOTAG_i$ 为地上部分生物量折算成总生物量的系数。各相关数据和系数见表1[1]。

表1 用于计算中国森林吸收大气碳潜力的 F－CARBONO 模型参数

参 数	地 区				
	东北	西南	东南	华北西北	西藏
碳含量（tC/t）	0.45	0.45	0.45	0.45	0.45
木材密度（t，/m^3）	0.44	0.48	0.38	0.40	0.51
地上与主干生物量比例系数	1.20	1.30	1.20	1.30	1.20
总生物量与地上生物量比例系数	1.30	1.40	1.30	1.30	1.30
森林土壤碳密度（tC/hm^2）	163.80	167.10	73.20	159.90	205.40
森林生长量（m^3/hm^2 · a）	2.91	3.34	2.81	2.91	2.48
各龄级相对生长速率	0.70（幼林）	1.15（中龄林）	1.20（近熟林）	1.15（成熟林）	0.8（过熟林）
枯落物和采伐剩余物分解参数	0.10	0.30	0.30	0.15	0.10
采伐剩余物燃烧比例	0.10	0.30	0.70	0.10	0.10
枯落物量系数	0.025	0.014	0.013	0.033	0.010
轮伐期（年）	80	40	30	60	100
每年进入下一龄级的比例	0.06	0.10	0.12	0.08	0.05

2.1.2 云南省无林地造林碳汇潜力估算

本研究仅计算今后10年在无林地上的造林，均看作幼林，没有采伐，故不用计算木材利用与采伐中的碳排放量；另外由于树种和龄级尚不确定，故各龄级生长率因子均以幼林为计算值，则每年碳汇生产量的计算公式为：

碳汇量（t/年）= 森林面积（hm^2）× 森林单位面积年生长量（m^3/hm^2 · 年）× 幼林生长率因子 × 木材密度（t/m^3）× 单位干重木材的含碳量 × 树干生物量折算成地上部分生物量的系数 × 地上部分生物量折算成总生物量的系数

计算结果为：

碳汇量（t/年）= 4218100 × 3.34 × 0.7 × 0.48 × 0.45 × 1.3 × 1.4 = 3876917.13

即若将现有4218100 hm^2 的无林地都造林成活后，每年大约可生产碳汇387.7万t，年均0.92t/hm^2。10年后总量为3877万t。

将此估算结果与“云南省腾冲森林CDM项目”做对比，该项目将营造476.14 hm^2 混交林，按照CDM执行理事会公布的方法学测算项目执行10年后（2016年）生产碳汇总量为5432t，即年均生产碳汇543t，每年1.14t/hm^2，比云南省测算的年均生产0.92t/hm^2 多出0.22t/hm^2，由此可见，上述云南省森林固碳潜力估算结果仍是保守数字。

2.2 云南省森林碳汇价值潜力估算

根据表2[1]和云南省腾冲森林CDM项目碳汇售出价格（10美元/t C），云南省森林碳汇价值潜力为38770万美元，按今年5月份美元与人民币汇率中间价1:6.98，折合人民币为27.06亿元，即10年后云南省森林碳汇价值约为27.06亿元。

表2 常见的碳汇价格参考价格一览表

碳汇价格	单 位	适用范围	出处或使用资料
10~15	美元/t C	国际	徐慧萍．对森林碳汇及试点的研究
10~20	美元/t C	中国	张小全．森林碳汇项目产权界
3~4	美元/t C	国际	芝加哥气候交易所
10~14	美元/t C	国际	世界银行原型碳基金
260.9	元/t C	中国	中国生物多样性国情研究报告

3 云南省实施森林碳汇项目的制度缺陷分析

云南省是我国开展森林碳汇项目研究最早的省份之一。在腾冲县、双江县已开展CDM项目，期望尝试将造林固定的二氧化碳，通过京都市场或非京都市场进行碳交易，获取的收益作为森林生态效益补偿，提高社区群众造林和管护森林的积极性。

3.1 云南省开展森林碳汇项目存在的问题

(1)对项目及其前景认识不足。公众甚至多数政府管理者不了解什么是CDM项目，什么是碳交易，更不了解碳市场，对于碳市场能为云南省带来经济利益和生态利益并不知晓。

(2)碳汇项目建设能力非常有限。由于只有少数研究者和政府部门了解相关知识，专业队伍力量薄弱，项目从前期的申请、审批，中期的实施、监测，到后期的售出都需要有专业人员和专营实体参与，这部分的队伍尚未建立起来。与工业和能源CDM项目相比，造林碳汇项目在实施过程中存在很多技术问题，这也是目前云南省水电CDM项目屡报屡中，而造林项目进展缓慢的原因。政府部门开展森林碳汇项目的能力建设力度不够，相关研究队伍的建立和技术力量的整合不足。

(3)政府政策支持力度不够。实施碳汇项目的区域和企业并没有得到政策上的支持。除了有关项目管理办公室提供资金、技术和设备帮助试点县完成项目申请工作，以及省林业厅协调林业项目帮助试点县解决部分资金问题外，从国家层面到省市层面尚无其他的政策支持森林碳汇项目。

(4)有能力实施项目的企业少。根据国家发改委的规定，政府部门不能作为森林碳汇项目的实施主体，必须由独立的企业来实施。对于实施森林碳汇的企业有着比较严格的规定：必须有从事造林和森林经营管理的经验，资产及负债水平都有较为严格的要求，能够负担项目所必需的开支(从已实施的项目来看，企业的资产至少在1000万以上)。但是，要将碳汇项目在更广范围实施，就需要更多领域的企业来投资或实施项目。就目前的情况来看，有意愿参加森林碳汇项目的企业，要么具备资金，但没有营造林及森林管理的能力；要么有一定的森林经营能力，但企业的资产不足。

(5)缺乏相应的综合信息平台。森林碳汇贸易的参与者对碳汇管理政策、项目申请规程、造林技术规范以及碳汇市场信息的不甚了解，使得森林碳汇的潜在利益未能得到企业的重视，即使企业有能力参与也会因上述问题望而却步，没有企业在前景不明朗时自愿承担前期调研成本[3]。

(6)缺乏服务性的中介机构。由于森林碳汇项目具有投资大，周期长，程序复杂的特点，在整个项目实施过程中，都蕴含各种各样的风险，如自然风险、经济风险、市场风险、政策风险等。依靠企业无法独立完成，需要有专门从事项目文件设计、林木培育技术咨询、碳汇贸易市场营销等机构的支持，否则企业难以承担这些交易成本。

3.2 云南省开展森林碳汇项目存在的制度缺陷分析

3.2.1 激励机制不健全

激励机制不健全表现在：林权界定工作还相对滞后，有资金的企业没有林地，租用集体林地的前提条件就是有明晰的林权。

长期以来参与森林培育，改善生态环境的项目是由国家投资，市场在没有利益时承担这种提高社会效益项目的积极性不足，政府对生产碳汇或碳源的企业没有奖罚政策，没有对森林碳汇项目的投资融资予以政策上倾斜，市场参与生态建设的积极性难以调动起来。

3.2.2 管理制度体系不健全

云南省缺乏针对本省林地、林木和技术资源的指导性规划和管理政策。虽然云南省已经被国家列为优先开展森林碳汇项目的区域，但省内并未出台相应的政策与措施，缺少抢抓国际社会应对气候变化带来的商业契机的能力，以及顺势建立市场参与政府主导的林业生态工程建设投融资体系。

相关科技管理与服务不到位。缺乏由政府提供的信息平台和交易平台，森林碳汇交易涉及到国家之间、企业之间的联系，特别在森林碳汇项目的初期阶段，人们对《京都议定书》等相关国际协定等信息还了解不多，对国际碳信用需求信息闭塞，为了推进森林碳汇市场化，需要政府提供信息与交易平台。

相关政策不健全，如对几个造林项目争用同一林地、项目实施年限中林地用途变更、无林地的使用规划等缺乏相应的政策。

4 构建云南省开展森林碳汇贸易的制度体系

制度体系的构建原则：一是为在云南省顺利实施林业 CDM 项目提供保障，二是利用 CDM 思路和规则加速生态环境建设[4](图 1)。

4.1 为开展 CDM 碳汇项目的制度建设

云南省具有开展 CDM 碳汇项目的巨大潜在优势：从宜林荒地、林木生产速率、社会经济文化状况及生物多样性状况等四个方面综合来看，云南省存在明显的有利条件。

4.1.1 对外吸引国际买家的制度建设

(1)完善云南宜林土地承包制度。任何一个碳汇国际买家都不愿意与其造林地产权不明晰的实施者签订协议。云南省正在实施集体林地林权制度改革，而对于符合 CDM 碳汇项目的宜林荒地的产权改革尚未系统开展。因此，云南省应当进一步完善土地承包制度。具体来说，可以有以下两条思路：第一，针对适合开展 CDM 碳汇项目的土地，在原来的承包合同基础上，分别延长相应的承包时期，使得这批土地的承包时期一方面能够满足当前 CDM 碳汇项目计入期的要求，另一方面还要有利于续签新的承包合同。第二，针对适合开展 CDM 碳汇项目的土地，可以暂不延长承包时期，但应以制度形成承诺：如果有国际买家准备开展碳汇项目，则可以及时延长其土地承包期以满足项目计入期要求。在制度上鼓励以林场作为中介让农户与项目实施企业签订相关协议，约束农户将来可能出现的违约行为。

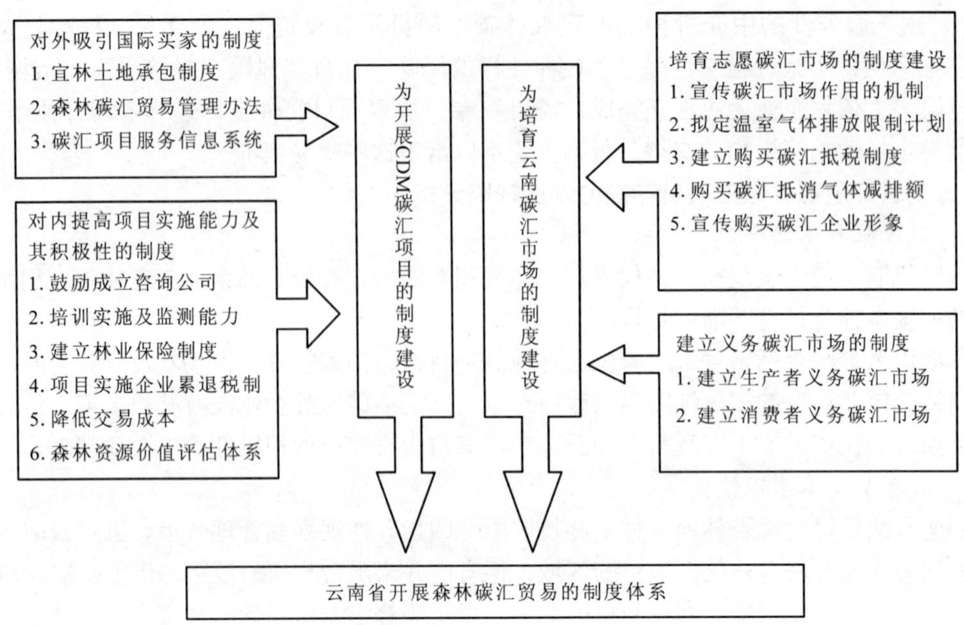

图1 制度体系构建图

(2)出台云南省森林碳汇贸易管理办法。该办法旨在调整和规范参与碳汇贸易各方的行为和关系，以促成云南省森林碳汇贸易的顺利进行。

(3)建立云南 CDM 碳汇项目服务系统。建立云南 CDM 碳汇项目服务系统。该系统的将有两大子数据库构成，一个是面向国际买家的云南潜在 CDM 项目信息的子数据库，另一个是面向(潜在)项目经营者 CDM 的规则、碳汇市场信息子数据库。

4.1.2 对内提高项目实施能力及其积极性的制度建设

(1)建设鼓励成立咨询公司的短期制度。目前林业企业申报项目困难主要是企业不熟悉项目设计要求，不能够顺利起草项目设计书造成的。政府应当出台一些类似于对经济开发区招商引资的短期激励制度，来鼓励成立一批主要从事 CDM 碳汇项目申请及实施研究和提供相关咨询的公司，以协助对林业碳汇有兴趣的企业完成项目设计书的编写、项目的申请等初期工作，降低其风险。随着在云南开展 CDM 碳汇项目数量的增加，许多参与企业将逐渐了解、熟悉相关流程，有可能使咨询公司的作用逐渐削弱，因此这些制度只能是短期的。

(2) 建设培训实施及监测能力的长期制度。申请到一个 CDM 碳汇项目，对项目实施主体来说只是完成了第一步工作。后续的项目实施及监测才是真正地体现其碳汇提供能力的方面。因此政府有必要建立一种通过培训以提高项目实施及监测能力的长效机制。这包括两个方面，即项目实施能力的培训和项目监测能力的培训。项目实施后，对于项目边界内碳库的温室气体吸收量基准线是否发生变化，项目的环境影响，社会经济影响以及相关者违约行为的监测等能力。

(3)建立林业保险制度。自然灾害会使森林的碳贮量部分或全部发生逆转。有必要通过建立林业保险制度来降低生产者需要承担的风险。首先要推进林业保险立法，其次是政府要对林业保险制度给予大力支持。对于参保的林业生产实体尤其是林农，政府应给予一定的财政补贴，而且保险费率越高，给予的补贴越多。对于从事林业保险的经营实体，政府除给予其适当的补贴外，还应通过再保险业务对其提供必要的支持。第三是实行强制保险与自愿保险相结合，提高参与率。

(4)对 CDM 碳汇项目实施企业累退税制。累退税税制设计的原理是企业购买的森林碳汇量越大，企业总体收益适用的所得税税率就越低。这样做的好处一方面是让参与生态建设的生产企业获得了经济回报，另一方面使林业建设所需资金的流转渠道由“工商业企业上交财政税收——财政拨付林业建设资金——林业企业从事营林生产”转变为“工商业企业支付林业建设费用——林业企业从事营林生产”，资金链得以缩短，可有效地避免林业建设资金被挪作他用。

(5)采取有效措施降低交易成本。一是在 CDM 下的措施。包括通过设计和使用标准化的合同来降低谈判费用，降低实施成本；采用简化和标准化的交易程序来减少计量和核实的费用；通过扩大碳信用市场和项目规模来发挥规模经济效应，降低单位交易成本；通过加深与政府和社区的理解，协调好利益各方的关系，获取他们的支持，降低项目的实施成本。二是可以借鉴 PCDM 机制。PCDM 是指在某一规划方案之下，通过添加不限数量的相关 CDM 规划活动，与没有此规划方案活动相比，产生额外的温室气体减排或增加温室气体汇的效益。同现有的 CDM 机制相比，PCDM 只需向 EB 申请一次，经批准后可不断增加符合规定的活动，固能有效降低交易成本；而且 PCDM 项目可延伸到家庭范围，与现在林权改革所形成的山林权属分散到各家各户的产权结构正好符合，更有利于经济、社会和环境目标的实现。

(6)建立云南森林资源价值评估体系。建立云南森林资源价值评估体系，该体系的目的在于帮助具有潜在 CDM 项目的地方全面系统评价项目可能带来的价值，而不能仅考虑碳汇销售价值。

4.2 为培育云南碳汇市场的制度建设

推进云南碳汇市场的形成，总体上分为两大阶段：第一阶段是培育碳汇志愿市场的形成，亦即促使组织或个人自愿购买碳汇；第二阶段是建立碳汇义务市场，即强制相关组织或个人购买碳汇。第二个阶段又分为两步，首先是形成作为生产者的碳排放主体义务市场，然后形成作为消费者的碳排放主体义务市场。

4.2.1 培育志愿碳汇市场的制度建设

先培育志愿市场，目的是给人们一个缓冲过渡期，即需要把本来属于免费品的清洁大气要开始收费这一理念让人们消化接受，之后建立义务市场就相对容易一些，也利于社会稳定。

(1)形成宣传碳汇市场作用的机制。事先宣传一项政策的作用并使之为人们所接受对它的顺利推行非常关键，政府应该设立专门机构对以下内容进行广泛深入宣传：人类排放温室气体对气候变化的影响；气候变化对人类社会的影响；森林对温室气体，尤其是 CO_2 的吸收汇集功能；森林的其他生态功能；目前推动云南省林业发展的主体及面临的问题；碳汇市场对云南林业发展的作用；云南林业发展对云南乃至全国、东南亚的多重作用。

(2)拟定并宣传云南省温室气体排放限制计划。当气候变化对人类生活的影响在云南深入人心的时候，当人们不再认为担心毫不节制地向大气中排放温室气体的严重后果是杞人忧天的时候，拟定并宣布云南省温室气体排放限制计划就比较容易为人们接受了。这项计划旨在遏制并减少省内组织或个人向大气中排放温室气体的速度，并最终使得碳排放量等于碳吸收量，以达到碳平衡。宣布这项计划的主要目的是要人们了解到，若干年后(即计划准备实施的时间)超标碳排放将不再是免费的，相应的组织和个人必须为其行为付出代价，从而鼓励公众及早考虑如何减排或者通过其他清洁生产手段抵消其减排量。

(3)建立购买碳汇抵税制度。在经济欠发达、市场尚不完善的云南省，寄希望于组织或个人在得不到任何利益的情况下，自愿购买碳汇是不现实的，所以可以通过抵其应缴税额来鼓励人们购买碳汇。

(4)建立购买碳汇抵消将来温室气体减排额制度。除了抵缴其目前的税款，政府也应当允许自愿购买碳汇的组织和个人用其购买的碳汇数量抵扣其将来可能承担的义务减排额(而不是抵其税款)，即通过该项政策，当期购买碳汇相当于为远期储备了一定的温室气体排放权，或者事先履行了一定的减排义务。

(5)建立宣传购买碳汇企业形象的制度。为了吸引更多的企业购买碳汇，以更好地推动志愿碳汇市场的建立，政府可以建立在志愿市场阶段为购买碳汇的企业进行形象宣传的制度。考虑到个人及非营利性组织对公众形象价值的需求水平较低，因而此项政策只是针对企业设计。另外，享受该制度并不影响企业享受抵税制度或抵扣将来温室气体减排额制度。

4.2.2 建立义务碳汇市场的制度建设

只有通过建立义务碳汇市场，才能持续地推动碳汇生产。如果前期志愿碳汇市场发育良好，则建立义务市场就水到渠成了。

(1)建立生产者义务碳汇市场。考虑到生产活动是云南最主要的温室气体排放源，所以首先建立生产者义务碳汇市场。如果前期减排计划做的足够细致而且其实施条件没有发生太大变化，在这个阶段只需要依计划执行即可。

(2)建立消费者义务碳汇市场。建立消费者义务碳汇市场的目的是通过林业项目给温室气体排放超标者一个补偿的手段，最终达到净化大气的目的。基于这一宗旨，并考虑到机动车尾气已成为大中城市主要的大气污染源，且云南是中国非公交机动车使用率较高省份的事实，这项政策要求除了把氮氧化合物折合成 CO_2 当量外，也应按照一定的技术将汽车尾气中的其他有害成分折合成 CO_2 当量，一并计入非公交机动车消费者的排放水平。

参考文献

[1] 伊凡．最新中国林业碳汇管理政策及应对策略工作手册[M]．北京：中国科学技术出版社，2007：143～388

[2] 国家发展和改革委员会国家气候变化对策协调小组办公室．中国清洁发展机制网．http：//cdm. ccchina. gov. cn，2008－5

[3] 杨水清，文冰，方小林．基于 Web 的森林碳汇信息服务系统的研究[J]．中国林业经济，2008(2)：9～11，19

[4] 王见，文冰．我国“非京都规则”森林碳汇市场构建研究[J]．中国林业经济，2008(3)：27～31

作者简介：第一作者：文冰(1957－)，女，湖南华容人，硕士，西南林学院经济管理学院教授，书记，从事森林资源利用与政策研究。

德惠市三北工程后评价指标体系构建及生态效益评价

支玲　张永洁　刘燕
（西南林学院经济管理学院，昆明，650224）

摘要：论文在明确林业生态工程投资项目后评价内涵的基础上，建立德惠市三北工程投资项目后评价的指标体系；通过三北工程生态效益的实证分析，提出持续开展防护林工程的对策建议。

关键词：德惠市；三北工程；后评价指标体系；生态效益评价

Study on Indicators for Post – Evaluation and Assessment of Ecological Benefit of the 3 – North Program in Dehui City

ZHI Ling, ZHANG Yong-jie, LIU Yan
(College of Economic Management, Southwest Forestry University, Kunming 650224)

Abstract: In the basis of clearly the connotation of Post – Evaluation of investment project of forestry ecological program, this study developed indicators for Post – Evaluation of investment project of the 3 – north program in Dehui City, Several strategies were proposed for sustainable development of the shelterbelt forests program based on analyses of Ecological benefit of the 3 – north program in Dehui City.

Key words: Dehui City; The 3 – north program; Indicators for post – evaluation; Assessment of ecological benefit

当前，全社会对林业生态工程建设的热情空前高涨，国家对林业生态工程建设的投资力度也大幅度提升，这就需要发挥林业生态工程评价体系的作用，进一步规范、促进林业生态工程健康持续快速发展。

我国林业生态工程的后评价工作仍处于起步阶段。对林业生态工程后评价的理论与应用进行深入系统研究，对实现有限森林资源合理优化配置，提高投资管理决策水平，促进林业生态工程健康持续快速发展具有指导意义。

我国的“三北”防护林工程因建设期限长、范围广、投资多、效益大而被誉为“世界生态工程之最”。“三北”防护林工程自 1978 年启动以来至今已经建设了 29 年，已经完成了第一

* 国家自然科学基金项目(70373001)资助，德惠市林业局提供资料并给予帮助。

阶段(1978~2000年)的一、二、三期工程建设，正在进行第二阶段的第四期工程建设。本研究结合德惠市三北工程的特点，建立林业生态工程后评价的指标体系，对三北工程第一阶段生态效益进行评价，试图在提高工程的有效性和持续性方面作些探讨。

1 德惠市三北工程后评价指标体系构建

1.1 项目后评价的定义

德惠市三北工程后评价属于林业生态工程后评价范畴。林业生态工程后评价是投资项目后评价理论与方法的应用性研究。

国内外学者和实践工作者从不同角度提出过不少项目后评价的定义。广义的项目后评价概念可作如下界定：即对当前正在实施的或已经实施完的项目活动，按照不同的要求、不同的内容进行回顾、检查和总结分析，对照原定目标，判断其合理性、有效性，从中得出经验与教训，并预测未来前景，提出改进措施，向决策部门反馈，用以改善现时管理，指导未来决策的活动。

项目后评价是指对已经完成的项目或规划的目的、执行过程、效益、作用和影响所进行的系统的客观的分析。通过对投资活动实践的检查总结，确定投资预期的目标是否达到，项目或规划是否合理有效，项目的主要效益指标是否实现，通过分析评价找出成败的原因，总结经验教训，并通过及时有效的信息反馈，为未来项目决策和提高完善投资决策管理水平提出建议，同时也为被评项目实施运营中出现的问题提出改进建议，从而达到提高投资效益的目的[1]。

1.2 林业生态工程后评价的内涵

林业生态工程后评价主要指对已实施或完成的林业生态工程的建设目的、执行过程、综合效益及可持续性等进行系统、客观的分析评价，以确定预期目标是否达到，建设过程是否合理，管理是否科学，工程建设综合效益发挥的好坏以及后续发展能力的大小等，通过开展林业生态工程后评价工作，总结经验教训，并通过及时有效的信息反馈，为本工程或未来新项目的决策、管理和建设提出合理化建议，从而达到实现林业生态工程建设效益最大化的目的。

由于林业生态工程建设是通过人类一系列的动态活动来实现，作为对它的后评价涉及因素包括生态、经济、社会等诸方面。从微观角度看，后评价与单个或多个林业生态工程有关；从宏观角度看，林业生态工程后评价是对整体社会经济活动情况进行的审查和反思。就这些因素而言，相互之间都不是孤立的，而是存在着广泛的、多层次的相互联系、相互制约、相互作用；同时，这些因素在基础理论的指导下，按一定结构进行分析，就可以得出评价的结论[2]。

1.3 德惠市三北工程项目后评价的指标体系构建

开展林业生态工程项目后评价工作，重要内容就是构建林业生态工程投资项目绩效评价指标体系。

1.3.1 林业生态工程投资项目绩效

林业生态工程投资项目绩效是林业生态工程投资的全部经济投入与全部产出之间的关系。投资绩效实际上就是投资效率，但是，中国的理论工作者和实际工作者之所以称“绩效”而不是效率，鉴于以下两点理由[3]：第一，效率的分析方法主要是成本—收益分析方法，而林业生态工程投资属于公共投资，公共投资的成本－收益难以界定。第二，效率的表现形式是成本－收益的比较关系，成本和收益都是以价格的形式直接表现出来的，而公共投资的成本和收益并不是都以价格的形式直接来反映。公共投资绩效评价是通过对公共投资活动取得的社会、经济和生态效益高低的衡量来反映财政职能的履行情况。林业生态工程投资项目绩效评价内容有经济效益、社会效益和生态效益评价。

1.3.2 德惠市三北工程投资项目绩效评价指标体系

目前，我国正在实施的林业生态工程有六大工程，除工程之间具有不同的特点外，同一工程内部由于实施区域不同，也有各自的特点，尤以三北工程最为明显，如平原防护林体系、山地防护林体系、沙区防护林体系等，其效益表现有区别，很难用一套指标体系将其效益表现出来。本文针对德惠市三北工程的特点构建投资项目绩效指标评价体系(图1)。

(1)生态效益评价指标。生态效益是营造防护林体系所追求的主要效益，研究内容包括改善作物生长环境、防风固沙、提高土壤肥力、净化空气、保持水土效益等方面。三北防护林体系立足于当地干旱、风大、多灾的实际情况，因地制宜，适地适树，以带、片、网的不同布局方式为主要特征而营造的，所以具有明显的生态效益。

(2)经济效益指标。经济效益后评价是对项目的财务指标等进行分析。林业生态工程投资项目的成功与否与经济效益密切相关，如果仅重生态效益而或忽视经济效益的话，项目很难成功。

设置投资项目后评价指标是从数量角度衡量和分析项目实际效果与预测效果的偏离程度，为项目后评价的定性分析提供依据。与投资项目前评价相适应，综合考虑项目后评价的特点，从经济的微观效益和宏观效益出发，对防护林体系进行经济效益评价应包括净现值、内部收益率、获利指数、投资总额、国内生产总值的变化、活立木储备价值等指标。

(3)社会效益指标。林业生态工程社会效益是后评价的内容。社会效益主要包括三北防护林项目对当地人民生活水平的影响、防护林项目对资源合理利用的影响、对科技进步的影响，还包括项目区人口与劳动力、项目区工农业生产水平即资金与技术保障、项目区资源与环境、项目区组织保障和基础设施和其他。

2 德惠市三北工程第一阶段后评价——生态效益评价

2.1 德惠市三北工程发展概况

德惠市(原德惠县)位于吉林省北部、松辽平原的中部，地理坐标为东经125°14′~126°28′，北纬44°32′~44°45′。地形地貌为丘陵、台、川地和沙地。德惠市主要气候属寒温带半湿润大陆性季风气候，其特点：春季干燥多风，夏季温热多雨，秋季温和凉爽，冬季漫长寒冷。年平均风速4~5m/s，最大风速34m/s，多发生在4~5月份。

据2005年统计资料显示，全市下辖16个乡镇，4个街道办事处，总人口95万人，农业人口占全市总人口的82.66%。幅员面积3435平方公里，其中耕地面积21.4万hm^2。农民人均耕地0.28 hm^2，农民人均收入3950元，粮食每公顷产7665kg。全市国民生产总值94.2441亿元，其中第一产业占38.28%，第二产业占30.77%，第三产业占30.95%。

三北防护林体系建设前，德惠市旱涝、风雹、低温、虫等自然灾害严重。面对灾害，德惠市人民坚持发展农防林，积极抗灾。三北防护林工程启动以后，德惠市依托工程建设，大力建设综合性农防林，涝灾、风害得到有效的遏制。1978年，德惠市开始建设三北防护林

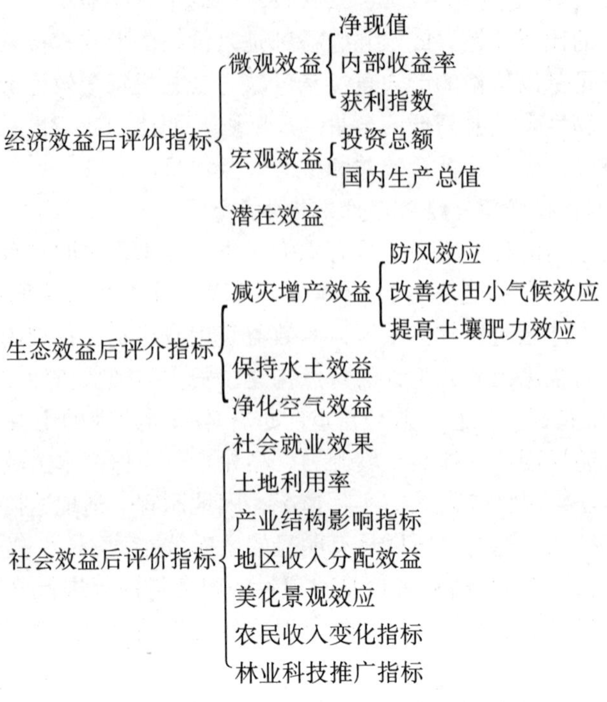

图1　德惠市三北工程项目后评价指标体系

工程体系。在1978～1985年一期工程期间，德惠市完成造林面积1.8875万hm^2。二期工程完成造林面积1.1402万hm^2，三期工程完成造林面积0.6万hm^2。德惠市自三北防护林工程建设以来，取得了很大的成绩。1996年以来，防护林的建设进入了一个新的时期，对成过熟林、残次林带的更新改造，建设生态经济型林业，完善农防林体系，成为德惠市林业发展的重点，工程实施后，新增森林面积350 hm^2，森林覆盖率达到8.9%。到2004年全市林业用地面积2.1025万hm^2，其中防护林面积0.8030万hm^2，用材林面积0.4592万hm^2，经济林面积0.0621万hm^2，特用林面积0.0002万hm^2，薪炭林面积0.0011万hm^2。

在三北防护林体系的建设中，德惠市的农田防护林发展尤为突出。一期工程结束全市共有农田防护林1.0467万hm^2，林带总长747万m，平均每亩农田有林带长2.3m。到1992年德惠市实现了农田林网化，林带总长度885万m，形成25 hm^2的网方7238个，林网控制农田面积19.8700万hm^2，占适宜林网面积的94.3%。1986年布海乡农防林建设获林业部优质工程奖，1987年布海片8个乡镇农防林建设获国家优质工程银质奖，1990年德惠县被林业部评为全国平原绿化先进县。截至2005年农田防护林1.9463万hm^2，活立木蓄积280万m^3，农田防护林长度1.3500万km，网眼数量7238个，林带1.4560万条，庇护农田13万hm^2。

2.2　德惠市三北工程第一阶段后评价——生态效益评价

德惠市三北工程经过第一阶段的建设除取得了一定的经济效益和社会效益外，生态效益非常明显。

2.2.1　降低风速，防风固沙

通过三北工程治沙造林为主攻方向的四大骨干工程的建设，德惠市已基本形成了带、

片、网、乔、灌、草相结合的多功能防护体系。据观测，通风结构林带，在树高 3H 处比对照点平均降低风速 25.7%；3～15H 内平均降低风速 37.9%；15～25H 范围内平均降低风速 23.8%；3～25H 内平均降低风速 31%；林带中心降低风速 11.4%。在防护林带的庇护下，从 1985 年以来，基本没有因风害毁种、补种的农田。

2.2.2 提高空气湿度，增加土壤含水量

据观测，在树高 20 倍有效防护距离内，林网后 25 倍树高范围内平均减少水分蒸发 20.4%，起到了抗旱保墒的作用。随着林网内风速的降低，土壤和作物蒸发出来的水汽可较长时间地停滞在林网内近地层，因而林网内的空气湿度得到提高，土壤含水量也相应的提高，为种子发芽和作物生长需要水分创造有利条件，特别是干旱年份，效果更为明显。据布海镇观测，林网内空气相对湿度平均提高 12.6%，在林带后 25 倍树高范围内土壤含水量增加 2.6%。

2.2.3 调节气温、地温，延长作物的生育期

早春时节，由于林带挡风，地面散发的热量不易被风吹走，局部热量交换少，从而提高了早春田间气温和地温，利于种子发芽出土及幼苗生长。据观测，在林带保护范围内空气温度比旷野地要高 1.9℃，种子比旷野地要提前 3～5 天发芽，发芽出土率平均提高 40%～60%，春秋两季可延长无霜期 10～15 天，减少了低湿的危害，提高了作物的产量。

2.2.4 减灾效益与增产效益

（1）防护林减少涝灾效益。德惠东部地区地势低洼，饮马河、伊通河、沐石河、雾开河都在该市东部汇入第二松花江，有"九河下稍"之称。易涝面积 9.8 万 hm^2，占全市耕地面积的 46%，低洼易涝区占总耕地面积的 45%。1951～1980 年 30 年记载，就有 21 年程度不同地遭受涝灾，累计受灾面积达 11.32 万 hm^2（5388.9 hm^2/年）。1956 年受灾面积最大，全市过水面积为 9.8 万 hm^2，成灾面积 8.135 万 hm^2，当年粮食产量 19.5 万 t，比 30 年平均产量 33.9 万 t 减少 14.4 万 t，减产 42.5%。1977 年成灾面积 2 万 hm^2，相当于 21 年平均受灾面积，比 30 年平均产量减少 3.24 万 t，减产 10%。这一年全市人均占有粮食 995 斤，人均年收入 63 元。

农防林建设后涝灾得到有力的治理，其减灾效益计算如下。

根据德惠市统计资料，防护林建设前，粮食单产为 1591.224kg/hm^2（33.9 万 t/21.3 万 hm^2），涝灾减产率为 10%～42.5%，2000 年玉米和小麦的平均单价为 1.2 元/kg。则：

防护林年减少涝灾或水灾效益 = 年平均受灾面积 × 粮食单产 × 减产率 × 粮食单价

= 102.8991（万元）～437.3214（万元）

（2）防护林减少风害效益。该市西部和中部丘陵地区为一般风害区，占耕地面积的 44%，年平均风害面积大约在 1982～3200 hm^2 之间。风害常使坡耕地全部毁种、补种，地表土跑土跑肥。

防林建设后风害现象减少，其减灾效益可通过减少毁种、补种效益和地表土跑土跑肥的粮食减产效益反映出来，计算如下：

根据德惠市统计资料，防护林建设前，粮食单产为 1591.224kg/hm^2，用种量为 30kg/hm^2，粮食减产率为 10%，种子单价为 1.2 元/kg。则：

防护林年减少毁种、补种效益 = 单位面积用种量 × 年平均风害面积 × 种子单价

= 7.1352（万元）～11.52（万元）

年粮食减产效益(地表土跑了，肥丢了)=粮食单产×年平均风害面积×粮食减产率×粮食单价=37.846(万元)~61.1030(万元)

防护林减少毁种、补种效益年均为7.1352万元~11.52万元，减少粮食减产效益年均为37.846万元~61.1030万元。

(3)防护林增产效益。据观测[4]在经营管理、轮作、施肥、种子等农业技术措施及地理条件完全相同的情况下，林带保护区内的玉米比对照地平均增产16.4%~33.3%，大豆平均增产20.2%~36%。另据测算[5]，每公顷农田防护林(农田防护林和其他防护林)可庇护农田20 hm^2，增产效益为15%。防护期按20年计算，林网化前每公顷农作物平均产量按1590kg计算(主要作物玉米产量)，2000年每千克粮食价格按1.2元计算，三北工程一、二、三期农防林的面积分别为2427.8 hm^2、3380 hm^2、2400 hm^2。则：农防林增产效益

=每公顷农防林可庇护农田面积×粮食单产×增产率×第一阶段农防林核算面积

$=20\times1590\times0.15\times\{[2427.8\times15]+[3380\times8]+[2400\times0]\}\times1.2=3.6$(亿元)

2.2.5 防护林水土保持效益

三北工程第一阶段建设后，德惠市森林覆被率达到8.9%。随着三北防护林体系建设的发展，内涝和水土流失基本得到治理。林带在护渠、固沙、生物排水方面发挥了重要的作用。德惠市丘陵漫岗区有8个乡79个村，水土流失面积6.7万 hm^2。这个市自1978年以来，总结推广了菜园子乡张家沟村“工程先行、植树后跟”的治理经验，控制了水土流失，为农业生产创造了良好条件，粮食产量逐年上升。

根据有关研究，每公顷森林护岸固土7.5 m^3[5]。根据中层黑钙土养分含量全N、全P、全K分别为0.1%、0.06%、2.5%，计算出每公顷森林护岸固土可减少损失N、P、K分别为7.5、4.5、187.5kg，其总量为199.5kg。按复合肥中N、P、K含量分别占15%，每千克化肥单价1.18元计算，每公顷可减少土壤养分损失106元。三北工程第一阶段发展除农防林外的森林2.81万 hm^2，可减少土壤流失21.075万 m^3，可减少土壤养分损失297.86万元，年平均12.95万元。

2.2.6 防护林净化空气效益

(1)固碳效益。根据生物量换算因子(BEF)的相关系数采用方精云等人[6]在Science上发表的测算数据，可以推算出德惠市三北防护林工程各优势树种生物量的计算公式：

$y_{(杨树)}=0.475x_1+30.6034$；$y_{(柳树)}=0.475x_2+30.6034$；$y_{(榆树)}=1.0687x_3+10.2370$；$y_{(落叶松)}=0.6096x_4+33.8060$；$y_{(杂木)}=0.7564x_5+8.3103$；$y_{(樟子松)}=1.09454x_6+2.0040$。其中，$y_{杨树}$、$y_{柳树}$、$y_{榆树}$、$y_{落叶松}$和$y_{杂木}$分别代表杨树、柳树、榆树、落叶松、杂木和樟子松的生物量；x_1、x_2、x_3、x_4、x_5、x_6则分别代表蓄积量。

三北工程第一阶段各期不同林龄树种分布面积的数据乘以优势树种各龄级的单位面积蓄积量可得到各优势树种的蓄积量。通过计算，德惠市三北工程第一阶段活立木总蓄积为261.8370万 m^3，总生物量为125.0597万t，固碳62.5299万t。按碳交易价格10美元/t[7](折合人民币每吨碳80元)推算出固碳总效益为5002.4万元，年平均固碳效益为217.49万元。

(2)制氧效益。据有关研究成果，每年生产1t干物质，释放氧气平均为1.41。德惠市三北工程第一阶段总生物量为125.0597万t，计算出制氧量总计为176.3万t，以全国工业制氧成本400元/t[8]为依据，推算出供氧效益为7.0534亿元，年均3066.68万元。

(3)吸附尘埃效益。限于资料的可获得性，本文仅从森林生态系统对 SO_2 的吸收和森林对降尘、飘尘的滞留过滤两方而采用恢复费用法估算增加森林增加对净化空气的价值。据有关研究成果，每公顷每年吸附各种尘埃 300～900kg，可计算出德惠市三北工程人工林吸附尘埃 1088.4 万～3265.2 万 t，以全国工业除尘成本 170 元/t[9]，其森林的吸附尘埃效益为 740112 万元。森林吸收 SO_2 的能力为 88.65kg/hm^2 [10]，SO_2 的投资及处理成本 600 元/t，将吸收 SO_2 的经济价值为 193.08 万元。估算增加的森林将净化空气吸附尘埃的效益为 74.0305 亿元，年平均 3.2187 亿元。

3 结论及对策建议

3.1 结 论

(1)构建林业生态工程投资项目绩效评价指标体系是开展德惠市三北工程项目后评价的重要内容。根据工程特点，德惠市三北工程后评价指标体系由生态效益、社会效益和生态效益评价指标构成。

(2)生态效益实证分析结果显示，通过三北工程第一阶段建设，德惠市已基本形成了带、片、网、乔、灌、草相结合的多功能防护体系，其减灾增产、水土保持、净化空气效益显著，三北工程的实施，改善了德惠市的农业生态环境，为社会经济可持续发展奠定了环境基础。

3.2 问题及对策建议

德惠市自“三北”防护林工程建设以来，虽然已经取得了较大的生态效益，但也存在一些问题，诸如树种结构单一、林龄结构老化、林木病腐严重、更新压力大、采伐指标少、林木产权不清、林木更新资金短缺、毁林现象严重等问题，制约生态效益的充分发挥。因此提出如下对策建议，促进“三北”防护林工程的可持续发展：加强林业实用技术的推广工作，提高人工造林科技含量；调整树种结构，提高防护林经营水平；建立健全生态效益补偿制度，激发林农经营管护森林的积极性；加强集体林权制度改革工作，明晰产权关系；探索森林资源采伐利用新机制，维护林农利益。

参考文献

[1] 白永前，叶萍，梁学东．电力建设项目后评价实践[J]．山西电力，2005(4)：60～62

[2] 刘勇．中国林业生态工程后评价理论与应用研究[D]．北京林业大学，2006.5

[3] 陈杰．某油田开发建设项目后评估经济评价[J]．项目管理通讯，2002(2)：22～25

[4] 梁徽霖，等．吉林省三北防护林建设[M]．哈尔滨：东北林业大学出版社，1987：240

[5] 宋文和，金德友．吉林省三北防护林建设20年成果荟萃绿色屏障[M]．北京：中国林业出版社，1999：138

[6] Fang J Y, Chen AP, Peng C H. Changes in forest biomass carbon storage in China between 1949 and 1998[J]. Science, 2001, 292: 2320～2322

[7] Promode K. 印度热带生态系统碳汇项目的真实成本[A]．碳交换机制和公益林补偿研讨会论文汇编．北京：中国林业出版社，2004：149～160

[8] 欧阳志云，王效科，苗鸿．中国陆地生态服务功能及其生态经济价值的初步研究[J]．生态学报，1999，19(5)：607～613

[9] 靳芳，鲁绍伟，余新晓，等．中国森林生态系统服务功能及其价值评价[J]．应用生态学报，2005，16

(8)：1531～1536
[10] 贾林平，蒋远胜，刘自娟．雅安市天保和退耕工程的生态效益评价[J]．资源与环境，2007，23(4)：352～354

作者简介：第一作者：支玲(1958－)，女，四川三台人，博士，西南林学院经济管理学院教授，副院长，从事林业投资项目评价及林业政策研究。

第二作者：张永洁(1982－)，女，山东东营人，西南林学院经济管理学院硕士研究生，从事林业经济管理研究；

第三作者：刘燕(1982－)，女，贵州六盘水人，硕士，西南林学院经济管理学院讲师，从事林业经济问题、国际贸易研究。

老秃顶子自然保护区生态系统服务效益计量

苏丹[1] 陈珂[1] 祝业平[2] 陈岩[2]

（1. 沈阳农业大学林学院，沈阳，110161；
2. 辽宁老秃顶子自然保护区，本溪，117200）

摘要：自然保护区的建立是保护生态系统服务的根本途径。为研究自然保护区生态系统服务效益，本文以辽宁老秃顶子自然保护区为例，综合运用生态经济学和环境经济学的方法，首次全面地对辽宁老秃顶子自然保护区林产品生产、涵养水源、水土保持、固定二氧化碳、森林净化大气、改善小气候、减轻水旱灾、游憩、保护野生生物和病虫害防治10种主要生态系统服务效益进行货币化计量。结果表明，辽宁老秃顶子自然保护区总的生态系统服务效益27410.46万元。最终，以此为依据为辽宁老秃顶子自然保护区可持续发展提出相关建议。

关键词：自然保护区；生态系统服务；效益；计量

Assessment of Ecosystem Services Benefit for Laotudingzi Nature Reserve

SU Dan[1], CHEN Ke[1], ZHU Ye-ping[2], CHEN Yan[2]

(1. Forestry College of Shenyang Agricultural University, Shenyang 110161;
2. Laotudingzi Nature Reserve of Liaoning Benxi, Benxi 117200)

Abstract: The establishment of Nature Reserve to protect ecosystem services is the fundamental way. Researching for ecosystem services benefits of Nature Reserve, this paper quantitatively assesses the ecosystem service benefits of Laotudingzi Nature Reserve in Liaoning Province, multipurpose using the methods of ecological economics and environmental economics. Ten benefits are calculated including forest production, soil and water conservation, soil melioration, C fixation O_2 release, air purification, micro - climate improvement, flood and drought abating, plant diseases prevention, forest recreation and wild living things protection. And the total value of the Laotudingzi Nature Reserve ecosystem services in Liaoning Province was 2.74×10^8 yuan (RMB). Finally, based on all of this study will make relevant recommendations of sustainable development for Laotudingzi Nature Reserve in Liaoning Province.

Key words: Nature reserve; Ecosystem services; Benefits; Assessment

生态系统服务是指对人类生存和生活质量有贡献的生态系统产品和服务。产品是指在市

＊辽宁省自自然科学基金资助：辽宁森林生物多样性评价、保护与利用(20072120)。

场上用货币表现的商品，服务是不能在市场上买卖，但具有重要价值的生态系统的性能，其内涵可以包括有机质的合成与生产、生物多样性的产生与维持、调节气候、营养物质贮存与循环、土壤肥力的更新与维持、环境净化与有害有毒物质的降解、植物花粉的传播与种子的扩散、有害生物的控制、减轻自然灾害等许多方面[1]。离开了生态系统对于生命支持系统的服务，人类的生存就要受到威胁，全球经济的运行也将会停滞。生态系统服务是客观存在的，生态系统服务与生态过程是紧密地结合在一起的，它们都是自然生态系统的属性。因此，生态系统服务功能是人类生存与现代文明建设的基础。

生态系统服务的研究开始于1970年Westman提出的"自然服务(nature'services)"的概念及其价值评估问题[2]。国际科学联合会环境委员会于1991年组织会议，讨论开展生物多样性的定量研究，由此促进了生物多样性与生态系统服务功能关系的研究以及生态系统服务功能经济价值评估方法的发展。1997年Nature杂志发表了由Constanza等13人合写的关于生态系统服务定价方法讨论的论文。并使这一课题逐渐成为生态学和生态经济学研究的新热点。

我国学者欧阳志云(1999)等人对中国陆地生态系统服务功能及其生态经济价值进行了研究，为我国社会经济环境的综合决策提供了科学参考[1]。陈仲新、张新时(2000)等按照自然状况分类，把中国植被类型划分为10类陆地生态系统和2类海洋生态系统，并参照Constanza等人的分类方法、经济参数与研究方法，对中国生态系统的功能与效益也进行了价值评估，结果大约为20万亿元[3]。张明军(2004)[2]、邓永红(2006)[4]、宝音都仍(2007)[5]等都对生态系统总经济价值的构成及其评估方法，以及不同地区、不同生态系统服务定价方法进行了探讨。

本研究在依据生态系统服务功能分类、生态系统服务经济价值构成以及基本评估方法基础上，对辽宁老秃顶子自然保护区生态系统服务效益进行了初步计量。并进一步阐明了其生态系统服务功能方面的重要性，为加强辽宁老秃顶子自然保护区的保护、建设与可持续发展提供科学依据。

1 辽宁老秃顶子自然保护区概况

辽宁老秃顶子国家级自然保护区位于辽宁省桓仁、新宾两县交界处，地理坐标为124°41′13″~12°55′15″E；41°11′11″~41°21′34″N，属于温带大陆性季风湿润气候，年平均气温5.2℃，极端最高气温36℃，极端最低气温-35.7℃。年无霜期133天，年降水量944mm，年平均相对湿度67%。棕壤是该地区的地带性土壤，多由花岗岩的残积母质演化而来，暗棕壤是该区的垂直地带性土壤。保护区总面积15217.3 hm^2，其核心区面积2800.2 hm^2，占18.4%，缓冲区9505.6 hm^2，占62.5%，实验区2911.5 hm^2，占19.1%[6]。1981年经辽宁省政府批准建立，1998年经国务院批准为国家级自然保护区，是以保护长白植物区系原生型的森林植被为重点的森林类型自然保护区。

老秃顶子自然保护区林木茂密，植物群落复杂多样，野生动物种类多、数量大。有较大面积的原生型森林植被，是辽东山地森林生态系统保存较完整的地区，森林的蓄积量为全省森林类型自然保护区之首。据统计，保护区内有植物1444种，其中新种有8种，国内新记录种有78种，东北新记录50种，辽宁省新记录198种。野生动物200多种，其中桓仁花蜥为一新种，河麂为辽宁新记录种，杂色山雀是我国除台湾外唯一分布的鸟类。老秃顶子自然保护区虽然属中山地带，但具有明显的植物垂直分布，是辽宁省四个典型中山带谱之一。自然保护区山势陡峻，主峰高1325m，较高的山顶海拔多在1100～1300m，形成了天然屏障，是辽宁省海拔最高的区域，素有“辽宁屋脊”之称[7]。

2 计量方法

在辽宁老秃顶子自然保护区森林生态系统研究结果基础上，参照对森林资源调查与自然保护区管理部门提供的有关数据，综合运用直接市场价值评估法、影子工程法、碳税法等价值评估方法，对辽宁老秃顶子自然保护区生态系统：林产品生产、涵养水源、水土保持、固定二氧化碳、森林净化大气、改善小气候、减轻水旱灾、游憩、保护野生生物和病虫害防治10种主要生态服务效益进行了价值计量。

3 辽宁老秃顶子自然保护区生态系统服务效益计量

3.1 林产品生产效益

林产品生产效益主要包括木材生产效益和林副产品效益两部分，其中木材生产效益的计量采用市场价值法，即：木材价值(元/年) = 木材生产量(m^3/年) × 木材市场价格(元/m^3)。

根据辽宁省第七次(2005)森林资源清查结果，老秃顶子自然保护区有林地面积14608.6 hm^2。根据对森林蓄积量、年生长总量、生长率、消耗量和生产木材量等因子的计算，每公顷年均生长量3.18m^3，综合出材率为60%。以2007年现价为例，按照不同林型和价格对老秃顶子自然保护区森林优势树种蓄积进行加权平均，得出平均价格为800元/m^3。因此，辽宁老秃顶子自然保护区森林木材生产效益为2229.8万元。

林副产品效益计量采用市场价值法计算，即：某类产品价值(元/年) = 本产品年产量(t) × 本产品当年市场价格(元/t)。根据对老秃顶子自然保护区实地调查资料进行统计，2007年保护区林副产品主要包括野果、药材、食用菌和山野菜四个方面的22种产品[6]，其效益见表1。

表1 老秃顶子自然保护区林副产品效益

Table1 By－product of forest benefits of Laotudingzi Nature Reserve

项　目	数量(t)	单价(元/t)	合计(元)
核桃 *Juglans mandshurica* Maxim	100	4000	4×10^5
红松籽 *Pinus sibirica*	50	20000	1×10^6
山葡萄 *Ampelospis heterophylla*	100	2000	2×10^5
山梨 *Pyrus ussuriensis* Maxim	100	4000	4×10^5
小猕猴桃 *Actinidia arguta*	10	6000	6×10^4
橡子 *quercus* spp	200	1000	2×10^5
人参 *Panax ginseng* C. Q. Mey	5	20000	1×10^5
细辛 *A. sieboldii Miq.* var. *seoulense* Nakai.	10	16000	1.6×10^5
穿龙骨 *Fossilia* Ossis Mastodi	50	2000	1×10^5
淫羊藿 *Epimedium grandiflorum*	200	5000	1×10^6
天麻 *Rhizoma gastrodiae*	2	85000	1.7×10^5

(续)

项　　目	数量(t)	单价(元/t)	合计(元)
猪苓 *Grifula umbelleta*(Pers. ex. fr) Pilat	4	67000	2.68×10^5
五味子 *Fructus Schisandrae*	10	10000	1×10^5
松蘑 *Tricholoma matsutake*	200	2×10^5	4×10^7
榛蘑 *Armillaria mellea* (Vahl ex Fr.) Quél.	200	1.4×10^5	2.8×10^7
猴头菇 *Hericium erinaceus*	0.1	2×10^5	0.2×10^5
大腿蘑 *Boletus luridus* Schaoff. : Fr	20	0.1×10^5	2×10^5
大叶芹 *Spuriopimpinnellabrachycarpa*(Kom.) kitagawa	400	10000	4×10^6
猴腿 *Lepista sordida* (Schum. : Fr.) Sing.	100	50000	5×10^6
蕨菜 *Pteridum aquilinum* var. *latiusculum*	20	50000	1×10^6
刺嫩芽 *Aralia elataSeem*	2	40000	8×10^4
刺五加 *A. senticosus*(Rupr. et Maxim.) Harms	2	14000	2.8×10^4
总　计		8.4286×10^7	

注：表中数据来源于保护区统计资料，以及对保护区周边居民、市场与保护区工作人员调查。

综合上述结果，2007年老秃顶子自然保护区林产品生产效益总价值10658.4万元。

3.2 涵养水源效益

森林素有“绿色水库”之称，不同森林植被的水源涵养效能不同[8]，阔叶林的蓄水量一般为针叶林的4~6倍，针叶林单位面积蓄水量为10t/hm²，阔叶林单位面积蓄水量为50t/hm²[6]。参照老秃顶子自然保护区森林生态效益评价，保护区现有林地面积14608.6 hm²，平均每年单位面积蓄水量44.52t/hm²计算，则涵养水源6.5×10^5t，采用影子工程法计算，按库容建造费0.67元/m³计算，则2007年保护区森林涵养水源效益为43.55万元。

3.3 水土保持效益

(1)减少土壤侵蚀效益。因土壤侵蚀而每年损失大量的表土，表现为经济损失，即丧失土地的价值。研究表明，森林覆盖率越高，植被覆盖良好，其水土流失面积小，土壤的侵蚀也小。此数值的估算，参照已有研究，即根据土壤的侵蚀模数计算出相应的土地减少量。侵蚀模数是土壤侵蚀强度单位，是衡量土壤侵蚀程度的一个量化指标，也称为土壤侵蚀率、土壤流失率或土壤损失幅度[9]。辽宁东部地区农耕区河流侵蚀模数达280t/hm²，而老秃顶子自然保护区森林覆盖率达94%，则保护区内侵蚀模数小于100t/hm²，后者比前者少输送泥沙180t/hm²[6]，据老秃顶子自然保护区统计，保护区减少土壤侵蚀相当于每年减少水库泥沙淤积量263万m³，采用影子工程法，按我国每立方米库容的水库工程成本为0.67元/m³计算，则2007年减少土壤侵蚀效益为176.21万元。

(2)保肥效益。据老秃顶子自然保护区调查测定，各种土壤腐殖质层厚度2~10cm，表层有机质平均含量为4%，全N占0.15%~0.075%，全P占1%，全K占1.5%。由此，老秃顶子自然保护区统计得保护区每年减少水土流失43.32万t[6]，采用市场价值法，按土壤养分有机质单价20元/t计算，则2007年森林保持土壤肥力的效益为866.4万元。

综上可得，2007年老秃顶子自然保护区水土保持效益共计7985.6万元。

3.4 固定 CO_2、释放 O_2 效益

(1)固定 CO_2 效益。根据光合作用方程式，森林光合固定 CO_2 即系统每生产 1.00g 植物干物质能固定 1.63g CO_2[10]。

固定 CO_2 价值的估算采取国际通常使用的瑞典碳税率法(150 美元/t，美元对人民币汇率计为 1: 7.0)和我国造林成本法(固定 1t CO_2 成本约为 273.3 元)[11]，取中间值即为最终的固定 CO_2 的价值。即：

$$V = 1.63PdS$$

式中：V 为固定 CO_2 价值(元)；P 为保护区生产力($6.3t/hm^2$)[12]；d 为碳税影子价格 160(元/t)；S 为森林面积($14608.6\ hm^2$)。

根据保护区调查测定，2007 年老秃顶子自然保护区固定 CO_2 效益为 2400.25 万元。

(2)释放 O_2 的效益。森林光合固定 CO_2 的同时释放 1.20g O_2。我国森林生产 O_2 的成本为 369.7 元/t。采用替代市场价值法，计算公式为[13]：

$$V = 1.20SPO$$

式中：V 表示释放 O_2 的经济效益(元)，S 表示森林的面积($14608.6\ hm^2$)，P 表示保护区的生产力(t/hm^2)，O 表示 O_2 的单位影子价格(元)。

根据保护区调查测定，2007 年老秃顶子自然保护区释放 O_2 效益为 4083 万元。

综上可得，2007 年老秃顶子自然保护区固定 CO_2、释放 O_2 效益共计 6483.25 万元。

3.5 净化大气效益

森林净化大气效益包括森林吸收 SO_2 效益、森林的滞尘效益[14]。

(1)吸收 SO_2 效益。吸收 SO_2 效益计量方法，用单位面积森林每年吸收 SO_2 的平均值乘以研究区域森林面积，得到每年森林吸收 SO_2 的总量，再用影子工程的方法，根据近年污染治理过程中消减单位重量 SO_2 的投资成本算出森林生态系统吸收 SO_2 的价值。相关参数依据《中国生物多样性国情研究报告》[11]中的研究成果，阔叶林平均吸收 SO_2 的能力为 $88.65kg/hm^2$，针叶林对 SO_2 的吸收能力 $215.60kg/hm^2$[11]。老秃顶子自然保护区阔叶林面积 $10220.6\ hm^2$，针叶林面积 $4388\ hm^2$。采用机会成本法计算阔叶林和针叶林吸收 SO_2 效益，公式为：

$$V = (Kk + Zz)x$$

式中：V 为保护区每年降解 SO_2 的效益(元)，K 为阔叶林的面积(hm^2)，k 为阔叶林对的吸收能力(kg/hm^2)，Z 为针叶林的面积(hm^2)，z 为针叶林对 SO_2 的吸收能力(kg/hm^2)，x 为削减 1 吨 SO_2 的总投资成本 600 元(t/年)[15]。

根据以上公式，计算 2007 年老秃顶子自然保护区阔叶林和针叶林吸收 SO_2 效益为 111.11 万元。

(2)滞尘效益。粉尘是大气污染的重要指标之一，树木对烟灰、粉尘有明显的阻挡、过滤和吸附作用，采用机会成本法，计算森林滞尘效益的公式为[16]：

$$V = k(S_1P_1 + S_2P_2)$$

式中：V 表示滞尘效益(元)，k 为消减粉尘的影子价格 170 元，S_1 为针叶林的面积(hm^2)，S_2 为阔叶林的面积(hm^2)，P_1 为针叶林的滞尘能力(t/hm^2)，P_2 为针叶林的滞尘能力(t/hm^2)。

研究表明，针叶林的滞尘能力为 $33.2t/hm^2$，阔叶林的滞尘能力为 $10.11t/hm^2$[16]。老秃

顶子自然保护区阔叶林面积 10220.6 hm^2，针叶林面积 4388 hm^2[6]。根据以上公式，计算 2007 年老秃顶子自然保护区阔叶林和针叶林的滞尘效益为 6522.67 万元。

综上可得，2007 年老秃顶子自然保护区净化大气效益共计 6633.78 万元。

3.6 改善小气候效益

森林改善小气候效益是森林或林带对风速、湿温度等的调节，改善了林带小气候，由此产生林带内的农牧业净增产的效益，计算公式为[14]：

$$V = Sd$$

式中：V 表示森林改善小气候效益(元)，S 表示保护区森林的面积(14608.6 hm^2)，d 为每公顷林带的森林改善小气候效益 1184(元/hm^2)[16]。

采用机会成本法计算，2007 年老秃顶子自然保护区森林改善小气候效益为 1729.66 万元。

3.7 减轻水旱灾效益

老秃顶子自然保护区内水资源丰富，共有大小河 17 条，其中老秃顶子山西麓的 3 条河流属太子河水系，是辽宁省第三大河太子河的发源地，平均日流量 2 万 m^3[6]。在控制水旱灾中，森林只起到减灾作用，而不是达到治本作用。采用机会成本法，计算公式为：

$$V = Sd$$

式中：V 表示减轻水旱灾效益(元)，S 为保护区森林面积(14608.6 hm^2)，d 为单位面积森林减轻水旱灾效益 65 元/hm^2。

根据以上公式，2007 年老秃顶子自然保护区减轻水旱灾效益为 94.96 万元。

3.8 病虫害防治效益

森林给各种鸟类的生存和活动创造了良好的生存环境。同时，通过鸟类的各种生活方式，对森林环境表现出复杂的生态关系，体现出鸟类与森林、鸟类与昆虫之间相互依赖、相互制约的关系，从而调节森林生态系统的相对平衡。病害主要发生在人为活动频繁的林缘附近和人工林中。防治森林病虫害的价值，可采用替代费用法，即参照人工林等每年用于防治森林病虫害的单位面积费用来算出森林自身免于病虫害危害的生态价值。据全国林业统计资料，全国平均每公顷病虫害防治费用 3.57 元/hm^2。采用机会成本法，计算森林病虫害防治价值[17]，即：

$$V = Sd$$

式中：V 为自然保护区森林对防治病虫害的生态效益(元)，S 为保护区森林面积(14608.6 hm^2)，d 为单位面积防治费(元/hm^2)。

根据以上公式，计算 2007 年老秃顶子自然保护区病虫害防治效益为 5.22 万元。

3.9 游憩效益

森林游憩效益是森林具有显性使用价值(森林公园门票、旅行费等)和隐性使用价值的游憩效益[15]。采用机会成本法，公式为[8]：

$$V = Sd$$

式中：V 表示游憩效益(元)，S 表示森林的面积(14608.6 hm^2)，d 为每公顷森林公园平均效益量(480 元/hm^2)[1]。

根据以上公式可得，2007 年老秃顶子自然保护区森林游憩效益为 701.21 万元。

3.10 保护野生动物效益

老秃顶子自然保护区野生动物种类繁多，野生动物 40 余种，鸟类 100 余种，鱼类 10 余种。珍稀动物有东北熊、梅花鹿、香獐子、水獭等，濒临绝迹的野猪又在这里繁衍，成群的狍子、山鸡已屡见不鲜。据专家考察，有被列为国家级保护的珍稀濒危动物 4 种，省级保护动物 67 种。动物标本上千种，其中有当今世界珍稀两栖爬行动物新种桓仁滑蜥。恒仁滑蜥属爬行纲蜥蜴目石龙子科，系卵胎生，其背部有古铜色金色光泽，故有金蛇子之称，活动于海拔 700 ~ 800m 灌木丛乱石之中，全身可入药[7]。

参考全国野生生物保护效益平均 12.20 元/hm^2[8]，对老秃顶子自然保护区森林野生生物保护效益进行计量，并采用机会成本法计算[8]：

$$V = Sd$$

式中：V 为保护野生生物效益(元)，S 为森林的面积(14608.6 hm^2)，d 为每公顷森林野生生物的保护效益(元/hm^2)。

根据以上公式计算得，2007 年老秃顶子自然保护区保护野生动物效益为 17.82 万元。

4 结果分析

根据以上评价结果，得出森林生态系统 10 类生态系统服务效益的总价值为 2.74×10^8 元，各效益大小排序如表 2 所示。

表 2 老秃顶子自然保护区生态系统主要生态服务效益排序

Table 2 Taxis for ecosystem services benefit of Laotudingzi Nature Reserve

序号	效益类型	2007 年效益值(万元)	占总效益的百分比(%)
1	林产品生产效益	10658.4	38.89
2	净化空气效益	6633.78	24.20
3	固碳释氧效益	6483.25	23.65
4	改善小气候效益	1729.66	6.31
5	水土保持效益	1042.61	3.8
6	游憩效益	701.21	2.6
7	减轻水旱灾效益	94.96	0.35
8	涵养水源效益	43.55	0.16
9	保护野生动物效益	17.82	0.07
10	病虫害防治效益	5.22	0.02
	总　计	27410.46	100

根据表 2 老秃顶子自然保护区生态系统服务效益排序，可以清晰看出：老秃顶子自然保护区各类生态系统服务效益之间存在一定差异。首先，自然保护区为人类社会的需求提供林产品是其生态系统服务重要组成部分，其效益在整个生态系统服务效益中占首位，份额为 38.89%。其次，净化空气效益和固碳释氧效益分别占了 24.20% 和 23.65%，说明老秃顶子自然保护区在净化空气和固碳释氧方面有十分重要的地位和作用。在老秃顶子自然保护区生态服务效益构成中，保护野生动物效益和病虫害防治效益分别占生态服务总效益的 0.07% 与 0.02%。综上可得，此结果客观的反映了森林生态系统除为社会提供直接产品价值外，

还具有巨大的生态服务价值，而且这些价值对人类的贡献比林产品所提供价值更为显著。

5 讨 论

在对辽宁老秃顶子自然保护区生态系统服务功能效益调查与评估中应该说明的是：这只是一个不完全的估算，随着人们对森林生态系统服务认识的深入，其生态系统服务经济价值将会更加明确。一方面，本研究只考虑了自然保护区生态系统服务效益中便于核算的大部分效益，只是做了一些探索性工作，在指标的选取、定量化评价方面还有待进一步深入、完善；另一方面由于生态系统服务效益的评估基于等效益替代物的价格参数，有一定的主观随意性，多数参数是出于估计，加之自然保护区生态产品和服务及替代物的市场价格随时间变化和社会需求具有波动性，精确程度显然不高，必然也会使评估结果出现偏差。

即便如此，辽宁老秃顶子自然保护区的生态系统服务效益还是十分巨大的，本研究必将加深人们对于自然保护区的认识，引起政府及各级部门和社会的重视，加大对自然保护区的建设和投资力度，有利于促进自然保护区事业得到可持续发展，推动当地的区域经济良性循环发展。

(1)自然保护区的建立对改善生态环境起到了积极的作用，但限制了区内与区外居民的发展。因此，生态补偿制度是协调自然保护区周边地区社会经济发展和生态保护的关键。这就要求当地政府能通过资金补偿或是政策优惠、税收减免、生态产品认证等方式，对自然保护区给予补偿。

(2)自然保护区周边社区公众的参与和赋权及社会大众的关注是自然保护区保护和可持续发展的重要方面。开展野生动植物认养活动，不仅可以弥补野生动植物基地保护经费的短缺，还可提高人们对野生动植物资源的关注，为社会各界参与野生动植物保护搭建平台。

(3)建立自然保护区的目的，不是单纯的消极保护，而是实现有效保护前提下的合理开发利用。

利用对保护的作用具有双重性，一是开辟财源，使自然保护区的各种功能得以发挥，表现为有利保护；二是有可能造成资源、环境破坏，表现为不利保护。因此，必须慎重对待利用。充分发挥有利一面，实现“保护带利用，利用促保护”的良性循环，使自然保护和经济发展协调共进，这才是自然保护区可持续发展的出路。

参考文献

[1] 欧阳志云，王如松，赵景柱．生态系统服务功能及其生态经济价值评价[J]．应用生态学报，1999，10(5)：635～640

[2] 张明军，周立华．对生态系统服务价值问题的思考[J]．国土与自然资源研究，2004(1)：48～49

[3] 陈仲新，张新时．中国生态系统效益的价值[J]．科学通报，2000(1)：17～23

[4] 邓永红．大围山自然保护区森林生物多样性生态服务功能评价[J]．林业调查规划，2006(5)：92～96

[5] 宝音都仍 等．生态系统服务定价方法刍议[J]．内蒙古农业大学学报，2007(1)：95～97

[6] 老秃顶子自然保护区管理处，辽宁省林业厅．老秃顶子自然保护区科学考察报告集[R]．老秃顶子自然保护区管理局，1996

[7] 邱英杰．老秃顶子国家级自然保护区概况[J]．辽宁林业科技，1998(5)：36.

[8] 康文星．森林生态系统服务功能价值评估方法研究综述[J]．中南林学院学报，2005，25(6)：128～131

[9] 张三焕，朱哲，李京花．长白山森林生态效益资产评估研究——以汪清林区为例[J]．资源科学，2002，24(6)：74~79

[10] 徐俏，何孟常，杨志峰，等．广州市生态系统服务功能价值评估[J]．北京师范大学学报(自然科学版)，2003，39(2)：268~272

[11] 国家环境保护局．中国生物多样性国情研究报告[M]．北京：中国环境科学出版社，1998

[12] 刘喜云，孙向阳．东北地区森林植被生产力遥感定量估测[J]．林业资源管理，2007(6)：78~83.

[13] 欧阳志云，王效科．中国陆地生态系统服务功能及其生态经济价值的初步研究[J]．生态学报。1999(5)：607~613

[14] 朗奎，李长胜，王维芳，等．林业生态工程10种森林生态效益计量理论和方法[J]．东北林业大学学报，2000，28(1)：1~7

[15] 李俊梅，朱福进，等．云南典型自然保护区生态系统服务效益计量——以西双版纳勐腊自然保护区为例[J]．生态环境，2006：367~371

[16] 周国逸，闫俊华．生态公益林补偿理论与实践[M]．北京：气象出版社，2000

[17] 薛达元．生物多样性经济价值评估[M]．北京：中国环境科学出版社，1997

作者简介：第一作者：苏丹(1983－)，女，沈阳农业大学林学院硕士研究生，从事森林旅游经济管理研究。

通讯作者：陈珂(1972－)，女，山西临汾人，沈阳农业大学林学院教授，从事林业经济管理研究。

浙江木材产业发展现状、问题及对策分析

宋维明　程宝栋

（北京林业大学经济管理学院，北京林业大学林产品贸易研究中心，北京，100083）

摘要：浙江是一个森林资源稀缺的区域，在面临森林资源稀缺的条件下，浙江木材产业发展却位居全国前列。论文首先从产业规模、产业组织和产业集聚三方面总结了浙江木材产业发展现状及特点；在此基础上，总结了浙江木材产业快速发展过程中面临的主要问题，诸如木材资源供给的不可持续性、木材产业发展层次低、行业协会的引导作用不够等。最后，论文从木材资源获取、改变产业发展模式、发挥行业协会和政府的作用等方面，提出了相应的政策建议。

关键词：浙江；木材产业；问题；对策

Current Status and Problems of Zhejiang Timber Industry and Countermeasures

SONG Wei-ming, CHENG Bao-dong

(School of Economy & Management, Research Center of Forest Product Trade, Beijing Forestry University, Beijing 100083)

Abstract: Zhejiang is a province with scare forest resource. Under the restrictions of forest resource scarcity, Zhejiang's timber industry ranks the forefront of China. First of all, this paper introduces the current status and features of Zhejiang timber industry from aspects of industry scale, industry organization and industry cluster, and then sums up the major problems existing in rapid development of Zhejiang timber industry, such as unsustainable supply of timber resource, low level of timber industry, insufficient effect of industry association etc. Lastly, this paper brings forward countermeasures on how to promote sustainable development from aspects of timber resource, industry development mode, industry association and government.

Key words: Zhejiang; Timber industry; Problem; Countermeasures

1　浙江木材产业发展现状及特点

浙江地处我国东南沿海，国土面积 10.18 万 km^2，是一个“七山一水二分田”的省份。根据 2005 年浙江省森林资源年度公报，全省森林面积 584.42 万 hm^2，为全国森林面积的 3.34%，森林蓄积量 1.72 亿 m^3，为全国森林蓄积量的 1.38%。从森林资源禀赋角度考察，浙江属于森林资源小省。然而，在市场需求拉动、政策引导、市场主体的努力下，以森林资源为依托的木材产业在浙江取得了快速发展。木材产业已成为浙江省农业经济的支柱产业，

木材产业的发展有力地推动了区域经济的发展，为全省农民增收和农业增效做出了重要贡献。纵观浙江木材产业发展历程，可以归结为以下三方面特点。

1.1 产业规模不断扩大

改革开放前，浙江省只有几家国有木材加工企业，规模和总量不大(鲍滨福、翁甫金等，2006)。改革开放以来，随着民营经济的快速发展和国有企业的逐渐改制，浙江木材产业取得了快速发展，产业规模不断扩大。全省现有木材企业2万多家，2006年加工木材1000多万 m^3，产值达到450亿元，占全国木材产业总产值的8.66%，位居全国前列；对外贸易快速增长，2005年林产品进出口贸易额38.53亿美元，占全国10.06%，比2001年的14.54亿美元增长164.99%，年均增长19.91%。木材产品涉及到人造板(主要为胶合板、细木工板、纤维板)、木地板、木制家具、木门、装饰线条、木制玩具等多个门类。其中，人造板、木地板、木制家具、木制玩具等产业规模和发展水平均处于全国前列。

1.2 产业组织结构不断优化

在浙江木材产业规模不断扩大的同时，产业组织结构也处于不断优化的状态。近年来，浙江省政府努力扶持木材加工龙头企业，促进龙头企业“一扩大、二提高、三增强”，即扩大经营规模；提高技术装备水平和创新能力；增强市场竞争力，增强出口创汇能力，增强带动基地农户能力。据统计，全省发展了不同类型、不同层次、具有一定规模的木材加工龙头企业500多家，其中列入省重点扶持的211家。其中比较典型的如浙江丽人木业集团的中纤板总产量达到82万 m^3，生产工艺和设备已达到世界先进水平，并在4省1市及菲律宾拥有控股公司11家；浙江绿源木业股份有限公司年产80万 m^3 中纤板，在浙江、福建、安徽、江西、广东、上海等拥有控股公司；投资3亿美元台湾台升集团落户浙江嘉善，而且还吸引了包装材料、玻璃、不织布、涂料、五金等十二家台资与之配套。

1.3 产业集群不断发展

由于发达的市场经济、优越的交通区位优势以及丰富的企业家人力资本，浙江木材产业在发展过程中逐渐形成了明显的块状经济，即产业集群。如嘉善、湖州的胶合板占全国的1/6；南浔是全国最大的实木地板生产基地，年产实木地板约占全国总产量的40%；东阳是全国最大的木线生产基地，约占全国总产量的40%；云和是全国最大的木制玩具生产基地，约占全国的30%；龙泉、遂昌是全国最大的木制太阳伞生产基地，年产值1.5亿元；丽水是高中密度纤维板生产中心，年产50多万 m^3；温州、玉环已成为木制家具生产中心，年产值30多亿元。

2 浙江木材产业发展中存在的主要问题

尽管浙江木材产业已取得长足进步，部分产品已位居全国乃至世界前列，但由于外部经营环境及产业内竞争状态的变化，浙江木材产业逐渐显现出一些不容忽视的问题，主要表现在以下三个方面。

2.1 木材资源供给的不可持续性

浙江属于木材资源稀缺的区域。随着木材产业规模的快速扩张，浙江木材资源供给的对外依赖度逐渐增强。据从浙江省林业厅调研所知，浙江产消耗木材1000万 m^3，其中80%依赖进口材或外省材(其中进口材占60%以上)。然而，伴随全球生态环保意识的不断强化以及促进本国木材加工业发展的考虑，世界主要木材资源出口国家，如俄罗斯、印度尼西亚、马来西亚、巴西等已经开始限制或禁止木材资源出口，中国木材进口整体形势进一步恶化，这自然会影响到浙江利用进口材的可持续性。从国内木材供应来看，鉴于木材产业具有涵盖范围广、产业链条长、就业带动能力强等特点(贾治邦，2006)，传统木材资源输出区域如江西、福建等省份，也开始重视本地木材产业，尤其是高附加值木材产业的发展，从而直接影响到了浙江对国内木材资源的利用。综合进口材和外省材，可以看出，木材资源已成为制约浙江木材产业可持续发展的瓶颈。

2.2 产业发展层次低

在面临森林资源供给约束和经营成本不断上涨的情况下，浙江木材产业依然处于低层次的发展阶段。主要表现在：①木材加工企业规模普遍较小，初级产品多，精深加工产品少。②产业技术水平较低，不同技术层次并存，并且小规模企业多以传统技术为基础，资源利用率、增值率低，自主创新能力不强，新产品和高端技术研发能力与国际水平和其他行业相比仍有差距。据浙江省第一次经济普查数据显示，全省工业企业研究与试验发展经费投入强度平均为0.48%，而木材加工等行业仅为0.04%。可以看出，浙江木材产业依然处于以劳动力驱动为主的低层次发展阶段。作为沿海经济发达的省份，和其他省份及一些相对落后的发展中国家相比，在资源丰度和劳动力成本上并无优势，面临着其他地区在原料和劳动力方面日趋激烈的低成本、低价格竞争。如何实现由劳动力驱动向创新驱动的转变，成为浙江木材产业未来发展的挑战。

2.3 行业协会引导产业发展的作用不突出

行业协会是发达市场经济国家普遍存在的一种旨在促进行业发展、规范行业秩序的社会组织形式。与国内其他区域相比，浙江省市场经济发育相对健全，行业协会的发展也处于全国前列。在涉及木材产业方面，浙江已具有木业协会、地板协会、家具协会等省级协会及地方分会，在提供信息服务、资金融通服务、产品展示服务、技术创新服务等方面，为木材产业发展起到了积极的促进作用。然而，由于体制性因素的制约，浙江木材行业协会的运行缺少规范，部分政府官员干预行业协会的管理，甚至某些势力集团操纵和利用行业协会谋求个人利益，使行业协会服务于产业引导的作用不能发挥；同时，由于缺乏高素质的人才以及企业对行业协会认识程度不够，一定程度上影响了行业协会的运行。

3 浙江木材产业发展对策与建议

问题分析表明，木材资源的短缺、产业素质低、行业协会引导作用不够等问题的存在，成为影响浙江木材产业国际竞争力形成的主要因素。要实现浙江木材产业的可持续发展，需要考虑以下几个方面。

3.1 跨国森林资源合作开发

虽然国际木材资源短缺已成为不争的事实，但值得注意的是，部分森林资源丰裕型国家如俄罗斯、巴西等，在限制本国木材资源出口的同时，通过制定优惠的政策措施，积极鼓励外国资本与本国的森林资源开发和利用。因此，面对日益紧张的木材资源供应，浙江木材企业一方面在保持传统的进口渠道的同时，还应积极实行“走出去”战略，进行跨国森林资源合作开发。通过开展跨国森林资源合作，就地加工成木材初级产品再返销国内，不失为当前资源约束条件下利用国际木材资源的有效途径。在这方面，浙江德嘉木业有限公司、金鹤置业发展有限公司和新洲集团公司已经开始了初步的尝试。

3.2 积极发展以竹代木

我国是一个森林资源稀缺型国家，但又是一个竹资源丰裕型国家，素有“竹子王国”的美称，浙江又是我国竹资源相对集中的区域，因此，在木材资源供给约束的条件下，积极发展以竹代木策略，应该引起浙江木材加工企业的重视。实践证明，竹子在很多工业利用方面可以代替木材，目前市场已经开发出了竹材胶合板、竹材胶合水泥模板、竹材地板、竹木复合胶合板、竹家具和各种竹质人造板及竹炭等产品。浙江丽水的森帅竹业就围绕竹资源积极开发各种产品。由于竹林成材迅速，自然再生能力与计划采伐量基本平衡，加之人们有意识地扩种引种，与世界森林面积逐年减少的现象恰恰相反，世界竹林面积正在逐年增大。因此，加强计划管理，充分开发利用竹林资源，是今后林业发展的重要途径，也是拯救大自然、保护地球和人类的有效举措。深入研究竹子的潜在功用，开发出更多的天然竹深加工产品，是当前科研人员和企业界人士研发的新课题。在这方面，浙江快眠宝科技寝具有限公司已经做出了积极的探索。该企业主营竹制品，同时发展竹材深加工，利用竹材提炼物开发新产品——洗衣液和消毒液，具有发明专利，新产品的质量通过了相关科研机构的鉴定，企业为新产品制定了产品标准，拥有自主品牌“竹之语”，新产品市场尚待开发。

3.3 改变低附加值的产业发展模式

浙江木材产业的发展总体上表现为两头在外的加工贸易模式。加工贸易是一国通过各种不同的方式，进口原材料或零件，利用本国的生产能力和技术，加工成成品后再出口，从而获得附加价值的贸易方式(程宝栋、宋维明，2008)。这种产业发展模式一方面使浙江木材企业只能获得微薄的加工费用，而且极容易受到贸易条件变化的影响；另一方面浙江木材企业多是借助国外厂商的品牌及其销售渠道等间接进入国际市场，很难形成自主品牌。因此，尽快改变木材产业低层次的发展模式，优化木材产业结构，提高木材产品附加价值，实现自主品牌建设，成为浙江木材产业摆脱当前经营困境的有效途径。同时，木材产业的优化升级还可以使浙江木材产业摆脱以自然资源驱动的特征，进入投资驱动乃至创新驱动阶段，从而实现木材产业资源基础转换。在这一方面，浙江温州澳泊家具公司就是一个明显的例证。该公司通过自主设计、自主开发，形成了自主品牌，大幅度提高了产品的附加价值，有效减缓了当前贸易条件变动的压力。

3.4 发挥行业协会的引导作用

行业协会是政府与企业之间的“桥梁”和“纽带”，是行业信息的集散地，行业技术标准、游戏规则制定者，更重要的是政府产业政策的执行载体(程宝栋、宋维明，2007)。在当前浙江木材产业面临发展困境的情况下，要积极发挥木材行业协会的引导作用，具体可以表现为以下几个方面：①规范行业标准，整合国内外木材市场。通过行业标准的规范，尤其通过规范内销企业，可以使那些出口暂时亏损的外销企业可以有转向国内市场的余地。②整顿木材进口秩序，规范木材进口行为。通过发挥行业协会的力量，及时了解各会员企业的情况，通报各货源地基本情况、各港口进货信息、国内木材市场需求等，为浙江木材进口商提供较好的信息支持。通过加强行业内企业木材进口行为的组织性，平抑木材进口价格波动。③构建企业间交流沟通平台，促使木材产业优化升级。可以通过举办展览会的方式，开展行业年会的方式，促进企业之间的学习交流与信息共享，形成企业间的协同竞争模式，从而为产业优化升级建立良好的内部协调机制。

3.5 实现政府的宏观调控作用

要实现浙江木材产业的可持续发展，除了企业自身的调整以及行业协会的引导，政府也起着不可或缺的作用。在市场经济体制比较发达的浙江，政府作用主要体现为通过政策的制定来为产业发展创造良好的外部环境。具体来讲，可以着眼于以下几个方面：①通过政府有关部门间的沟通与协调，鼓励和支持企业在省外或国外建立原料林基地，鼓励企业对废旧木材的循环利用(从政策法律、管理体系、产业政策、技术规范等方面推进废旧木材的回收利用)，企业木材资源可持续供给创造良好的政策环境；②制定相关政策和法规，加强产品质量的抽检力度，鼓励发展生态环保产品，整顿和淘汰资源消耗高、污染严重的企业，通过产业组织结构的优化，推动产业规模化经营的实现；③加大科研投入，强化研发能力。浙江省木材产业的科研力量在全国处于相对优势的地位，在要充分利用这些优势，逐步建立浙江木材产业的研发中心、成果孵化中心、人才培训中心的基础上(鲍滨福、翁甫金等，2006)，政府要加大科研投入力度，做好科研单位与企业之间的沟通协调，充分发挥企业在研发中的主体作用，为浙江木材产业可持续发展提供必要的技术支撑。

参考文献

[1] 程宝栋，宋维明．浙江嘉善木材产业发展及启示[J]．林业经济，2007(4)：40～43
[2] 鲍滨福，翁甫金，等．浙江木材工业的可持续发展[J]．木材工业，2006(3)：80～82
[3] 贾治邦．构建比较发达的林业产业体系把林业办成富国富民的大产业[J]．中国林业，2006(16)：1～3
[4] 宋维明，程宝栋．关于中国木材产业发展与生态保护关系的思考[J]．林业经济，2006(1)：38～40
[5] 程宝栋，宋维明．中国木材产业安全问题研究[J]．绿色中国(理论版)，2005(22)：30～32
[6] 程宝栋，宋维明．中国应对木材非法采伐问题的思考[J]．国际贸易，2008(3)：50～52

作者简介：第一作者：宋维明(1957－)，男，河北沧州人，博士，北京林业大学教授，博士生导师，副校长，北京林业大学林产品贸易研究中心主任，从事林业经济管理研究。

通讯作者：程宝栋(1980－)，男，山东泰安人，博士，北京林业大学经济管理学院讲师，北京林业大学林产品贸易研究中心副主任，从事林产品市场与贸易研究。

湖南省林产工业的现状及其产业组织优化研究

尹少华　梁成军
（中南林业科技大学商学院，长沙，410004）

摘要：该文根据产业组织理论，运用 SCP 范式，对湖南林产工业的市场结构、市场行为与市场绩效进行了实证分析，并在此基础上，针对林产工业市场需求的变化和行业未来的发展趋势，提出了优化湖南林产工业产业组织结构、全面提升产业竞争力的对策建议。

关键词：林产工业；产业组织；湖南；优化

Industrial Organization Analysis of Hunan's Forestry Industry

YIN Shao-hua, LIANG Cheng-jun
(School of Business, Central South Forestry University, Changsha 410004)

Abstract: The paper, mainly in light of industry organization theory, analyzes the market structure, conduct and performance of Hunan's forestry industry through the SCP model of Harvard school, and on this basis, puts forward some countermeasures to optimize the industrial organization of Hunan's forestry industry and comprehensively step up its competitive force according to the change of market demands and the future developing trends of the industry.

Key words: Forestry industry; Industrial organization; Hunan province

森林作为陆地生态系统的主体，是人类经济社会发展不可缺少的重要资源。以森林为经营对象的林业，既是重要的社会公益事业，又是重要的社会基础产业，它肩负着生态环境保护和促进经济发展的双重使命。林产工业作为林业的重要组成部分，林产工业不发达的林业，很难成为充满活力的高效林业。作为林业大省，湖南省有着丰富的森林资源，但过去林产工业却不发达，许多地方一直处于“木材卖方、楠竹卖根”的境地，农民守着金山过苦日子。因此，湖南省政府在 2004 年就曾下发了《加快全省林业产业化建设的意见》，提出到 2010 年，全省林业产业的年总产值将达到 600 亿元以上；到 2020 年，全省森林覆盖率稳定在 55% 以上，林业产业总产值达到 1550 亿元，基本解决生态问题；到 2050 年，全省实现山川秀美的目标。因此，加快林业产业化建设，既是湖南省经济发展、特别是农村经济发展的需要，又是建设生态湖南与和谐湖南的需要。

1　湖南林业产业现状

湖南是我国南方重点林区省份之一，森林资源极为丰富，发展林业生产的潜力和优势很大，特别是经过近年来的发展，湖南林业取得了令人瞩目的成就，现已基本形成了木材采运、制材、人造板、林化、木竹浆造纸、木竹地板、林药林果加工、森林食品等多种经营，门类比较齐全的工业体系。据国家林业局的统计，2003 年全省林业总产值达 361.8 亿元，居全国第 2 位。预计 2005 年全省林业总产值将达到 451 亿元，创历史新高。但湖南省的林业产业与国内其他省市相比，尤其是与东南沿海省市相比，全省林业产业在农村经济中所占的比重还不大，对农民收入的贡献率还不高，林产工业在全省林业中所占比重还较低，林业中一、二、三产业的结构还不尽合理(目前的结构比为 55: 27: 18)，全省林产工业的产业组织形态也还很落后，这些都与市场经济发展的要求不相符。

按照现代经济学理论，市场经济条件下产业的市场竞争能力，与该产业的组织化程度呈正相关关系。被英国经济学家马歇尔称之为“第四生产要素”的产业组织，其高度化程度是产业市场竞争取胜的关键。而目前湖南林产工业落后的产业组织形态，严重制约着全省林产工业、甚至全省整个林业的进一步发展。因此，在当前全省加快“城镇化、工业化、农业产业化”以及全面小康社会建设的过程中，大力优化全省林产工业的产业组织，充分激发林产工业的活力、全面提升其产业竞争力，具有十分重要的现实意义。

2 湖南林产工业产业组织分析

产业组织理论是 20 世纪 30 年代以来在西方国家产生和发展起来的，以特定产业内部的市场结构、市场行为和市场绩效及其内在联系为主要研究对象，以揭示产业组织活动的内在规律性，为现实经济活动的参与者提供决策依据，为政策的制定者提供政策建议为目标的一门应用经济学。该理论自产生以来就一直对西方国家产业组织政策的制定产生着重要的影响。

1959 年，美国哈佛大学的贝恩(J. Bain)所著的第一部系统阐述产业组织理论的著作《产业组织》的出版，标志着西方产业组织理论的主要学派——哈佛学派正式形成。哈佛学派以实证分析的方法，推导出企业的市场结构、市场行为和市场绩效三者之间，存在着一种因果联系，即：市场集中度的高低决定了企业的市场行为方式，而企业的市场行为方式又决定了企业市场绩效的好坏。这便是产业组织理论特有的“结构 - 行为 - 绩效”(简称 SCP)分析范式。哈佛学派建立的 SCP 分析范式，为产业组织理论研究提供了一套基本的分析框架，使该理论得以沿着一条大体规范的途径发展。不过在后来的发展中，SCP 分析范式的内涵发生了很大变化，产业组织理论的研究也随之有了新的发展。

2.1 湖南林产工业市场结构分析

2.1.1 市场集中度

市场集中度是确定市场上买卖双方竞争程度的一项指标，是指所考察的市场上买卖双方各自的企业数及其在市场上的相对规模状况。它反映了市场垄断或竞争情况，可以为政府制定限制垄断或抑制过度竞争政策提供依据。

湖南是我国南方的重点林区省份。有关统计资料显示，目前全省共有林产工业企业 1.8 万多家，其中规模以上的大型林产工业企业只有 8 家，中型企业只有 12 家。因此，全省林产工业企业的市场集中度处于低位度。企业市场集中度不高，一般预示着市场竞争性较强，有利于资源的合理配置。但事实上，一方面湖南林产工业企业由于企业数量少、规模小，企业之间缺乏有效的市场竞争，资源配置的市场机制受到了阻隔；另一方面，由于企业没有实现规模经营，造成了巨大的社会劳动浪费，资源被低效率地平均使用，长期影响着全省林产工业发展的速度和效益。

2.1.2 企业规模与产业集群

企业规模是市场结构的一个重要变量。湖南省林产工业企业的规模，绝大多数是小型企业。湖南全省林产工业企业总数虽然有1.8万多家，小作坊有10万多个，但规模以上的大型林产工业企业只有8家，中型企业也只有12家。从生产能力上看，人造板企业多在3万m^3以下，竹胶合板生产企业的生产能力一般都在3000m^3左右。因此，从总体上看，目前全省林产工业的产品加工机械化、自动化和标准化程度普遍不高，虽然个别企业达到了生产的经济规模，具有规模经济优势，但绝大多数企业没有达到经济规模。这种规模结构，使得全省林产工业的垄断力量很薄弱。

产业集群是指在某一特定领域，大量产业联系密切的企业以及相互支撑的机构，在空间上聚集，并形成强劲、持续竞争优势的现象。目前，产业的空间集聚已经成为世界性的现象，这是产业内部分工深化、价值链重构和技术进步的共同结果。从产业集群的构建来看，目前湖南林产工业众多的小企业，绝大多数是各自为政、分散经营，企业与企业之间的联系不紧密，无法形成产业协同力和产业竞争优势，从而也就无法获得产业集群所带来的效益。

2.1.3 产业、产品结构与产品的差异性

产业、产品结构与产品的差异化程度，是衡量产业竞争实力的重要因素。在湖南林产工业的发展过程中，由于各地不恰当地强调产业结构的完善，造成了全省各地市之间严重的产业同构化，使得各地在产品品种上差异不大。而且由于大多数企业的规模偏小，市场竞争紊乱无序，企业技术创新的动力不足，一些产品的生产技术如出一辙，只是在具体生产规模上要么原搬、要么放大或缩小，导致产品的差异化程度不大，同质化现象严重。产品同质化是造成企业市场垄断力量弱的重要原因。

湖南林产工业的产业、产品结构也不尽合理，主导产业和产品发展不快。从全省林产工业的原料结构上看，松、竹、杨、优良阔叶树种的供需偏紧，而传统树种杉木则相对过剩；在经济林品种上，低产品种多，高效品种少；一般品种多，名特优新品种少；鲜果多，干果少；初级加工产品多，精深加工产品少。同时，在全省生产的林产品中，获得省级名牌产品称号的仅有4个。由此可以看出，全省林产工业的产品结构不尽合理，人造板、木浆造纸、家具制造、松香加工等主导产品发展滞后。如2003年全国生产人造板已突破3000万m^3，而湖南只有145万m^3，排在全国第15位。又如湖南的松树资源与广西接近，而全省的松香产量却只有广西的1/15。

2.1.4 进入壁垒

进入壁垒是影响行业间竞争和促进资源优化配置的重要因素。目前湖南林产工业的进入壁垒，主要来自三个方面：

一是由资源结构所造成的壁垒。森林资源是林产工业的物质基础，前者的状况很大程度上影响着后者的生产与发展。湖南是一个森林资源丰富的省份，特别是近年来通过大力培植人工林，突破了松、杉大省的传统格局，林种、树种结构得到了一定优化。但是结合市场需要来看，湖南的林业资源结构还存在一些缺陷。这主要表现在：在主要用材树种结构上，传统树种杉木相对过剩，而松、竹、杨、优良阔叶树种供给偏紧；林龄结构低龄化，大径级和特大径级林木蓄积比重下降。在经济林品种上，低产品种多而高效品种少，一般品种多而名特优新品种少，鲜果多而干果少等。这样的资源结构，无疑与当前的市场需求形成了一定的

错位。由于基于市场需求的某些资源有效供给相对不足，为一些想进入林产工业的企业设置了进入障碍。

二是由林业企业高税负、低盈利所造成的壁垒。企业经营活动的目的，就是为了追求较高的利润。由于多层次计税，造成了林业比农业所承担的税费负担还要重，高税费率伴随税费减免，以致存在较严重的税负不公现象。林业产业与其他许多产业相比较，确属于获利能力较低的弱质产业，且林业产业中的营林业，主要是以国家拨款的形式来维持正常生产。林业企业的这种高税负、低盈利现象，就使得投资者由于对林产工业的盈利能力缺乏信心，而限制了那些期望高收益的企业的进入。

三是由部门封锁及地方保护所形成的壁垒。在我国市场经济体制还不健全的情况下，行政隶属关系对企业基本经济活动的制约作用往往很大。由于林业产业中营林业属于第一产业，林产工业属于第二产业，两者隶属的部门不同，再加上两者的利润率不均等，因而往往造成一些地方的部门封锁。而这些地方的部门封锁，又在一定程度上割断了原材料生产、供给与产品加工之间的有机联系。同时，在目前各级地方财政分灶吃饭的财政体制下，一些地方政府往往通过保护本地企业来振兴地方经济。而这种做法，实际上是为投资主体设置了地区壁垒。

2.2 湖南林产工业市场行为分析

市场行为是指企业在市场上为赢得更大利润和更高的市场占有率所采取的战略性行为。企业所采取的市场行为受市场结构的状况和特征的制约。总体上来看，湖南林产工业企业的非市场竞争行为较为严重，影响着企业的效益和产业的活力。

(1)价格行为。由于湖南林产工业真正发展起来还不久，其市场还处于发育初期，大多数企业由于规模小，技术水平差，营销方式落后，对市场需求的影响和调节能力十分有限，因而价格策略是目前市场上用得最频繁，且最有效的策略。同时，由于初级阶段市场的层次较低，影响了竞争的空间和层次，以致大多数林产工业企业都视竞争为一种威胁，只要有可能就尽量回避和减轻竞争，加之大多数企业的生产多为低水平的重复，产业同构现象严重，因此，大多数企业在制定价格时，多采取阻止竞争对手进入的定价行为与驱除竞争对手的定价行为，企业之间相互压价，使得产品的价格水平偏低。这种恶性竞争不但使竞争过程充斥了大量不合理的价格行为，还在很大程度上导致企业缺乏进行技术创新和新产品开发的能力，最终导致市场的低效化，从而制约整个产业的进一步发展。

(2)非价格行为。总体上来看，湖南林产工业企业的非价格行为不明显。比较大的林产工业企业，比较注重通过产品的多样化来扩大产品的差别化，从而增加本企业产品的销售额和市场份额。但大多数企业还不够重视顾客对产品的需求，不愿也不敢实行多角化经营，更不用说多元化经营了，使得市场上产品的多样化程度不够。企业的广告促销行为比较欠缺，只有个别企业(如洞庭木业)有所投入。企业之间的分工协作不明显，许多企业实行“单打独争”，企业间的横向联系不多。在企业间的兼并与收购上，除了少数企业通过整合一些实力弱、低盈利或濒临破产的小企业，共同组建新企业(如2001年成立的湖南恒生林业股份有限公司，是由原靖城贮木场、靖州县排牙山林场、怀化市泸阳林场、怀化市林科所等共同发起组建)之外，整个行业的兼并行为很少(在全省的林业龙头企业中，只有常德湘联实业有限公司，是由原常德市武陵区福利木材厂先后兼并常德市工具厂和常德市木材厂形成)。以致企业规模偏小，经营分散，缺乏市场竞争力。

2.3 湖南林产工业市场绩效分析

(1)生产力累积。据统计，新中国成立以来，湖南林产工业企业累计为国家提供木材2.5亿m^3、竹材17亿根、人造板800多万m^3、松香系列产品80多万t、木竹浆纸680多万t、贴面板2700多万m^2、竹木地板4600多万m^2、森林食品和药材加工产品70多万t，累计上交国家利税80多亿元。仅2003年，全省林产工业企业共生产人造板145万m^3、竹木地板和复合地板620万m^2、竹木家具100万套(件)、木竹浆造纸54万t，林产工业总产值达到95亿元。目前，全省有木材加工企业1.02万户，从业人员约50万人；林产品经销企业8900家，从业人员约10万余人。从这些数据来看，湖南林产工业取得了一定的成绩。但是相对于全国森林资源大省的资源地位以及全国其他林产工业强省的产业实力来说，湖南所取得的这些成绩还是不够的，林产工业的生产潜力还远远没有挖掘出来。

(2)技术进步与产品创新。从整个湖南林产工业来看，除个别企业外，多数企业的生产设备陈旧，技术进步动力不足，技术水平较低，产品创新力度不够。诚然，从纵向对比来看，自1980年以来，全省陆续引进了多种人造板、家具、薄木、胶合剂、地板、食品罐头等生产线20余条和生产技术20余项，也自主创新了一些技术，发明改进了一些生产设备，技术进步的态势有所改善。这在一定程度上加快了全省林产工业的产业化发展，带动了新产品的开发，提高了林业资源的利用率。但是从横向对比来看，湖南林产工业的技术进步与产品创新力度，与全国林产工业强省之间的差距还很大。而且也不能充分满足市场对技术进步和产品创新的客观需求。从具体的行业来看，目前全省的林产工业企业中，纸及纸制品业的技术进步率最高，其次为林产化工行业，再次为木片加工与木材加工行业，而木竹采运、锯材和家具行业的技术进步率最低，其科技对生产的贡献率为负值。

(3)利润水平。利润水平是考察市场绩效的重要指标。经过多年来的发展，湖南林产工业已拥有泰格林纸集团、长元人造板股份有限公司等28家省级农业产业化龙头企业和39家省级林产工业龙头企业，已经形成中高密度纤维板、木竹浆纸、竹胶合板、竹地板、细木工板、松香、森林食品等一批主导产品，其中泰格林纸集团的纸产品、株洲松本林化有限公司的氢化松香系列产品、会同金裕公司的高档豪华竹地板、湘潭恒盾集团的竹菜板、永州熙可食品有限公司的林果罐头、金浩植物油有限公司的精炼茶油、永州之野异蛇实业有限公司的异蛇酒及异蛇药和双牌九龙工艺美术公司的竹木工艺品等产品，拥有一定的国内外市场。但是在湖南林产工业企业及其产品中，即使是这些在湖南有农业产业化或林产工业龙头企业称号的企业和被称为主导产品的产品，由于技术比较落后、产品加工增值转换率低，真正有实力与国内同类先进企业、名牌产品竞争、有较高利润水平的企业和产品很少，多数企业和产品还缺乏市场竞争力。总体上来看，湖南林产工业的整体效益有所改善，但全行业的盈利水平仍然较低，企业亏损面较大，资产负债率在70%以上，高于全国平均水平。

3 湖南林产工业产业组织优化的对策

3.1 优化环境，继续深化林产工业改革

要促进湖南林产工业的发展，首先要不断优化产业发展环境，深化企业改革。要按照建立现代企业制度的要求，采取兼并、破产重组、整体或分块出售、股份制、股份合作制等多种方式，吸引各类资本参与国有林产工业企业改制改组，发展股份制或民营经济，使国有资本有序退出。通过鼓励各种社会主体跨所有制、跨行业、跨地区投资发展林产工业，逐步形

成多元化投入体系。要重视和发挥行业协会在林业产业化建设中的重要作用，构建“行业协会+龙头企业+专业合作组织+基地农户”四位一体的新型产业化模式。要坚决执行国家已经出台的各项林业税收政策，减轻林产工业企业的税费负担，促进林产工业企业的发展。考虑到林产工业企业的流动负债的比重较高，政府有必要选取诸如人造板、木竹制浆造纸、林产化工等有发展前途的行业，通过适当注入一定比例的资金或周转金，或者采取一定的措施，将企业债务转换为资本金或者所有者权益，以降低企业的资产负债率。同时要坚决制止各种乱收费、乱摊派、乱罚款等违反规定的行为，切实保护生产经营者和企业的合法权益。通过严肃查处各种损害经济发展环境的行为，进一步优化经济发展环境。总之，要通过深化林产工业体制改革，优化产业发展的环境，以加快促进全省林产工业的发展。

3.2 培育支柱产业、扶持龙头企业

培育支柱产业，扶持龙头企业，是促进湖南林产工业大发展的重点。根据目前湖南林产工业的实际，要突出发展人造板、木竹制浆造纸、木竹家具地板、林产化工、森林食品(含油类)、林药加工等六大具有比较优势的支柱产业。同时要通过改造、提升传统产业，大力发展现代产业，培育一批产品附加值高，市场竞争能力强的优势产业或企业群。

要以市场为导向，鼓励加工企业之间进行联合与合作；要通过实施产业重组，优化资源配置，扩大主导产品的生产规模；要按照区域化布局、专业化生产的方式兼并上下游企业，延长加工产业链，实行纵向高级一体化(如实行“育林-木材加工-造纸-纸制品加工”一体化)，使产业链上的多元参与者构成基于产权联合的利益共同体，产生协同效应，实现集成成长，达到高层次的规模经营，从而增强市场竞争力。要鼓励企业以资产或技术为纽带，以拳头产品、优势资源和专业市场为依托，加强横向联合，把生产要素重新组合，组建跨地区、跨所有制的大型企业集团，培育一批覆盖面广、带动能力强的国家级和省级林业产业化龙头企业和知名企业，构建比较发达的现代林产工业体系。

3.3 加强技术创新和管理创新

要进一步加强科学研究，不断提高科技支撑能力和总体水平，强化科技成果和技术的系统集成与推广应用，切实提高林业产业化建设的科技含量。要积极引导企业以增强市场竞争力为目标，加快企业技术创新体系的建设，不断强化高新技术和先进实用技术在生产加工中的主导作用，提高产品的科技含量。要通过实施清洁生产，打破绿色壁垒，确保生产安全和产品安全。要以林业生物技术、信息技术和新材料技术等关键技术、核心技术为目标，推动林业高新技术产业化。通过体制上和利益分配上的不断创新，鼓励科研与生产相结合，技术与经济相结合，开发与市场相结合，建立“产、学、研”一体化的技术创新体制。通过自主创新和引进吸收相结合，不断更新工业设备，切实提高林产工业的技术与装备水平。要推动社会中介服务组织的建设，为林产工业企业提供信息、咨询、服务的技术创新社会支持体系。与此同时，要加强管理创新，切实强化林产工业产业标准体系建设、质量技术监督和知识产权保护工作，加速制定和完善相关的技术标准与规范，增强产品的市场竞争力。要增强产品的品牌意识和质量意识，培育一批具有世界影响的产品品牌。

3.4 加强原材料基地建设、优化企业和基地之间的组织结构

林产工业企业，绝大多数是以森林资源和非木材林产品为加工对象的加工型企业。因而企业原材料的供给状况和质量的高低，就直接影响到企业效益的好坏和产品质量的高低。长期以来，湖南的森林资源培育与利用严重脱节，没有根据森林培育的不同目的，分别采取不

同的管理体制、运行机制、经济政策和经营措施，进行分类经营，导致省内大多数林产工业企业没有自己的原材料基地，这与国外林产工业企业一般拥有自己的森林资源基地形成鲜明的对比。而对那些与原材料基地有合作关系的林产工业企业而言，其与原材料基地之间的组织结构又不尽合理。林产工业企业重加工、重流通，轻培育、轻服务；而原材料基地建设重生产、重数量，轻市场、轻流通。因此，企业和基地、企业和农户之间，还没有真正建立起风险共担、利益共享的风险共担机制和利益共享机制，以及运作这种机制的保障系统，从而制约了林产工业产业化经营的纵深发展。为了促进企业经济效益的提高，湖南林产工业企业应把森林资源基地的建设摆到议事日程，有实力的企业，尤其大中型企业，应尽早建立起自己的原材料基地，以保证充足的、高质量的原材料供应。通过完善林产工业企业与原材料基地之间的组织结构，提高其组织化程度。现阶段应重点发展股份制造林模式。在基地树种的具体选择上，宜大力发展以松树、毛竹、杨树、桤木、桉树等为重点的速生丰产用材林。

3.5 处理好市场调控与政府宏观调控之间的关系

湖南林产工业的企业规模不经济，在一定程度上是由于市场竞争不充分，受到体制等行政方面的干预过多过滥所造成的。因此在观念上和实际行动上，应多从市场的方面考虑问题，多用市场经济的方法解决林产工业企业所面临的主要问题。要充分运用信息技术和现代营销手段，建立和完善市场预测系统，及时掌握市场供求信息，要按市场需求组织生产。鉴于林业担负着经济和生态双重功能，若林产工业发展不合理，则可能付出沉重的生态代价。因此，林产工业的发展，需要政府主管部门的宏观调控。当前，湖南林产工业发展政策不配套的现象较严重。一方面，人工商品林采伐限额政策、木材和林产品运输政策等法律法规还不适应市场经济发展的要求；另一方面，一些现行政策的落实还不够，特别是中央关于发展林业的决定以及湖南省的实施办法所规定的多种优惠政策兑现较少。因此，政府主管部门应采取措施，通过制定与执行相关产业政策，并利用计划、财政、森林及非木材资源管理等手段，加强宏观调控的力度。总之，市场手段和政府的宏观调控手段要相互协调、相互促进，才能共同促进全省林产工业的跨越式发展。

参考文献

[1] 刘璨．我国林业系统工业产业组织政策问题研究[J]．林业经济问题，1999(1)：7~17

[2] 周杰韩．湖南林业产业化建设成绩斐然[J]．湖南林业，2004(1)

[3] 廖浪涛，丁胜．江苏林业产业组织问题初探[J]．林业建设，2002(5)：5~9

[4] 杨丹辉．中国服装业产业组织的实证分析[J]．产业经济研究，2003(5)：35~41

[5] 陈卉，姜道国．林纸业产业组织结构矛盾分析[J]．中国造纸，2002(5)：67~70

[6] [法]泰勒尔．产业组织理论[M]．北京：中国人民大学出版社，1997

[7] Porter ME. Clusters and new economic competition[J]. Harvard business Review, 1998, No. 11

作者简介：第一作者：尹少华(1963－)，男，湖南澧县人，博士，中南林学院商学院教授，书记，从事农林经济与企业管理研究。

阿木尔林业局可持续发展能力的评价与分析

马文学
（东北林业大学经济管理学院，哈尔滨 150040）

摘要：论文根据国有林区可持续发展的特点，以阿木尔林业局为例，设置66个具体指标，以国家有关标准、理想值或实际指标值中的最优值、满意值等为参照，采用多指标综合价值评价的方法，对阿木尔林业局的可持续发展状况进行评价与分析。

关键词：林区可持续发展；可持续发展评价指标；综合价值评价法；阿木尔林业局

Study on the Evaluation of Sustainable Development Capability in Amuer Forestry Bureau

MA Wen-xue
(College of Economics and Management, Northeast Forestry University, Haerbin 150040)

Abstract: The paper take the Amuer forestry bureau as an example in accordance with the state – owned forest region of sustainable development characteristics, set up 66 specific indicators to the relevant national standards, the optimal value of the ideals and actual index value as the reference, uses the multi – objective comprehensive value appraisal method, carries on the appraisal and the analysis to the sustainable condition of the Amuer forestry bureau.

Key words: Forestry region sustainable development; Appraisal target of the sustainable ; Appraisal method of the comprehensive value; Amuer forestry bureau

可持续发展只有落实到具体区域，才能进入实践操作，由于可持续发展是个运动和变化的过程，为了能够随时判断和测度在这一动态过程中目标达到的程度或发展的质量，并根据这一判断和测度结果适时地对区域系统进行调控，所以需要用一整套切实可行的评价方法对具体区域的可持续发展能力与水平进行评价分析。

1 林区可持续发展能力的内涵

林区可持续发展能力是一个动态的知识系统，是林区实现空间、时间及要素维度均可持续的能力组合。林区可持续发展能力包括：林区对外具有协调利益相关者关系的能力；林区对内具有完善内部支持系统的能力，组织具有持续学习能力、持续创新能力和再造等能力；林区自身具有协调自然环境、保持稳定的资源供给的能力。林区可持续发展能力既是空间的概念，时间的概念，也是涉及多个要素的复杂系统。

林区可持续发展能力的要素维度是指林区运营并发展的内部支持系统。具体包括：①林区的核心能力。②持续性的人力资本。③生态区域文化。④持续创新能力。⑤组织结构。

林区可持续发展能力的空间维度是指林区可持续发展不仅包括单个区域营运能力及盈利能力的持续提高，还包括与林区发展密切相关的其他主体需求的持续满足，即区域持续满足利益相关者的需要。区域的利益相关者是指影响区域的经营活动或受区域经营活动影响的个人或团体。

林区可持续发展能力的时间维度是指林区可持续发展能力不仅包含满足当前区域各利益相关者的需要，而且包含区域各利益相关者的未来需要的持续满足。林区可持续发展能力的内涵决定了林区可持续发展能力在时间维度上应体现如下原则：①代际公平。林区各利益相关者当前需要的满足应该以不损害区域各利益相关者的未来需要为前提。林区应合理利用资源，用战略的眼光看待林区发展。利益相关者的需要是一个动态的概念，不仅要满足其利益相关者的当前需要、还要满足其未来需要。②可持续性。可持续性是林区可持续发展能力在时间维度上的目标。

林区可持续发展能力是一个知识系统，具有系统的共性，由要素维度、空间维度、时间维度以及三个维度之间的关系构成。要素维度是林区可持续发展能力的前提和基础，是实现空间维度及时间维度可持续性的关键环节。空间维度及时间维度是林区可持续发展能力水平的外部及长期性的具体体现，是实现要素维度可持续性的目标。要素维度、空间维度及时间维度等三方面维度协调共存，方可实现林区自身、林区利益相关者及林区长期持续全面的发展。

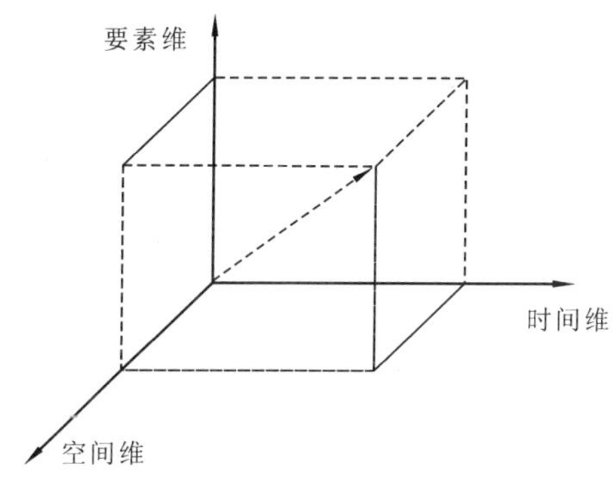

图1 林区可持续发展能力示意图

2 林区可持续发展的特点

(1)林区可持续发展是一种综合研究。林区是一个自然、经济、社会复合而成的复杂系统，其各子系统及子系统之间区域可持续发展研究既要研究区域的资源与环境问题，又要研究经济与人口增长以及社会结构、社会管理问题。

(2)林区可持续发展研究又是一种可操作性动态研究。它着眼于林区的发展能力而不是局限于现状分析或评价，不是将发展孤立于各子系统的综合作用之外的简单的因果一一对应的形而上学的观点。同时，与以往的发展研究不同，可持续发展以稳定、和谐、持久的发展为其研究的最高目标，注重发展能力的评估，注重对发展进行监测和调控以培养发展的潜力。

2.3 林区可持续发展的落脚点实质是一整套林区可持续发展的规划

林区可持续发展的规划具有很强的可行性，在区域的发展中具有战略性的主张和指导性的地位，应当成为区域持续发展的管理行为。

3 阿木尔林业局区域发展概况

3.1 自然环境概况

阿木尔林业局地处祖国北部边疆黑龙江上游，行政管辖隶属黑龙江省大兴安岭地区漠河县，东临塔河林业局，南临呼中林业局与内蒙古满归林业局接壤，西与图强林业局毗邻，北以黑龙江主航道为界与俄罗斯隔江相望，地理坐标为北纬52°15′03″~53°33′15″。东经122°38′30″~124°05′05″，东西宽约50km，南北长约160km，全局总施业区面积55.56万hm^2，其中林业用地52.3万hm^2，占总施业区面积的94.2%，非林业用地3.2万hm^2，占总施业区面积的5.8%，森林覆盖率为84.31%。在林业用地中，有林地面积46.7万hm^2，占总面积的89.3%，疏林地及灌木林地0.3万hm^2，占总面积的0.58%，无立木林地1.4万hm^2，占总面积的2.72%，其他用地3.9万hm^2，占总面积的7.4%。

阿木尔林业局属中山、低山和台原地貌；地质结构主要以花岗岩和少量石灰岩组成；地处寒温带季风气候区，属于大陆性气候；境内河流属黑龙江水系；地带性土壤为棕色针叶林土，其次有隐域性草甸土和沼泽土；林分类型主要以落叶松为主的针叶林所构成，属于寒温带针叶林区。

林业局境内经济植物资源十分丰富，种类繁多，近500余种；有较多种类的野生动物；境内矿产资源十分丰富，现已探明的有沙金、岩金、煤炭、玄武岩、玛瑙、大理石、泥炭土、石灰石、陶粒土、膨润土等十余种；阿木尔林业局的旅游业建设在“九五”期间伊始就开发建设；初步建设的额木尔河漂流，沿河两岸山环水绕，松木景秀，弯多流急，惊而不险，顺水漂流，即可一览风光，同时阿木尔局依托漠河口岸地理优势，拟建边境民贸市场和贸易口岸，将带动阿木尔林业局的边贸经济迅速发展。

3.2 社会环境概况

阿木尔林业局局址设在漠河县劲涛镇，全局境内共有居民点13个，现有人口20543人，在册职工9598人，其中离退休2581人，林业人口占总人口的90%以上，非林业人口主要从事于铁路、邮电、银行、商服事业和小农业生产，对林区经济的繁荣和改善人民生活起到了积极推动作用。阿木尔林业局境内交通便利，国铁在境内通过47km，设有劲涛、长缨两个车站，构成林区对外主要运输通道。先于林区道路建设的黑漠公路经过本局境内龙河林场长达40km；2003年建设的加漠等级柏油公路经过阿木尔局境内约80km。

阿木尔林业局是大兴安岭林业集团公司所属大二级森工企业，从1970年开发建设，1973年投产建局，截至2006年末，在30来年的开发建设中，在投入不足、条件异常艰苦的情况下，全局职工竭尽全力累计为国家提供商品材约900万m^3，基本建设累计完成投资近8亿元，累计创造工业总产值25亿元，上缴利税4亿元，为国家经济建设和人民生活水平的提高做出重大贡献。

4 阿木尔林业局可持续发展能力的评价

林区可持续发展水平与能力的实际测度是一个多侧面、多层次的复杂问题。为此，需要建立一套较为完整的、科学而具有可操作性的“可持续发展评价指标体系”(而不仅仅是一个或几个单独的指标)，其中每一个(或每类)指标具有不同的性质、特点，说明可持续发展的不同侧面，它们彼此之间又相互关联，从而使得整个指标体系具有多方面的评价和分析功能。

4.1 阿木尔林业局可持续发展能力综合评价指标的选择

阿木尔林业局可持续发展能力的综合评价指标共包含66个具体指标：

4.1.1 经济可持续发展水平指标

经济可持续发展水平指标包含：

A. 经济实力：a. 资产总额；b. 人均工业总产值；c. 人均工业销售产值；d. 人均工业增加值。

B. 基础设施：a. 能源生产量/单位固定资产；b. 人均运输路线长度；c. 每万人邮电局(所)数量；d. 每万人电话机数量；e. 每万人餐饮点数量。

C. 经济结构：a. 木材生产产值占工业总产值比重；b. 高新技术产值占工业总产值比重；c. 高新技术产品占销售收入比重；d. 木材加工产品占销售收入比重；e. 多种经营产品占销售收入比重；f. 非国有经济占经济总量比重；g. 固定资产投资总额；h. 新增固定资产额；i. 出口交货值；j. 利用外资与固定资产总投资比率。

D. 经济运行质量和发展后劲：a. 多种经营产品产销率；b. 木材产销率；c. 木制品产销率；d. 资产负债率；e. 资本保值增值率。

E. 经济效益：a. 人均利税总额；b. 全员价值劳动生产率；c. 资产利税率；d. 总资产贡献率；e. 职工平均工资。

4.1.2 生态可持续发展水平指标

生态可持续发展水平指标包含：a. 土地利用率；b. 人均水资源量；c. 人均旅游资源价值；d. 有林地单位面积蓄积量；e. 有林地每 hm^2 生长量；f. 森林覆盖率；g. 地表水质达标率；h. 自然景观等完好率；i. 三废处理达标率；j. 环境噪声平均值；k. 职业病、地方病降低率。

4.1.3 社会可持续发展水平指标

社会可持续发展水平指标包含：

A. 人口：a. 人口自然增长率；b. 人口预期寿命；c. 大专及以上人口占总人口的比重；d. 劳动者的思想解放程度及进步意识。

B. 教育：a. 每万人中专职教师数量；b. 九年制义务教育普及率。

C. 卫生：a. 每万人中拥有的卫生机构数；b. 每名医生负担的人口数；c. 完成全程免疫人数占总人口的比重。

D. 文化：a. 每万人拥有影剧院等艺术场所数；b. 人均公共图书室(馆)藏书册数；c. 人均占有报纸份数；d. 广播电视人口覆盖率。

E. 体育：a. 每万人拥有的体育场地数。

F. 社会保障：a. 区域每万人口拥有社区服务中心数；b. 社会保障网络覆盖面；c. 已享受社会保障人口占应享受人口(低于保障线)的比重；d. 养老保险覆盖面。

G. 社会稳定：a. 区域就业人口占应就业人口的比重；b. 区域人口中失业及下岗率；c. 每10万人中上访人次数 d. 社会治安状况综合评分值；e. 区域贫困人口占总人口的比

重；f. 区域居民的可支配收入；g. 区域居民人均住房面积；h. 电话普及率。

4.2 收集林业局可持续发展评价指标的各年度基础数据

表1 阿木尔林业局可持续发展评价计算基础数据表

指标 \ 年份			1996	1997	1998	1999	2000	2001	2002	2003	2004	2005	2006
1. 经济可持续发展水平指标	A 经济实力	a	495295	519738	529189	523984	519898	532243	544331	530624	545572	537789	549312
		b	7.28	7.10	7.9	5.60	5.50	5.81	4.99	2.38	2.76	1.23	1.26
		c	6.58	7.33	8.52	5.26	4.91	4.85	4.86	1.77	1.56	0.65	1.09
		d	3.73	3.25	4.31	3.16	2.73	3.49	2.99	1.66	1.32	0.57	0.58
	B 基础设施	a	一般	一般	一般	一般	一般	一般	一般	一般	一般	一般	一般
		b	0.06	0.06	0.069	0.062	0.062	0.067	0.066	0.069	0.073	0.067	0.069
		c	1	1	1	1	1	1	1	1	1	1	1
		d	不理想	一般	一般	一般	较理想	较理想	较理想	最理想	最理想	最理想	8333
		e	20	21	22	23	24	24	30	30	30	25	25
	C 经济结构	a	0.70	0.58	0.61	0.68	0.58	0.47	0.59	1.53	1.24	2.0	2.36
		b	很不理想	很不理想	很不理想	很不理想	不理想	不理想	一般	一般	一般	一般	一般
		c	很不理想	很不理想	很不理想	很不理想	很不理想	很不理想	很不理想	很不理想	不理想	不理想	不理想
		d	91	22.9	36.67	23.1	46.6	33.7	21.2	46.7	65.6	29.6	21.2
		e	8.1	15.4	1.5	0.6	1.4	8.6	0.93	1.45	1.09	1.51	0.91
		f	不理想	不理想	不理想	一般	一般	一般	一般	一般	一般	一般	一般
		g	1492.9	2349.8	19571	4706.4	4693	6753.4	6077.6	5215.4	3780.2	4421	4089.1
		h	1462	2221	1207	366.8	282.3	558.5	203.1	596.4	396.3	631.7	1008
		i	很不理想	很不理想	很不理想	不理想	不理想	不理想	一般	一般	一般	比较理想	比较理想
		j	很不理想	很不理想	很不理想	很不理想	很不理想	很不理想	很不理想	很不理想	不理想	不理想	
	D 经济运行质量和发展后劲	a	一般	一般	一般	较理想	较理想	最理想	最理想	最理想	100	100	67
		b	84	109	110	103	91	112	125	90	116	91	118
		c	一般	一般	一般	一般	一般	64	73	223	117	59	94
		d	41.09	44.52	44.87	42.31	44.80	44.75	45.69	41.12	42.03	24.52	25.47
		e	145.8	98.17	104	101	95.5	101	104	104	101	28	101
	E 经济效益	a	1826	228	2052	1157	1961	1849	1867	1264	693	1569	3146
		b	17692	18158	17905	9285	12560	12919	14538	16211	7111	4925	4927
		c	4.63	0.45	4.01	2.96	3.97	2.97	2.64	1.64	0.92	1.91	4.05
		d	4.3	1.26	5.02	5.33	4.81	3.36	3.22	1.82	1.48	1.84	2.95
		e	5833	5951	5237	3642	3849	5282	5575	6593	6410	6616	6551
2. 生态可持续发展水平指标		a	90	91	92	93	94	95	96	97	98	98	98
		b	最理想	最理想	最理想	最理想	最理想	最理想	最理想	最理想	最理想	最理想	最理想
		c	最理想	最理想	最理想	最理想	最理想	最理想	最理想	最理想	最理想	最理想	最理想
		d	93.24	93.51	93.8	93.72	65.73	66.3	66.44	67.11	68	68.77	69.6

（续）

指标			1996	1997	1998	1999	2000	2001	2002	2003	2004	2005	2006
2.生态可持续发展水平指标		e	1.54	1.54	1.54	1.13	1.13	1.13	1.14	1.15	1.16	1.18	1.19
		f	61.82	61.67	61.49	61.4	84.22	84.22	84.81	84.81	84.81	84.81	84.81
		g	95	95	95	95	95	95	95	95	95	95	95
		h	98	98	98	98	98	98	98	98	98	98	98
		i	最理想	最理想	最理想	最理想	最理想	最理想	最理想	最理想	最理想	最理想	100
		j	较理想	较理想	较理想	较理想	较理想	较理想	较理想	一般	一般	一般	52
		k	8.91	8.23	8.21	8.10	7.80	7.52	7.0	7.14	4.96	4.22	3.27
3.社会可持续发展水平指标	A 人口	a	3.86	4.99	5.46	5.85	5.82	5.24	1.13	2.76	2.52	1.25	1.14
		b	65	66	67	68	69	70	71	71.2	72	72.4	72.6
		c	1.9	2	2.3	2.6	4.3	4.3	4.3	4.5	4.9	4.8	4.9
		d	一般	一般	一般	一般	较理想	较理想	较理想	最理想	最理想	最理想	最理想
	B 教育	a	一般	一般	一般	280	278	288	282	258	266	242	248
		b	100	100	100	100	100	100	100	100	100	100	100
	C 卫生	a	5.05	5.3	5.1	5.0	4.8	4.7	4.7	4.6	4.3	4.2	4.0
		b	0.23	0.24	0.24	0.23	0.17	0.18	0.19	0.17	0.16	0.13	0.14
		c	1.30	1.27	1.28	1.15	1.11	1.04	0.99	0.88	0.69	0.67	0.64
	D 文化	a	1	1	1	1	1	1	1	1	1	1	1
		b	一般	一般	一般	一般	一般	一般	一般	一般	一般	一般	一般
		c	较理想	较理想	较理想	较理想	较理想	较理想	较理想	较理想	较理想	较理想	较理想
		d	89	90	90	91	91	92	92	93	93	94	94
	E 体育	a	4	5	6	7	8	9	10	11	12	13	14
	F 社会保障	a	无	无	1	1	1	1	1	1	1	1	1
		b	100	100	100	100	100	100	100	100	100	100	100
		c	较理想	较理想	较理想	较理想	较理想	最理想	最理想	最理想	最理想	最理想	最理想
		d	100	100	100	100	100	100	100	100	100	100	100
	G 社会稳定	a	98	98	97	98	97	98	98	98	98	98	98
		b	4.3	4.3	4.3	4.3	4.3	4.3	4.3	4.3	4.3	4.3	4.3
		c	154	158	132	165	185	155	195	204	221	198	248
		d	100	100	100	100	100	100	100	100	100	100	100
		e	最理想	最理想	最理想	最理想	最理想	最理想	最理想	最理想	最理想	最理想	最理想
		f	不理想	不理想	不理想	不理想	不理想	一般	一般	一般	一般	一般	3556
		g	不理想	不理想	不理想	不理想	不理想	14	14	14.6	14.6	14.6	14.6
		h	一般	一般	一般	一般	一般	一般	较理想	较理想	最理想	最理想	83.3

4.3 数据进行标准化处理

4.3.1 确定评价标准

确定评价标准也就是为各项指标值确定用来对比的基准值或目标值。评价标准确定的合理与否，是评价结果合理与否的关键。评价标准可参照区域所在的空间地理单元规划的有关标准确定，也可参照国家有关标准确定，或参照国外同类指标确定；没有参考依据的，可以以理想值或实际指标值中的最优值、满意值及不满意值为标准。

经济可持续发展水平指标都是正向指标，而且大部分都是相对指标，计算时以实际数值计入；生态可持续发展水平指标，可根据各区域的实际情况进行相互比较并采用定性分类的方法进行量化分级，一般可分成“最理想”，“比较理想”，“一般”，“不理想”，“很不理想”五级或与此相类似的“最好”、“好”、“一般”、“差”、“很差”，并分别用量化值9，7，5，3，1来表示，若经过实际比较认为某指标状态介于这几种类型的中间，可分别采用8，6，4，2来表示；有无取值时赋予0和5；社会可持续发展水平指标，可参照生态可持续发展水平指标赋值标准。

4.3.2 数据的无量纲化处理

为消去不同量纲的影响，变指标的离散指向为同一指向，可对各项指标值进行综合化处理，即进行无量纲化处理。

设有N组时间序列数据$[x_{(ij)}]$，其中$i=1$，2，3…，M，分别代表指标体系中的66项指标；$j=1$，2，3…，T，分别代表年份。

经过下述变换后，清除了量纲的影响，使每个变量变成一个无量纲的量。

$$Y_{ij} = \frac{x_{ij} - \bar{x}_j}{s_j}$$

$$\bar{x}_j = \frac{1}{M}\sum_{i=1}^{M} x_{ij}$$

$$S_j = \frac{\sqrt{\sum_{i=1}^{M}(x_{ij} - \bar{x}_j)^2}}{M - 1}$$

其中，Y_{ij}是标准化变换后的数据，x_{ij}是原始数据，$\bar{x}_j$是第i年序列数据平均值，S_j是第j年序列数据均方差。

4.4 确定指标权重 Wi

指标权重的确定，可以采用特尔斐专家意见预测法，最好是能够采用专家的意见，又能与层次分析法(AHP)相结合的方法，这样，既能充分收集专家的意见，又能通过统计处理使综合权重更科学、客观、合理。

在阿木尔林业局可持续发展的综合评价中，由于各项指标都是反映某一侧面的问题，各指标之间并不具有直接可比性，因而很难精确确定其重要程度，特别是在本次选择的66个指标，每一项指标的重要性就更难分仲伯。因此，我们给每项指标确定了相同的权重。

4.5 计算可持续发展总指数

对指标进行无量纲化处理后，采用对量化值(评价分值或指数值)进行多指标综合价值评价的方法，通过计算“经济可持续发展水平指数”、“生态可持续发展水平指数”、“社会可持续发展水平指数”及相应的“子系统指数”，即可求得林区的评价结果，据此可对区域可持续发展状况进行评价分析。

将林业局 66 项指标进行标准化处理后进行累加，其结果就是林业局可持续发展的综合值。

$$K_{ij} = Y_1 + Y_2 + Y_3 + \cdots + Y_{66}$$

表 2 阿木尔林业局可持续发展能力的综合指数

年份	1996	1997	1998	1999	2000	2001	2002	2003	2004	2005	2006
阿木尔	-3.146	-3.091	-2.834	-2.782	-2.8068	-2.1087	-2.0038	-1.8769	-1.5318	-1.5008	-1.384

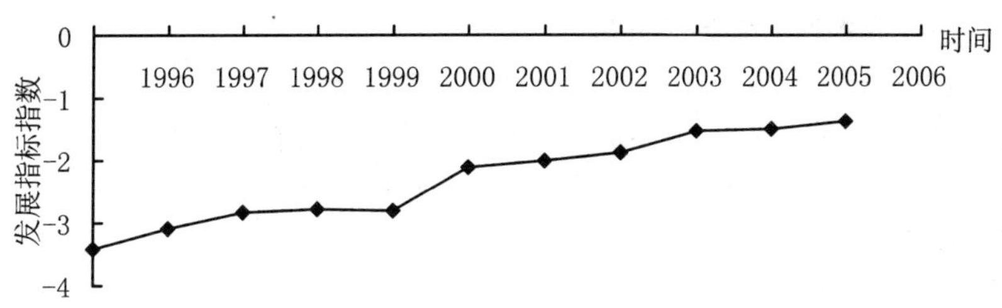

图 2 阿木尔林业局可持续发展能力的综合指数折线图

5 阿木尔林业局可持续发展能力的综合评价结果的分析

(1)1996~1998 年。阿木尔林业局可持续发展能力的综合指数处于较低水平(生态、经济、社会可持续发展指数均较低)，反映了其可持续发展能力的基础还比较脆弱。

(2)1998 年。大兴安岭林区作为天然林资源保护工程首批试点林区之一，阿木尔林业局开始全面调减木材采伐量，林区传统的以消耗资源为代价换取经济增长的粗放型“独木支撑”方式已无法维系，这一年，林业局开始真正面临经济转型，受经济发展困境的影响，林区社会发展的方方面面也受到牵制，难以顺利开展下去。此时，阿木尔林业局可持续发展能力的综合指数处在一个整体低水平上(生态、经济、社会可持续发展状态出现拐点)，但在此基础上反而达成了一种低层次协调。

(3)1998~2000 年。在主导产业连年压缩规模的形势下，资源产业、林产工业、矿产开发业等替代产业显露出勃勃生机，经济发展开始有了新的转机。而同一时期，国有企业富余职工累计人数达到最高，加之新增适龄劳动人口出现，现有的第三产业和非国有企业所能提供的就业岗位十分有限，各种社会矛盾集聚，社会发展明显滞后，因此阿木尔林业局可持续发展能力的综合指数变化不大(生态可持续发展指数稳定增长、经济、社会可持续发展指数变化不大)，在这一时期经济与社会的发展整体上处于非协调状态；

(4)2001~2002 年。生态可持续发展指数继续稳定增长、林区经济结构调整的正面效应逐渐显现，经济与社会又呈现出协调发展状态。特别是在社会发展方面，林业局依靠多种方式和渠道，不断开发就业岗位，除积极发展第三产业促进就业外，还通过一次性安置政策，使富余人员问题得到初步缓解，并根据林区经济结构调整的需要，积极对下岗失业人员进行转岗培训。当然，此时的协调已完全不同于 1998 年天保初期的“高度协调”。

(5)2002 年以后。阿木尔林业局呈可持续发展稳定趋势，综合水平趋强，这是全区多项因素综合的成果；从子系统内部指标得分来看：生态子系统的贡献愈显突出和稳定；经济子系统内部，经济结构得分总体高于经济效益得分，反映出这一时期经济结构的调整是卓有成效的。图中2004年林业局经济发展速度明显快于社会发展速度，致使二者协调度增加，主要应归功于“十五”时期在深化改革的同时，重视发展后续产业特别是林产工业，以及多种经营生产中的原煤、红砖、发电量、北奇茶等产品，拉动了地方工业经济的稳步增长和企业效益的显著提高；在社会子系统内部，与生活质量和社会结构两项指标相比，人口素质与科技得分和社会安定得分变化较小，这反映出2002年来林区人民生活水平持续提高这一客观事实，而提高人口素质和解决各种影响社会安定的社会矛盾则需要更为漫长的一段时期。

6 林区可持续发展评价体系中尚需进一步研究的问题

6.1 评价指标数据库的建立与完善问题

可持续发展评价指标客观上要求要有可靠的数据来源，如果单从这个角度讲，国有林区可持续发展指标体系对传统统计数据提出了更高的要求。现在的问题是：如何在数据资料基础不好的条件下，建立健全可持续发展评价指标数据库支持系统。

6.2 评价方法如何选择问题

可持续发展评价指标体系要有综合评价的内容，以便为决策提供服务，要实现这个功能，评价方法的选择非常重要，但是，我国目前这方面的研究还相对不足，许多问题尚待突破。最为突出的问题是：怎样实现科学评价方法的理论与实践的完美结合。

6.3 是否应建立具有权威性的评价机构问题

可持续发展最终由谁来评价，有何权威及约束性？要想达到对国有林区可持续发展状况做出客观、有效的评价，使评价的结果具有相应的权威性和约束力，那么尚待进一步研究的问题是：由哪个(或哪些)机构去进行这种评价？有无必要组建一个可持续发展评价机构(或组织)？

本文对阿木尔林业局可持续发展能力与水平的评价作了一些粗浅的研究和探索，只是提供一些基本的思路和判断。有些内容还有赖于进一步的科学性、实用性强的研究，逐步进行完善。

参考文献

[1] 陈耀，马岚．企业可持续发展评价研究[J]．上海统计，2002(4)：36~38

[2] 李金华．中国可持续发展核算体系(SSDA)[M]．北京：社会科学文献出版社，2000

[3] 中国21世纪议程管理中心．可持续发展指标体系的理论与实践[M]．北京：社会科学文献出版社，2004

[4] 王晓灵，于庆东．企业可持续发展的指标体系及评价．工业技术经济[J]．2004(6)：23~25

作者简介：马文学，男，博士，东北林业大学经济管理学院副教授，从事技术经济、林业经济和森林资源资产评估研究。

从保住青山绿水看贵州新农村建设

黎　平[1,2]

（1. 北京林业大学经济管理学院，北京，100083；

2. 中共贵州省六盘水市委员会，六盘水，553000）

摘要：建设社会主义新农村是我国现代化进程中的重大历史任务。贵州地处西南，又是农业省份，在新农村建设中担负着极为重要的使命。因此，需要加强贵州林业生态建设，保护、开发特有的生物多样性，弘扬丰富多彩的原生态民族文化，大力发展贵州的民族医药产业，促使林业生态建设与产业发展相互协调，利用金融的杠杆作用撬起贵州新农村建设的宏大工程。

关键词：新农村建设；农业发展；林业生态建设；贵州

Viewing New Countryside Construction of Guizhou by Blue Mountains and Green Waters

LI Ping[1,2]

(1. School of Economy & Management, Beijing Forestry University, Beijing 100083;

2. The CPC Liupanshui Municipal Committee of Guizhou province, Liupanshui 553000)

Abstract: Building socialist new countryside is a historical task in China's modernization process. Guizhou province is situated at southwest in China, and is a agricultural province, which plays an important role in the construction of new countryside. Therefore, it's necessary to strengthen forestry ecological construction, protect bio - diversity, carry forward the excellent ecological culture and make major efforts to developing medical industry in Guizhou, promoting the coordinative development of forestry ecological construction and industry development, exerting the financial leverage to promote ambitious projects of new countryside construction.

Key words: New Countryside construction; agricultural development; Forestry ecological construction; Guizhou

48 年前，周恩来总理到贵州视察时曾经深情地说过："贵州山川秀丽，气候宜人，资源丰富，人民勤劳，只要贵州各族人民在中国共产党的领导下，加强团结，努力工作，贵州的社会主义建设必将后来居上，大有希望。"时隔近半个世纪过去了，回想周恩来总理的话，仍然有着重大的现实意义和学术价值，笔者结合多年来的工作实践和学习思考从保住青山绿水的角度就贵州新农村建设问题谈谈自己肤浅的认识。

1 保护、开发贵州特有的生物多样性

生物多样性是指一定范围内多种多样活的有机体(动物、植物、微生物)有规律地结合所构成的稳定的生态综合体。包括动物、植物、微生物的物种多样性、物种的遗传与变异的多样性及生态系统的多样性。它在自然界中对维系能量的流动、净化环境、改良土壤、涵养水源及调节小气候等都发挥着重要的作用。生物多样性的存在，使得人类有可能多方面，多层次地持续利用自然资源，为人类的生存环境提供保障。但是，随着环境的污染与破坏，目前世界上的生物物种正在以每天几十种的速度消失。消失的物种不仅会使人类失去一种自然资源，还会通过食物链引起其他物种的消失。如今，世界各国都在呼吁保护生物多样性并为之付诸行动。贵州地处云贵高原，境内山脉众多，重峦叠嶂，绵延纵横，山高谷深，素有“八山一水一分田”之说。贵州的气候温暖湿润，属亚热带湿润季风气候区。由于特定的地理位置和复杂的地形地貌和气候条件，孕育了贵州特有的生物多样性。据贵州政府网、贵州省林业厅和贵州师范大学地理与生物科学学院有关专家提供的最新数据，到目前为止，全省共有维管束植物269 科 1655 属 6735 种(变种)。全省有森林 10551 万亩，活立木总蓄积量 3.1 亿 m^3，森林覆盖率已达 39.93%；境内有野生植物资源 3800 余种，有 70 种珍稀植物列入了国家珍稀濒危保护植物名录，其中国家一级保护植物 4 种(银杉、珙桐、秃杉、桫椤等)，占全国同类植物总数的 50%；二级保护植物 27 种，占全国同类植物总数的 18.9%；三级保护植物 39 种，占全国同类植物总数的 19.2%。野生植物资源中，有食用植物约 500 余种，有观赏植物约 200 余种，有环保植物 40 余种。境内有野生动物资源 1000 余种，其中有国家一级保护动物 14 种(黔金丝猴、黑叶猴、华南虎、云豹、豹、白鹳、黑鹳、黑颈鹤、中华秋沙鸭、金雕、白肩雕、白尾海雕、白头鹤、蟒等)，占全国同类动物总数的 13%；有国家二级保护动物 69 种，占全国同类动物总数的 25.7%。贵州的生物多样性，具有极高的科研价值和开发前景，特别在发展贵州现代农业经济中具有不可估量的作用。但是由于贵州生态的脆弱性，我们必须树立“在发展中保护，在保护中发展”的理念。一方面我们要强化保护贵州生态环境的紧迫感和责任感，保住了贵州的青山绿水就保住了贵州的生物多样性；另一方面我们还要加大贵州生物多样性的科学研究工作，认识贵州特有的生物物种及其价值，加快把已经成熟的科研成果运用到生产生活实际中，特别是要把那些具有广泛市场前景的食用物种、药用物种和环保物种进行产业化的培植生产，把资源优势变成经济优势。笔者近日到浙江萧山考察了传化农业生物技术有限公司，亲眼目睹了高附加值的名贵花卉通过植物组培(克隆)技术，进行产业化生产，创造出了巨大的经济效益。贵州现代农业也要走高科技、高效益的路子，贵州生物多样性所伴生的珍稀动植物资源一旦借助生物科学开发出来，贵州农业将发生翻天覆地的变化，而依托青山绿水发展起来的贵州农业也必将走向全国乃至走向世界!

2 保护、弘扬丰富多彩的原生态民族文化

贵州是多民族省份，在中国历史发展过程中贵州是古代民族交汇的大走廊和民族集结地，形成了多民族大杂居小聚居的局面。据民族文化网公布，贵州现有民族成分 49 个，其中有 17 个世居少数民族。贵州的苗族、布依族、侗族、仡佬族、水族人口分别占全国同一民族总人口的 50% ~98% 以上。全省少数民族人口为 1300 余万，占全省总人口的 37.8%。

少数民族人口比重居全国第3位。由于世居的少数民族多住在农村及远离交通沿线的边远山区，从而形成和保留了特有的民族文化。他们依山而住、傍水而居，与贵州的青山绿水共生共荣，在长期的历史发展中，他们参天地之道，循自然之理，创造了极具个性、多姿多彩的原生态民族文化，各民族丰富而各具特色的文化积淀使贵州拥有“文化千岛”的美誉。走进一个个神秘的民族村寨，无论是美轮美奂的民族服饰、和谐自然的民族民居、绿色健康的民族饮食、精湛绝妙的民族工艺，还是淳朴浪漫的民族风情、神秘诡异的自然图腾等，一切都在向你揭示贵州民族文化的古老性和原生性，其独特的感染力和生命力常常使人流连忘返。这些在青山绿水中诞生并保存完好的原生态民族文化是中华传统文化基因库的重要组成部分，也是贵州旅游文化的精髓。北京的一位朋友对我说“贵州的旅游将来一定是中国最牛的地方”。“牛”在哪里？除了贵州的气候资源和秀美风光，我想这种原生态的民族文化或许就是人们渴望的人与自然和谐相处的精神家园吧！如果说文化是旅游的灵魂，那么保护好贵州的原生态民族文化，就是保住了贵州旅游的王牌。但是我们必须注意到，随着外来文化的进入和冲击，千百年来口传心授流传至今的一些原生态民族文化正在渐渐消逝，这些文化一旦失传将难以恢复，我们一定要有紧迫感。在保护、弘扬原生态民族文化上，与市场经济接轨的最好办法就是积极创造条件举办各种类型的民族民间传统节日活动，通过丰富多彩的传统节日活动，为民族文化的保护、传承和发展提供一片沃土，同时也通过这些节日活动的辐射带动作用加快乡村旅游和新农村建设的进程。旅游是富民产业，可以迅速使一方百姓脱贫致富，旅游也是开放的产业，新的观念新的意识一旦进入，广大农民群众对美好生活的憧憬将焕发出巨大的创造热情，新农村建设必将日新月异。

3 大力发展贵州的民族医药产业

医药行业是按国际标准划分的15类国际化产业之一，是世界贸易增长最快的朝阳产业之一，由于其科技含量高、具有相对垄断性、可创造高附加值，越来越引起世人的高度关注。“夜郎无闲草，黔地多良药”，贵州是全国四大中药材产区之一。据贵州政府网公布，在贵州现有的3800多种野生植物资源中，有药用价值的植物资源就有3700余种，占全国中草药品种的80%。自古以来，贵州就以盛产品质优良的珍稀名贵地道药材而闻名。千百年来，正是这些奇珍异草伴随着贵州各民族同胞在与自然、疾病作斗争的实践中，形成了独特的医药理论和医疗技能，生生不息。贵州苗族民间有“千年苗医，万年苗药”之说，西汉刘向在《说苑·辨物》中说：“吾闻古之为医者曰苗父。”《山海经》云：“黑水之北，有人有翼，名曰苗民。”《楚辞》中记载有不少被称为苗药的“菖蒲”和“泽兰”，长沙马王堆一、二号汉墓把“泽兰”作为殉葬品，说明了苗药的历史悠久和广泛应用。云南《马关县志·风俗篇》载，“苗人……，有良药接骨生筋，其效如神。”贵州雷公山的苗医治疗蛇伤有特效药，并能在短期内治愈能致人死命的疔、痈、疽和毒疮。国家知识产权局组成传统医药知识产权保护调查组在对贵州民族医药进行调查时曾指出：从贵州的一些祖传秘方、单方、验方中完全可以研究出国家一、二类新药。贵州的民族医药是中国传统医药领域的一支奇葩。最近贵州从江县的瑶族药浴疗法、雷山县的苗族骨伤蛇伤疗法、黔东南苗族侗族自治州的苗族九节茶药制作工艺和侗族过路黄药制作工艺等已被列为第二批国家级非物质文化遗产名录。依托贵州省中药材资源优势和民族医药特色，大力发展贵州的民族医药产业应该是贵州新农村建设的重要方面。一方面，要充分利用各地特有的自然条件，大力发展中药材种植与加工产业，越是交通不便的大山深处，越是要大力挖掘和培植当地特有的珍稀药材，使其成为老百姓脱贫致富的重要途径，要把贵州打造成中国重要的中药材生产基地。同时要大力扶持像贵州神奇、益佰、益康、信邦等这样的民族制药企业，通过民族制药企业的发展带动中药材种植业标准化的快速发展，并使贵州药业走出贵州、走向世界。另外，我们还要挖掘整理散落在民间的一些特效药方，"苗药三千，单方八百"，在贵州各地还有许多不为外界知晓而疗效显著的苗药、侗药、瑶药等，笔者曾经工作过的黄平县就有一味治疗胰腺炎的特效药，这些"藏在深山人未识"的神秘药方应该为更多的人带去健康的福音。研究新药、培育企业、带动相关产业，贵州民族医药产业前途一片光明。

4 必须解决贵州农村的工程性缺水问题

所谓工程性缺水，就是虽然总量上水资源很丰富但局部供水却不足；低处水量充足，高处却严重缺水；丰水期水量丰富，枯水期却干旱缺水等，而这些都是可以通过工程的办法加以解决的。据《贵州年鉴》公布，贵州省雨量充沛，年平均降水量1100~1300mm左右，境内河流众多，水资源丰富，水资源总量可达1216亿m^3。然而由于特殊的地理环境使河流地带山高水低，水资源难以非工程利用，再加上典型的喀斯特地貌(贵州岩溶地貌发育非常典型，喀斯特出露面积109084km^3，占全省国土总面积的61.9%，是典型的喀什特山区)，地表水容易渗漏，工程性缺水十分严重。据统计，贵州总用水量不到100亿m^3，水资源利用率仅9%，居全国末位行列。在农村，人均有效灌溉面积仅为0.41亩，不及全国平均水平的一半，全省还有1300万农村群众饮水困难或者饮水不安全。工程性缺水问题是制约贵州新农村建设的重要原因。解决贵州工程性缺水问题有两个途径：一是如何科学留住天上的降水及地表水的合理开发利用；二是如何科学合理有限度地开采地下水。关于科学留住天上的降水，大连市的"集雨工程"值得我们研究，他们在坚持建设以库、塘、井、窖为主的小型水源工程基础上，进一步拓宽水源开发思路，提出了充分利用雨洪资源，搞集雨工程建设的战略思想。把集雨工程建设作为农村水利工作的重点，在大连地区范围内利用广场、道路、屋檐、大棚、田间、沟壑等地理条件，有效进行雨水积蓄利用，以此达到充分拦蓄天然降雨，合理利用雨洪资源，解决干旱缺水问题。大连市金州区石河现代农业园区先后建成的5座集雨平塘，塘塘相连，形成了1个偌大的集雨群，总蓄水量达17万m^3，解决了园区内4300余亩高效农业作物的灌溉和1座农产品深加工龙头企业用水，整个园区实现集雨化。笔者在黄平工作时，曾看见那里的农民利用"赶山沟"的办法集聚山上的雨水解决农田灌溉问题，其实也就是简便的"集雨工程"，将"赶山沟"与山塘、水库、沟渠建设结合起来也可以解决贵州农村缺水的大问题。贵州农村过去普遍使用的水车值得我们研究，既有效地把水从低处提到高处，又是别具特色的人文自然景观。另外，我们要认真研究贵州农村房屋的建筑结构，要充分考虑积水和储水功能，并以此解决人畜饮水问题。在地下水的合理开发利用上，我们也必须本着科学的态度有限度的开采，现在很多地方因为盲目过度开采地下水造成地下水位大幅下降，已经引起严重的生态问题和地质灾害问题。有资料报道，以北京市为中心，半径800km之内(200万km^2，超过1/5国土)已没有一条完整的常流河，常常是上游截流、下游断流，地表水基本枯竭，地下水严重超采，华北平原环渤海复合大漏斗总面积达728万km^3，成为世界上最大的地下漏斗。河北省有200条地表裂缝，多数因超采地下水导致地面沉降而给工农业生产和城镇建设带来许多破坏和影响。由于长期依靠地下水生产和生活，地下含水土层日渐干涸，海水倒灌，沿海地区盐碱化面积逐渐扩大。贵州地下水的盲目开发和过度开发也必定会对贵州的生态造成威胁！笔者在北京曾就此问题专门请教过地质专家，贵州的地下水有两种，一种是喀什特地貌特有的地下暗河，完全可以合理开发利用；另一种是地层水，必须科学开发，因为地层水是生态水，是涵养贵州青山绿水的基础，如果盲目的滥开乱采必然破坏其平衡，或许有一天我们一觉醒来，青山绿水已消逝在我们的记忆中……！

5 大力开发利用太阳能和自然能

贵州的“欠发达、欠开发”成就了贵州的青山绿水，而贵州要保住青山绿水，则要依托科学技术的应用和推广，而太阳能和自然能的开发利用应该是贵州新农村建设的首选之举。太阳能既是一次性能源，又是可再生能源。它取之不尽、用之不竭，既可免费使用，又无需运输，对环境不会造成任何污染。在欧美一些先进国家，目前正在广泛开展应用“光电玻璃幕墙制品”，这是一种将太阳能转换硅片密封在(犹如夹层玻璃)双层钢化玻璃中，安全地实现将太阳能转换为电能的一种新型生态建材。美国的“光伏建筑计划”、欧洲的“百万屋顶光伏计划”、日本的“朝日计划”以及我国已开展的“光明工程”将在建筑领域掀起节能环保生态建材的开发应用热潮，极大的促进了太阳能在新型建材产品中的应用。近年来，太阳能的利用在我国农村节能中取得了显著的成效，除太阳能热水器以外，太阳能温室、塑料大棚已经在广大农村普及和发展，种植业、水产养殖业、畜禽饲养业等都不同程度地应用了太阳能技术。仅一个太阳灶就可以为一家农户节约15%的燃料，每年保护植物3.5~7亩。另外，现在贵州农村正大力推广的沼气技术就是自然能的成功应用。据测算，建造一个$8m^3$的沼气池，一年可产沼气$370 \sim 440m^3$，能解决3~5口人的农户一年的生活燃料，每年可节约薪柴1.5t或节煤1t，节电100千瓦时左右，节约燃料费300元左右。每年可为20亩耕地提供肥料，每亩节约农药、化肥支出100多元，施用沼肥后的农产品产量增加，品质也能提升。推广的“猪-沼-果”能源生态模式，户均年增收3000元。按一口沼气池平均能省出1.5t薪柴，相当于封育了3.5亩山林，保护了森林植被的同时还可减少15kg二氧化硫和2.7t二氧化碳排放。因此，我们没有理由不去积极创造条件，推广太阳能技术和沼气等自然能技术的应用，让更多的农民用上新型可再生清洁能源。在提高农民生活质量的同时，有效地保住贵州的青山绿水。

6 贵州农村建筑要走新型建筑材料与民族民居相结合的道路

随着经济社会的发展和科学技术的进步，新型建筑材料的发明和应用正在成为一种趋势，日本、我国台湾使用的抗震、隔热、防潮、坚固的新型复合建筑材料，抵御了一次又一次地震和台风的袭击，德国、瑞士使用的节能环保型建筑材料在极大地改善人们的生活质量的同时，正悄然掀起一场建筑业的革命。新型建筑材料在未来世界有着广阔的发展前景。贵州各族人民在长期历史发展进程中，创造了绚丽多姿的建筑文化，各族民居与自然山水融为一体，具有极高的审美价值，堪称建筑文化百花园中的朵朵奇葩。在贵州新农村建设过程中一定要注意延续这种传统的民族建筑文化。贵州少数民族民居充满了智慧和特色，如他们依山而建、因地制宜，不用挖很深的地基也能建造楼房，苗族的吊脚楼很适合贵州的山地，对自然生态几乎没有破坏，而美人靠、望山靠更是充满了诗情画意的建筑符号。但是传统的贵州民居多是木质结构，容易引发火灾(贵州黔东南的一些苗寨至今仍然存在很大的火灾隐患)。加上随着人口的不断增加，伐木建房已经对脆弱的贵州生态造成巨大威胁。贵州传统民居还存在人畜共居、厕所和厨房设计不合理，卫生条件差，不具备旅游接待能力等。因此，开发结合贵州民居的新型建筑材料，改善传统民居的内部结构已经成为贵州新民居建设的当务之急，这种新型建筑材料应该是轻型耐用、防火防潮、防震抗压、冬暖夏凉、清洁环保型的，新民居要有完善的厨房系统、厕卫系统和自来水系统，具有较好的接待游客条件。这种新材料、新民居可以进行工业化、集约化生产，在规模化生产中降低成本，使贵州民居能够迅速与建筑的现代化接轨。贵州民居既要成为广大农民安居乐业的居所，又要成为各方游客流连驻足的栖身地，要让老百姓的生活资料变成生产资料，变成生财之道。笔者在北京平谷的新农村就看到了将新型建筑材料运用到新民居建设中，他们广泛采用了 ASA 板镶嵌式集成节能建材体系、空心保温承重切块体系、预埋轻钢轻质混凝土结构体系和薄板钢骨体系等先进材料和建设工艺，在贫穷落后的山区，建起了一幢幢经济耐用的节能环保型乡村别墅。房屋的保温性能比传统的砖墙提高了一倍以上，节能标准超过了国家居住建筑节能 65% 的指标，建筑寿命比传统建筑提高了三倍以上。这些新型民居，在提高农民生活质量、降低农民生活成本的同时也改善了农村整体环境，使农民能够分享到现代文明的成果。以此为基础，平谷的民俗休闲旅游迅速发展起来，集居住、接待和观光于一体的休闲寓所和家庭旅馆，实现了农民就地非农就业，构筑了平谷旅游富民的新平台。笔者以为贵州也完全可以走出一条自己的新农村新民居新村寨建设之路。或许有一天我们也会在贵州依山而建的苗寨享受观光电梯带给我们的便利。

7 打造贵州立体交通网络，加快机场建设和民航业的发展

交通落后是制约贵州经济社会发展的一个主要问题，近年来随着一条条铁路复线和高速公路的修建，贵州的交通已经有了极大的改善，但是由于特殊的地形地貌环境，贵州的铁路和高等级公路建设成本都很高，而高等级公路也不可能覆盖广大的农村，这就决定了贵州的陆路交通在相当一段时间内或者说根本不可能超越东部沿海省份。而山高坡陡水急也不便发展水上交通，事实上水电站的大量修建已经阻隔了历史上的一些航运。贵州新农村建设交通先行路在何方？笔者以为必须加快机场建设和民航业的发展，因为大力发展航空业是世界趋势，依托机场建设和航空业的发展，贵州特色经济可以实现跨越式发展！贵州交通要以机场、铁路和高等级公路为骨架大力修建贵州的生态路和文化路，连接广大的农村。“乡乡通油路，村村通公路”一定要因地制宜，不能因为开山修路而破坏贵州的地质环境和生态环境，乡村道路一定要顺势而修，不能通汽车的地方可以通马车和人力车。加快机场建设和民航业发展在贵州有着特别重要的意义，首先，航空业对生态的破坏最小，除了机场建设需要占用一些土地资源，空中航道对生态不会造成影响；其次，修建机场的成本相对较低，如果按照平均每十亿元建一个支线机场测算，修一条高速路可以修很多个支线机场！其三，机场的带动效应明显，航空作为最先进的交通手段，具有明显的市场聚集效应，能够带动许多产业的快速发展；其四，旅游一旦成为贵州的重要支柱产业，那么航空业将是连接旅游高端市场的重要途径。因此，我们要积极创造条件发展贵州的航空业，在旅游景点和中等城市多修支线机场，要大力发展小型客运飞机和重型直升机，构建起贵州的航空运输网络，大力发展空中客运和货运，使贵州经济直接与发达地区乃至世界的高端市场接轨。“飞向苗乡侗寨，飞向心灵家园！”应该成为贵州新农村建设的真实写照！

8 利用金融的杠杆作用撬起贵州新农村建设的宏大工程

贵州的新农村建设有许多美好的蓝图，也蕴藏着巨大的商机。但是在这个艰难而美好的过程中，需要大量的资金投入，“钱”从那里来？中央财政的支持有限！我们自己的财力更是有限！广大的农村还在温饱线上徘徊。这些都决定了贵州的新农村建设更富于挑战性！伟大的古希腊哲学家、数学家、物理学家阿基米德曾经说过“给我一个支点，我将撬起整个地球！”只要我们找准了支点，善于运用现代市场经济中的杠杆特别是金融杠杆，我们就可以撬动贵州新农村建设的宏大工程。金融作为现代市场经济中融通资金、调节资金、聚集资金的重要桥梁和纽带，是通过要素市场来推动地方经济社会的发展，一个地方的主流经济、重大项目、潜在市场能不能与金融成功对接往往决定一个地方的发展速度和发展质量。据有关专家测算，在常规条件下，经济发展中通过金融投入的资金往往是财政资金的5~10倍以上，而且金融资金是循环资金，可以源源不断。如果能通过金融撬动货币市场和资本市场，就会形成资金洼地，迅速集聚社会资本。贵州新农村建设与金融成功对接取决于几个方面：一是贵州各级政府都要有一个清晰的发展思路。政府清晰的发展思路可以催生和培育出一个个优良的企业，而这正是地方经济与金融成功对接的重要条件，“护我环境、惜我资源、利我地方、惠我百姓”的“绿色企业”在贵州积聚得越多，贵州金融撬动货币市场和资本市场的能量就越大。二是贵州各地要有一个良好的信用环境。良好的信用环境是市场经济健康发展的根基，良好的信用环境可以推动地方经济的良性循环和快速发展，政府的重要职责和使命就是从诚信政府做起，培育诚信企业和诚信公民，打造诚信社会。笔者在农业银行挂职有一个最切身的体会，就是金融资本永远只流向两个地方，那就是利润最大的地方和风险最小的地方。有诚信的地方永远是风险最小的地方。三是贵州人要善于研究国家的宏观调控政策，争取更多的财政金融投资政策。中央“服务三农”的政策在相当一段时间只会加强不会削弱，我们一定要用好用足政策，在国家宏观调控大政策的背景下，争取更多的政策和资金支持。四是贵州政府要善于向沿海发达地区的政府学习，建造有效的融资平台，借助土地、高速公路、城市基础设施、国有资产等政府资源，通过市场化的运作模式借助金融资金快速发展贵州经济。五是要让金融杠杆撬动广大农民的生产积极性，可以采取龙头企业+担保公司+农民+银行的模式，同时让保险业进入广大的农村，有效解决农民贷款难、难贷款的问题，激发广大农民干事创业的积极性。总之，政治家要善于与金融家、企业家交朋友，学习他们搏击市场经济浪潮的智慧，借助他们驾驭市场经济航船的能力，贵州的各级领导尤其应该如此。贵州新农村建设不能搞零和博弈，只能搞正和博弈，要形成双赢和多赢的格局。如果我们把自然规律、贵州农村的发展规律和现代市场经济的运行规律结合起来，我们就能够在一系列银行与政府、银行与企业、政府与企业的成功博弈与合作中，步入贵州新农村建设的快车道！

贵州新农村建设应该走出一条自己的路。在市场经济条件下，没有特色永远只能跟在别人的后面亦步亦趋。贵州是中国乃至世界的优质景观区，在这个盆景般的山国里展示给世人的也一定是具有高价值的东西。因此贵州新农村建设要立足高起点、高目标、高科技，由此才能产生高附加值、高效益。我们渴望贵州新农村面貌日新月异，我们更希望贵州能永葆青山绿水！只要我们尊重科学、尊重人才、遵循规律，一个生态良好、文化古朴、经济繁荣的贵州新农村就一定会展示在世人面前！理论无禁区，笔者愿与各界同仁共同探讨贵州新农村建设的若干问题，并恳请专家们指正！

云南省漾濞县农民收入现状探析*

李　谦
（西南林学院经济管理学院，昆明，650224）

摘要：该文分析了云南省漾濞县建立自治县22年来农民收入增长变动趋势，发现该县农民收入增长呈现阶段性变化，收入的产业结构保持基本稳定，收入中来源于第一产业的部分在组成结构上有所变动；指出了作为"中国核桃之乡"的该县农民收入增长趋缓的原因，并提出了培育龙头企业、发展合作经济组织、健全深灰服务体系等相应的对策。

关键词：漾濞县；农民收入

The Analysis of the Farmers' Income Situation in Yunnan Yangbi County

LI Qian
(College of Economics and Management, Southwest Forestry University, Kunming, 650224)

Abstract: The paper analyzes the fluctuation trend of farmers' income in Yangbi since the autonomous county was established 22 years ago, it is found that the farmers' income of the county presented periodical changes, the industry structure of income remains stable, the section in the income that comes from the first industry shows some changes in composition structure. It shows the reason that the pace of the farmers' income growth is lowered down, and suggests that Yangbi county greatly foster leading enterprises, develop cooperation economy organization, better social service system, etc . as the "home of Chinese walnut".

Key word: Yangbi County; Farmers' income

云南省漾濞彝族自治县地处云南省大理白族自治州中部，全县总面积1957km^2，总人口100460人，地广人稀，资源丰富。全县土地资源总量中陆地面积占98.93%，每平方公里人口密度仅为51人，人均占有土地(含水域)28.79亩；耕地面积12万亩，适宜于种植多种农作物[1]。漾濞县种植核桃历史悠久，境内核桃遍布四野，2007年面积达62.14万亩，年产量2.42万t。1995年漾濞县被国务院命名为"中国核桃之乡"，2003年国务院外国专家局授予漾濞"美国山核桃种植示范推广基地"荣誉。研究这个国家级贫困县近20年来农民收入的变化情况，将有助于分析该县核桃产业发展与农民收入的关系，为新时期该县制定农民增收

* 该文受"漾濞县核桃产业链发展规划研究"课题的支持。

政策提供重要的理论依据。

1 漾濞县农民收入基本情况

1.1 漾濞县农民收入概况

漾濞县自1985年建立彝族自治县以来，历届县委、县政府根据当地实际情况，制定合理的政治经济发展路线，以市场为导向，发展为主题、结构调整为主线，改革开放和技术进步为源动力，在全县人民的共同努力下，取得了改革开放和经济社会建设事业的全面进展，农业生产由追求数量向追求效益转变，农民人均纯收入持续快速增长，1985年漾濞县农民人均纯收入仅为172元[2]，是云南省农民人均纯收入二分之一，经过20余年的发展，该县农民人均纯收入指标已逐渐接近省平均水平，2007年漾濞县农民人均纯收入2031元[3]，是云南省同期指标的77.1%，在增加农民收入方面取得了重要进展。

1.2 漾濞县农民收入构成

漾濞县农村经济总收入按经营形式划分，最重要的是农民家庭经营收入，占85%以上。乡办企业收入主要在河西镇、上街镇(现为苍山西镇)，而村组经营收入也主要集中在平坡乡、上街镇。按行业划分，主要来自种植业收入、畜牧业收入、工业收入、林业收入。其具体构成见图1。在林业收入构成中，主要包括自用烧柴收入和干果收入，其中70%来自于干果收入，即核桃干果收入是漾濞县农民林业收入的主要组成部分。

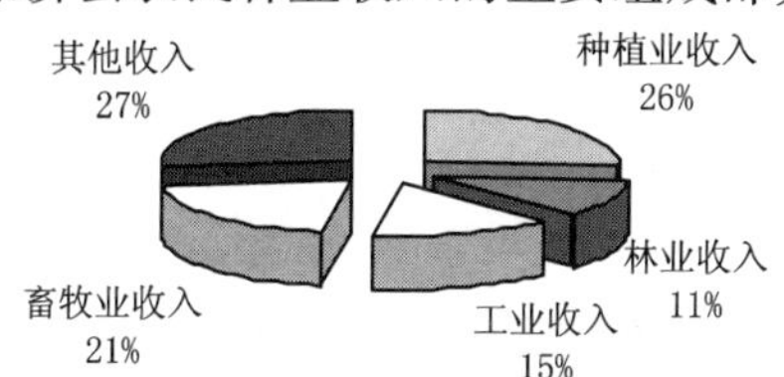

图1 漾濞县农村经济总收入构成(2000年)

注：数据来源于漾濞县统计局提供的漾濞彝族自治县国民经济和社会发展主要指标(1985~2004)的整理

2 漾濞县农民收入变动特征分析

2.1 农民收入增长呈现阶段性特征

本文研究的时期从1985年漾濞设立自治县开始至2004年。从图2我们不难看出，漾濞县从1985年建县以来，农民人均纯收入持续增长，大致经历了以下几个阶段：

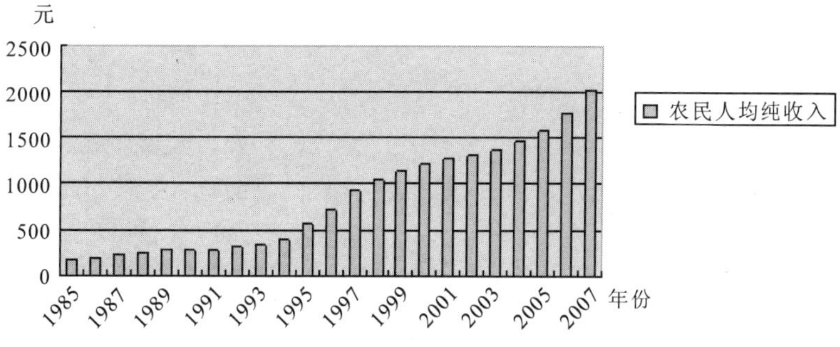

图2 漾濞县历年农民人均纯收入

第一个阶段：1985～1989年，快速增长期。此阶段漾濞县农民人均纯收入持续快速增长，年平均增长率13.06%。低于同期该县国民生产总值的年平均增长率24.47%。该时期农民人均纯收入的快速增长得益于农产品总量增长和国家粮食价格全面放开的政策。

第二个阶段：1990～1993年，增收滞涨期。漾濞县农民收入在此期间均不同程度受洪灾、涝灾影响，农民增收低迷，年平均增长率下滑至5.59%，下降了7.47个百分点。1990年，全县范围遭受洪灾，受灾面积41788.4亩，受灾人口50408人，重灾人口1041人，造成当年粮食减产141.76万kg，导致农民人均收入增长率(环比)仅为0.36%，当年国民生产总值负增长。

第三个阶段：1994～1999年，飞速增长期。农民增收进入一个史无前例的快速增长时期，年平均增长率23.8%，高于同期国民生产总值增长率6.15%。其中1995年农民人均纯收入比1994年增长了44.9%。并在1998年首次突破千元大关。此阶段农民收入的增长与我国社会主义市场经济的确立、乡镇企业的迅速发展密不可分，当然1994年席卷我国的建国以来最高的通货膨胀也是农民增收的推进器。

第四阶段：2000～2007年，增长徘徊期。此阶段该县农民增收乏力，农民人均纯收入年平均增长仅为7.67%。这与全国该时期农民增收缓慢不矛盾。从大环境看，主要是由于该时期整个经济环境出现买方市场，导致农产品价格下跌，农民增产不增收所致。从当地小环境看，该县生产方式落后，个体小生产者为主的孤立、分散的生产组织形式无法形成规模。

2.2 农民收入的产业构成基本稳定

长期以来，漾濞县农民收入主要来源于第一产业(种植业、林业、畜牧业、渔业)，近年的数据显示，该县农民收入结构基本不变。具体数据见表1。

表1 漾濞县各年份农村经济总收入结构

年份	第一产业		第二产业		第三产业	
	绝对数(万元)	比重(%)	绝对数(万元)	比重(%)	绝对数(万元)	比重(%)
2000	15153	58.22	5689	21.86	5187	19.93
2001	15716	57.23	6462	23.53	5464	19.25
2002	17332	57.43	6891	22.83	5957	19.74
2003	18964	57.23	7634	23.04	6536	19.73
2004	21245.35	58.28	8289.49	22.74	6918.15	18.98
2005	23370	58.63	8879	22.27	7613	19.1

2.3 农民收入中林业收入呈上升趋势

由于当地从1987年确立了发展以核桃为主的经济林，大力发展经济的目标，2000年后所发展的核桃树陆续进入挂果期，带来核桃产量的增加，因此，在第一产业形成的收入中，林业收入呈上升趋势。干果收入在林业收入中的比重也从2000年的67.87%上升至2005年的81.76%，林业收入在第一产业中的比例也随之从19.14%上升至24.74%，详见表2，近年的数据也基本不变。

表 2　漾濞县各年份林业收入变化比较

年份	林业收入		其中：干果收入	
	绝对数(万元)	在第一产业中比重(%)	绝对数(万元)	在林业收入中比重(%)
2000	2901	19. 14	1969	67. 87
2001	3056	19. 45	2234	73. 10
2002	4103	23. 67	3190	77. 75
2003	4485	23. 65	3551	79. 18
2004	4938. 48	23. 24	3893. 63	78. 84
2005	5780	24. 73	4726	81. 76

3　农民收入趋缓的原因分析

3. 1　农村产业结构不合理

近年来，我国农产品供求关系从短缺转向总量平衡且部分农产品出现过剩，农产品供过于求的状态导致了农产品价格低迷，从而致使农民增收越来越困难。漾濞自治县成立 20 余年来，虽然漾濞县在各方面取得了长足的发展，2006 年国民生产总值是 1985 年的 20. 05 倍，年平均增长率 15. 35%，超过国家平均发展速度，2007 年农民人均纯收入比 1985 年翻了 3. 57 番，但通过以上分析，不难发现，该县产业结构还不尽合理，农业和农村经济结构单一，农村经济总收入主要来自于第一产业，从 2000 年至今，农村经济总收入中大约 58% 均来源于第一产业，虽然该县对农村产业结构和农业结构进行了一些调整，但农村第二、第三产业不发达的状况没有得到根本改变。而从全国的情况看，当前我国农产品的价格已接近或超出国际市场农产品价格，因此，企图通过提高农产品价格来实现农民增收不具有现实性。抛开国内外农产品价格影响因素，单独从经济学的观点分析，从供给角度看，其供给对价格缺乏弹性。因此，渴望通过农产品价格的提高来提高农民收入不存在可行性。更何况，在市场机制下，政府支持价格只会导致无谓损失。其次，如果自然条件有利，或者通过生产技术的提高降低了农产品种植的成本，从而提高了产量，此时，供给曲线向右移动。而从需求角度看，农产品作为生活的必需品，同样缺乏需求弹性，同时，从短期来看，农产品特别是粮食需求是一个相对稳定的量，从而导致了农民的收益减少，即“丰收悖论”。

因此，该县农村产业结构不合理，导致农民收入渠道狭窄，增收困难，而且无论是从价格还是从总量分析，都无法有赖于单独发展第一产业来实现农民的增收。

3. 2　乡镇企业发展缓慢

改革开放以来，乡镇企业在我国繁荣农村经济、支持农业生产、增加农民收入、保持农村稳定方面起到了积极的作用，成为我国农村经济的主体力量和国民经济的一大支柱，但从漾濞县具体情况来看，乡镇企业的缓慢发展制约了农民收入的大幅增长。

首先，漾濞县乡镇企业起步晚，发展较为落后，主要是手工作坊，影响了劳动生产力的提高；乡镇企业对农村经济的贡献力度较小，在农村经济总收入中，由乡村企业创造的价值占总收入的比例 2000 年为 10. 66%，2004 年也仅到 13. 63%，近三年来变化也不大。乡镇企业的缓慢发展降低了对农民增收的贡献力度，其次，漾濞县乡镇企业发展缓慢限制了其对农村剩余劳动力的吸纳能力。从笔者走访的 30 户农户外出务工情况看，当地剩余劳动力的转移主要在本地，而漾濞县外出务工收入在农民家庭经营纯收入中的比重，从2002年的6.11%变化至2007年的6.08%，说明近年来乡镇企业对剩余劳动力的吸纳能力相当有限，甚至有下降趋势。再次，乡镇企业的缓慢发展不利于当地县委政府发展核桃产业。从以上农民收入的构成情况不难看出，核桃产业目前对农民收入的增长贡献支撑点主要在种植业上，核桃产业链上价值创造的能力没有得到充分发挥。

3.3 中介组织和合作经济组织发育迟缓

在漾濞县，从1987年该县确立了发展以核桃为主的经济林后，核桃产业特别是核桃种植业得到了快速发展。但服务于核桃产业发展的作为大市场与小农户之间纽带的农民合作经济组织以及发挥沟通与协调作用的中介组织在当地还在起步阶段，仅仅在光明村有象征性的农协组织，因此，千家万户分散的小农与国内外市场的有效对接问题还没有真正解决，导致了农业无法依靠自身力量实现稳定的生产，更重要的是无法实现加工、农产品的销售，即无法实现产加销一体化，无法有效实现产业价值链的延伸，影响了漾濞县农民收入长期稳定增长。

4 促进漾濞县农民增收的对策建议

就目前漾濞县的农民收入的情况看，核桃收入是农民纯收入的主要来源，但由于该县核桃产业发展中还存在核桃产业价值链各环节薄弱的问题，导致该县产业价值链整体性不强，核桃产业在漾濞县尚未形成产业化运作，因此，在农民增收进入徘徊期的关键时刻，做好漾濞县核桃产业化是农民增收致富的关键所在。产业化对农民增收主要来自于两个途径：一是产业化推动农村劳动生产率和产出水平的提高，以实现农民收入增长，二是产业化推进农村二、三产业的发展，从而提高农民的非农民收入。

4.1 大力培育龙头企业

龙头企业带动型在全国来看，是处于主体地位的产业化类型，龙头企业从事农业产业化经营，依靠加盟农户作为第一车间稳定地提供合格的初级产品或原料，龙头企业向加盟农户提供所需服务，并与之分享联合经营的利益。加盟农户则依托龙头企业将其初级产品经过加工销售出去，具有了稳定的市场，并有望分享部分增值利益。

从漾濞县具体情况看，该县尚未形成真正意义上的龙头企业，具有一定规模的公司与农户之间也仅为松散的关系，既没有利益的联结，也没有公司对农户的服务，因此，无论产业价值链如何延伸，农民均不能分享价值增值带来的好处，农民增收根本得不到保障。为此，着力培育当地的龙头企业，并通过契约关系、合作制关系、股份合作制等方式使小农户与大市场相联结，有利于促进农民增收。同时有利于产加销一体化的形成，促进县域经济的发展。

4.2 培育和发展合作经济组织

在“公司+农户”模式中，公司企业与加盟农户远不是平等的合作伙伴，两者在谈判、签约、运作和利益分配上的主体地位很不对称。相对而言，作为龙头企业的公司处于强势、主动和制导地位，而加盟农户则处于弱势、被动、从属地位，特别是一些公司在农副产品销路不好时，故意压低销售价，甚至低于保护价，加剧了农民违约的风险。正是由于这种模式存在主体不对称的缺陷，建立和培育农民自己的合作经济组织，尤其是发展专业合作社成为发展产业化、促进农民增收的迫切需要。农民参与的合作经济组织，其可以代表农民处理与企业的关系，提高农民的谈判地位，争取更多的利益，又可以办一些单个农户无法办成或办好的事情。该县许多农民在目前市场信息不对称的情况下，农户为减少销售的风险，核桃大多还在树上就被一些中间商订购后销售，致使农民本应获得的利润被中间商所瓜分。而通过合作经济组织，可以改变当前家庭联产承包责任制下小农户与大市场割裂的局面，同时实现全系统经济效益最大化和系统内各个主体的个别比较效益最大化。在合作社的建立过程中，可以借鉴日本农协服务的产业化经营模式，遵循农民自愿参与的原则，使农民真正成为主人公；在利益分配上应遵循公开合理的原则，以实现农民利益的最大化为服务的宗旨。

4.3 健全社会服务体系

为了推进产业化的发展，应建立多层次、全方位的社会化服务体系。通常而言，这种社会服务化体系包括三个层次：政府提供的公共服务、企业化经营服务。合作组织提供的社会化服务。

从漾濞县的情况看，政府已提供了较为健全的技术服务，但从该县的运作情况看，受人力资源等方面影响，运行效果欠佳。而就该县的具体情况看，企业化社会服务和农协合作组织服务都基本是空白。大力发展企业化和农协组织社会化服务，可以涵盖核桃的产前生产资料的供给、核桃嫁接技术的服务、产中病虫害防治、产后核桃的烘烤以及贮运等环节。不但可以提高专业化水平，提高各环节的产出，降低各产业链环节的经营成本，还可以制定各环节产品的产出标准并进行质量监控，提高最终产品的市场竞争力。另外，大力发展企业化经营服务，必然可以创造大量就业机会，提高农村剩余劳动力的吸纳能力，从而提高农民的非农业收入。

参考文献

[1] 中共漾濞彝族自治县委员会，漾濞彝族自治县人民政府．彝县二十年[M]．呼和浩特：远方出版社，2005

[2] 漾濞彝族自治县统计局．漾濞彝族自治县国民经济和社会发展主要指标(1985～2004)[M]．漾濞彝族自治县统计局，2005：1～139

[3] 国家信息中心．中国地区经济发展报告[EB/OL]．http：//party. cei. gov. cn/index/，2008－9－10

[3] 牛若峰．农业产业化经营发展的观察和评论[J]．农业经济问题，2006，(3)：8～15

[4] 吴敬琏．农村剩余劳动力转移与“三农”问题[J]．宏观经济研究，2002(6)：6～9

[5] 沈西林，茶忠旺，陈丽丽．云南核桃产业发展中存在的问题及对策[J]．林业经济，2006(12)：32～34

作者简介：李谦，女，硕士，西南林学院经济管理学院副教授，从事农林经济管理、会计理论与实务研究。

附件：

第三届中国林业技术经济理论与实践论坛在并举办

本报7月26日讯（记者岳燕林）今天，来自全国林业系统的专家、学者齐聚省城太原，围绕我国林业现状、林业改革、木材安全等问题展开了热烈的交流和讨论。第三届中国林业技术经济理论与实践论坛召开。此次论坛的主题是：深化改革与进一步推进山西林业发展。

会上，山西省林业厅有关负责人介绍了我省近年来造林绿化的形势及前景展望。据悉，自2006年全省造林绿化工程正式启动以来，全省普遍绿化，到处造林，形成了高度关注林业、普遍重视绿化的浓厚氛围。3年来，全省在城市、村庄、企业、景点、道边栽植大树3亿余株。其中，通道绿化取得重大突破，绿化总里程达到25000公里；村庄绿化和环城市绿化全面展开，营造了车行林中、人走树下的良好环境；厂矿区绿化规模扩大，一种“企业建在森林中、用绿色包围企业”的绿化理念和建设园林式企业正成为一种风气。

（山西工人报，2008年7月28日）

遵循林业建设规律　推动山西林业发展

——访北京林业大学博士生导师陈建成

人物检索　陈建成，北京林业大学经济管理学院党委书记，博士生导师。中国林业经济学会常务理事兼副秘书长，中国林业经济学会技术经济专业委员会主任，中国农业技术经济研究会理事，山西省林业专家咨询委员会委员，北京林业大学学报社科版副主编，北京市师德标兵。

近两年来，外地游客进入山西，一个直观的感受就是山西绿了、美了。这与以前人们对山西“煤多树少，黑多绿少”的印象形成了鲜明的对比。每一个山西人都为此感到自豪。借第三届中国林业技术经济理论与实践论坛在山西举办之机，本报记者岳燕林就山西林业现状及发展前景等问题，采访了北京林业大学党委委员、北京林业大学经济管理学院党委书记、博士生导师、山西省林业专家咨询委员会委员陈建成教授。

记者：“中国林业技术经济理论与实践论坛”为何选择在山西举办？此次论坛的主题是什么？

陈建成：中国林业经济学会技术经济专业委员会每年择期举办一次“中国林业技术经济理论与实践论坛”，并正式出版论坛文集。今年这一论坛选择在山西省太原市举办，是基于近年来山西省在林业建设方面取得了突出的成就，发生了积极的变化。我们在论坛筹办过程中充分考虑到山西“林业发展模式”的积极意义，为此慎重地把今年的论坛地址确定为山西。同时，我们这次论坛得到了山西省林业厅的大力支持，这也是我们得以在太原见面的一个关键原因。

这次论坛的主题是“深化改革与进一步推进山西林业发展”。我认为，森林，不仅可以提供国民经济建设和社会发展所需要的木材，而且是维护生态安全的卫士。林业建设责任重大。加强生态建设、维护生态安全是21世纪全人类面临的一个共同主题，也是人类经济社会可持续发展的重要基础和前提。因此，这次论坛我们将围绕主题，进行深入的理论探讨和经验交流。

记者：请您谈谈对山西林业发展现状的基本估价？山西林业在全国处于一个什么样的位置？

陈建成：山西，地理位置独特，生态环境建设任务繁重。山西的林业建设，不仅对于推动山西省生态文明建设有不可或缺的作用，而且对于保卫黄河、保卫华北、保卫首都、保卫全中国都有着不可替代的作用。

经过几代务林人的努力，山西林业发展大势喜人。但也要看到，山西林木覆盖率不足15%，70%以上的森林分布在远离生产生活密集区的边远山庄，与生态良好还有较大差距，与人民的期望还有很大差距。

记者：您认为山西林业发展的方向应该是什么？

陈建成：林业的根本问题就是以林为根，以人为本。林业建设必须以科学发展观为统领，自觉适应社会主义市场经济体制的要求，全面服务国民经济和社会发展需要；建设现代林业，促进兴林富民，实现又好又快发展。

21世纪林业要为维护气候安全、粮食安全、物种安全、淡水安全、能源安全及木材安全做出贡献，要为推进全面发展、和谐发展、绿色发展和可持续发展乃至实现科学发展和绿色世纪做出贡献，必须遵循规律，开拓创新。

记者：请问您对山西林业建设有什么建议？

陈建成：山西林业建设必须转变观念，深化改革，适应时代发展主题。森林有公共性特征，国家理应加大投入，但运用市场手段搞活林业必不可少。开展合作交流，开发森林潜在价值，适应国际森林建设发展趋势，都是林业建设工作面临的新课题。山西缺水，这是制约林业建设的主要因素。但山西人不缺智慧，要用智慧的头脑，推动林业智慧经济的发展。我相信，只要依靠政策，强化科技，用活资本，与时俱进，林业建设就大有希望。山西林业使命光荣，责任重大，任务艰巨。只要坚定信念，求实创新，一定会再创辉煌。

（山西工人报，2008年7月28日）